21世纪高等院校经济管理类规划教材

西方经济学

□ 陈喜强　主编
□ 邓宏　张梅　副主编

人民邮电出版社
北京

图书在版编目（CIP）数据

西方经济学 / 陈喜强主编. -- 北京 ：人民邮电出版社，2010.10（2016.7重印）
21世纪高等院校经济管理类规划教材
ISBN 978-7-115-23789-7

Ⅰ. ①西… Ⅱ. ①陈… Ⅲ. ①现代资产阶级经济学一高等学校一教材 Ⅳ. ①F091.3

中国版本图书馆CIP数据核字(2010)第173388号

内 容 提 要

本教材沿着两条主线进行内容的整合，即以价格理论为主线的微观经济学内容的整合和以国民收入理论为主线的宏观经济学内容的整合，形成了包括供求理论、效用理论、生产理论、市场结构理论、要素市场理论、福利经济学理论、国民收入核算理论、国民收入决定理论、国民经济波动理论、稳定性经济政策与实践等内容的现代经济学体系。

本教材适合作为经济管理类本科专业基础课的入门教材，也可以作为管理干部培训班的阅读资料。

21 世纪高等院校经济管理类规划教材

西方经济学

◆ 主　　编　陈喜强
副 主 编　邓　宏　张　梅
责任编辑　刘　琦
执行编辑　万国清

◆ 人民邮电出版社出版发行　　北京市丰台区成寿寺路 11 号
邮编　100164　　电子邮件　315@ptpress.com.cn
网址　http://www.ptpress.com.cn
大厂聚鑫印刷有限责任公司印刷

◆ 开本：787×1092　1/16
印张：19.25　　　　2010 年 10 月第 1 版
字数：460 千字　　　　2016 年 7 月河北第 7 次印刷

ISBN 978-7-115-23789-7

定价：33.00 元

读者服务热线：(010)81055256　印装质量热线：(010)81055316
反盗版热线：(010)81055315
广告经营许可证：京东工商广字第 8052 号

21 世纪高等院校经济管理类规划教材

编 委 会

丛书序

本丛书根据普通本科高校的教学需求设计并创作，涉及的书目包含经济管理大类的专业基础课教材及部分专业课教材。

我们力图打造优秀教材，并认为教材质量的核心是内容质量，但由于编辑个人水平有限，依靠出版社自身的力量大幅度提高内容质量并不现实，故而聘请了一批专家学者组建了本丛书编委会，为本套丛书审纲、审稿。在编委会专家细致的评审下，不仅筛选出一批优秀的作者，而且也帮助编辑和作者理顺了写作思路。可以说每种教材均凝结了众多编委会成员的心血。我们相信通过大家共同的努力，本套教材将有希望涌现出几种堪称优秀的、能适应普通本科高校教学需求的、高质量的立体化教材。

为满足社会对人才的需求，普通本科的教学改革持续进行，不少教学改革已经取得令人瞩目的成果。当前，高校教师对教学改革配套教材的需求呼声很高，但我们考虑教材出版周期较长，只适合作为已成熟教学改革方案的载体，未经过较长时间检验的教学改革成果直接体现在教材上并不合适，故而本丛书的各本教材均基于较为成熟的教学改革成果。

教材虽然是传播教学改革成果的最佳工具之一，但仅靠教材本身很难将教改思想传达到位，而教材所配套的教案及其他辅助资料则能有效地达到传播教学改革成果的目的。为此我们力图将本丛书打造成主教材与配套电子资料包相结合的立体化教材，提高教材的应用性和实用性。

每种教材所配的电子资料包内均含作者精心制作的电子课件、电子教案、习题答案，有些教材还提供了案例分析、学习指导等更为丰富的教学素材或学习素材。配套电子资料包可参照教材所附的“配套资料索取说明”索取。立体化教材建设与精品课程建设的内容高度相似，本从书中一些教材源自已建成的精品课程，部分教材正在进行相关的精品课程建设，这些教材都有精品课程网站支持。

为使教材更加适应当前的教学需求，我们在保证理论体系完整性和系统性的同时，坚持以活泼的创作风格和贴近工作、社会的内容提升教材的可读性和可用性。

尽管我们力图为高校提供高质量的、立体化的、符合未来两三年教改趋势及教学需求的优秀教材，但正如一位国家级教学名师所说：“教材不是编出来的，是教出来的，来回反复修改，来回‘磨’出来的。”我们这套丛书还未经过“打磨”，再加上我们的水平有限，尚存在已知的和未知的一些不足，我们有决心持续地“打磨”这套教材，也希望读者给予反馈以资我们修正，使本套教材尽早达到“优秀”的水准（编委会联系方式 wanguoqingljw@163.com 或 goodbook2010@tom.com）。

丛书编委会

2010 年 4 月

前 言

在西方经济学教学的过程中，时不时有学生反映学习西方经济学很难。因此，我们萌生了编写一本适合普通本科院校经济管理类专业学生的教材的想法。

尽管西方经济学是一个已经成熟的经济学研究范畴，但西方经济学原理千头万绪，本书作为一本教科书，篇幅有限，只能删繁就简，取其基本。另外，不同层次的学生对教材有不同的需求，本教材试图适应普通本科院校的教学和学习需求。

本书在内容和结构上做了一些调整，主要沿着两条主线进行内容的整合：一是以价格理论为主线的微观经济学内容的整合，形成了包括供求理论、效用理论、生产理论、市场结构理论、要素市场理论、一般均衡理论等在内的微观经济学理论体系；二是以国民收入理论为主线的宏观经济学内容的整合，形成了包括国民收入核算理论、国民收入决定理论、国民经济波动理论、稳定性经济政策的理论与实践等在内的宏观经济学理论体系。

为了增强本书的可读性，各章节穿插了一些小案例，以便开拓学生的经济学思维；另外，本教材提供课件、教案、习题及答案等相关辅导资料，以便于提高学生的学习效果并期望与用书教师交流授课经验，索取方式参见本书末页。

本书共分 17 章，第一章介绍经济学的研究对象和研究方法；第二章介绍供求理论；第三章介绍消费者行为理论；第四章介绍生产与成本理论；第五章介绍市场结构理论；第六章介绍要素市场理论；第七章介绍一般均衡和福利经济学理论；第八章介绍市场与政府关系理论；第九章介绍国民收入核算理论；第十章介绍简单的国民收入决定理论；第十一章介绍国民收入决定中的 IS-LM 模型理论；第十二章介绍国民收入决定中的总需求——总供给理论；第十三章介绍失业与通货膨胀理论；第十四章介绍经济增长与经济周期理论；第十五章介绍封闭经济条件下的宏观经济政策；第十六章介绍国际经济的基本知识；第十七章介绍开放经济条件下的宏观经济政策。

本书由陈喜强教授任主编，邓宏、张梅任副主编，在陈喜强教授的指导下由编写组成员共同商定编写大纲。各章撰写人员如下：第一章，陈喜强；第二、三章，颜金林；第四章，杨勇华；第五章，杨林；第六、七、八章，张梅；第九章，陈喜强、杨勇华；第十、十一、十二章，杨勇华；第十三、十四章，邓宏；第十五、十六、十七章，杨林。初稿完成后，陈喜强对全部初稿进行了调整和统稿，邓宏、张梅参与了对初稿的统稿。

本书在编写过程中，参考了大量国内外相关的教材、论著和论文，在此表达我们衷心的感谢！

本教材的出版，得到了相关专家学者的指导和帮助，在此向他们表示深深的谢意！

由于作者的水平有限，疏漏和不足之处在所难免，敬请读者批评指正。

编 者

2010 年 4 月

目 录

第一章 导 论

学习目标：通过本章的学习，了解经济学研究问题的出发点，进而理解稀缺性与资源配置的关系，掌握经济学的研究对象与方法，把握微观经济学和宏观经济学的含义和内容，从而对经济学有一个初步的认识。

关键概念：稀缺性（Scarcity） 资源配置（Resources Allocation） 微观经济学（Microeconomics） 宏观经济学（Macroeconomics） 实证分析（Positive Analysis） 规范分析（Normative Analysis） 均衡（Equilibrium）

第一节 经济学的研究对象

引 子

以往，我们都说中国地大物博，资源丰富。实际上，我国资源总量和人均资源量都严重不足。据中华人民共和国住房和城乡建设部2008年公布的数据，在资源总量方面，我国石油储量仅占世界的1.8%，天然气占0.7%，铁矿石不足9%，铜矿不足5%，铅矿不足2%。在人均资源方面，我国人均矿产资源是世界平均水平的1/2，人均耕地、草地资源是世界人均水平的1/3，人均水资源是1/4，人均森林资源是1/5，人均能源占有量是1/7，其中人均石油占有量是1/10。在铁、铜、铅、铝等重要矿产的储量上，无论是相对还是绝对，中国已无大国地位。而我国原储量、产量和出口量均居世界首位的钨、稀土、锑和锡等优势矿种，因为滥采乱挖和过度出口，绝对储量已下降了1/3～1/2。

思考：稀缺资源如何实现优化配置？

一、资源稀缺性是经济学研究问题的出发点

经济一词，在西方，原意是指家产管理；在中国，古代“经济”一词则是指“经邦济世”，现在泛指人类相互关联的生产和消费活动。

人类社会要生存和发展，面临着两个重要问题：认识世界和改造世界。认识世界是改造世界的前提。由于人们所处的背景不同，思考问题的方式就不同，对世界的认识也就不同，从而决定了其行为选择的不同。例如，有个成语叫做“铁杵磨成针”，从励志的角度来说，学习这种将铁杵磨成针的刻苦精神，这是对的。但如果换成从经济学的角度来看，用铁杵来磨成针是最没有效率的办法，既浪费时间也浪费资源，它远远没有用钱买一根针来得便捷有效。即使你没有钱，也可以用这根铁杵向别人换一根针而省下磨针的时间。这就告诉我们，经济

学家思考问题更加关注效率问题。经济学就像地图能够指路一样，为认识世界提供了有效的思维方式。正确认识了世界，就不会错误地改造世界。

从经济学的角度来看，如何才能正确认识世界呢？这需要找出认识问题的出发点。

人类要生存就必须进行生产，生产需要资源，这些资源包括自由取用品和经济物品。相对于人类的无穷欲望而言，资源总是不足的。资源的不足性就是资源的稀缺性（Scarcity）。资源的稀缺性不仅表现为绝对性，而且表现为相对性。现实生活中常说的“三个人的饭五个人吃”，就是最典型的稀缺性的表现。

从生产的角度来说，资源稀缺就要进行选择，例如，选择生产什么？选择如何生产？选择为谁生产？等等。生产什么要解决的问题是用总量既定的生产资源来选择生产哪些产品以最大程度地满足人们的需要；如何生产要解决的问题是在同一种产品的众多生产方法中来选择最有效率的技术方法，例如，根据拥有资源的优势可以选择劳动密集型、资本密集型以及技术密集型等不同的生产方式；为谁生产则是根据一定的社会制度要求来决定产品的分配。例如，在市场经济中，稀缺性资源生产的产品是根据价格的高低来决定它的归属。上述三个问题通常被称为资源配置（Resources Allocation）的问题。

正是由于社会资源存在稀缺性，才需要讨论稀缺性的资源如何配置以达到最有效率的使用。因此，资源的稀缺性是经济学研究问题的出发点。

二、经济学的研究对象

资源的稀缺性具有绝对性和相对性的特征，决定了资源稀缺性的客观性，也就是说，资源的稀缺性是任何社会和任何时代都存在的客观事实。因此，如何利用稀缺的资源来满足人们的需要，也就成了任何社会都共同面临的基本经济问题。经济学正是为了研究这一基本经济问题的需要而产生的。

经济制度不同，资源配置的方式就不同，基本经济功能实现的方式也就不同。经济体制大体上可以分为自给自足经济、计划经济、市场经济等不同形式。

在自给自足经济中，生产什么、如何生产、为谁生产等资源配置问题，完全是由家庭或者村落自行决定，是借助于习惯、本能、家长专制来实现的。

在计划经济中，生产什么、如何生产、为谁生产等资源配置问题，基本上是由中央计划当局的指令性计划决定的。产品和要素的价格的高低对资源配置几乎不发生作用，货币和价格只起着核算工具和交换手段的作用。

在市场经济中，生产什么、如何生产、为谁生产等资源配置问题，是由市场价格机制决定的。具体来说，生产什么取决于消费者的货币选票；如何生产取决于生产要素的价格和不同生产者之间的竞争，最便宜的生产方法往往成为首先考虑的方法；为谁生产取决于生产要素市场的供给和需求，即取决于工资、利息、地租和利润的大小。

至此，经济学的研究对象可以定位为：一定社会经济制度下稀缺资源的配置和利用。

不同经济学家亦有类似的表述。如马歇尔认为“经济学是一门研究人类一般生活事务的学问”。萨缪尔森认为“经济学研究的是社会如何利用稀缺的资源以生产有价值的商品，并将它们分配给不同的个人”。曼昆提出“经济学是一门研究人们怎样选择的科学”。

本课程的定位是：经济学是在研究市场经济制度下稀缺资源的配置和利用的一门社会科学。

第二节 经济学的研究内容

按照研究对象范围的大小，西方经济学大致可以分为微观经济学和宏观经济学两部分。

一、微观经济学

微观经济学（Microeconomics）主要以单个经济单位作为考察对象，研究经济社会中单个经济单位或经济个体的经济行为。微观经济学中的经济个体包括消费者、生产者和资源的所有者等。由于微观经济学分析的是单个经济单位或经济个体的经济行为，因此，采取的分析方法被称为个量分析方法。

微观经济学中的这些经济单位或经济个体通过市场产生相互联系、相互影响和相互作用。在市场经济条件下，借助于商品市场价格的信号实现稀缺性资源的有效配置。例如，消费者在取得一定收入后，如何在价格机制的约束下实现满足程度的最大化；生产者在一定的生产条件下如何实现成本的最小化和利润的最大化；资源的所有者如何获得收入的最大化。上述这些活动是通过市场上的价格导向来进行的，因此，市场或价格问题是微观经济学的核心问题。

以价格理论为主线，微观经济学的研究内容形成了包括供求理论、效用理论、生产理论、市场结构理论、要素市场理论、福利经济学理论、微观经济政策等内容在内的理论体系。

二、宏观经济学

宏观经济学（Macroeconomics）是与微观经济学相对应的。宏观经济学是以整个国民经济为考察对象，研究经济总量的决定及其变化，研究如何对稀缺性资源实现充分利用。总量是指能够反映整个经济运行情况的经济变量。经济总量一般包括几种类型：一是个量的总和，如总投资是经济社会所有个量投资的总和；二是社会的平均量，例如我们所讲的社会物价水平，它不是个量，也不是个量的总和，而是通过相应的计算方法计算出来的平均量；三是指一些重要的经济现象，例如经济周期等。由于宏观经济学主要分析整体经济的整体运行，由此，采取的分析方法被称为总量分析方法。

宏观经济学的总量很多，如国内生产总值、总消费、价格水平、汇率等，这些总量之间同样具有相互联系、相互影响和相互作用，一个总量的变动，往往影响到其他总量的形成和变动。例如，一个国家国民收入的总量不仅取决于总消费、总投资、政府购买和净出口，而且取决于宏观经济的环境。而国民收入的决定，不仅影响到其他经济总量，还影响到整体经济运行的平稳性。因此，国民收入决定理论被称为宏观经济学的核心理论。

以国民收入理论为主线，宏观经济学的研究内容形成了包括国民收入核算理论、国民收入决定理论、国民经济波动理论、稳定性经济政策与实践等内容在内的理论体系。

三、微观经济学与宏观经济学的关系

从微观经济学和宏观经济学的定位及研究内容来看，两者在研究对象、解决问题、研究方法等方面具有差异性。但微观经济学与宏观经济学之间并没有绝对的界限，它们之间具有密切的联系。

前面分析说明，经济学是研究稀缺资源如何配置才能够实现最有效率的使用。微观经济学从微观层面探讨单个经济单位或经济个体如何配置稀缺的资源；宏观经济学从宏观层面探讨经济整体如何通过减少经济波动，维持稳定发展来实现稀缺资源的充分利用。因此，两者的最终目标是一致的，两者相互补充，共同组成经济学的基本原理。

尽管把微观经济学作为宏观经济学的基础还有不同的看法，但两者之间的联系是客观存在的。微观经济学对于市场机制的研究，有助于说明各个商品市场的价格决定过程。而透过价格决定过程，可以弄清楚收入分配的合理性和经济运行的有效性，从而找到实现稀缺性社会资源最佳配置的方法和途径。宏观经济学对国民经济整体功能的研究，有助于说明整个经济产出水平的决定过程，而透过产出水平决定过程，可以弄清楚经济的长期增长和短期波动问题，有利于找到经济平稳发展的方法和途径。

所以说，微观经济学与宏观经济学是相互补充、相互依存的。微观经济是宏观经济的前提和基础，宏观经济变量也必然会影响微观经济变量，尤其是从20世纪70年代以来，经济学家更是加强了对宏观经济学的微观基础的研究。

第三节　经济学的研究方法

一、实证分析和规范分析

实证分析（Positive Aualysis）是指以事实为依据，对经济现象是怎么变化、为什么会这样变化、变化的后果会怎样等进行描述、解释和预测，它回答“是什么”的问题。实证分析的正确与否可以通过对事实的检验来判断。如果命题是正确的，那么，它在逻辑上必须站得住，而且要与经验证据相符。

规范分析（Normative Aualysis）以一定的价值判断为出发点，提出行为的标准，并研究如何才能符合这些标准，它要回答的是“应该是什么”的问题。由于人们所处的环境不同以及价值观的差异，因而对同一个问题会有不同的看法。

实证分析与规范分析的区别是：实证分析避开价值判断，而规范分析以一定的价值判断为基础；实证分析的内容具有客观性，规范分析的内容具有主观性；实证分析要解决“是什么”的问题，规范分析要解决“应该是什么”的问题。

实证分析与规范分析两者是相互联系、相互补充的。尽管在经济学的研究方法中，实证分析是主要方法，但规范分析也是不可缺少的，规范分析要以实证分析为基础，实证分析也离不开规范分析的指导。

二、均衡分析和边际分析

（一）均衡分析

均衡（Equilibrium）是借用物理学的概念，在经济学的分析中，均衡是指影响经济活动的两种相反力量相互作用而处于一种静止的状态。均衡状态可以从不同的角度来讨论。

静态均衡分析主要研究什么是均衡状态和达到均衡状态所需要的条件，而不管形成均衡状态的过程和达到均衡状态所需要的时间。

比较静态均衡分析主要通过对不同的均衡状态的比较，来发现导致均衡状态变化的因素，而不管从一种均衡状态到另一种均衡状态变化的过程和所需要的时间。

动态均衡分析主要探讨在一定条件下某个经济变量的变化和调整过程，它重视时间因素对动态变化过程的影响，强调的是过程的影响。

在经济学的分析中，还可以根据需要采取局部均衡或者一般均衡的分析方法。局部均衡是假定其他条件不变，分析经济中与其他部分不相联系的某一个特定部分的均衡。例如，假定其他条件不变，单纯分析某个消费者、某个生产者、某种产品的市场均衡。一般均衡是把经济中不同部分看作是一个有机整体，从相互联系中研究某个部分（如某个消费者、某个生产者或某个产品的市场）是如何形成均衡的。局部均衡和一般均衡分析基本上属于静态分析。

西方经济学主要采取静态均衡和比较静态均衡的分析方法，较少采取动态的分析方法。

（二）边际分析

经济学虽然也采取总量分析、平均分析等技术方法，但主要采取边际分析方法。边际分析主要来源于数学中的增量分析，当一个或几个自变量发生微小变动时，因变量如何随之变动。依据边际分析方法，产生了经济学中一系列极为重要的边际概念和边际法则。例如，后面我们将要用到边际效用、边际收益、边际成本等概念来讨论市场主体的行为选择问题。

三、描述经济学理论的工具

学习和研究经济学问题，可以采取多种方法。一个理论的表述也可以采取多种手段和工具来体现，例如一个经济学理论可以采用文字描述，也可以采用图形、表格、模型等多种方式来表现。一般来说，经济学要探讨经济变量之间的关系，因此，经济模型成为经济学学习和研究的常用工具。

经济模型一般包括定义、假设、假说和预测。

定义是对经济模型所用变量的含义作出规定。经济变量包括内生变量和外生变量，存量和流量。内生变量是指一个经济模型中要加以说明的变量；外生变量是指那些可以影响内生变量，但它们本身是由经济模型以外的因素决定的变量。存量是指在一定时点上存在的变量的数值；流量是指在一定时期内发生的变量数值。内生变量和外生变量、存量和流量相互交叉。存量和流量都可以是内生变量。经济模型的定义就是对经济变量作明确的规定。

假设是提出经济模型的前提条件。由于经济变量受许多因素的影响，但在一个经济模型中不可能对它们逐一讨论，因此，有必要提出假设，以限定讨论范围。

假说是在一定假设下利用定义去说明经济变量之间的关系，它是建立经济模型的核心部分和关键步骤。

预测是根据假说提出对经济现象未来发展的看法。经济模型在现实经济生活中的应用是通过预测实现的。

因此，经济模型建立的步骤依次是：明确定义、作出假设、提出假说、进行预测。如果预测与实际情况相符，则肯定这个模型；如果预测与实际情况不符，应否定这个模型或重新加以修改。

本章小结

资源稀缺性是经济学研究问题的出发点，经济学就是研究稀缺性的资源如何配置才能够达到最优的科学。在本章中，从资源的稀缺性出发，界定了经济学的定义及研究方法。经济学就是在一定的制度安排下研究稀缺资源的配置和利用的学科。根据经济学研究对象的不同，将经济学分为微观经济学和宏观经济学。微观经济学的核心是价格理论，研究稀缺资源如何得到最优配置；宏观经济学的核心是国民收入决定理论，主要研究稀缺资源如何得到充分利用。经济学的学习和研究，需要使用相应的研究方法，主要的方法包括实证分析和规范分析、边际分析和均衡分析等。

复习思考题

一、名词解释

1. 稀缺性
2. 资源配置
3. 微观经济学
4. 宏观经济学
5. 实证分析
6. 规范分析
7. 边际分析
8. 均衡

二、问答题

1. 稀缺性的含义是什么?如何理解稀缺性的相对性和绝对性?
2. 为什么稀缺性存在就意味着我们必须作出选择?
3. 从资源的稀缺性和人们需要的无限性说明经济学的定义。
4. 试述微观经济学与宏观经济的区别和联系。
5. 试述规范分析与实证分析的区别与联系。

第二章 供求理论

学习目标：通过本章的学习，主要了解市场机制及其作用的原理，同时掌握需求及需求曲线、供给及供给曲线、需求弹性等基本概念，理解和把握供求规律、价格决定及其对资源配置的机制。

关键概念：需求量（Quantity Demanded） 需求曲线（Demand Curve） 需求规律（Law of Demand）供给量（Quantity Supplied） 供给曲线（Supply Curve） 供给规律（Law of Supply） 均衡价格（Equilibrium Price） 均衡数量（Equilibrium Quantity）

第一节 需求理论

资源配置是在市场进行的。市场中买方和卖方相互作用，决定了一定时期的某种商品的价格和数量。而商品价格的高低反映了商品的稀缺程度，进而引导资源的流动和配置。市场中，供求变化引起价格变动，而根据变动的价格，供给、需求双方调整其买卖行为，使供求达到相对的均衡。所以，价格作为引导资源配置的基本信号，是市场机制的核心环节。供求决定的价格理论成为经济学的基础理论。

案例 2-1

红色短上衣的诱惑

小优是一位来自于海南的大一学生。在一个冬日的中午，她经过大学城商业中心去吃午餐，一个橱窗里挂着的一件洋红色带白色毛领的做工精细的呢料短上衣让她的眼睛为之一亮。她走进商店仔细端详着这件衣服，从衣领、内衬到面料她都十分满意。她想：在这种天气穿上它肯定既暖和又漂亮！她决定买它。价格多少？280元！她不由得皱起眉头，这个月给校园卡、电话卡充完值，只剩200元了。过两周吧，过两周用兼职赚到的100元再来买。

两周后的一天下课后，小优与她的同学阿娟来到商店。小优迫不及待地拿起了那件心仪已久的白色毛领的洋红色短上衣穿在身上，她快步走到镜前，咦？好像有些不妥。阿娟的声音从身后传来："颜色不太合适，你的脸色本来就偏黑……"没等阿娟说完，小优就脱下了衣服，拉着阿娟离开了商店，出门时，小优下意识地摸了摸自己的钱包……

小优对红色短上衣形成了需求吗？

一、需求、需求量和需求曲线

（一）需求

一种商品的需求是指消费者在一定时期内在各种可能的价格下愿意而且能够购买的该商品的数量。根据定义，需求是指既有购买欲望又有购买能力的有效需求。缺少这两个条件中任何一个都不能算作需求，而只是潜在需求。

一种商品的需求数量是由许多因素决定的。诸如该商品的价格、消费者的收入水平，消费者对商品的偏好，其他商品的价格，消费者对未来收入和该商品价格的预期等。需求函数即是一种商品的需求量可以看成是所有影响该商品需求量的因素的函数。在诸多影响需求量的因素中，最直接、最重要的因素是该商品的价格。为简化分析，假定其他因素保持不变，把一种商品的需求量仅看成是该商品的价格的函数。于是，需求函数就可以表示为

$$Q_d = f(P) \tag{2.1}$$

其中，P 为商品的价格，Q_d 为商品的需求量。

（二）需求表和需求曲线

需求函数可以分别用商品的需求表和需求曲线（Demand Curve）来表示。

小雪是个初三的漂亮女孩，最近迷上了蛋糕店新推出的芝士蛋糕。当芝士蛋糕的价格为 2 元/块时，她会买 5 块，价格上升到 10 元/块时，则她只买 1 块。表 2.1 是小雪对芝士蛋糕的需求表，即表示一种商品的价格和该商品需求量之间的函数关系表。

表 2.1　小雪的芝士蛋糕需求表

价格—数量组合	A	B	C	D	E
价格（元/块）	10	8	6	4	2
需求量（块）	1	2	3	4	5

我们将表 2.1 所表示的小雪对芝士蛋糕商品的各种价格和与各种价格相对应的该商品的需求数量组合点在平面坐标图上绘制出来，假设芝士蛋糕是无限可分的，即具有连续性，则将各点连接起来就得到一条向右下方倾斜的曲线，就是小雪对芝士蛋糕的需求曲线，如图 2.1 所示。

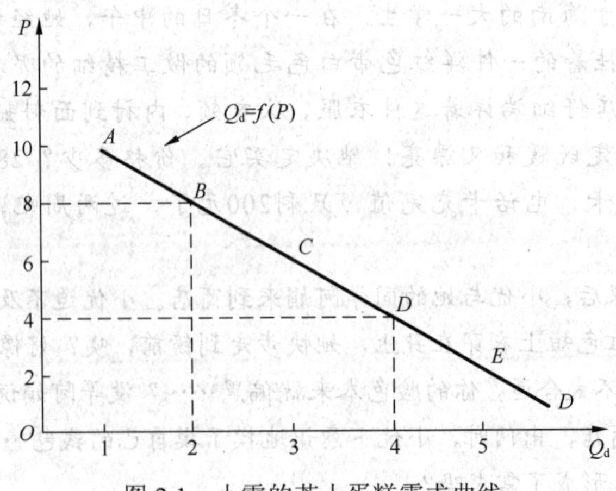

图 2.1　小雪的芝士蛋糕需求曲线

需求曲线是表示商品的价格和需求量之间关系的曲线。如图 2.1 所示，横轴 OQ_d 表示商品的数量，纵轴 OP 表示商品的价格，曲线 D 表示需求曲线。图中的需求曲线是一条直线，实际上需求曲线既可以是直线型的，也可以是曲线型的。需求曲线的形状是直线还是曲线，取决于需求与价格两个变量之间的关系的性质。当需求函数为线性函数时，相应的需求曲线是一条直线；当需求函数为非线性函数时，相应的需求曲线是一条曲线。线性需求函数的通常形式为

$$Q_d = \alpha - \beta P \tag{2.2}$$

式中，α、β 为常数，且 α、$\beta>0$，$-\beta$ 为需求曲线的斜率，斜率为负值表示当 P 发生微小变动时所引起的 Q_d 的反方向变动。

（三）需求规律

以需求函数为基础的需求表和需求曲线向右下方倾斜的特征，都反映了商品的价格和需求量二者之间反方向变动的关系，也即需求规律（Law of Demand）。需求规律指的是假定其他影响需求的因素不变的条件下，商品价格上升，需求量减少；商品价格下降，需求量增加。

二、需求量的变动与需求的变动

（一）需求量的变动及其影响因素

需求曲线描述了当影响需求的其他因素不变时，需求量随着价格的变化而变化的情形。当除价格之外的任何影响需求的因素变化时，也会使需求数量发生变化。前者经济学称之为需求量的变动，后者经济学称之为需求的变动。需求量的变动和需求的变动都是需求数量的变动，它们的区别在于引起这两种变动的因素是不相同的，而且，这两种变动在几何图形中的表示也是不相同的。

需求量的变动是指在其他条件不变时，由商品的价格变动所引起的该商品的需求数量的变动。在几何图形中，需求量的变动表现为商品的价格—需求数量组合点沿着同一条既定的需求曲线 D 的运动。如图 2.2 所示，商品价格变动引起需求数量的变动，A 点沿着同一条既定的需求曲线运动到 B 点。

（二）需求的变动及其影响因素

需求的变动是指在某商品价格不变的条件下，由于其他因素变动所引起的该商品的需求数量的变动。在几何图形中，需求的变动表现为需求曲线的位置发生移动，表示整个需求情况的变化。例如小雪在初中毕业典礼上表演节目时，从学校统一借来的表演服穿在身上很紧，她感觉自己太胖了，没有别的女生漂亮，因此小雪决定实施减肥计划。她理性地降低对芝士蛋糕的偏好，将原来每天吃 3 块芝士蛋糕减少为只吃 1 块，由此对芝士蛋糕的需求数量减少：在几何图形中，表现为需求曲线从 D_0 变动到 D_2，即虽然芝士蛋糕的价格未变，但因偏好降低而使芝士蛋糕的需求数量减少，如图 2.3 所示。

（1）消费者的收入水平。一般而言，消费者收入水平的增加，提高了每一价格水平下的商品的购买能力，对商品的需求数量增加，需求曲线向右移动；反之，对商品的需求数量减

少，需求曲线向左移动。

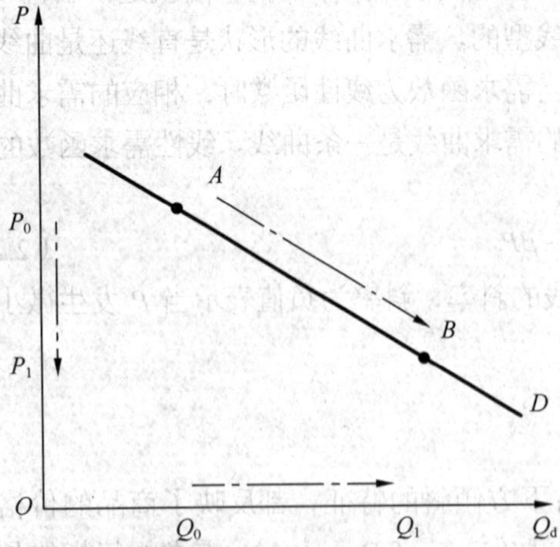

图 2.2　需求量的变动

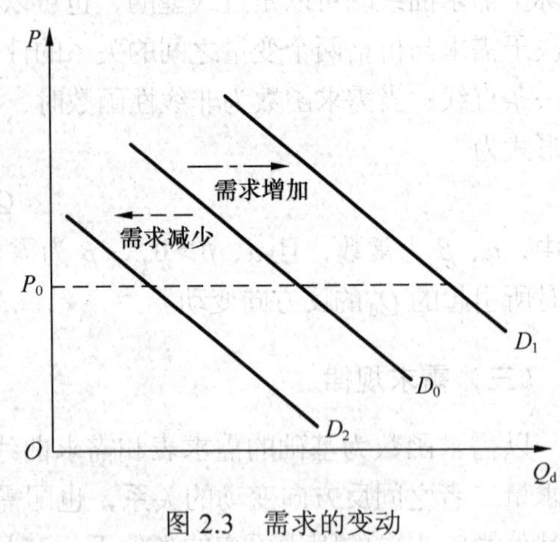

图 2.3　需求的变动

（2）消费者的偏好。当消费者因为广告等原因对某种商品的偏好程度增强时，该商品的需求数量就会增加，需求曲线向右移动。相反，偏好程度减弱，需求数量就会减少，需求曲线向左移动。

（3）相关商品的价格。当一种商品本身的价格保持不变，而与它相关的其他商品的价格发生变动时，这种商品本身的需求数量也会随之变动。假如小雪既喜欢吃芝士蛋糕，也喜欢吃葡式蛋挞，若葡式蛋挞价格下跌，则小雪会增加对葡式蛋挞的需求，而减少对芝士蛋糕的需求。因为对小雪来说，芝士蛋糕和葡式蛋挞之间是可以互相替代的。对替代品来说，某种商品的替代品价格上升，那么该商品的需求增加，某种商品的替代品价格下降，那么该商品的需求减少。也就是说，某种商品的需求与其替代品的价格是同向变化。如小雪对芝士蛋糕和葡式蛋挞的选择。对于互补品来说，一般而言，某种商品的互补品价格上升，那么该商品的需求减少；某种商品的互补品价格下降，那么该商品的需求增加。也就是说，某种商品的需求与其互补品的价格呈反向变化。

（4）消费者的预期。消费者对未来收入和价格的预期也会影响需求。例如，你获得了某大型跨国公司一份收入可观的工作，那么你会增加对某种或某些商品的当前消费，使这些商品的需求数量增加。反之，情况相反。

其他如人口数量、突发事件等也会引起某些商品需求数量的变动。

上述因素均为商品本身的价格以外的引起商品需求变化的因素，需求的变动导致需求曲线发生位移。

三、个人需求与市场需求

个人需求是一定时期内个人或家庭对某种产品的需求；而在一特定市场中所有个人或家庭对这种产品的总需求量，就构成市场需求。在图形上，市场需求曲线是所有个人需求曲线水平的相加。假定芝士蛋糕市场由小雪和小可两个人构成，则将小雪和小可的个人需求曲线水平加总，就得到了芝士蛋糕市场的需求曲线，如图 2.4 所示。

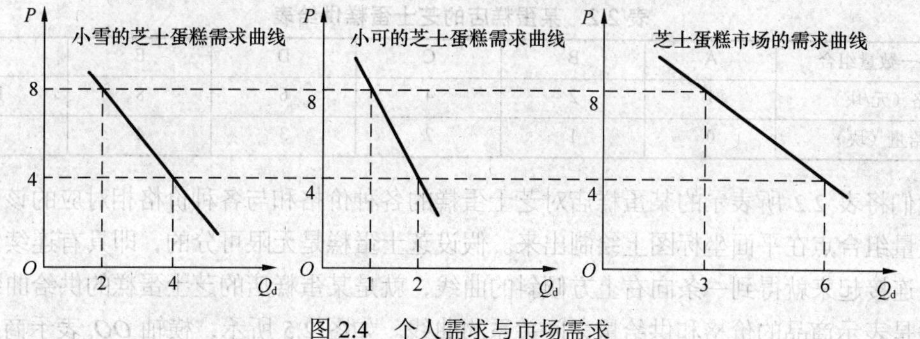

图 2.4　个人需求与市场需求

第二节　供给理论

市场有两方面，一方面是购买者，即需求者，这是我们刚刚探讨过的；另一方面是销售者，即供给者。本节主要探讨供给规律、供给变化及其影响因素。

一、供给、供给量和供给曲线

（一）供给

一种商品的供给是指厂商或家庭在一定时期内在各种可能的价格下愿意而且能够提供出售的该商品的数量。例如当某奶茶价格为 4 元/杯时，该产品的生产者决定每天生产并出售 2 000 杯，这就是该生产者在价格为 4 元/杯时的奶茶供应量。根据定义，供给是指既有提供出售愿望又有提供出售能力的有效供给。缺少其中任何一个条件都不能算作供给。

与需求一样，许多因素都会影响商品的供给，其中之一就是价格。这里我们首先来看价格与供给量的关系，也即在假定影响供给的其他因素保持不变的条件下，随着商品价格的变化，该商品的供给量如何变化？价格对供给的影响关系可用供给函数来表示：

$$Q_s = \phi(P) \tag{2.3}$$

其中，Q_s 为商品的供给量，P 为商品的价格。

（二）供给表和供给曲线

商品的供给量和商品价格之间的函数关系可以分别用商品的供给表和供给曲线（Supply Curve）来表示。

商品的供给表是表示某种商品的各种价格和与各种价格相对应的该商品的供给数量之间关系的数字序列表。表 2.2 表示某蛋糕店在各种价格下可能会供应的芝士蛋糕的数量。例如市场对芝士蛋糕每块只付 1 元的话，某蛋糕店根本不会供应芝士蛋糕，原因或许是 1 块芝士蛋糕的生产成本高于 1 元，或许可以用这些原材料生产比芝士蛋糕价格更高获利更大的食品，比如馒头。但是当价格上升到 2 元/块时，该蛋糕店会生产并供应 1 块蛋糕，而每块价格上升到 4 元时，就会将供应量增加至 2 块。价格上升越多，蛋糕店更愿意供应越多的芝士蛋糕，甚至将原来生产馒头（获利较低）的原材料也转来生产芝士蛋糕。

表 2.2　某蛋糕店的芝士蛋糕供给表

价格—数量组合	A	B	C	D	E	F
价格（元/块）	1	2	4	6	8	10
供给量（块）	0	1	2	3	4	5

我们将表 2.2 所表示的某蛋糕店对芝士蛋糕的各种价格和与各种价格相对应的该商品的供应数量组合点在平面坐标图上绘制出来。假设芝士蛋糕是无限可分的，即具有连续性，则将各点连接起来就得到一条向右上方倾斜的曲线，就是某蛋糕店的芝士蛋糕的供给曲线。供给曲线是表示商品的价格和供给量之间关系的曲线。如图 2.5 所示，横轴 OQ_s 表示商品的数量，纵轴 OP 表示商品的价格，曲线 S 表示供给曲线。

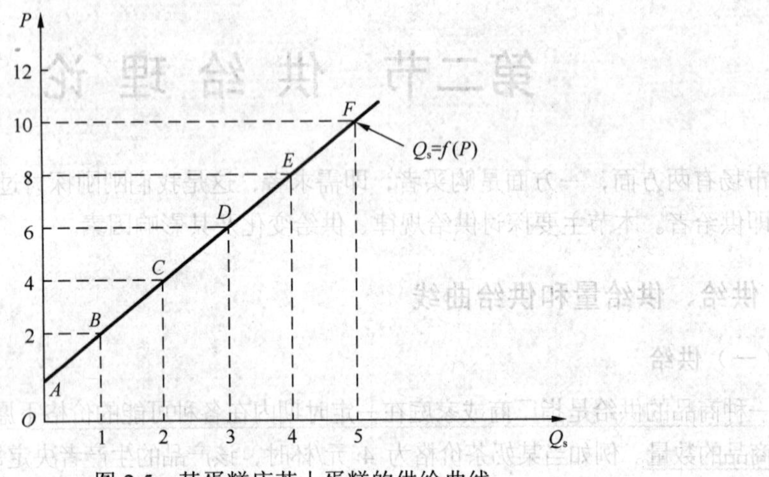

图 2.5　某蛋糕店芝士蛋糕的供给曲线

如同需求曲线，供给曲线可以是直线型的，也可以是曲线型的。当供给函数为一元一次线性函数时，相应的供给曲线是一条直线；当供给函数为非线性函数时，相应的供给曲线是一条曲线。线性供给函数的通常形式为

$$Q_s = -\delta + \gamma \cdot P（\delta、\gamma \text{为常数，且} \delta、\gamma > 0） \quad (2.4)$$

其中，常数 $-\delta$ 表示当 $P = 0$ 时的供给量。由于厂商不可能提供负的供给量，因此 $-\delta$ 的实际含义是，要想厂商提供正的供给量，必须使价格 $P > \dfrac{\delta}{\gamma}$。系数 γ 为供给曲线的斜率，它表示当 P 发生微小变动时所引起的 Q_S 正向变动的程度。

（三）供给规律

建立在供给函数基础上的供给表和供给曲线都反映了商品的价格变动和供给量变动二者之间的关系。一般来说，在影响供给的其他因素不变的条件下，商品的价格上涨会导致该商品供给量的增加，也就是商品的供给量和价格呈同方向变动的规律，也即供给规律（Law of Supply）。

二、供给量的变动与供给的变动

（一）供给量的变动及其影响因素

如同需求量的变动与需求的变动的区别一样，供给量的变动和供给的变动也都是供给数

量的变动，它们的区别在于引起这两种变动的因素是不相同的，而且，这两种变动在几何图形中的表示也是不相同的。

供给量的变动是指在其他条件不变时，由商品的价格变动所引起的该商品的供给数量的变动。在几何图形中，供给量的变动表现为商品的价格—供给数量组合点沿着同一条既定的供给曲线的运动。如图 2.6 所示，商品价格变动所引起的供给数量的变动，使价格—供给数量组合点 *A* 点沿着同一条既定的供给曲线运动到 *B* 点。

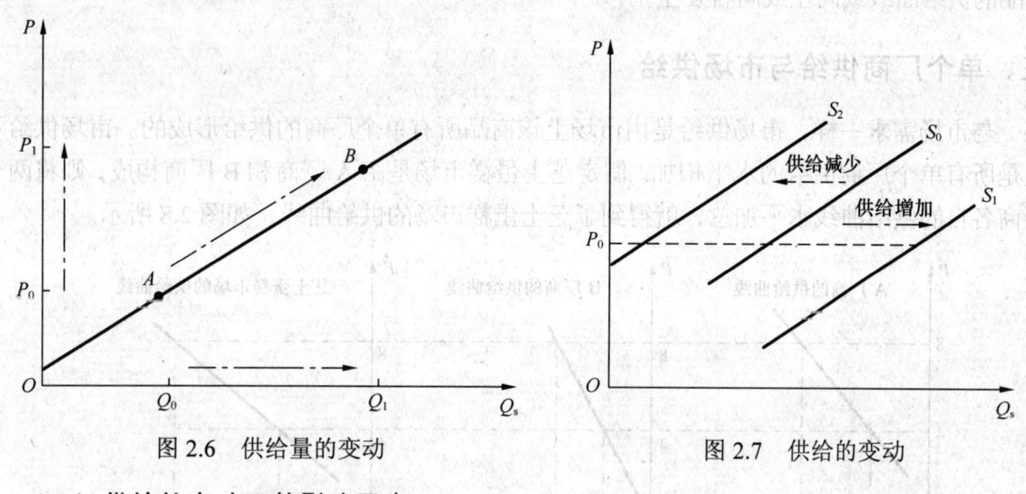

图 2.6　供给量的变动　　　　图 2.7　供给的变动

（二）供给的变动及其影响因素

供给的变动是指在某商品价格不变的条件下，由于其他因素变动所引起的该商品的供给数量的变动。在几何图形中，供给的变动表现为供给曲线的位置发生移动，表示整个供给情况的变化，如图 2.7 所示。

1. 技术因素

例如袁隆平 1975 年研究的世界上首例成功的杂交水稻品种使水稻产量翻番，1976 年到 1987 年的十年间中国的稻谷增产 1 000 亿公斤，这意味着使用该技术的农户在任何价格下都可以供给更多的稻米。一般来说，生产技术水平提高可以降低生产成本，增加利润，从而使商品的供给量增加。相反，生产技术水平降低，使商品的供给量减少。

2. 资源和其他投入要素的价格变化

假设由于石油等能源价格的上升，导致化肥等农业投入品价格随之上升，其结果会使农产品在任何既定的价格下生产下降，供给减少。因为资源和投入要素的价格变化将影响产品成本，进而影响厂商的利润水平。厂商根据成本—利润变化调整生产，从而改变商品的供给量。

3. 相关商品的价格

当一种商品本身的价格保持不变，而和它相关的其他商品的价格发生变化时，这种商品本身的供给量也会发生变化。一般来说，当一种商品的价格提高，其互补品的供给量就会增加。相反，价格降低，其互补品的供给量就会减少。也即一种商品的供给与其互补品价格沿着相同的方向变化。

如果一种商品的价格提高，其替代品的供给量就会减少。相反，价格降低，其替代品的供给量就会增加。也即一种商品的供给与其替代品价格沿着相反的方向变化。

4. 生产者对未来价格的预期

假定房地产商预期明年的房价会快速上涨，则他会降低在建工程的进度或将已建好的楼盘推迟上市，从而使当前的房屋供给数量减少。生产者对未来价格的预期是他决策当前产出和未来产出的重要因素，进而会影响该产品当前的供应量。

上述因素无疑会使生产者在现有价格水平下调整和改变对某种商品的供给数量，从而使商品的供给曲线或向左或向右发生位移。

三、单个厂商供给与市场供给

与市场需求一样，市场供给是由市场上该商品所有单个厂商的供给形成的。市场供给不过是所有单个厂商供给的水平相加。假定芝士蛋糕市场是由A厂商和B厂商构成，则将两个厂商各自的供给曲线水平加总，就得到了芝士蛋糕市场的供给曲线，如图2.8所示。

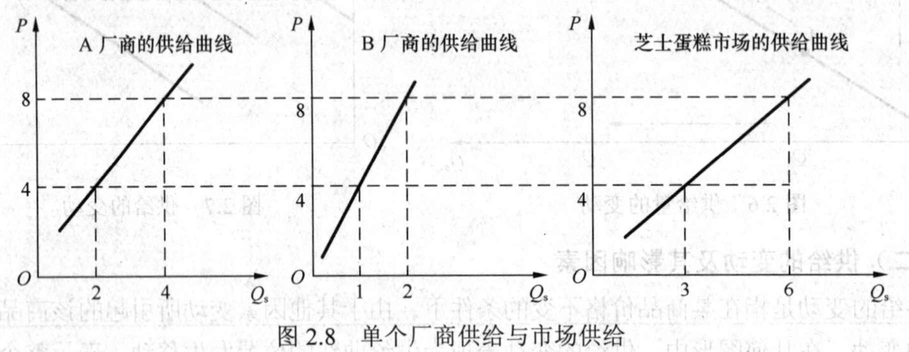

图2.8 单个厂商供给与市场供给

第三节 价格的决定

商品的价格是在商品的市场需求和市场供给这两种相反力量的共同作用下形成的。

一、均衡价格的决定

（一）均衡的含义

在日常用语中，均衡的意思是“两个相反的力量处于相对平衡状态之中”。从经济学角度来说，均衡一般是指经济事物中有关变量在一定条件的相互作用下所达到的一种相对静止的状态。就市场而言，市场均衡是指供给和需求这两种相反力量相互作用并达到平衡状态，此时买者所愿意并有能力购买的数量正好等于卖者所愿意并有能力出售的数量。

市场处于均衡状态下所产生的价格和数量，即为均衡价格（Equilibrium Price）和均衡数量（Equilibrium Quantity）。一种商品的均衡价格是指该商品的市场需求量和市场供给量相等时的价格。均衡数量是指在均衡价格水平下的供求相等的数量。

（二）均衡价格的形成

均衡价格是在市场需求和供给这两种力量的自发调节下形成的。假定芝士蛋糕的市场需求与市场供给情况如表 2.3 所示。

表 2.3　芝士蛋糕市场供给与需求表

价格—数量组合	A	B	C	D	E	F	G
价格（元/块）	1	2	3	4	5	6	7
需求量（块）	600	500	400	300	200	100	0
供给量（块）	0	100	200	300	400	500	600

依据上表可画出芝士蛋糕的市场需求与供给曲线几何图，如图 2.9 所示。

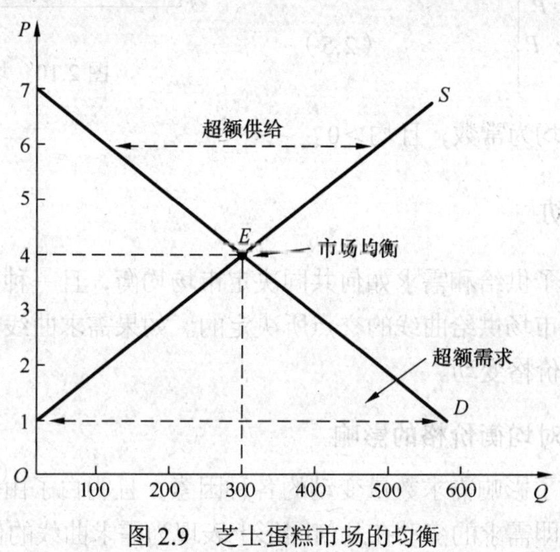

图 2.9　芝士蛋糕市场的均衡

从图 2.9 中可知，当芝士蛋糕市场的实际价格低于 4 元/块时，市场会存在超额需求，即需求量超过供给量。如价格为 1 元/块时，市场供给量为 0，需求量达到 600 块，超额需求为 600 块。面对市场上该商品的短缺状况，一方面需求者被迫提高价格以求购买到他所需要的商品，从而使该商品价格具有上涨的趋势；另一方面，随着商品价格的上涨，供给者愿意出售的商品增多，商品的供应量增多，而原来部分低价的需求者会随着商品价格的上升而减少对这种商品的需求，商品的需求量减少。

价格及供求的不断调整直至价格达到 4 元/块，供给量和需求量均为 300 块时才会停止。此时超额需求消失，实现了供求相等的均衡状态。

相反地，当芝士蛋糕市场的实际价格高于 4 元/块时，市场会存在超额供给，即供给量超过需求量。如价格为 6 元/块时，市场供给量为 500 块，需求量仅为 100 块，超额供给为 400 块：面对市场上该商品的过剩状况，一方面供给者被迫纷纷降价销售，致使该商品的价格具有下降趋势；另一方面，随着商品价格的下降，供给者愿意出售的商品减少，商品的供应量下降，而需求者会随着商品价格的下降而增加对这种商品的需求，商品的需求量增加。这一调整过程会持续到价格为 4 元/块，市场需求量和供给量均为 300 块时才会停止。

由此可见，在一个自由交换的市场，当实际价格偏离均衡价格、供给和需求处于非均衡状态（超额需求或超额供给）时，市场通过价格调整最终使市场回复到均衡状态。此时需求者和供给者在自己满意的价格下来购买或销售，且二者在数量上相等。

由上述分析可知，一种商品市场的均衡出现在该商品的市场需求曲线和市场供给曲线相交的交点（即均衡点）上。均衡点上的价格和相等的供求量即为均衡价格和均衡数量。如图 2.10 所示，市场需求曲线 D 和市场供给曲线 S 相交于 E 点，E 点即均衡点。在均衡点 E，均衡价格为 $\overline{P}$，均衡数量为 $\overline{Q}$。

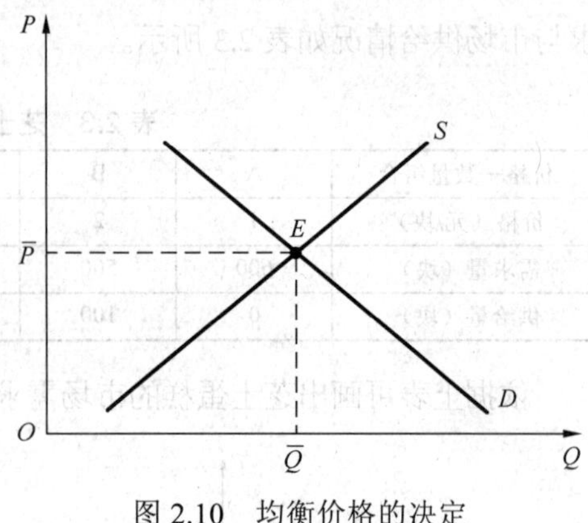

图 2.10　均衡价格的决定

除了几何图形外，均衡价格决定模型还可以被表示为一个联立方程组，即

$$\left.\begin{aligned} Q_d &= \alpha - \beta \cdot P \\ Q_s &= -\delta + \gamma \cdot P \\ Q_d &= Q_s \end{aligned}\right\} \qquad (2.5)$$

式中，α、β、δ、γ 均为常数，且均＞0。

二、均衡价格的变动

前面我们已经分析了供给和需求如何共同决定市场均衡，且一种商品的均衡价格是由该商品的市场需求曲线和市场供给曲线的交点所决定的。如果需求曲线或供给曲线的位置发生移动，则必然导致均衡价格变动。

（一）需求的变动对均衡价格的影响

在第一节我们分析了影响需求数量变动的各种因素，且明白了由价格以外的其他因素引起的需求数量的变动，即需求的变动在几何图形上表现为需求曲线的位置发生移动。

当需求曲线发生位移时对均衡价格会形成怎样影响？例如，2003 年突然爆发的 SARS（原称非典）病毒如何影响板蓝根市场？很显然，SARS 病毒的突然爆发使市场对抗病毒药物——板蓝根冲剂的需求在短时间内急剧增加，使板蓝根商品的需求曲线向右方大幅移动，而此时厂商来不及调整生产能力，因此，板蓝根的供给曲线只有一条。

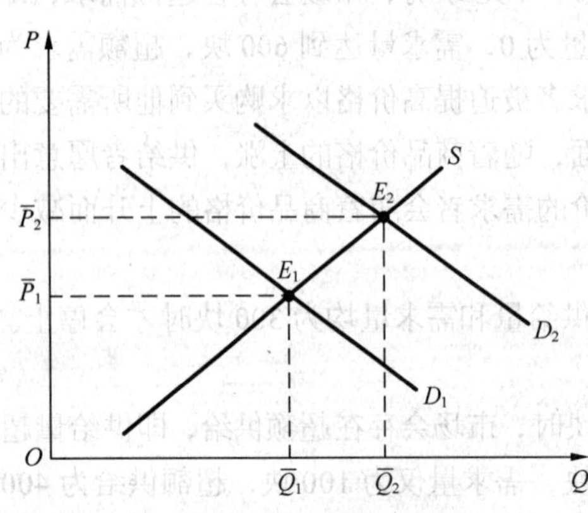

图 2.11　需求增加对均衡价格的影响

由不变的一条供给曲线和右移的新的需求曲线形成新的供求均衡点 E_2，对应此均衡点的板蓝根的均衡价格 $\overline{P}_2$ 和均衡数量 $\overline{Q}_2$ 大于未出现 SARS 流行前的均衡价格 $\overline{P}_1$ 和均衡数量 $\overline{Q}_1$，如图 2.11 所示。

由此可见，在供给不变的前提下，需求增加，则需求曲线向右平移，从而使均衡价格和均衡数量都增加；反之，需求减少，则需求曲线向左平移，从而使均衡价格和均衡数量都减少，如图 2.12 中所示的需求曲线由 D_1 变动到 D_3，均衡点由 E_1 移至 E_3，相应，均衡价格由 $\overline{P}_1$ 下降至 $\overline{P}_3$，均衡数量由 $\overline{Q}_1$ 减少至 $\overline{Q}_3$。

结论：在其他条件不变的前提下，需求变动分别引起均衡价格和均衡数量的同向变动。

（二）供给的变动对均衡价格的影响

当供给曲线发生位移时对均衡价格会形成怎样影响？例如，某年北方的冰灾使苹果树大量冻伤致使第二年苹果的供应量大幅下降，而市场对苹果的需求未发生任何改变，则苹果的均衡价格会发生怎样的变动？

很显然，因为市场对苹果的需求未发生任何改变，所以苹果的需求曲线只有一条，但受冰灾影响苹果供给量大幅下降，在几何图形上表现为供给曲线向左平行移动，由不变的一条需求曲线和左移的新的供给曲线形成新的供求均衡点 E_2，对应此均衡点的苹果的均衡价格 $\overline{P}_2$ 高于未发生冰灾前的均衡价格 $\overline{P}_1$，而均衡数量 $\overline{Q}_2$ 小于未发生冰灾前的均衡数量 $\overline{Q}_1$，如图 2.13 所示。

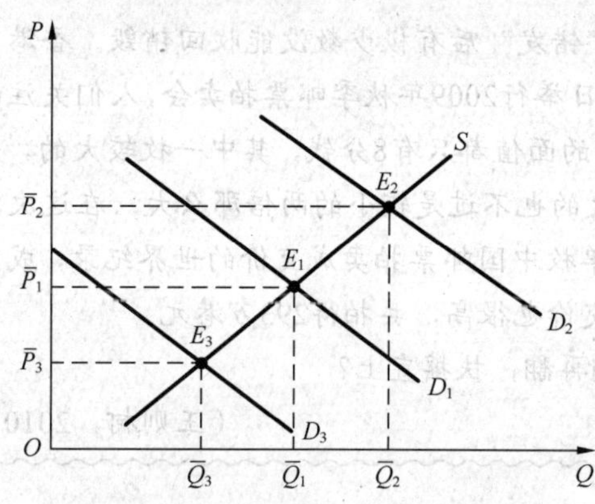

图 2.12　需求变动对均衡价格的影响

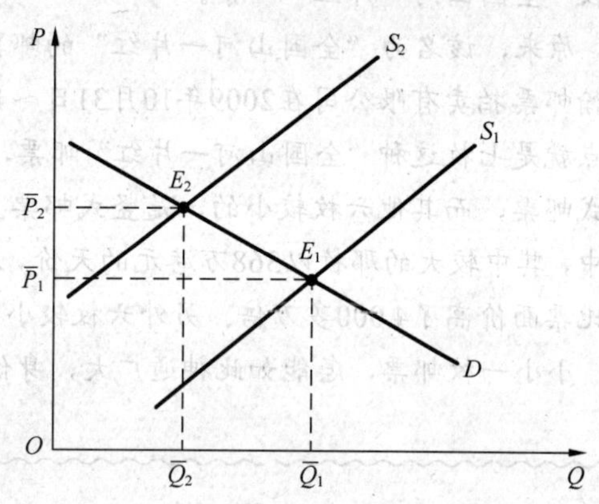

图 2.13　供给减少对均衡价格的影响

由此可见，在需求不变的前提下，供给减少，则供给曲线向左平移，从而使均衡价格上升和均衡数量减少；反之，供给增加，则供给曲线向右平移，从而使均衡价格下降和均衡数量增加，如图 2.14 中的供给增加，供给曲线由 S_1 变动到 S_3，均衡点由 E_1 移至 E_3，相应地，均衡价格由 $\overline{P}_1$ 下降至 $\overline{P}_3$，均衡数量由 $\overline{Q}_1$ 增加至 $\overline{Q}_3$。

结论：在其他条件不变的前提下，供给变动分别引起均衡价格的反向变动和均衡数量的同向变动。

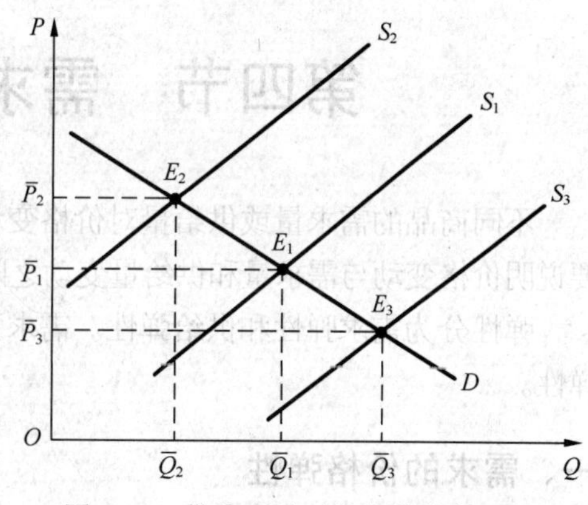

图 2.14　供给变动对均衡价格的影响

（三）需求与供给同时变动对均衡价格的影响

考察需求与供给同时变动对均衡价格的影响如何，需要结合需求和供给变化的具体情况来确定。一般来说，需求与供给的变动有以下几种情形。

（1）需求与供给同向同幅度变动，即需求和供给同比例增加（或减少），则均衡价格不变，均衡数量增加（或减少）；

（2）需求与供给变动幅度相同但变动方向相反，如需求增加（或减少）而供给减少（或增加），则均衡数量不变，但均衡价格上升（或下降）；

（3）需求与供给变动方向相同但幅度不同或变动方向不同且幅度也不相同，则均衡价格和均衡数量的变化难以确定，其具体变动结果取决于需求与供给各自变动的力度的大小对比。因为需求的变动与均衡价格和均衡数量同向变动，而供给变动与均衡价格反向变动但与均衡数量同向变动。

案例 2-2

邮票何以身价不菲？

花人民币8分钱买来的一样东西，在40年以后，竟然拍卖出了比原价高4 000多万倍的天价，达到368万港元。这自然马上成为报纸和网络的新闻。这样东西就是中国邮政部门发行的一枚“全国山河一片红”邮票。

原来，该名为“全国山河一片红”的邮票在“错发”后有极少数没能收回销毁。香港布约翰邮票拍卖有限公司在2009年10月31日～11月1日举行2009年秋季邮票拍卖会，人们关注的焦点就是七枚这种“全国山河一片红”邮票，它们的面值都只有8分钱，其中一枚较大的，是横式邮票，而其他六枚较小的，是竖式邮票。较大的也不过是较小的两倍那么大。在这次拍卖中，其中较大的那枚以368万港元的天价，刷新单枚中国邮票拍卖成交价的世界纪录，成交价比票面价高了4 000多万倍。另外六枚较小的成交价也很高，共拍得293万港元。

小小一枚邮票，怎能如此神通广大，身价一翻再翻，扶摇直上？

（王则柯，2010）

第四节 需求弹性与供给弹性

不同商品的需求量或供给量对价格变动的反应程度是不同的，需求与供给弹性理论就是要说明价格变动与需求量和供给量变动之间的这种量的关系。

弹性分为需求弹性和供给弹性。需求弹性又分为需求的价格弹性、收入弹性和交叉价格弹性。

一、需求的价格弹性

（一）一般定义

需求的价格弹性（price elasticity of demand）通常被简称为需求弹性。需求弹性是用来表示在一定时期内某种商品的需求量的相对变动对于该商品的价格的相对变动的反应程度。它是商品需求量变动百分比与价格变动百分比之比，即

$$需求弹性=\frac{需求量变动百分比}{价格变动百分比} \tag{2.6}$$

用 E_d 表示弹性系数，ΔP、ΔQ 分别是价格与需求量的变动量，P、Q 分别是变动前的价格与需求量，得

$$E_d=-\frac{\frac{\Delta Q}{Q}}{\frac{\Delta P}{P}}=-\frac{\Delta Q}{\Delta P}\cdot\frac{P}{Q} \tag{2.7}$$

例如，中华广场星巴克在情人节推出优惠活动，将咖啡的价格由 20 元/杯变动至 15 元/杯，咖啡的需求量从 30 杯/小时变动到了 60 杯/小时，则星巴克咖啡的需求价格弹性系数为

$$E_{\mathrm{d}}=-\frac{(60-30)/30}{(15-20)/20}=-\frac{1}{-5/20}=4$$

通常情况下，由于商品的需求量和价格成反方向变动，所以，需求量变动百分比与价格变动的百分比之比通常是负数。为了便于比较，对需求的价格弹性系数通常取其绝对值，绝对值越大表示需求价格弹性越大，这意味着需求量对价格变动越敏感。

（二）弧弹性与点弹性

1. 弧弹性

需求弧弹性表示某商品需求曲线上两点之间的需求量的相对变动对于价格的相对变动的反应程度，即需求曲线上两点之间的一段弧的弹性。从理论上说，弧弹性系数的计算公式就是公式（2.7），但实际计算时，通常采用中点公式。为什么呢？

上例中星巴克咖啡的需求价格弹性系数为 4，这是在价格由 20 元降为 15 元情况下的弹性系数，但如果价格、需求量的变动的幅度相同（依然是价格变动 5 元，需求量变动 30 杯/小时），但变动方向相反，即咖啡的价格由 15 元上升至 20 元，需求量则由 60 杯/小时降为 30 杯/小时，此时星巴克的咖啡的需求弹性系数是多少？按照弹性计算公式，其计算结果为

$$E_{\mathrm{d}}=-\frac{(30-60)/60}{(20-15)/15}=-\frac{-30/60}{5/15}=1\frac{1}{2}$$

尽管价格及需求量的变动量相同，但涨价与降价不同的价格变动方向有不同的弹性系数：其原因是在变动的百分比较大时，也即需求曲线上两点之间（一段弧）距离较远，由变动方向的起点所确定的 P 和 Q 的基数差别就大，降价和涨价的计算结果也就不同。

由于计算需求弹性系数的目的主要是为了探讨商品的需求量对价格变动的敏感程度，并未强调是作为降价或涨价的结果，所以，在实际计算一段弧的需求弹性时，为了避免不同的计算结果，则通常取两点的价格和需求量各自的平均值（中值）来作为 P 和 Q 值，即需求弧弹性中点公式为

$$E_{\mathrm{d}}=-\frac{\frac{\Delta Q}{Q}}{\frac{\Delta P}{P}}=-\frac{\Delta Q}{\Delta P}\cdot\frac{P}{Q}=-\frac{\Delta Q}{\Delta P}\cdot\frac{\frac{P_1+P_2}{2}}{\frac{Q_1+Q_2}{2}} \tag{2.8}$$

运用中点公式计算上例星巴克咖啡的需求弹性，则该商品的需求弹性为

$$E_{\mathrm{d}}=-\frac{\Delta Q}{\Delta P}\cdot\frac{\frac{P_1+P_2}{2}}{\frac{Q_1+Q_2}{2}}=\frac{30}{5}\times\frac{20+15}{30+60}=-2\frac{1}{3}$$

2. 点弹性

当需求曲线上的两点之间的变动量趋于无穷小时，需求弹性用点弹性来表示。需求点弹性表示需求曲线上某一点上的需求量的无穷小的变动率对于价格的无穷小的变动率的反应程度，即需求曲线上某一点的弹性。

设需求函数为 $Q=f(P)$，$\mathrm{d}Q$、$\mathrm{d}P$ 各表示需求量和价格的无穷小的变动量，E_{d} 表示需求弹性系数，则需求点弹性公式为

$$E_d = -\frac{\frac{dQ}{Q}}{\frac{dP}{P}} = \frac{dQ}{dP} \cdot \frac{P}{Q} \qquad (2.9)$$

需求弧弹性和需求点弹性在本质上是相同的。二者的区别在于：弧弹性表示的是价格变动量较大时需求曲线上两点之间的弹性；点弹性表示的是价格变动量无穷小时需求曲线上某一点的弹性。

3. 需求价格弹性的分类

根据需求价格弹性系数值的大小，需求弹性可分为以下五种类型，如图 2.15 所示。

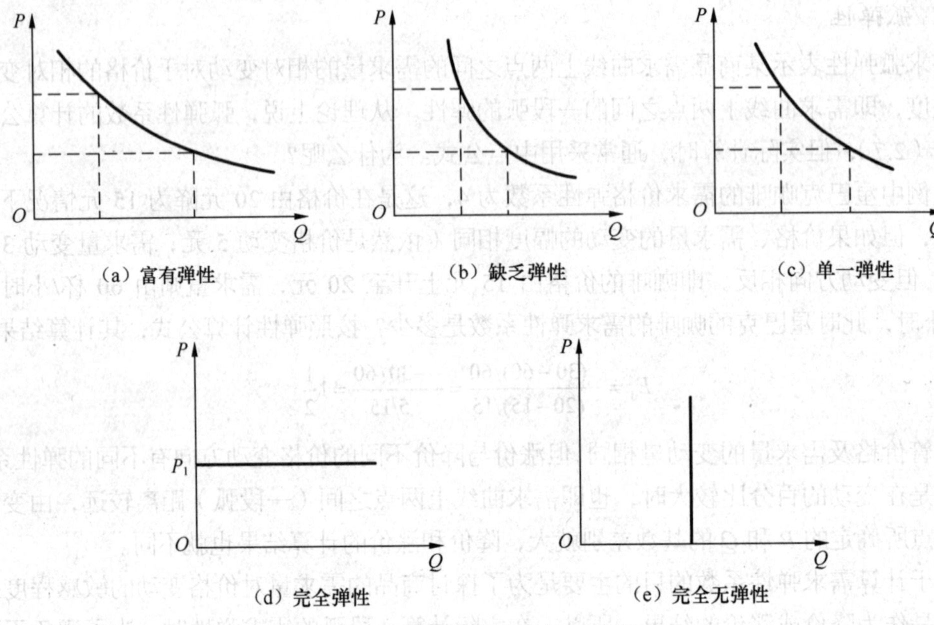

（a）富有弹性　（b）缺乏弹性　（c）单一弹性

（d）完全弹性　（e）完全无弹性

图 2.15　需求价格弹性的五种类型

（1）需求富有弹性：$E_d>1$，表示需求量的变动率大于价格的变动率，如图 2.15（a）所示。在需求富有弹性时，需求曲线一般比较平缓。

（2）需求缺乏弹性：$E_d<1$，表示需求量的变动率小于价格的变动率，如图 2.15（b）所示。需求缺乏弹性时，需求曲线比较陡峭。

（3）需求单一弹性：$E_d=1$，表示需求量的变动率等于价格的变动率，如图 2.15（c）所示。需求单一弹性时，需求曲线为正双曲线。

（4）需求完全弹性：$E_d=\infty$，表示价格的任何变动，会引起需求量无限大的变动，如图 2.15（d）所示。此时需求曲线为一条水平线。

（5）完全无弹性：$E_d=0$，表示在任何价格水平，需求量都固定不变，如图 2.15（e）所示。此时需求曲线垂直于横轴。

由需求曲线五种类型的分析可知，需求曲线的形状不同，更准确地说，需求曲线的斜率不同，其需求弹性的大小也就不同。需求曲线的斜率的绝对值越小，曲线越平坦，其价格小幅度变动会带来需求量的较大幅度变动，其需求价格弹性大；反之，一条陡峭的需求曲线，也即需求曲线的斜率的绝对值越大，表明该商品的需求价格弹性就越小。

值得注意的是，需求曲线的斜率$\Delta P/\Delta Q$尽管与需求弹性公式中的$\Delta Q/\Delta P$有关，但其本身并非需求弹性。

（三）需求弹性与销售收入

不同商品的需求价格弹性不同，因此同等幅度的价格变动所引起的需求量变动的幅度是不相同的，由此所带来的厂商的总收益也就有很大的差异。正因为如此，根据不同弹性的商品制定不同的价格策略，就具有了十分重要的现实意义。

厂商的销售收入等于商品的价格与商品销售量的乘积。假定商品销售量等于商品需求量，用R表示销售收入，P表示商品的价格，Q表示商品需求量，则

$$R = P \times Q \tag{2.10}$$

例如，图 2.16（a）中，中华广场星巴克咖啡的价格是 20 元/杯，且一小时出售了 30 杯，其销售收入就是 20 元/杯 × 30 杯/小时，等于 600 元/小时。而当星巴克降低价格至 15 元/杯，其销售量为 60 杯/小时，则降价以后的销售收入为 15 元/杯 × 60 杯/小时 = 900 元/小时。价格下降 25%，销售收入反而增加了 50%，其原因是星巴克咖啡的需求弹性大，价格下降 25%，需求量（销售量）增加了 100%（1 倍）所致。

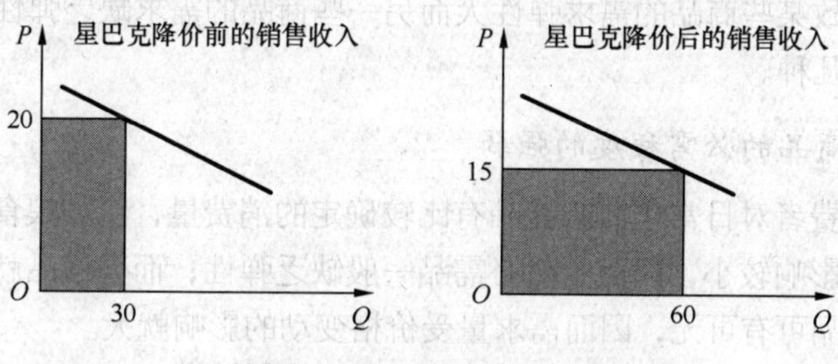

（a）销售收入与富有弹性的需求：星巴克咖啡

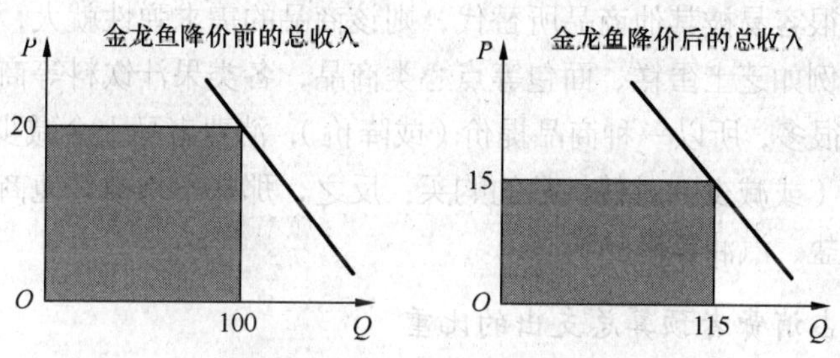

（b）销售收入与缺乏弹性的需求：金龙鱼食用油

图 2.16　需求价格弹性与销售收入

对食用油而言，如图 2.16（b）所示，假定同样的价格下调 25%，厂商的销售收入是否也会大幅上升？假定某超市推出店庆活动一天，将一瓶一千克的原售价 20 元的金龙鱼葵花籽油调整为优惠价 15 元，营业结束对账盘点，发现一千克装的金龙鱼葵花籽油的销售量是 115 瓶，比非优惠日平均每日的销售量 100 瓶多出售 15 瓶，比较促销前后的销售收入，会发现金龙鱼降价促销活动并不理想，具体计算如下。

促销前销售收入：20 元/瓶 × 100 瓶/天= 2 000 元/天；

促销的销售收入：15 元/瓶 × 115 瓶/天= 1 725 元/天。

金龙鱼葵花籽油的促销活动所带来的总的销售收入比促销前减少 275 元，其原因是金龙鱼葵花籽油的需求弹性小，价格下降 25%，需求量（销售量）只增加了 15%所致。

由上述分析可得出以下结论。

$E_d>1$ 的商品，适当降价会增加销售收入，涨价会减少销售收入，即价格与销售收入成反向变动。企业应对该产品适当降价。

$E_d<1$ 的商品，降价会减少销售收入，涨价会增加销售收入，即价格与销售收入成同向变动。企业可对该产品适当提价。

$E_d=1$ 的商品，价格变动对销售收入没有影响。此时企业可根据其他具体市场情况制定产品价格策略。

两种特殊情况：

$E_d=\infty$，由于在既定价格下收益可以无限增加，厂商因而不会降价，而涨价会使销售收入减少为零。

$E_d=0$，价格变动会使销售收入同比例同向变动。

（四）需求价格弹性的影响因素

是哪些因素导致某些商品的需求弹性大而另一些商品的需求缺乏弹性呢？影响需求弹性的因素主要有以下几种。

1. 消费者对商品的必需程度的强弱

一般来说，消费者对日常生活必需品有比较确定的消费量，例如粮食、饮用水等，其需求量受价格变化的影响较小，因而生活必需品一般缺乏弹性；而奢侈品就富有弹性，因为对消费者来说，奢侈品可有可无，因而需求量受价格变动的影响就大。

2. 商品的可替代程度

如果某一商品很容易被其他商品所替代，则该商品的需求弹性就大，替代品越多，该商品就越富有弹性。例如芝士蛋糕、面包等点心类商品，各类果汁饮料等商品，他们之间的替代性强，可替代品很多，所以一种商品提价（或降价），消费者马上会减少（或增加）对该商品的购买，而增加（或减少）对替代品的购买：反之，那些不易被其他商品所替代的商品就缺乏弹性，例如食盐、汽油等商品。

3. 消费支出占消费者预算总支出的比重

价格上涨，就如收入下降一样，意味着人们不能购买和从前一样多的商品或服务。所以某商品支出占消费者总支出（总收入）的比重越大，其需求弹性越大；反之，弹性越小。例如消费者对报纸、打火机、牛奶、牙膏等商品价格变化不太敏感，但对小轿车价格、房价、房屋租金的变动就很敏感。尤其是刚走入社会的年轻大学生，房租涨价，他们马上会找小面积房子或寻找合租伙伴，以减少房租涨价带来的经济压力。

4. 时间跨度的长短

一般来说，一种商品价格发生变动后的时间跨度越长，该商品的需求弹性越大；反之，需求弹性越小。因为时间越长，消费者和厂商更容易找到替代品。

5. 商品用途的大小及耐用程度

一般来说，商品的用途越广，该商品的需求弹性就越大。因为当其价格下降时，消费者会尽量多地利用该商品，使该商品的需求大幅上升。而商品越耐用，其需求弹性越小，反之，越不耐用的易耗品的需求弹性就越大。

值得强调的是，一种商品的需求弹性的大小是多种影响因素综合作用的结果。那么在某一阶段某一市场，其弹性究竟有多大，就要根据具体情况进行全面综合分析。

二、其他需求弹性

（一）需求的交叉弹性

需求的交叉弹性表示在一定时期内一种商品的需求量的相对变动对于它的相关商品的价格的相对变动的反应程度。它是某商品需求量的变动率与它的相关商品的价格的变动率之比。

交叉弹性系数计算公式为

$$E_{XY}=\frac{\frac{\Delta Q_x}{Q_x}}{\frac{\Delta P_y}{P_y}}=\frac{\Delta Q_x}{\Delta P_y}\cdot\frac{P_y}{Q_x} \tag{2.11}$$

式中 E_{XY} 表示当 Y 商品的价格发生变化时的 X 商品的需求交叉弹性系数，ΔQ_x、ΔP_y 各表示 Q_x 和 P_y 的变动量。当 ΔQ_x、ΔP_y 的变动均为无穷小时，则商品 X 的需求交叉弹性公式为

$$E_{XY}=\lim_{\Delta P_Y\to o}\frac{\frac{\Delta Q_x}{Q_x}}{\frac{\Delta P_y}{P_y}}=\frac{dQ_x}{dP_y}\cdot\frac{P_y}{Q_x} \tag{2.12}$$

假设一份肯德基（KFC） 套餐的价格由 20 元降到 18 元（降价 10%），与其相邻的真功夫的需求量由每小时 40 份降到 38 份（下降 5%），则真功夫相对肯德基价格变化的需求交叉弹性为

$$E_{XY}=\frac{\frac{38-40}{40}}{\frac{18-20}{20}}=\frac{-2}{-2}\times\frac{20}{40}=0.5$$

在此例中，真功夫与肯德基的需求交叉弹性系数等于 0.5，是大于零的正数，表明作为真功夫的替代品的肯德基的价格下降导致市场对真功夫的需求量减少，因此真功夫的需求量与其替代品肯德基的价格呈同方向变动。

假设 2009 年国际原油价格由 40 美元上升至 80 美元，致使同年日本本田汽车的需求量由 2008 年的 1 500 万辆减少到 1 200 万辆，则本田汽车相对国际原油价格变化的需求交叉弹性为

$$E_{XY}=\frac{\frac{-300}{1500}}{\frac{40}{40}}=\frac{-300}{40}\times\frac{40}{1500}=-0.2$$

在此例中，本田车与原油的需求交叉弹性系数等于−0.2，是小于零的负数，表明作为本田车

的互补品的原油的价格上涨导致市场对本田车的需求量减少，因此本田车的需求量与其互补品原油的价格呈反方向变动。

由上面的两个举例可知，需求交叉弹性系数的符号取决于所考察的两种商品的关系。反之，可以根据两种商品的需求交叉弹性系数的符号来判断两种商品的关系。

依据商品相互之间的关系不同，可以将其分为替代品、互补品和独立品，结论如下：替代品：$E_{XY}>0$；互补品：$E_{XY}<0$；独立品：$E_{XY}=0$。

（二）需求的收入弹性

需求的收入弹性表示某种商品的需求量的相对变动对于消费者收入的相对变动的反应程度。需求的收入弹性系数的计算公式为

$$E_M=\frac{\frac{\Delta Q}{Q}}{\frac{\Delta M}{M}}=\frac{\Delta Q}{\Delta M}\cdot\frac{M}{Q} \quad (2.13)$$

$$E_M=\lim_{\Delta M\to o}\frac{\frac{\Delta Q}{Q}}{\frac{\Delta M}{M}}=\frac{dQ}{dM}\cdot\frac{M}{Q} \quad (2.14)$$

根据需求收入弹性系数的大小，可以将商品分为三类。

奢侈品：$E_M>1$，一般正常商品中的奢侈品收入弹性大，如国外旅行、高档汽车等商品，随着收入的增加，对该类商品需求增加的幅度大于收入增加的幅度。

必需品：$1>E_M>0$，一般正常商品中的必需品收入弹性小，如食品、衣服、电话等，随着收入的增加，对该类商品的需求也会增加，但需求增加的幅度小于收入增加的幅度。

低档品：$E_M<0$，如黑白电视机、低档的胶鞋等，这些商品会随着收入的增加，其需求反而减少，所以收入弹性系数为负值。

如果具体研究消费者收入量的变动和用于购买食物的支出量的变动之间的关系，则可以得到食物支出的收入弹性，表示为

食物支出的收入弹性 = 食物支出量的变动率/消费者收入量的变动率 （2.15）

德国统计学家恩格尔得出的恩格尔定律是：在一个家庭或国家中，食物支出在收入中所占的比例随着收入的增加而减少。用食物支出的收入弹性来表述该定律，即：对一个家庭或国家来说，富裕程度越高，则食物支出的收入弹性越小；反之，则越大。通常食物支出的收入弹性被称为恩格尔系数。

三、供给的价格弹性

供给弹性在经济学中包括供给价格弹性、供给交叉弹性和供给预期价格弹性等，在这里我们仅仅分析供给的价格弹性。

（一）供给价格弹性的概念及其计算

供给价格弹性通常被简称为供给弹性。供给弹性表示在一定时期内一种商品的供给量的

相对变动对于该商品的价格的相对变动的反应程度。它是商品供给量的变动率与价格的变动率之比。例如，某花卉市场在正常月份六株的蝴蝶兰价格大约每盆 300 元，供给量约 800 盆，但在春节期间市场对蝴蝶兰的需求旺盛，六株的蝴蝶兰价格上涨到每盆 480 元，供给量增加到 1 400 盆，则该市场蝴蝶兰的供给弹性是多少呢？

$$\text{蝴蝶兰的供给弹性}=\frac{(1400-800)/800}{(480-300)/300}=\frac{3/4}{3/5}=\frac{5}{4}=1\frac{1}{4}$$

如同需求价格弹性分为弧弹性与点弹性一样，供给弹性也可分为弧弹性与点弹性。供给弧弹性表示某商品供给曲线上两点之间的供给量的相对变动对于价格的相对变动的反应程度，即供给曲线上两点之间的弹性。其计算公式为

$$E_s=\frac{\frac{\Delta Q}{Q}}{\frac{\Delta P}{P}}=\frac{\Delta Q}{\Delta P}\cdot\frac{P}{Q} \tag{2.16}$$

供给弧弹性中点公式为

$$E_s=\frac{\frac{\Delta Q}{Q}}{\frac{\Delta P}{P}}=\frac{\Delta Q}{\Delta P}\cdot\frac{P}{Q}=\frac{\Delta Q}{\Delta P}\cdot\frac{\frac{P_1+P_2}{2}}{\frac{Q_1+Q_2}{2}} \tag{2.17}$$

供给点弹性表示供给曲线上某一点上的供给量的无穷小的变动率对于价格的无穷小的变动率的反应程度，即供给曲线上某一点的弹性。其计算公式为

$$E_s=\frac{\frac{\mathrm{d}Q}{Q}}{\frac{\mathrm{d}P}{P}}=\frac{\mathrm{d}Q}{\mathrm{d}P}\cdot\frac{P}{Q} \tag{2.18}$$

（二）供给弹性的五种类型

1. 富有弹性

$E_s>1$，表示供给量的变动率大于价格的变动率。劳动密集型行业的产品大多有较强的供给弹性，如图 2.17（a）所示。

2. 缺乏弹性

$E_s<1$，表示供给量的变动率小于价格的变动率。一般而言，资本技术密集型行业的产品供给较缺乏弹性，如图 2.17（b）所示。

3. 单一弹性

$E_S=1$，表示供给量的变动率等于价格的变动率。单一供给弹性的商品较为少见，如图 2.17（c）所示。

4. 完全弹性

$E_S=\infty$，表示价格的微小变动，会引起供给量无限的变动，如图 2.17（d）所示。

5. 完全无弹性

$E_S=0$，表示在任何价格水平，供给量都固定不变，如梵高的画，如图 2.17（e）所示。

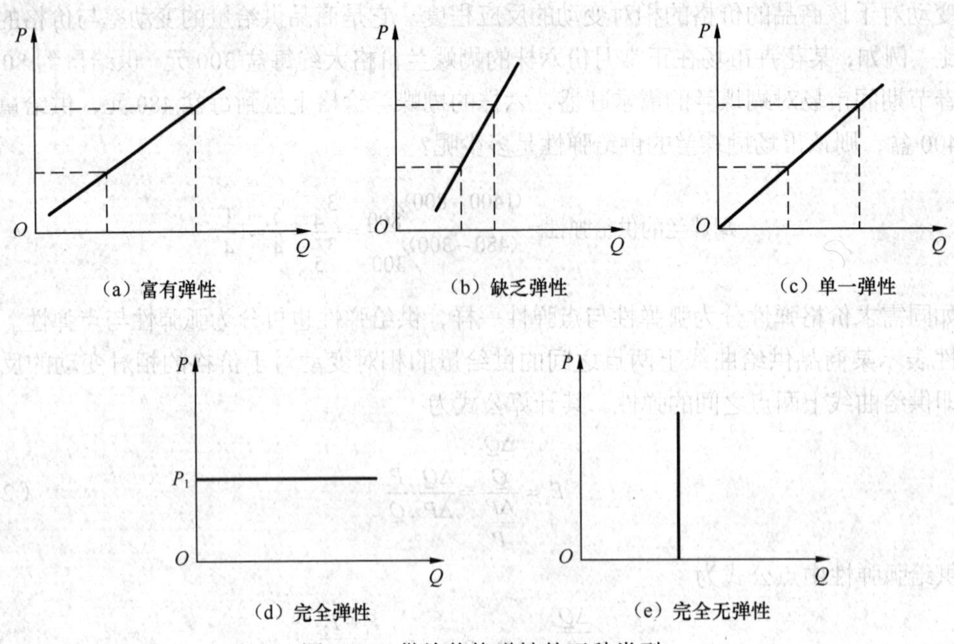

图 2.17　供给价格弹性的五种类型

（三）影响供给价格弹性的因素

供给弹性的大小主要依赖于产量调整的难易程度。产量易于调整的产品，其供给弹性就大；反之，产量难以调整的产品，其供给弹性就小。而产量调整的难易程度取决于以下因素。

1. 生产成本

当其他条件不变时，如果产量增加引起边际成本提高较小，则供给弹性较大；反之，如果产量增加引起边际成本提高较大，则供给弹性较小。

2. 生产周期

生产周期长的产品，面对价格上升，也来不及增加产量，因而其供给弹性较小；反之，生产周期较短的产品，调整产量相对容易，这类产品的供给就会富有弹性。

3. 固定资产投资规模

生产中的固定资产规模大的企业，通常是资本密集型企业，该类企业由于受巨大投入和专业化生产设备的制约，其生产规模较为稳定，产量的调整周期较长且较为困难，这类企业生产的产品供给弹性比较小；而一些生产规模小的劳动密集型企业，其生产调整周期短且较为容易，所以其产品的供给弹性就比较大。

4. 自然因素

农产品受自然力的影响大，产量难于调整，缺乏供给弹性；工业制成品受自然力的影响小，产量较易调整，供给弹性较大。

此外，产品储存难易程度及储存成本大小、生产的可能性的大小也会影响供给弹性的大小。产品容易储存且储存成本较低，则供给弹性大；产品的生产受限制的程度小，也即生产可能性大，则供给弹性大。有些产品只能以某一固定的数量来生产，如绝版海景别墅，则其供给弹性就小。

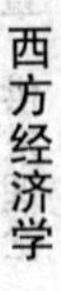

案例 2-3

吉祥号码卖给谁？

21世纪初，吉祥号码的拍卖再度热闹起来。2003年8月18日中国电信“再就业援助”特别号码使用权拍卖会上，四川航空公司以233万元的天价成功拍得02888888888这一号码（该号码成为川航的热线电话号码）；2004年11月初原属联通秦皇岛分公司的手机号码13333333333在“1333333尊贵吉祥号大礼包全国竞买会”上以182万元的天价被一北京男子买走；2005年1月14日晚10时，腾讯首席执行官马化腾的自用QQ号88888在淘宝网上进行拍卖，被在淘宝网的ID名为“呱呱小铺”的买家以26万的天价拍得；广东省中山市一位副市长拍卖他的“3333”车牌，底价6万元，得款45万元。这些寓意吉祥的商业性号码何以有如此高的身价？是因为其“好意头”吗？那么同样也是人们所追求的“好意头”名字为什么没有高身价？而且从现实生活看，追求“好意头名字”的人远超过追求“好意头号码”的人，起个“好意头”名字几乎是所有人的愿望。按理“好意头名字”的身价应该比“好意头号码”高，但事实并不是这样，这是为什么？

（王则柯，2010）

四、弹性理论在经济决策中的应用

商品的需求价格弹性在经济决策中具有重要意义。为了提高生产者收入，往往对农产品采取提价办法，而对一些高档消费品采取降价办法。同样，在给出口物资定价时，若出口目的主要是增加外汇收入，则要对需求价格弹性大的物资规定较低价格，对需求价格弹性小的物资规定较高价格。

各种商品的需求收入弹性也是经济决策时要认真考虑的因素。在规划各经济部门发展速度时，需求收入弹性大的行业，由于需求量增长要快于国民收入增长，因此发展速度应快些，而需求收入弹性小的行业，发展速度应当慢些。

此外，研究商品需求的交叉弹性也很有用。企业在制定产品价格时，应考虑到替代品和互补品之间的相互影响。否则，变动价格可能会对销路和利润产生不良后果。

本章小结

1. 在市场经济条件下，需求和供给是市场的两种基本力量，二者根据价格信号不断地调整买或卖的行为。对需求方来说，当价格上升，需求量减少，需求曲线向右下方倾斜表明了商品的需求量与价格呈反方向变化的需求规律。对供给方来说，当价格上升，供给量增加，供给曲线向右上方倾斜表明了商品的供给量与价格呈同方向变化的供给规律。市场需求和供给力量共同作用，将市场推向均衡，即形成买卖双方愿意接受且在一定时期内相对稳定的价格，也就是均衡价格，此时市场的需求量与供给量相等。

2. 由价格变动引起需求数量的变动称为需求量的变动，由价格以外的其他因素变动引起的需求数量的变动称为需求的变动，需求的变动表现为需求曲线位置的移动。同样的，由价格变动引起供给数量的变动称为供给量的变动，由价格以外的其他因素变动引起的供给数量的变动称为供给的变动，供给的变动表现为供给曲线位置的移动。需求曲线、供给曲线的变动会使均衡价格上升或下降，均衡数量增加或减少。

3. 弹性理论是用来分析因变量的变动对自变量变动的反应程度。需求弹性有需求价格弹性、收入弹性、交叉弹性等，分别说明需求量的变动对商品价格、消费者收入水平及相关商品价格变动的反应程度。供给价格弹性亦是分析供给量的变动对其价格变动的反应程度。根据弹性的大小，需求弹性、供给弹性均可分为富有弹性、缺乏弹性、单一弹性、完全弹性和完全无弹性等类型。弹性理论在经济决策中具有重要作用。

复习思考题

一、名词解释

1. 需求
2. 供给
3. 需求规律
4. 供给规律
5. 均衡价格
6. 需求价格弹性

二、问答题

1. 什么是供求规律？影响供给及需求的因素各有哪些？

2. 请画图说明需求、供给的变动对均衡价格和均衡产量变动影响的几种情形，并作扼要说明。

3. 假定芝士蛋糕的市场供求数据如表 2.4 所示。

表 2.4 蛋糕市场供求数据

价格（元/块）	需求量（万块/月）	供给量（万块/月）
5	180	60
6	160	80
7	140	100
8	120	120
9	100	140
10	80	160
11	60	180

问：①芝士蛋糕的均衡价格和均衡数量是多少？②如果每块芝士蛋糕价格是 10 元，描述芝士蛋糕市场状况并说明其价格会如何变动？③假定科学杂志发表一份研究报告指出过多摄入芝士可能是引起青少年肥胖症的原因，则芝士蛋糕市场会发生何种变化？

4. 假定中华广场星巴克咖啡的需求函数为：Q_d=1 600−100P，表 2.5 是该店咖啡在一定价格范围内的需求表。

表 2.5 咖啡需求

价格（元/杯）	12	13	14	15	16
需求量（杯）	400	300	200	100	0

① 求价格 12 元和 14 元之间的需求价格弧弹性。②根据给出的需求函数，求 $P=14$ 元时的点弹性。③由于吉之岛退出中华广场而使星巴克的需求函数变化为 $Q_d=1\ 200-60$，此时星巴克在 $P=14$ 元的点弹性是多少？

5. 假定，2008 年冬季湖南电取暖器价格上涨了 20%，需求量下降了 2%，同时羊毛衫的价格未变，需求量却上升了 10%。问①羊毛衫对电取暖器的需求交叉弹性是多少？②电取暖器和羊毛衫是替代品还是互补品？

6. 2008 年为应对全球金融危机，政府出台了一系列“拉动内需”的政策措施，其中包括增加对低收入人群的补贴、增加对社会保障住房建设的投入以及对农户补贴以推进“家电下乡”，请同学们收集有关数据，并运用弹性理论分析上述措施的政策效果。

第三章　消费者行为理论

学习目标：在上一章探讨供给与需求如何决定市场均衡的基础上，本章进一步分析由消费者行为所决定的需求，进一步解答需求曲线向右下方倾斜的原理。本章采用边际效用分析和无差异曲线分析两种方法来考察消费者行为，重点阐述消费者是如何作出消费决定的，哪些因素会影响消费者对某种商品的需求。通过本章的学习，对需求规律有更深入的理解。

关键概念：效用（Utility）　总效用（Total Utility）　边际效用（Marginal Utility）　边际效用递减（Diminishing Marginal Utility）　无差异曲线（Indifference Curve）　边际替代率（Marginal Rate of Substitution）　边际替代率递减（Diminishing Marginal Rate of Substitution）　预算线（Budget Line）　消费者均衡（Consumer Equilibrium）　替代效应（Substitution Effect）　收入效应（Income Effect）

第一节　边际效用与消费者均衡

市场体系下一定时期对某种商品的需求是由众多的消费者的消费行为形成的。单个消费者（家庭）的消费行为，就是在考虑收入、偏好、价格、习惯及外在环境等因素后，按照一定的选择原则，通过消费支出安排实现其对某种商品的购买（即个人需求），以最终实现其消费意愿及满足感。而所有消费者对某种商品的消费选择或购买行为就形成市场对该商品的需求。所以对消费者行为分析，并由此推导出需求曲线，就是对需求理论及需求规律的更深入的探讨。

消费者行为理论也称效用理论。该理论使用效用、边际效用等概念，运用无差异曲线和预算线等分析工具，分析消费者在主客观条件的约束下，如何实现效用的最大化，即消费者均衡。

一、效用、总效用和边际效用

（一）效用的概念

小雪在读高一的一段时间，几乎每天在放学途中专门多走约 5 分钟的路程去她所心仪的蛋糕店买上两块芝士蛋糕，然后边走边品尝蛋糕，脸上洋溢的那份满足感让人羡慕。妈妈对此很不理解，小雪跟妈妈解释说："中午学校食堂很挤，我不想去挤，所以中午吃不好，到下午放学时就饿了；再说你不知道那家蛋糕店做的芝士蛋糕的味道多美！又香又软，每天吃了它觉得上学都不辛苦啦！"小雪的解释说明什么？说明芝士蛋糕对小雪来说是有效用的。

所谓效用（Utility）就是商品满足人的欲望的能力，或指消费者在消费商品时所感受到的满足程度。芝士蛋糕对小雪的效用是解除了小雪课后的饥饿感，而且那家蛋糕店出品的口感良好的芝士蛋糕满足了小雪对芝士口味的偏好，使她从消费中获得幸福感。

当然，效用是消费者对商品满足自己欲望的能力的主观心理评价。不同的消费者的需要各不相同，消费者对商品满足自己欲望的能力的主观心理评价也是不相同的。对于饥饿的人来说，蛋糕的效用比较大，但对已吃饱的人来说效用就小了；对那些不喜欢甚至讨厌芝士口味的人来说，决不会从芝士蛋糕中获得小雪那样的满足感，也就不会对芝士蛋糕有购买欲望了。

（二）总效用和边际效用

1. 总效用

一般来说，消费者是从商品消费中获得的效用来评价商品的价值，那么效用大小如何衡量比较？在 19 世纪和 20 世纪初，西方经济学中普遍使用基数效用分析法进行分析解释。

基数效用论认为，效用可以具体衡量并加总求和。表示效用大小的计量单位被称作效用单位。例如：对某消费者而言，看一场精彩的电影的效用为 10 效用单位，吃一顿麦当劳的效用为 8 效用单位，则这两种消费的效用之和为 18 效用单位。

一般来说，总效用（Total Utility,TU）就是消费者在一定时间内从一定数量商品和劳务的消费中得到的效用量的总和或获得的总的满足程度。

假定消费者对一种商品的消费数量为 Q，则总效用函数为

$$\mathrm{TU}=f(Q) \tag{3.1}$$

对一个理性的消费者来说，当然会追求总效用的最大化，那么消费者如何实现或者在什么条件下实现总效用最大？这就是研究消费者消费决策所要探讨的问题，而要能够较为准确回答这一问题，必须引入边际效用这一概念。

2. 边际效用

边际效用（Marginal Utility，MU）指消费者在一定时间内增加 1 单位的商品的消费所得到的效用量的增量，也就是增加 1 单位商品的消费所带来的总效用的增量。边际效用函数为

$$\mathrm{MU}=\frac{\Delta \mathrm{TU}(Q)}{\Delta Q} \tag{3.2}$$

当商品的增加量趋于无穷小，则有

$$\mathrm{MU}=\lim_{\Delta Q\to 0}\frac{\Delta \mathrm{TU}(Q)}{\Delta Q}=\frac{\mathrm{dTU}(Q)}{\mathrm{d}Q} \tag{3.3}$$

小雪的妈妈为了体会小雪说的芝士蛋糕带来的幸福感，专门在一个周末带着小雪来到那家蛋糕店，两人买了十块刚出炉的芝士蛋糕坐下品尝起来。妈妈把第一块香软的芝士蛋糕放进嘴里后，笑容满面，连说“好吃，好吃！”妈妈从第一块蛋糕的消费中获得的满足感最大，效用是 10 个单位。她又吃了第二块，感觉还好，但没有吃第一块时那么香了，效用是 6 个单位。吃第三块时，妈妈显得有些勉强，只有 2 个效用单位；如果让妈妈再吃第四块，就没有效用可言了；若吃第五块可能会让妈妈的老胃病复发，所以效用单位会是负数（假定为–2）。当然妈妈吃了三块后就没再吃了。小雪比妈妈强多了，把五块蛋糕全吃完了，但吃到第三块时，吃的速度明显降下来了，第五块是勉强吃完的。我们将小雪妈妈消费五块蛋糕的总效用

和边际效用的情况，列表和作图如表 3.1 和图 3.1 所示。

表 3.1　总效用和边际效用表

商品消费量（Q）	总效用（TU）	边际效用（MU）
1	10	10
2	16	6
3	18	2
4	18	0
5	16	−2

从上面的总效用和边际效用表及曲线可知，随着小雪妈妈对芝士蛋糕消费数量的增多，其获得的总效用也随之增加，当达到一个临界点时，总效用达到最大；从每增加一块芝士蛋糕的消费给小雪妈妈带来的效用量的增量（即边际效用）看，其边际效用随着消费数量的增加而递减，如若继续消费，则边际效用可降至为零甚至出现负值。当然，小雪妈妈作为一个理性的消费者，一般会在边际效用下降为负值之前终止其消费。

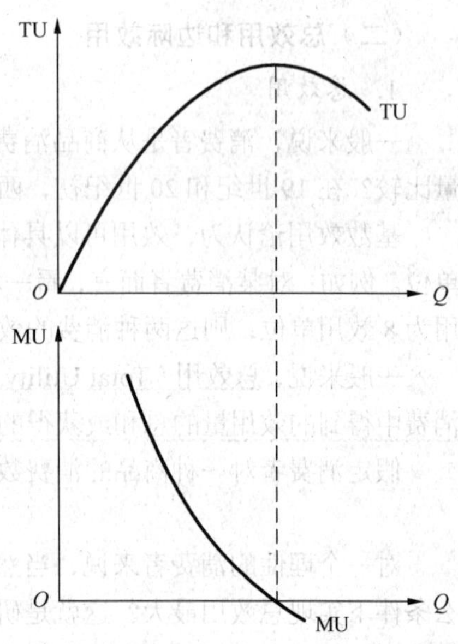

图 3.1　商品总效用和边际效用曲线

消费者从某种商品消费中所获得的效用量的增量随着消费数量的增多而减少的现象，反映在边际效用 MU 曲线为向右下方倾斜的形状特征。而且由于每个消费阶段的总效用是由该消费阶段及之前消费阶段的边际效用相加而来，所以 MU 曲线向右下方倾斜的特征，使总效用 TU 曲线是以递减的速率先上升后下降。当边际效用为正值时，总效用曲线呈上升趋势；当边际效用递减为零时，总效用曲线达最高点；当边际效用继续递减为负值时，总效用曲线呈下降趋势。从数学意义上讲，如果效用曲线是连续的，则每一消费量上的边际效用值是总效用曲线上相应的点的斜率。

案例 3-1

幸福的“边际效用论”

据报道，英国科学家说他们破解了人类最大的一个谜团，那就是幸福的秘密到底是什么。真正的幸福可以用一个公式来表示：幸福（F）= P + 5E + 3H。P代表个性，包括世界观、适应能力和应变能力；E代表生存状况，包括健康状况、财政状况和交友的情况；H代表更高一级的需要，包括自尊心、期望、雄心和幽默感等。有的学者把这一公式进一步简化为：幸福（F）= E/D。E代表效用，D代表欲望。也就是说，幸福与效用成正比，与欲望成反比。但问题是效用特别是边际效用是递减的，正是这种递减使人们感觉到“天天吃着山珍海味也吃不出当年饺子的香味”。

在我们的现实生活中，很多人衣食无忧，却牢骚满腹，他们总是“端起碗来吃肉，放下筷子就骂娘”。这使很多学者和官员十分困惑：难道是人们的道德水平在不断地下降吗？

二、边际效用递减规律

边际效用曲线向右下方倾斜的形状是对类似于小雪妈妈对芝士蛋糕连续消费所得到的满足感不断减少的生活现实的形象描绘，用经济学语言表述，就是边际效用递减（Diminishing Marginal Utility）规律。

所谓边际效用递减规律，是指在一定时间内，在其他商品的消费数量保持不变的条件下，随着消费者对某种商品消费量的增加，消费者从该商品连续增加的每一消费单位中所得到的效用增量即边际效用是递减的。

为什么边际效用递减呢？究其原因，可以从以下两个方面来解释。

一是因为人的生理和心理的原因。人的欲望虽然很多很强，甚至可以用“永无止境，无比贪婪”来形容，但就某一具体的欲望来说，由于生理、心理等方面的限制，使其欲望有限且容易满足。消费者最初对某种商品的消费行为，因其欲望得到了最大的满足，此时获得的效用最大，如果继续对该商品消费，消费者从中获得的满足感逐渐减少，甚至由于过多消费对身体造成伤害从而产生负效用。所以边际效用递减。

二是商品的用途具有多样性。对消费者来说，商品的每种用途的重要性是有差异的，在商品数量有限的情况下，消费者总是将第一单位的消费品用于最重要的用途上，此时消费者获得最大满足，即边际效用最大。然后将第二单位的消费品用于次要用途，当然从次要用途中获得的满足感相应降低，边际效用减少。所以消费品的边际效用随消费品的用途重要性的递减而递减。例如：在仅有少量水的情况下（如在沙漠或航海中），人们十分珍惜地饮用，以维持生命，水的边际效用很大。随着水量增加，除满足饮用外，还可以用来洗脸、洗澡和洗衣，水的重要性相对降低，边际效用相应减小。

在经济社会中，人们需要通过货币支付才能得到某种商品并从中获得满足，因此货币如同商品一样，也具有总效用和边际效用。商品的边际效用递减规律同样适用于人们的货币收入，也即人们收入越多，每一单位货币的边际效用越小。因此，同样数量的货币收入，对穷人和富人来讲，其边际效用存在很人的差别。

三、边际效用与消费者均衡的条件

由于人们的欲望是多样的，而所能满足欲望的资源是有限的，如此一来就必须作出选择，以尽可能获得最大的利益，实现总效用最大。那么，消费者如何实现效用最大化的选择呢？

例如上面所说的小雪对芝士蛋糕有特别的偏好，假如她只消费芝士蛋糕一种商品，由于存在边际效用递减规律，则小雪的消费选择就是她在对芝士蛋糕的消费中边际效用等于零、总效用达到最大时的消费量（上例中是五块蛋糕）。很显然，小雪不可能只对芝士蛋糕有欲望，她还喜欢很多其他东西，如喜欢吃冰激凌、阿尔卑斯奶糖，还特别喜欢看电影、买影碟等，可是令小雪头痛的是妈妈每月给她的零花钱只有 100 元，面对如此多的欲望和有限的零花钱，小雪该如何选择，才能获得最大满足？

为了使问题简化，假定小雪只消费两种商品：芝士蛋糕（X）和看电影（Y），而且在对两种商品消费时所获得的效用有较为准确的评价。具体情况如表 3.2 所示。

表 3.2　小雪在消费芝士蛋糕与电影中的效用及组合选择

Q_X	P_X	X 商品的货币支出额	MU_X	每一元支出的 MU_X	TU_x	Q_y	P_Y	Y 商品的货币支出额	MU_Y	每一元支出的 MU_Y	TU_Y	TU_X+TU_Y
0						5	20	100	−30	1	230	230
2	10	20	60	12	60	4	20	80	0	2	260	320
4	10	40	30	8	90	3	20	60	60	4	260	350
6	10	60	10	6	100	2	20	40	90	6	200	300
8	10	80	0	4	100	1	20	20	110	10	110	210
10	10	100	−20	2	80	0						80

表 3.2 显示了小雪在偏好既定，两种商品价格既定（芝士蛋糕价格为 5 元/块、电影票价为 20 元/场）及可支配的零花钱既定（100 元/月）的条件下，她可能实现的消费及其选择。

表 3.2 中的第一行及最后一行，分别显示了小雪如果将全部的零花钱用来只看电影或只吃蛋糕的消费数量及相应获得的效用，这两种消费组合会使小雪感到不满，因为没有实现总效用最大化的理性消费选择目标。对小雪来说，她的最佳选择是表中第四行的组合，即消费 12 块芝士蛋糕和看两场电影，使她在偏好、零花钱、商品价格既定的限制条件下实现总效用最大（600 个效用单位）。如果作别的选择，如多消费四块蛋糕而少看一场电影（第五行的组合）或少消费四块蛋糕多看一场电影（第三行的组合），她所获得的总效用都会比最佳组合选择所能达到的总效用单位要少。由此小雪明智地选择了每月消费 12 块芝士蛋糕和看两场电影，以实现在限定的 100 元零花钱和既定的商品价格下的总效用最大化。

小雪面对的选择事实上也是所有消费者面对的选择，小雪通过对两种商品最佳组合的选择而实现总效用最大化称之为消费者的均衡。

消费者均衡（Consumer Equilibrium）是研究单个消费者如何把有限的货币收入分配在各种商品的购买中以获得最大的效用。这里的均衡是指消费者实现最大效用时既不想再增加、也不想再减少任何商品购买数量的一种相对静止的状态。

小雪的消费均衡点选择是通过比较两种商品消费的各种组合带来的总效用大小来确定其最佳消费组合的。但一般来说，消费者的欲望很多，可供选择的商品种类及其组合繁杂，如若按照小雪的方法来选择，既麻烦，欠准确且缺乏效率。事实上消费者使用另一种简单有效的方法也能实现总效用最大化的配置，即对所有物品而言，使支出于每种商品的单位货币的边际效用相等。从小雪的消费最佳组合选择（见表 3.2）可知，在芝士蛋糕价格为 5 元/块，电影票价为 20 元/场，全部可支配货币为 100 元条件下，她选择消费 12 块芝士蛋糕和看两场电影的组合最为明智，因为此时蛋糕的边际效用（30 效用单位）与蛋糕价格（5 元）之比等于电影的边际效用（120 效用单位）与电影价格（20 元）之比，也即每一元货币所带来的边际效用相等，均为 6 个效用单位，此时总效用达到最大。

所以，消费者均衡的条件是：消费者所购买的各种商品的边际效用之比，等于它们的价格之比，或者使消费者花费在各种商品购买上的最后一元钱所带来的边际效用相等。其数学表达式为

$$\frac{MU_X}{P_X}=\frac{MU_Y}{P_Y}=\lambda \qquad (3\text{-}4)$$

式中，MU_X、MU_Y、P_x、P_Y分别表示商品 X 和 Y 的边际效用和单位价格，λ为单位货币的边际效用，通常为一常数。

为什么消费者实现消费者效用最大化的均衡条件是如此？因为消费者用既定的货币收入购买 X、Y 两种商品，且两种商品的价格 P_x、P_Y也既定，这就意味着消费者增加 X 商品的购买量，就必然会减少 Y 商品的购买量。由于边际效用递减规律的作用，随着 X 商品购买量的增加，其边际效用会递减，而随着 Y 商品购买量的减少，Y 商品边际效用会递增，由此会使它们的边际效用与价格的比率发生变化。这种变化到一定程度，使消费者所购买的一定量的 X 商品的最后一单位效用（X 商品的边际效用）与他所购买的一定量的 Y 商品的最后一单位效用（Y 商品的边际效用）之比恰好等于 X 和 Y 的价格之比。此时，消费者用每一单位货币所购买到的商品的边际效用相等，且买进的各种商品的总效用之和最大，消费者获得了最大的满足。否则，消费者不能获得最大效用，作为理性的消费者必然会改变商品的购买量以提高其总效用水平。

例如，表 3.2 的小雪的第 3 行消费组合选择，当她用 100 元购买 8 块芝士蛋糕和看 3 场电影时，获得的边际效用分别是 40 和 80 个效用单位，芝士蛋糕的边际效用与价格之比（40/5）大于电影的边际效用与价格之比（80/20），也即$\frac{MU_X}{P_X}>\frac{MU_Y}{P_Y}$，小雪会增加芝士蛋糕的购买而减少电影的消费；而在第 5 行消费 16 块芝士蛋糕和看 1 场电影的消费组合中，存在芝士蛋糕的边际效用与价格之比（20/5）小于电影的边际效用与价格之比（200/20），也即$\frac{MU_X}{P_X}<\frac{MU_Y}{P_Y}$，小雪将会减少芝士蛋糕的购买而增加电影的消费。通过不断调整商品购买，小雪最终会选择消费 12 块芝士蛋糕和看 2 场电影，此时芝士蛋糕的边际效用与价格之比（30/5）正好等于电影的边际效用与价格之比（120/20），也即单位货币购买到的边际效用相等，两种商品消费所获得的总效用之和最大。

这一组合是在货币收入和商品价格既定条件下的最佳选择。在此组合状态下小雪将不再调整对这两种商品的购买量了，也即实现了所谓的消费者均衡。

四、需求规律与边际效用递减规律

在上一章我们介绍了需求规律：对于绝大多数商品来说，消费者愿意购买的任一商品的数量与该商品价格呈反方向关系，从而使需求曲线向右下方倾斜。为什么会有这种关系呢？基数效用论运用边际效用递减规律和消费者均衡的条件解释了需求曲线向右下方倾斜的原因。

我们已经知道，消费者均衡的条件是：

$$\frac{MU_X}{P_X}=\frac{MU_Y}{P_Y}=\lambda$$

其中λ为单位货币的边际效用。对于收入既定的消费者来说，在一定时期内单位货币的边际效用λ是稳定不变的，可视其为常数。假定 Y 商品的价格不变，只探讨 X 商品价格变化与 X 商品需求量的关系，消费者均衡条件还可简化为$\frac{MU_X}{P_X}=\lambda$。由于λ是稳定不变的常数，所以为实现消费者均衡，MU_X必然与P_x同方向变动，即当 X 商品的MU_X增大时，P_x上升；X 商

品的 MU_X 减少时，P_x 下降。而根据边际效用递减规律，X 商品的 MU_X 增加时说明 X 商品的消费量（也即对 X 商品的需求量）在减少；X 商品的 MU_X 减少时说明 X 商品的消费量（也即对 X 商品的需求量）在增加。因而可以推出 X 商品的需求量与其价格 P_x 存在反方向关系。

我们也可以这样推导：假设 X 商品的价格上升，如果消费者不改变 X 商品的消费量，则 $\frac{MU_X}{P_X}<\lambda$，这显然偏离了消费者均衡条件，该消费者将无法获得最大效用，理性的消费者必定会减少对 X 商品的消费，从而提高 X 商品的 MU_X，以实现效用最大化的消费者均衡。消费者在 X 商品价格上升时减少对 X 商品的消费以提高 X 商品的 MU_X，以实现其最大效用满足的消费行为，使价格与需求量呈反方向关系的需求规律具有客观可靠性。

由边际效用递减规律和消费者均衡条件推导出需求规律，说明在其他条件不变的假设下，消费者对某种商品的需求曲线实际上取决于这种商品对该消费者的边际效用曲线，或者更确切地说，价格取决于边际效用。

五、消费者剩余

消费者剩余是用来衡量理性消费者出于自愿参与商品交换所能得到的福利大小的一个概念。所谓消费者剩余是指消费者对一种商品所愿意支付的最高价格与他实际支付的价格的差额。

我们知道，消费者在购买商品时，对每一单位商品所愿意支付的最高价格取决于这一单位商品的边际效用。由于商品的边际效用是递减的，因而随着某种商品的消费数量的增加，消费者对该商品所愿意支付的最高价格是逐步下降的。而消费者在购买商品时实际支付的价格并非是他所愿意支付的最高价格，而是由市场供求关系所决定的市场价格，这样，在消费者愿意支付的最高价格与该消费者实际支付的价格之间就产生了一个差额，这个差额就是消费者参与商品交易所获得的利益——消费者剩余。

例如，小雪对 3D 电影《阿凡达》非常痴迷，连看了三场，但很显然，随着看的次数增多，其满足程度在逐渐下降，因而她所愿意支付的最高价格也在下降，她所获得的消费者剩余的情况如表 3.3 所示。

表 3.3　小雪观看《阿凡达》获得的消费者剩余表

观看次数	1	2	3
愿意支付的最高价格（元/块）	200	120	60
实际支付的价格（元/块）	60（学生票价）	60（学生票价）	60（学生票价）
消费者剩余	140	60	0

小雪在观看 3 场《阿凡达》电影所愿意支付的最高价格总额=200 + 120 + 60 = 380（元），而她实际支付的总金额= 60 × 3 =180（元）。两者的差额 = 380 −180 = 200（元），这个差额就是消费者剩余，是小雪从观看《阿凡达》电影所获得的福利。当消费者剩余消失，消费者就会终止对这种商品的购买行为。消费者剩余也可以用几何图形来表示，如图 3.2 所示。

图 3.2（a）是根据表 3.3 的数据绘制的图形，它直观地表现小雪看 3 场《阿凡达》电影所获得的消费者剩余（阴影部分）。但如果描绘的是所有消费者从《阿凡达》电影消费中的消费者剩余，则电影票的数量和愿意支付的最高价格可以无限细分，消费者剩余也就是需求曲

线以下和市场价格线之上的区域，即图 3.2（b）中带阴影的三角形部分。

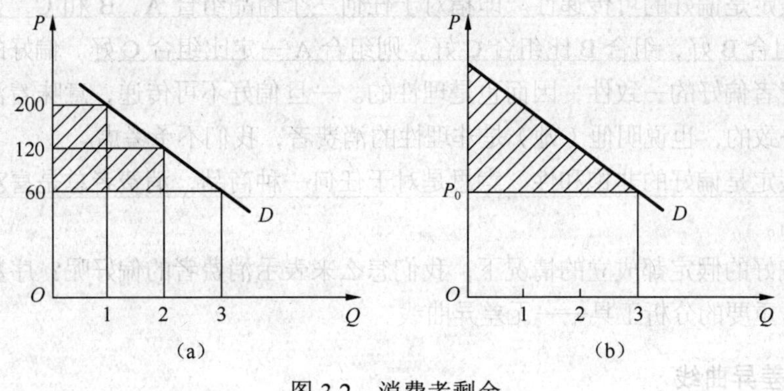

图 3.2　消费者剩余

消费者剩余是消费者的主观心理评价，消费者在购买过程中并未得到实在的利益，只不过他在心理上认为得到了。这一概念通常被用来衡量和分析市场中消费者的利益大小或社会福利问题。

第二节　无差异曲线与消费者均衡

第一节介绍了基数效用论与消费者均衡分析。但自 20 世纪 30 年代以来，西方经济学中对消费者行为分析多使用序数效用概念。

序数是指第一，第二，第三，……序数只表示顺序或等级，是不能加总求和的。序数效用论认为，效用无法具体衡量，效用之间的比较只能通过顺序或等级表示。就分析消费者行为来说，以序数来度量效用的假定比以基数来度量效用的假定所受到的限制要少，可以减少一些被认为是值得怀疑的心理假设。

一、偏好和无差异曲线

（一）偏好

消费者对商品和劳务的购买选择取决于收入和偏好。所谓偏好，就是爱好或喜欢的意思，它反映了消费者对不同商品或劳务组合给其带来的效用水平的主观评价，从而左右了消费者的购买选择。

序数效用论对偏好给出了三个基本假定。

第一个假定是偏好的完全性。即指消费者总是可以比较和排列所给出的不同商品组合。例如阿青在期末考试结束这天决定放松一下，摆在他面前有 A、B 两个组合，A 组合是到体育馆看一场球赛和到体育馆附近吃自助餐，B 组合是约上几位好友去爬白云山然后去唱卡拉 OK。对于这两个组合，阿青总是可以作出，而且也仅仅能作出以下三种判断中的一种：组合 A 优于组合 B；或组合 B 优于组合 A；或组合 A 与组合 B 一样好（即 A 和 B 无差异）。偏好的完全性使每个消费者对偏好的表达方式是完备的，即消费者总是能将自己的偏好准确地表达出来。

第二个假定是偏好的可传递性。即指对于任何三个商品组合 A、B 和 C，如果消费者认为组合 A 比组合 B 好，组合 B 比组合 C 好，则组合 A 一定比组合 C 好。偏好的可传递性假定保证了消费者偏好的一致性，因而也是理性的。一旦偏好不可传递，意味着消费者的偏好是混乱的不一致的，也说明他（她）是非理性的消费者，我们不予考虑。

第三个假定是偏好的非饱和性。意思是对于任何一种商品，消费者总是喜欢更多的而不是更少的商品。

在三个偏好的假定都成立的情况下，我们怎么来表示消费者的偏好呢？序数效用论者提出了一个非常重要的分析工具——无差异曲线。

（二）无差异曲线

1. 无差异曲线的含义

无差异曲线（Indifference Curve）是用来表示消费者偏好相同的两种商品的不同数量的各种组合点的轨迹。或者说，它是表示能给消费者带来同等效用水平或满足程度的两种商品的不同数量的各种组合的曲线。

在现实生活中，消费者在消费两种可以相互替代的商品 X 和 Y 时，他可以多消费一点 X 而少消费一点 Y，也可以多消费一点 Y 而少消费一点 X，但他获得的效用水平不变，如表 3.4 所示。

表 3.4　某消费者的无差异表

商品组合	蛋糕（X）	蛋挞（Y）
A	1	6
B	2	4
C	4	2
D	6	1

图 3.3 中的横轴代表商品 X（蛋糕）的数量，纵轴为商品 Y（蛋挞）的数量。无差异曲线 1 上的 *A*、*B*、*C* 和 *D* 点所代表的蛋糕和蛋挞的不同数量的组合给该消费者带来的效用水平都是相等的。

2. 无差异曲线的特征

第一，同一坐标平面上有无数条无差异曲线，位置较低的离原点越近的无差异曲线代表的效用水平越低，反之则反是。因为离原点越远的无差异曲线各组合点所包含的商品数量越多，按照偏好的“多多益善”的假定，该曲线代表的效用水平就比离原点近的无差异曲线代表的效用水平要高。在图 3.3 中，按照效用水平从高到低的顺序是：$I_3 > I_2 > I_1$。

第二，在同一坐标平面上的任意两条无差异曲线不会相交。这可以用图 3.4 来加以说明。图 3.4 中的 *A* 点与 *C* 点在同一条无差异线上，说明 *A* 组合与 *C* 组合的效用水平是相等的；而 *B* 点与 *C* 点也在同一条无差异线上，说明 *B* 组合与 *C* 组合的效用水平是相等的，如此一来，按照偏好的可传递性的假定，*A* 组合与 *B* 组合的效用水平也应该相等。但是观察 *A* 与 *B* 这两点的商品组合，可以发现 *A* 点组合的商品数量比 *B* 点组合的商品数量要多，根据偏好的非饱和性假定，必定是 A 点的效用水平大于 *B* 点的效用水平。这样矛盾就产生了：该消费者认为 *A* 与 *B* 无差异的同时，又认为 *A* 优于 *B*，这就违背了偏好的完全性。

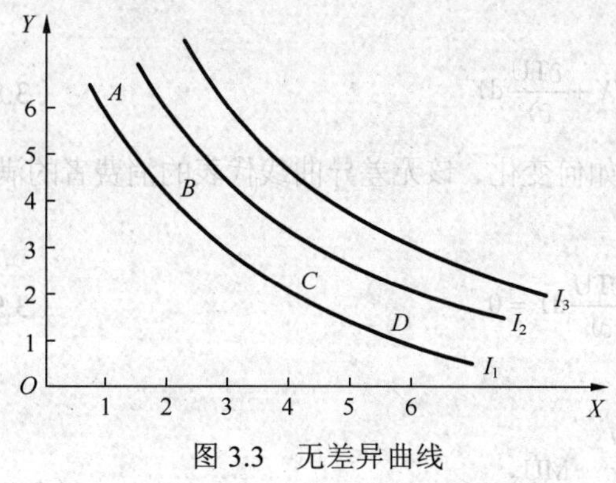

图 3.3　无差异曲线

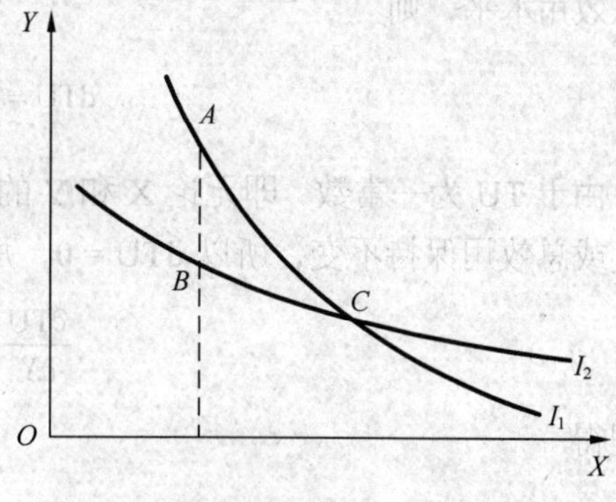

图 3.4　违反偏好假定的无差异曲线

第三，无差异曲线是一条自左上方向右下方倾斜并凸向原点的曲线，曲线的斜率是负的，且斜率的绝对值是递减的。无差异曲线之所以如此，是由商品的边际替代率递减规律决定的。关于这一点，我们下面详细说明。

二、商品的边际替代率

（一）商品的边际替代率

对消费者来说，在同一条无差异曲线上所有商品的组合都代表了相同的效用水平，如果要额外增加一种商品（X）的消费量，就必须减少另一种商品（Y）的消费量才能使消费者的效用水平不会发生改变。

消费者在保持同等程度的效用水平时，增加一单位的某种商品的消费量而必须放弃的另一种商品的消费量，被称为商品的边际替代率（Marginal Rate of Substitution，MRS）。

如每增加 1 单位 X 而必须放弃的 Y 的数量，叫做 X 对 Y 的边际替代率，其计算公式为

$$\mathrm{MR}S_{\mathrm{XY}} = -\frac{\Delta Y}{\Delta X} \tag{3.5}$$

式中 ΔX 、ΔY 分别为商品 X 和 Y 的变化量。通常情况下，由于商品 X 和商品 Y 的变化量呈反方向变动，为使商品的边际替代率是正值以便于比较，在公式中加了一个负号。

假定商品 X 的变化量趋于无穷小，即当 $\Delta X \to 0$ 时，则商品的边际替代率公式为

$$\mathrm{MRS}_{\mathrm{XY}} = \lim_{\Delta X \to 0} -\frac{\Delta Y}{\Delta X} = -\frac{\mathrm{d}Y}{\mathrm{d}X} \tag{3.6}$$

上式说明无差异曲线上某一点的边际替代率就是无差异曲线在该点的斜率（数学上，曲线的斜率是指曲线某一点切线的斜率），我们一般取其绝对值，因为探讨替代关系注重的是另一种商品的消费的减少量。

边际替代率还可以用两种商品的边际效用来表示，它等于两种商品的边际效用之比，即

$$\mathrm{MRS}_{\mathrm{XY}} = \frac{\mathrm{MU_X}}{\mathrm{MU_Y}} \tag{3.7}$$

为什么边际替代率等于两种商品的边际效用之比？因为无差异曲线是一条等效用曲线，虽然曲线上每一个点代表不同的商品组合，但所有组合对消费者的效用水平是相同的。这样，我们可以将一条无差异曲线视为一个效用函数。

假设效用函数为：TU = U（X，Y），表示 X 和 Y 两种商品组合给消费者带来的满足程度

或总效用水平，则

$$dTU = \frac{\partial TU}{\partial X}dX + \frac{\partial TU}{\partial Y}dY \tag{3.8}$$

由于 TU 为一常数，即无论 X 和 Y 的组合如何变化，该无差异曲线代表的消费者的满足程度或总效用保持不变，所以 dTU = 0，那么：

$$\frac{\partial TU}{\partial X}dX + \frac{\partial TU}{\partial Y}dY = 0 \tag{3.9}$$

整理得

$$-\frac{dY}{dX} = \frac{\frac{\partial U}{\partial X}}{\frac{\partial U}{\partial Y}} = \frac{MU_X}{MU_Y} \tag{3.10}$$

根据边际替代率的公式（3.6），可知：

$$MRS_{XY} = -\frac{dY}{dX} = \frac{MU_X}{MU_Y} \tag{3.11}$$

（二）商品的边际替代率递减规律

事实上，在两种商品的替代过程中，普遍存在边际替代率递减的现象，西方经济学称之为商品的边际替代率递减（Diminishing Marginal Rate of Substitution）规律，即在维持效用水平不变的前提下，随着一种商品消费量的连续增加，消费者为得到每一单位的这种商品所需放弃的另一种商品的消费量是递减的。

例如，在上例蛋糕对蛋挞的替代中，随着消费者对蛋糕的消费量的连续等量的增加，消费者为得到每一单位的蛋糕所需放弃的蛋挞的消费量是递减的，如图 3.5 所示。

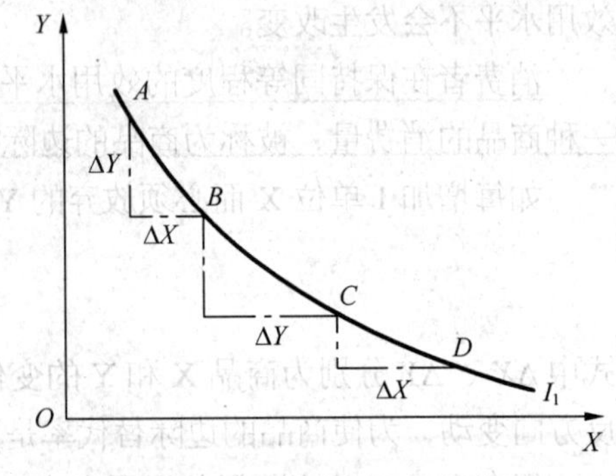

图 3.5　边际替代率递减

我们比较一下图 3.5 中消费者由组合点 *A* 移动到 *B*，以及由组合点 *C* 移动到 *D* 的变化情况，由 *A* 到 *B*，消费者增加了 1 单位 *X* 商品（蛋糕），减少了 2 单位 *Y* 商品的消费，B 点的边际替代率是 2；由 *C* 到 *D*，消费者增加了 2 单位 X 商品（蛋糕），减少了 1 单位 Y 商品的消费，*D* 点的边际替代率是 0.5。

之所以商品的边际替代率具有递减规律，其原因主要是：当消费者处于商品 X 的数量较少和商品 Y 的数量较多时，会由于拥有较少商品 X 而对每一单位的商品更偏好，由于拥有较多商品 Y 而对每一单位的商品 Y 偏好程度较低，即商品 X 对商品 Y 的边际替代率较大。随着商品 X 的数量逐渐增多，消费者对商品 X 的偏爱程度会越来越低；同时，消费者拥有的商品 Y 的数量越来越少，相应地对商品 Y 的偏爱程度会越来越高。从而消费者为了多获得一单位的商品 X 而愿意放弃的商品 Y 的数量就会越来越少，即商品的边际替代率是递减的。边际替代率实际上反映了商品组合当中，一种商品相对的替代价值的变化情况。一种物品越稀少，它相对的替代价值就越大，这也说明了“物以稀为贵”的道理。

由于商品的边际替代率等于无差异曲线的斜率的绝对值，商品的边际替代率递减规律决定了无差异曲线的形状是凸向原点的。

三、预算线

（一）预算线的含义

一个理性的消费者总是努力地想要达到最高的无差异曲线，但在客观上他除了要考虑自身的偏好外，还会受到他所拥有的货币收入及商品价格所决定的预算约束。预算线（Budget Line）是研究消费者行为的分析工具。

预算线又称为预算约束线、消费可能线或价格线，表示在消费者收入和商品价格既定的条件下，消费者的全部收入所能购买到的两种商品的不同数量的各种组合。

假设小敏大学毕业后获得一份月薪 1 200 元的工作，这只能安排她的吃和穿。其中食品的价格为每单位 60 元，服装的价格为每单位 120 元，小敏如将收入全部用来购买食品，可以购买 20 个单位；全部用来购买服装，则可购买 10 个单位。这两种安排太过极端，正常情形是在收入限度内，既购买部分食品，也购买一些服装，不过两种商品的数量组合可以有多种，如图 3.6 所示。

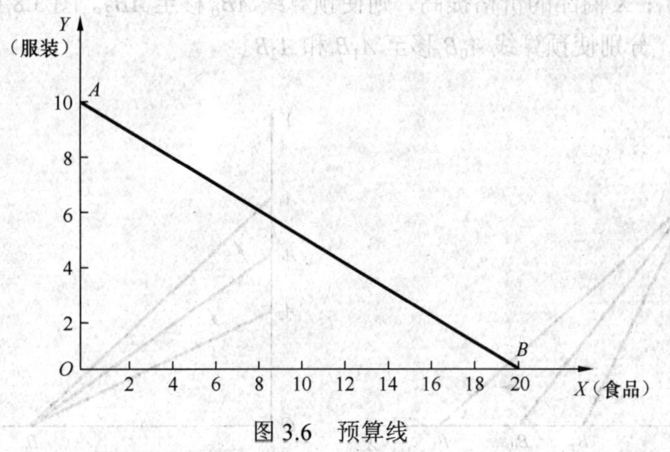

图 3.6　预算线

图 3.6 中 A 点为全部收入只购买 Y 商品（服装）的量，B 点为全部收入只购买 X 商品（食品）的量，A、B 两点之间还有 X、Y 商品的各种组合，将 A、B 两点连接成的线，便是预算约束线。我们可以将预算约束以数学方程来表示，即

$$P_X \times Q_X + P_Y \times Q_Y = I \qquad (3.12)$$

式中，I 表示消费者的既定收入；P_X 和 P_Y 分别为已知的商品 X 和商品 Y 的价格，Q_X 和 Q_Y 分别为商品 X 和商品 Y 的数量。$\frac{I}{P_Y}$ 为消费者的全部收入购买商品 Y 的数量，是预算线在纵轴的截距；$-\frac{P_X}{P_Y}$ 为预算线的斜率，由于预算线向右下方倾斜，故 $\frac{P_X}{P_Y}$ 前面有负号。

（二）预算线的变动

预算线是收入与价格为一定条件下的消费可能线，若收入或价格变了，预算线将发生变动。预算线的变动一般有以下四种情况。

第一种：若两种商品价格不变，但消费者的收入发生变化，会引起预算线的截距变化，预算线因消费者的收入变动而变动，使预算线发生平移。

如图 3.7 所示，消费者的收入增加，则使预算线 AB 向右平移至 A_1B_1；消费者的收入减少，则使预算线 AB 向左平移至 A_2B_2。

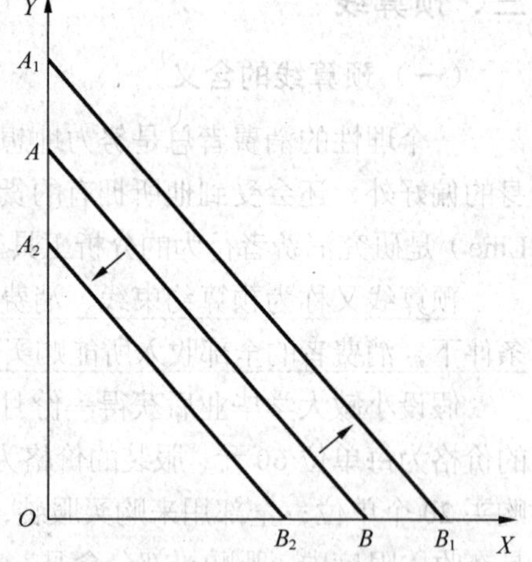

图 3.7　收入影响下的预算线移动

第二种：若两种商品价格和消费者的收入均发生变化，但变动方向和变动幅度相同，即同比例同方向变化时，预算线不变。

第三种：若消费者的收入不变，两种商品价格同比例同方向变化，价格变化对预算线的影响与第一种情况相同，会引起预算线的截距变化，使预算线发生平移。

第四种：消费者的收入不变，一种商品价格不变而另一种商品价格变化，会引起预算线的斜率及截距相应变化。

如图 3.8（a）所示，X 商品的价格下降，则使预算线 AB_0 移至 AB_1；X 商品的价格提高，则使预算线 AB_0 移至 AB_2。图 3.8（b）中，Y 商品的价格下降和提高，分别使预算线 A_0B 移至 A_1B 和 A_2B。

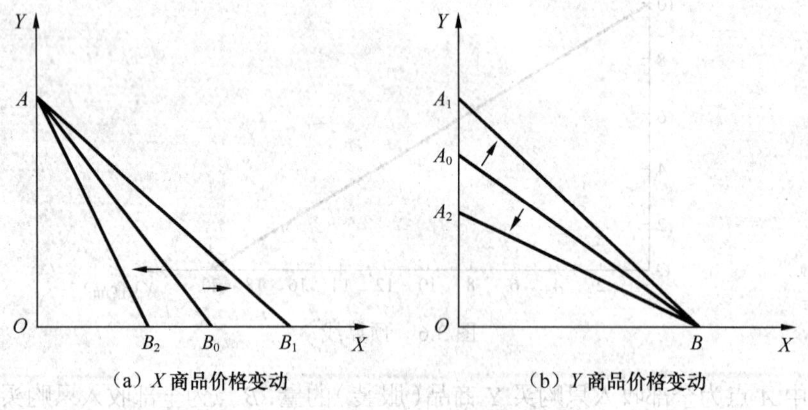

图 3.8　商品价格变动引起预算线变动

四、消费者均衡

前面我们已经分别探讨了无差异曲线和预算线，由消费者的偏好或主观满意程度所决定的消费者的无差异曲线表明了消费者的需求意愿（想要什么商品组合）；而由商品价格和消费者的收入所决定的消费者的预算线表明了消费者能买得起什么样的商品组合。将这两条曲线放在一起，就能准确清晰地知道理性消费者会作出怎样的消费选择，以实现在预算约束条件下最大地满足自己的偏好的消费行为目标，即实现消费者均衡。

在一个坐标图上，某个消费者关于两种商品的无差异曲线有无数条，而在消费者收入和商品价格既定的条件下，该消费者关于两种商品的预算线只有一条。将既定的一条预算线置于有无数条无差异曲线的坐标图中，这条预算线与无差异曲线的关系会有三种情况，如图 3.9 所示。

第一，预算线 AB 与无差异曲线 I_1 相交于 M、N 两点，这两点虽然也是满足消费者偏好的商品组合，但不是消费者在现有收入和商品价格既定情况下可以实现的效用水平最大化的组合。因为 M、N 点处于 I_1 线上，它比 I_2 线代表的效用水平要低些，消费者将消费组合调整到 I_2 线上的 E 点，就能获得更高的消费满足。

第二，预算线 AB 与无差异曲线 I_3 既不相交也不相切，虽然 I_3 代表了更高的效用水平，但对消费者来说，是在目前收入及价格水平下无法企及的奢望。

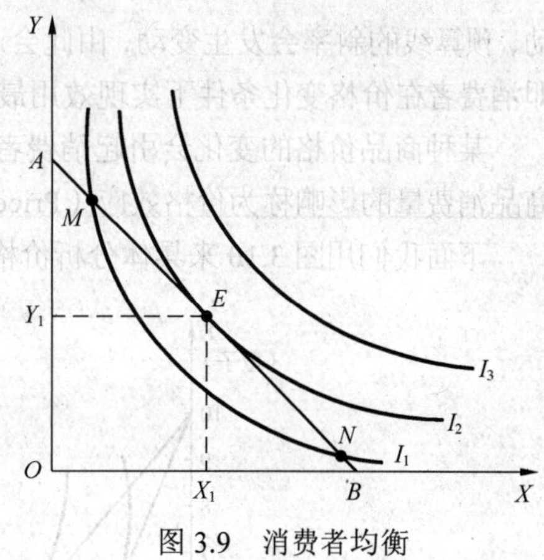

图 3.9　消费者均衡

第三，预算线 AB 与无差异曲线 I_2 相切于 E 点，E 点所代表的商品组合是在既定收入和价格水平的约束条件下所能给消费者带来最高效用水平的商品组合。在切点 E，无差异曲线的斜率等于预算线的斜率。而根据我们前面的分析已知，无差异曲线的斜率的绝对值即商品的边际替代率，预算线的斜率的绝对值即两种商品价格之比，所以，在 E 点有

$$\mathrm{MRS}_{\mathrm{XY}} = \frac{P_{\mathrm{X}}}{P_{\mathrm{Y}}} \tag{3.13}$$

且由于边际替代率还等于两种商品的边际效用之比，所以，在 E 点同时也是

$$\frac{\mathrm{MU}_{\mathrm{X}}}{P_{\mathrm{X}}} = \frac{\mathrm{MU}_{\mathrm{Y}}}{P_{\mathrm{Y}}} \tag{3.14}$$

由公式（3.13）及公式（3.14）可知，消费者效用最大化的均衡条件是：在一定的预算约束条件下，为了实现最大的效用，消费者应该选择最优商品组合，使得两种商品的边际替代率等于这两种商品的价格之比，或消费者所购买的两种商品的边际效用与两种商品的价格之比相等。

值得强调的是，虽然序数效用论和基数效用论各自运用不同的方法分析消费者行为，但二者所得出的消费者均衡条件在本质上是相同的。

第三节　价格效应和消费者选择

上一节我们所探讨的消费者均衡，是假定消费者偏好明确、稳定，消费者拟购买的商品价格及消费者收入既定条件下的消费者实现最优商品组合的选择。但如果消费者偏好没有变化，而商品价格和收入发生了变动，消费者会如何调整其购买需求，以重新获得最佳的商品组合？下面来研究这些问题。

一、价格效应

回顾一下前面分析的预算线变动的第四种情况，当消费者收入不变，但商品价格发生变

动，预算线的斜率会发生变动，由此会产生变动后的预算线与无差异曲线相切的新的均衡点，即消费者在价格变化条件下实现效用最大化的新的最优商品组合。

某种商品价格的变化会引起消费者对该商品的实际需求量变动，这种由价格变动对一种商品消费量的影响称为价格效应（Price Effect）。

下面我们用图 3.10 来具体分析价格变动对商品需求的影响。

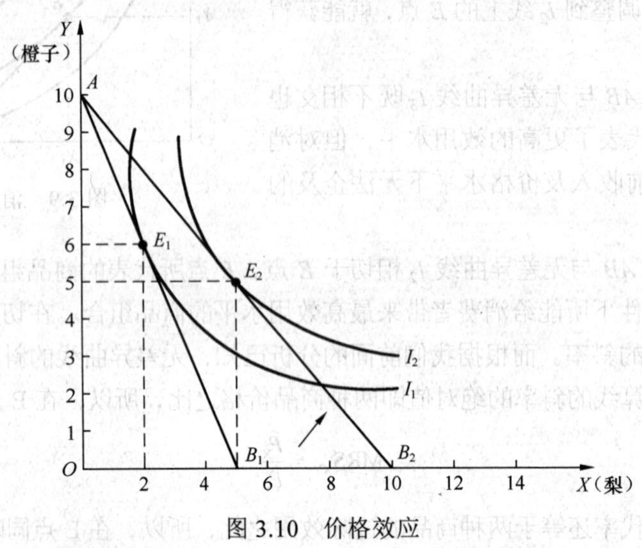

图 3.10　价格效应

假定大三的小莉比较喜欢吃水果，尤其喜欢吃梨和橙子。她每月用于买水果的开支是 30 元，假定现在梨的价格 P_X 为每千克 6 元、橙子的价格 P_Y 为每千克 3 元，按照现有条件，在小莉的无差异曲线坐标图上就可画出一条预算线 AB_1，这条预算线与无差异曲线 I_1 相切于 E_1 点，该点是目前小莉的最优消费组合点，即购买 6 千克橙子和 2 千克梨。现在假定橙子的价格不变，但梨的价格因为丰收而大幅下降到每斤 3 元，这样由于梨的价格下降而使预算线发生变化，变化了的预算线 AB_2 与无差异曲线 I_2 相切于 E_2 点，在 E_2 的两种商品组合是 5 千克橙子和 5 千克梨，也就是减少橙子的购买而增加了梨的购买。所以，在小莉的费用开支和橙子的价格不变，但梨子的价格下降的情况下，小莉会用降价商品梨去替代不减价的商品橙子，使小莉对梨子的需求增加了，而且还实现了更高的效用水平（I_2）。

二、价格—消费曲线与需求曲线

（一）价格—消费线

由上面的价格效应的分析可知，当消费者的收入水平及其他商品价格不变的条件下，预算线的斜率会因为某种商品的价格变化而发生改变，从而使消费者效用最大化的均衡点的位置移动。我们将这些移动的消费者效用最大化的均衡点的轨迹称之为价格—消费线。价格—消费曲线是指在消费者的偏好、收入以及其他商品价格不变的条件下，与某一种商品的不同价格水平相联系的消费者的预算线和无差异曲线相切的消费者效用最大化的均衡点的轨迹。它是用来说明一种商品价格变化对消费者均衡的影响。

如图 3.11（a）所示，商品 X 的价格 P_X 发生变化，从 P_0 下降为 P_1 再上升为 P_2，相应的预算线从 AB_0 移至 AB_1 再移至 AB_2，分别与无差异曲线 I_0、I_1 和 I_2 相切于均衡点 E_0、E_1 和 E_2。

随着商品 X 的价格不断变化，可以找到无数个消费者的均衡点。所有切点均表示商品 X 不同价格水平下消费者选择所实现的均衡点。把图中的消费者均衡点 E_0、E_1 和 E_2 等连接起来，便形成了一条价格—消费曲线（Price Consumption Curve，PCC），它表示在总支出和 Y 商品价格不变的条件下，X 商品价格变化使消费者均衡点变化的轨迹。

（二）需求曲线

1. 单个消费者的需求曲线

事实上由消费者的价格—消费曲线可以推导出单个消费者的需求曲线。因为价格消费线已经反映了商品 X 的价格发生变化时，在保持效用最大化前提下消费者对商品 X 购买量的变动情况。在价格—消费线上的每一个均衡点上都存在着商品 X 的价格 P 与商品 X 的需求量之间一一对应关系。如：在均衡点 E_0、E_1 和 E_2，商品 X 的价格从 P_0 下降为 P_1 再上升为 P_2，则商品 X 的需求量由 X_0 增加为 X_1 再减少为 X_2。将商品 X 的每一个价格和相应均衡点上的需求量 X 绘制在图 3.11（b）的商品价格—数量坐标图上，以纵轴表示商品 X 的价格，横轴表示商品 X 的需求量，就得到了单个消费者对商品 X 的需求曲线。图 3.11（b）中需求曲线上的 A、B、C 点分别与图 3.11（a）中的价格—消费曲线 PCC 上的均衡点 E_0、E_1 和 E_2 相对应。由价格—消费线和单个消费者需求曲线的推导说明消费者的消费行为决定了需求规律及需求曲线形状。

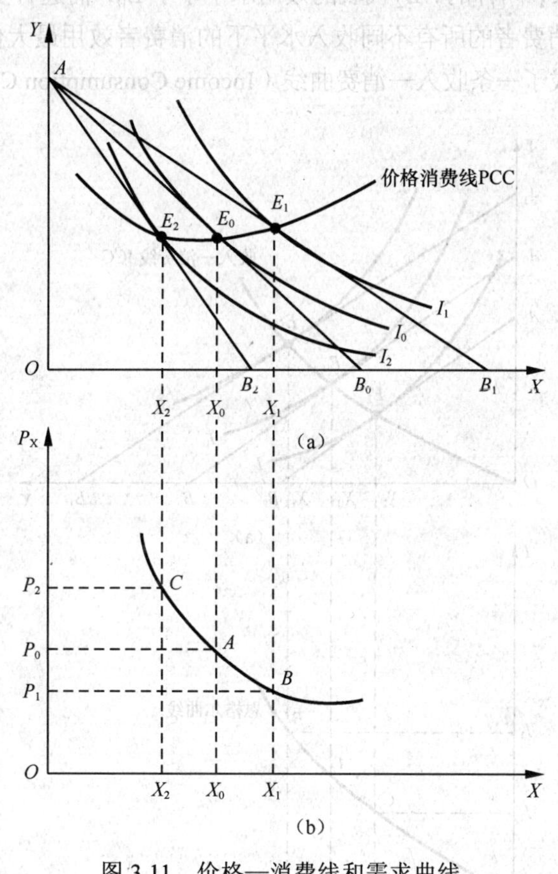

图 3.11 价格—消费线和需求曲线

2. 市场需求曲线

一种商品的市场需求是指在一定时期内在各种不同的价格下市场中所有消费者对某种商

品的需求数量，也即一种商品的市场需求量是每一个价格水平上的该商品的所有个人需求量的加总。所以市场需求曲线是单个消费者的需求曲线的水平加总。因此，如同单个消费者的需求曲线一样，市场需求曲线一般也是向右下方倾斜，市场需求曲线上的每个点都表示在相应的价格水平下可以给全体消费者带来最大效用水平或满足程度的市场需求量。

三、收入—消费曲线与恩格尔曲线

事实上，消费者均衡的变动不仅受价格变动的影响，还受收入水平变动的影响。为了研究收入变动对消费者均衡的影响，我们假定商品价格不变。商品价格不变，意味着原有的消费者均衡中的预算线的斜率不变，而消费者收入水平的变化，使消费者用于消费的总支出水平发生变化，相应地，预算线会发生平行移动。预算线的位移，必将使消费者均衡发生改变，见图 3.12（a）。

由图 3.12（a）可知，当消费者的收入变动，如收入增加使预算线由 A_0B_0 向上移动至 A_1B_1 或收入减少使预算线由 A_0B_0 向下移动至 A_2B_2，从而与新的无差异曲线相切，产生新的均衡点，如 $E_0 \rightarrow E_1$ 或 $E_0 \rightarrow E_2$。在新的均衡点上，代表了在商品价格不变但消费者收入发生变化条件下消费者为实现效用水平最大的不同商品组合。很显然 E_1 代表的效用水平大于 E_0，在该均衡点上的商品 X 和商品 Y 组合在数量上均大于 E_0 的两种商品组合，而商品组合数量的增加是消费者收入增加的结果；同样的，E_2 代表的效用水平小于 E_0，而这种变化是消费者收入减少带来的结果。我们将消费者的所有不同收入水平下的消费者效用最大化的均衡点 E_0、E_1 和 E_2 等连接起来，便形成了一条收入—消费曲线（Income Consumption Curve，ICC）。

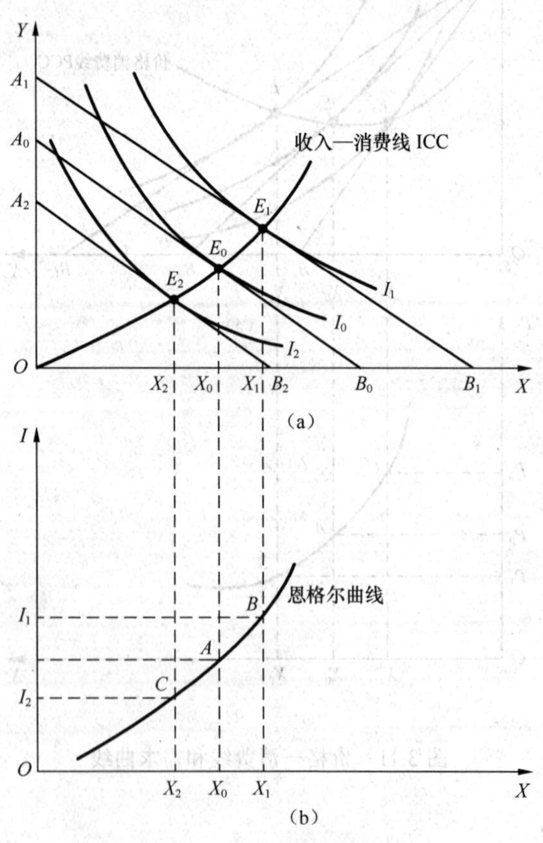

图 3.12　收入—消费线和恩格尔曲线

收入—消费曲线表示在消费者的偏好和商品价格不变的条件下，由消费者收入水平的变动引起的消费者效用最大化的均衡点的轨迹。

根据收入—消费曲线，我们可以推导出收入—需求曲线。因为收入—消费线已经反映了消费者收入发生变化时，在保持效用最大化前提下消费者对两种商品购买量的变动情况。在收入—消费线上的每一个均衡点上都存在着每一收入水平与商品 X、Y 的需求量之间一一对应关系，见图 3.12（a）。在收入—需求曲线坐标图中，我们以纵轴代表消费者的收入水平，横轴代表消费者对商品 X 的需求量，将图 3.12（a）中的收入—消费曲线 ICC 上的均衡点 E_0、E_1 和 E_2 所对应的商品 X 的量一一在图 3.12（b）中标示出来，即 A、B 和 C 点，将三点连接起来形成的曲线就是反映消费者收入变化与消费者需求变化的曲线，通常把它称为恩格尔曲线，它表明了消费者在各种收入下对商品 X 的需求量。

从图 3.12（b）中的收入—需求曲线的形状看，它是向右上方倾斜的，说明随着消费者收入的增加，消费者对该商品的需求量是增加的；反之，消费者收入的下降则会减少对该商品的需求量，消费者对该商品的需求量与其收入水平呈同向变动。对大多数商品来说，收入与需求量的相互关系均如此，这类商品称为正常商品。少部分商品的消费者收入与需求量之间呈反方向关系，这些商品称为低档商品或劣等品。当然收入与需求量非同向变动关系的形成也是由消费者消费行为所决定的。

四、替代效应和收入效应

前面我们分别探讨了价格变动和收入变动对需求量的影响。事实上，这两种影响并非孤立的。当一种商品价格发生变动时，虽然消费者的货币收入不变，但其实际收入却变化了。例如前面说到的小莉的例子，当梨子的价格由每斤 6 元变动到 3 元，小莉对梨子需求由 2 千克变动到 5 千克，这增加的 3 千克梨子的需求量实际上是两种因素共同作用的结果：一是梨子的价格下降，提高了小莉的货币购买力，相当于实际货币收入增加，因而可以增加对梨子的需求量；二是梨子价格下降而橙子的价格不变，也就是橙子的相对价格贵了，而梨子相对便宜了，小莉自然会以价格相对便宜的梨子去替代价格相对贵的橙子。

这两种作用中的前者，即由商品的价格变动所引起的消费者实际收入水平的变动，进而由实际收入水平变动所引起的商品需求量的变动，被称为收入效应（Income Effect）。后者即由商品的价格变动所引起的商品相对价格的变动，进而由商品的相对价格变动所引起的商品需求量的变动，被称为替代效应（Substitution Effect）。收入效应会带来消费者的效用水平发生变化，而替代效应不会改变消费者的效用水平。

那么小莉因梨子价格下降而增加的 3 千克梨子的需求量中有多少是收入效应带来的，有多少是替代效应带来的？我们借用图 3.10，并对之作微调形成图 3.13。

从图 3.13 中看，从均衡点 E_1 到 E_2 之间为梨子价格下降，从而使梨子需求量增加的总效应。总效应 = 替代效应 + 收入效应。

首先分析其中的替代效应。为分析替代效应，就要将总效应中的收入效应剔除，假定实际收入不变，从而获得纯粹的替代效应。我们知道，收入效应改变消费者的效用水平，而替代效应不改变消费者的效用水平，既然如此，要剔除收入效应，可借用一条补偿预算线，即与新的预算线 AB_2 平行的 $A'B_2'$，并回到原来的无差异曲线上，表明价格上升没有改变实际收入水平。从补偿预算线 $A'B_2'$ 与原来的无差异曲线 I_1 的切点 E_2' 来看，梨子价格下降以后，小莉以相对价格低的梨子替代了相对价格高的橙子，即橙子的购买量由 6 千克变为 5 千克，梨子的购买量由原来 2 千克增加到约 3 千克，这一变化是替代效应产生的，而且小莉获得的效用水平保持不变。

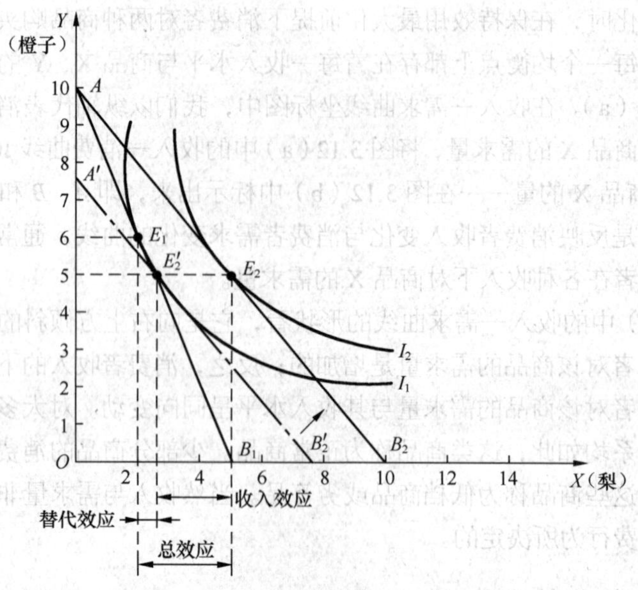

图 3.13　正常商品替代效应和收入效应

现在来看收入效应。现在可以取消补偿预算曲线，回到梨子价格下降所产生的新的预算线 AB_2 上，则 AB_2 与代表效用水平更高的无差异曲线 I_2 相切于 E_2，表明梨子价格下降使小莉的实际收入（或支出）水平提高，从而可以获得更高程度的满足。E_2 点比 E_2'点的梨子的购买量多了 2 千克，这就是梨子价格下降产生的收入效应的结果。

综上所述，商品 X（梨子）的价格下降引起消费者对商品 X 的需求增加，是替代效应和收入效应共同作用的结果。二者之和是商品价格变动对需求量所产生的总效应。

对于大多数正常商品来说，替代效应与价格成反方向变动，即商品价格下降会使该商品的需求量增加；收入效应也与商品价格成反方向变动，在二者共同作用下，总效应必定与商品价格成反方向变动。即商品价格下降，该商品的需求量增加；反之，商品价格上升，该商品需求量下降，需求曲线是向右下方倾斜的。

但对于部分的低档商品或劣等商品来说，虽然替代效应与商品价格成反方向变动，但收入效应与商品价格却不会成反方向变动，因为价格下降使消费者的实际收入水平提高，消费者就有条件购买更好的商品，从而会减少对该商品的需求。所以低档（劣等）商品的收入效应与价格成同方向变动，商品价格下降，对该商品的需求反而减少，如图 3.14 所示。对于低档商品或劣等商品来说，价格下降究竟

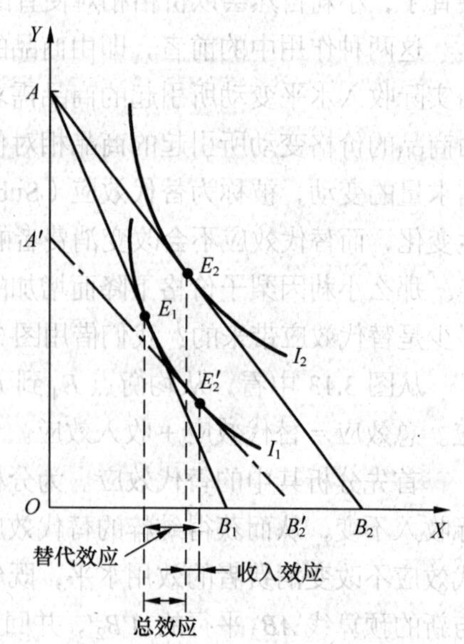

图 3.14　低档商品替代效应和收入效应

会不会增加对该商品的需求，即总效应是增加还是减少，取决于替代效应是大于还是小于收入效应。如果大于，那么价格下降会增加该商品的需求，其需求曲线仍然向右下方倾斜；如果小于，那么价格下降会减少该商品的需求，这种劣等商品就是吉芬商品，其需求曲线向右上方倾斜，这是非常罕见的商品，参见图 3.15。

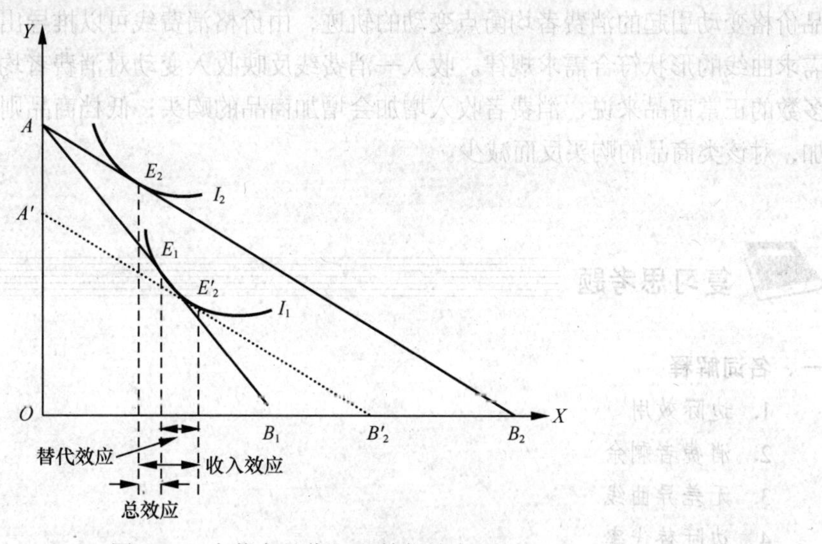

图 3.15　吉芬商品收入和替代效应

综合以上分析，我们可将商品价格变化在不同商品中的替代效应与收入效应的不同，从而对商品需求量的不同影响归纳列表如表 3.5 所示。

表 3.5　商品价格变化所引起的替代效应、收入效应和总效应

商品类别	价格变动	实际收入变动	替代效应	收入效应	替代效应与收入效应比较	总效应	需求曲线的形状
正常商品	下降	增加	+	+	不确定	+	向右下方倾斜
低档商品	下降	增加	+	−	替代效应＞收入效应	+	向右下方倾斜
吉芬商品	下降	增加	+	−	替代效应＜收入效应	−	向右上方倾斜

本章小结

1. 消费者的消费行为就是通过对商品和劳务的消费获得满足，而一定时期内消费者对商品、劳务的购买取决于消费者的偏好、消费者的收入水平、商品的价格等因素的制约，实现效用最大化是理性消费者消费行为的基本原则。

2. 消费者在商品和劳务消费中获得的满足程度以效用单位来衡量。总效用是从一定量的商品和劳务消费中获得的总的满足程度。边际效用是增加或减少一单位商品和劳务的消费所引起的总效用的增加或减少的量。边际效用具有递减规律。边际效用递减规律决定了需求曲线向右下方倾斜。

3. 消费者均衡是消费者获得的总效用最大时的一种状态。消费者均衡的条件是所购买的各种商品的边际效用之比，等于它们的价格之比，或者使消费者花费在各种商品购买上的最后一元钱所带来的边际效用相等。

4. 无差异曲线和预算线是探讨消费者偏好、收入、商品价格等约束条件下消费者均衡的分析工具。预算线与无差异曲线相切，或边际替代率与预算线的斜率相等是在这些约束条件下消费者实现效用最大化的均衡点。

5. 消费者均衡会随价格、消费者的货币收入的变化而变化。价格—消费线反映了一种商品价格变动引起的消费者均衡点变动的轨迹，由价格消费线可以推导出商品需求曲线，而且需求曲线的形状符合需求规律。收入—消费线反映收入变动对消费者均衡变动的影响。对大多数的正常商品来说，消费者收入增加会增加商品的购买；低档商品则会因为消费者收入增加，对该类商品的购买反而减少。

复习思考题

一、名词解释

1. 边际效用
2. 消费者剩余
3. 无差异曲线
4. 边际替代率
5. 预算线
6. 消费者均衡
7. 替代效应
8. 收入效应

二、问答题

1. 什么是边际效用递减规律？请用生活中现象加以解释。

2. 请画图说明预算线变动的几种情形，并作扼要文字说明。

3. 请根据你某月的收支情况，以消费者均衡理论加以分析，看看你是否是理性消费者。

4. 设某消费者的效用函数为 $U=XY+X+2Y+2$，预算线方程为 $4X+6Y=130$，试求该消费者的最优消费组合。

5. 假定商品 X 的价格 $P_X=15$，商品 Y 的价格 $P_Y=4$，消费者收入 $M=100$，求①预算线的方程式；② M 和 P_Y 不变，P_X 下降 40%时的预算线的方程式；③P_X 和 P_Y 不变，消费者收入增加 1 倍的预算线方程式。

6. 如果消费者的货币收入不变，但其主要生活用品（米、油、天然气、水、电）等价格上涨，你认为消费者会改变对这些商品的需求吗？消费者的效用水平会增加还是减少？为什么？

第四章 生产与成本理论

学习目标：本章讨论另一个重要的经济决策单位厂商。通过本章学习要求了解企业的基本性质，掌握生产要素、生产函数、成本结构等基本概念，理解企业面临一定生产技术与成本结构约束条件下追求利润最大化的决策行为，即生产者均衡。

关键概念：生产要素（Factor of Production） 生产函数（Production Function） 短期与长期（Short-run & Long-run） 成本与利润（Cost & Profit） 生产者均衡（Producer Equilibrium）

第一节 厂商理论和利润最大化

厂商是除上章所研究的消费者外市场体系中的又一重要成员，它们不仅是产品市场上的供给者，也是要素市场上的需求者。

在经济学中，厂商是指能够做出统一生产决定的经济单位。经济体系中厂商的数目众多，而且规模差异很大，但它们的经济活动对任何一个经济体而言都非常重要，经济学对这方面的研究方兴未艾，这个领域所产生的成果被称为厂商理论（Theory of the Firm）。

一、为何会有厂商出现

从历史上看，企业（厂商）并不是从来就有的，那么是什么原因导致了企业的出现呢？一些西方经济学家认为，企业作为生产的一种组织形式，是对市场的一种替代，可以有效地降低交易成本（Transaction Cost）。举例来说，如果你要重新装修公寓，在市场上找到木工、水电工、材料商等，你可以和他们分别签订合同并完成交易，雇佣他们来装修公寓。但这样做的话许多大小杂事都要经过市场上一个个的交易来完成，而且他们如何配合也需要你来监督，你会不胜其烦。这时候，如果有人成立装潢公司，把所有的工人和材料结合起来，你只要和装潢公司接洽，由装潢公司内部通过层层指令来监督协调，你的交易成本就可以大大减少。这是厂商出现的第一个主要原因。

厂商出现的第二个主要原因是生产的专业化分工（Economies of Specialization）。如果由一个工匠专职制造汽车，像当年发明家一样事必躬亲，应该还是可以制造出来，只是旷费时日。而如果由多位工人组成一个厂商，每人分工生产其中的一部分零部件，然后再组装起来，由于熟能生巧，分工后每人的生产就会更有效率。这就是经济学鼻祖亚当·斯密在其《国富论》里所观察到的工业革命中分工产生规模报酬的主要原因。工业革命带来的分工增进了生产效率，也造就了使用大规模生产技术的新兴厂商。

二、利润最大化假设

在上一章我们讨论消费者行为的时候，假设追求效用最大化是消费者进行经济活动的唯一目标。在这一章，我们同样假设追求利润最大化是厂商的唯一目标。当然，有些厂商在某些期间或许可以另有目标甚至漫无目标，但是，市场竞争经济社会中的自然淘汰会使追求利润成为绝大多数厂商的长期目标。追求利润的厂商比较容易积累资本，也比较容易从银行借到资金，所以更容易快速成长，也才有能力在产品的价格与质量竞争中生存下来。即使在某些时期内厂商会暂时追求市场占有率或其他目标，但最终目的还是以市场占有率或其他优势来追求长期利润。我们每年可以看到很多迅速崛起的厂商，但也可以看到很多快速衰败的厂商，生存下来的都已身经百战，深知追求利润的重要性。

第二节　生产函数

企业是商品和劳务的生产者，追求利润最大化的企业如何选择适当的技术？如何选择合适的组织形式和合理的规模大小？又如何决定产出水平？这些问题非常复杂，需要采取简化方法，借助生产函数等工具分步骤地进行研究。本节先介绍生产函数的一般概念，然后分析只有一种可变要素的生产函数，再分析两种可变要素的生产函数，最后得出厂商选择与均衡的一般结论。

一、生产函数概述

（一）生产与生产要素

企业进行生产的过程就是从生产要素（Factor of Producton）的投入到生产出产品或服务的过程。西方经济学一般将投入生产的要素划分为劳动、土地、资本和企业家才能四种类型。

劳动（L）一般指人类在生产过程中提供的体力和智力总和，劳动力的数量和质量是劳动生产率的决定因素。

资本（K）可以分为实物形态资本和货币形态资本。实物形态资本也被称为资本品或投资品，如厂房、机器设备、动力燃料、原材料等；货币形态资本常被称为货币资本，在我们研究厂商生产理论时，资本更多地指实物形态的资本。

土地（N）是指生产过程中所使用的各种自然资源，不仅仅指土地本身，还包括森林、江河湖泊、海洋矿藏等所有地上、地下的一切自然资源。

企业家才能（E）是指企业家特有的建立和组织经营管理企业的才能，企业家把劳动、资本和土地要素组织起来进行生产和创新活动，承担市场风险。

（二）生产函数的含义

生产函数表示在一定时期内，在技术条件不变的情况下，生产中所使用的各种生产要素和所能生产的最大产出之间的数量关系。

分别用 L、K、N、E 表示投入的劳动、资本、土地和企业家才能四种生产要素的数量，

Q 表示所能生产的最大产出量，则生产函数的一般形式可写为

$$Q = f(L, K, N, E) \tag{4.1}$$

在具体研究生产函数时，由于土地一般被认为是固定不变的，企业家才能又难以估算，所以为了简化起见，通常采用简化处理，假定生产中只使用劳动和资本两种生产要素，这样生产函数就可以写为

$$Q = f(L, K) \tag{4.2}$$

需要注意的是，给出某一具体生产函数的前提是一定时期内既定的技术水平，因为一旦生产技术水平发生变化，要素投入与产出的数量关系就会变化，也就会形成新的生产函数。

（三）两种常用的生产函数

经济学研究中通常会用到两种重要的生产函数（Production Function），即固定投入比例生产函数和柯布-道格拉斯生产函数。

固定投入比例生产函数是指在每一个产量水平上任何一对要素投入量之间的比例都是固定不变的生产函数。假定生产中只使用劳动和资本两种生产要素，则固定投入比例生产函数为：

$$Q = \text{Min}\left(\frac{L}{\mu}, \frac{K}{\nu}\right) \tag{4.3}$$

式中，Q 表示某种产品产量，L 和 K 分别表示劳动和资本投入量，μ和 ν 分别表示固定的劳动和资本的生产技术系数，各表示生产单位产品所需要的固定的劳动和资本投入量。该生产函数表示，产量 Q 取决于 $\frac{L}{\mu}$ 和 $\frac{K}{\nu}$ 这两个比值中较小的一个。这是因为 Q 的生产被假定为必须按照 L 和 K 之间的固定比例，当一种生产要素投入量固定时，另一种生产要素投入再多也不能增加产量。换句话说，两种投入要素之间是不可替代的。

另一种常用的生产函数是柯布-道格拉斯生产函数，该函数是由数学家柯布和经济学家道格拉斯于 20 世纪 30 年代初共同提出的，其一般形式为

$$Q = AL^{\alpha}K^{\beta} \tag{4.4}$$

式 4.4 中，A、α、β为常数参数，其中 $A>0$，为规模参数，$0<\alpha<1$，$0<\beta<1$，分别为劳动要素和资本要素的产出弹性。参数α、β有以下经济含义。

（1）当$\alpha+\beta=1$ 时，α、β各表示劳动和资本在生产过程中的相对重要性或称贡献度，α 表示劳动要素对产量的贡献，β表示资本要素对产量的贡献。

（2）根据α、β之和可以判断规模报酬的情况。当$\alpha+\beta>1$ 时，则为规模报酬递增；当$\alpha+\beta=1$ 时，为规模报酬不变；当$\alpha+\beta<1$ 时，为规模报酬递减。

案例 4-1

美国生产函数

根据数学家柯布和经济学家道格拉斯两人对美国1899～1922年期间有关经济资料的分析和估算，生产函数 $Q = AL^{\alpha}K^{\beta}$ 中，A =1.01，α=0.75，β=0.25，也就是在生产中，劳动所作的贡献占全部产量的3/4，资本贡献占1/4。这说明每增加1%的劳动所引起的产量增长是每增加1%的资本所引起的产量增长的3倍。这一结论与美国工人收入与资本收益之比（3:1）大体相符。

二、一种可变要素的生产函数

（一）短期和长期的概念

现实经济生活中，生产规模的扩张或要素投入量的改变往往需要一定的时间。经济学考虑到时间在生产和成本中所起的作用，将生产分为短期和长期两种。

短期（short-run）是指生产者来不及调整全部生产要素投入数量，至少有一种生产要素投入数量是固定不变的时间周期。这样，短期内生产要素投入可分为不变要素投入（例如厂房、机器设备等）和可变要素投入（例如劳动、原材料、燃料等）。

长期（Long-run）是指生产者可以调整全部生产要素投入数量的时间周期。长期内所有要素投入数量都可以调整，不存在固定不变的要素投入量。

可见，长期和短期的划分是以能否变动全部要素投入量为依据的，对于不同产品的生产，短期和长期所要求的具体时间是不同的。例如，变动一个大型炼油厂的生产规模所需要的时间要比变动一个快餐店的规模所需要的时间多得多。经济学上通常以一种可变要素的生产函数来考虑短期生产过程，以两种可变要素的生产函数来考虑长期生产过程。

（二）短期生产函数

在生产函数$Q=f(L,K)$中，假定资本投入量是固定的，用$\overline{K}$表示，劳动投入量是可变的，用L表示，则生产函数为

$$Q=f(L,\overline{K}) \tag{4.5}$$

这就是通常采用的一种可变生产要素的生产函数的形式，亦常被称为短期生产函数，其含义是在资本投入量固定不变时，由劳动投入量的变化所带来的最大产量的变化，或称当只有劳动投入可变时，劳动投入量和最大产出量之间的对应关系。

1. 总产量、平均产量和边际产量

根据短期生产函数$Q=f(L,\overline{K})$，可以得到总产量、劳动平均产量和劳动边际产量的概念。

总产量（记为TP_L）是在资本投入既定的条件下，与一定可变生产要素劳动的投入量相对应的最大产量总和，公式为

$$TP_L=f(L,\overline{K}) \tag{4.6}$$

平均产量（记为AP_L）是指平均每个单位可变生产要素劳动所能生产的产量，公式为

$$AP_L=\frac{TP_L}{L}=\frac{f(L,\overline{K})}{L} \tag{4.7}$$

边际产量（记为MP_L）是指每增加一单位可变要素劳动的投入量所引起的总产量的变动量，公式为

$$MP_L=\frac{\Delta TP_L}{\Delta L} \text{ 或 } MP_L=\lim_{\Delta L\to 0}\frac{\Delta TP_L}{\Delta L}=\frac{df(L,\overline{K})}{dL} \tag{4.8}$$

根据以上总产量、平均产量和边际产量的概念，可以编制一张关于一种可变生产要素的总产量、平均产量和边际产量的表，如表 4.1 所示。

表 4.1　总产量、平均产量和边际产量

资本投入量（K）	劳动投入量（L）	总产量（TP_L）	平均产量（AP_L）	边际产量（MP_L）
20	0	0	—	—
20	1	6.0	6.00	6.0
20	2	13.5	6.75	7.5
20	3	21.0	7.00	7.5
20	4	28.0	7.00	7.0
20	5	34.0	6.80	6.0
20	6	38.0	6.33	4.0
20	7	38.0	5.43	0.0
20	8	37.0	4.63	-1.0

根据表 4.1 可以绘制总产量曲线、平均产量曲线和边际产量曲线图，如图 4.1 所示。

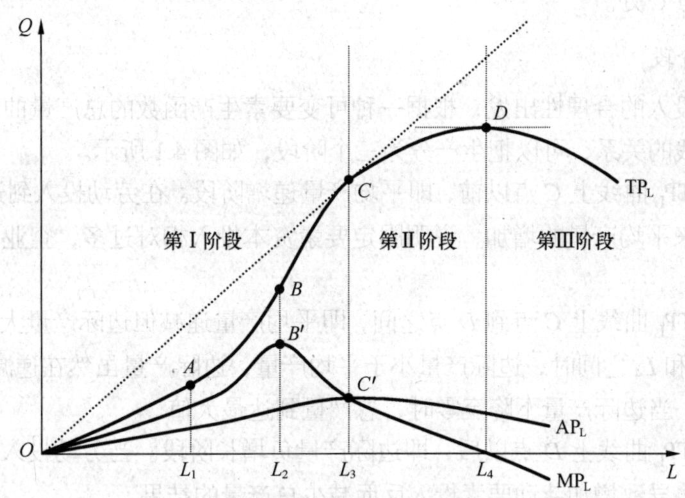

图 4.1　一种可变要素的生产函数的产量曲线

图 4.1 中的横轴表示可变要素劳动 L 的投入量，纵轴表示产量，则总产量、平均产量、边际产量曲线分别有如下特征。

总产量 TP_L 曲线：初期随着可变投入的增加，总产量以递增的增长率上升，然后以递减的增长率上升，达到某一极大值后，随着可变投入的继续增加反而下降。

平均产量 AP_L 曲线：初期，随着可变要素投入的增加，平均产量不断增加，到一定点达到极大值，之后随着可变要素投入量的继续增加，转而下降。

边际产量 MP_L 曲线：边际产量在开始时，随着可变要素投入的增加不断增加，到一定点达极大值，之后开始下降，边际产量可以下降为零，甚至为负。边际产量是总量增量的变动情况，它的最大值对应着 TP 由递增上升转入递减上升的拐点。

2. 总产量、平均产量和边际产量曲线的相互关系

（1）总产量曲线和平均产量曲线的关系。总产量曲线 TP_L 上任一点到原点连线的斜率，就是该总产量水平所对应的平均产量。图 4.1 中，当 AP_L 在 C'点时达到最大值，射线 OC 斜率最大，这时的劳动投入量为 L_3。从图 4.1 中可以看到，AP_L 在劳动投入量到达 L_3 之前，随着劳动投入量的增加而上升，劳动投入超过 L_3 点以后，随劳动投入量的增加而减少，逐渐趋

近于横轴，但决不会与横轴相交。

（2）总产量曲线与边际产量曲线的关系。总产量曲线上任一点对应的边际产量，就是该点切线的斜率（即导数的几何意义）。在图 4.1 中，在拐点 B 点以前（即劳动投入量为 L_2 之前），总产量曲线上任一点的斜率为正，且随着劳动投入量增加而增加，即劳动的边际产量递增。总产量曲线到达 B 点，切线斜率最大，表现为 MP_L 到达最高点 B'，这时边际产量到达最大。过点 B 以后，边际产量开始递减。

（3）边际产量曲线和平均产量曲线的关系。当边际产量大于平均产量时，平均产量递增；当边际产量小于平均产量时，平均产量递减；当边际产量与平均产量相等时，平均产量到达最大，亦即边际产量曲线一定会穿过平均产量曲线的最高点。图 4.1 中，在 C'点之前，MP_L 曲线高于 AP_L 曲线，MP_L 对 AP_L 具有拉上的作用，因此 AP_L 是上升的；在 C'点之后，MP_L 曲线低于 AP_L 曲线，MP_L 对 AP_L 具有拉下的作用，因此 AP_L 是下降的；MP_L 与 AP_L 曲线相交于 AP_L 曲线的最高点 C'处。

3. 生产三阶段

从生产要素投入的合理性出发，根据一种可变要素生产函数的总产量曲线、平均产量曲线和边际产量曲线的关系，可以把生产分为三个阶段，如图 4.1 所示。

第Ⅰ阶段为 TP_L 曲线上 C 点以前，即平均产量递增阶段。在劳动投入到达 L_3 之前，劳动投入的增加会带来平均产量的增加，说明固定要素资本投入相对过多，企业增加可变要素的投入是有利的。

第Ⅱ阶段为 TP_L 曲线上 C 点到 D 点之间，即平均产量递减但边际产量大于零阶段。当劳动投入量介于 L_3 和 L_4 之间时，边际产量小于平均产量，边际产量虽然在递减，但仍大于零，总产量仍在上升，当边际产量下降至零时，总产量到达最大值。

第Ⅲ阶段为 TP_L 曲线上 D 点以后，即边际产量负增长阶段。当劳动投入量超过 L_4 以后，边际产量小于零将导致增加劳动要素投入反而减少总产量的结果。

理性的厂商会选择在哪个阶段从事生产呢？在第Ⅰ阶段，增加劳动投入能使平均产量增加，即增加劳动是有利可图的，因此厂商必定增加劳动投入，从而使生产进入第Ⅱ阶段。在第Ⅲ阶段，增加劳动反而会使总产量减少，厂商不会在此阶段进行生产，即使进入第Ⅲ阶段也会减少劳动投入，重新回到第Ⅱ阶段。即：理性的厂商只会在第Ⅱ阶段进行生产。

4. 边际报酬递减规律

边际报酬递减规律，也称为边际生产力递减或边际收益递减，是指在生产技术不变的条件下，若其他投入不变，只是不断增加某一种要素投入，则该种投入要素的边际产量最终会逐渐减少。在图 4.1 中，MP_L 最终会下降便是这一规律的表现。

一般说来，某一可变要素投入的边际产量开始是递增的，但最终会呈现递减的趋势。原因在于，在产品的短期生产过程中，固定要素投入和可变要素投入之间存在着一个最佳组合比例，在可变要素投入未达到最佳比例之前，其边际产量呈递增趋势；当可变要素投入量超过最佳比例后，其边际产出必将趋于下降。例如，当劳动人数过少时，有的机器设备根本无法运转，或运转效率不高，这时增加人数就可以使更多的机器设备有效运转，从而劳动投入的边际产量递增。但当人数增加到一定数量后，生产结构或比例又变得不合理，从而劳动投入的边际产量递减，甚至出现负值（例如人浮于事的企业可能要比劳动人数较少时提供的总产量还要少）。

需要注意的是，边际报酬递减规律严格地以生产技术条件不变和其他投入不变为前提。技术条件或其他投入改变时完全有可能出现边际报酬不变或递增的现象，这并不与边际报酬递减规律相矛盾。

三、两种变动投入的生产函数

在西方经济学的生产理论中，通常以两种可变要素的生产函数来考察长期生产问题。假定生产者使用劳动和资本两种可变生产要素生产一种产品，则两种可变生产要素的长期生产函数可用式（4.2）表示。

在长期，两种要素的投入量都可以变化，并且两者之间是可以相互替代的。因此，同一产量往往可以选择各种不同的资本和劳动投入组合来生产，对企业来说面临着达到同一产量水平的多种劳动资本投入组合。

那企业到底会选择哪一种组合进行生产呢？或者说理性的企业会如何选择劳动资本这两种要素投入的组合呢？为了分析这一决策，我们需要引入等产量线和等成本线两个概念。

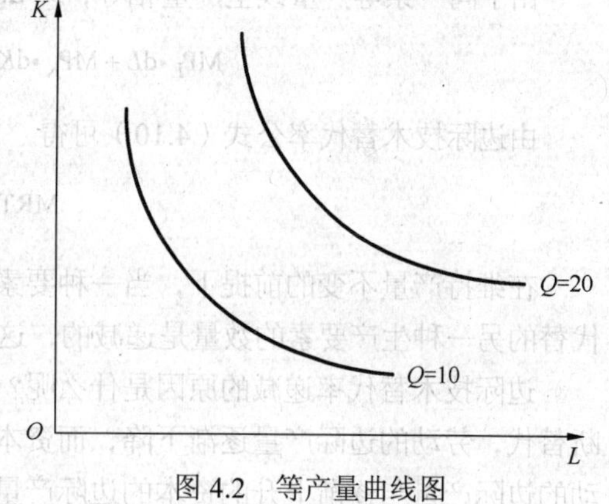

图 4.2　等产量曲线图

（一）等产量线

1. 等产量线的含义

等产量线也叫等生产线，是表示生产技术不变时生产同一产量某种产品的不同的投入组合的轨迹，如图 4.2 所示。等产量线上的任何一点所代表的两种要素投入组合都可以提供相同的产量水平，它是由生产函数得出的。

回顾一下前面我们已经学习过的效用理论中的无差异曲线，可以说等产量线和无差异曲线是完全类似的，只不过等产量线是一种技术关系的描述，而无差异曲线则是消费者主观评价的描述。

2. 等产量线的特征

等产量线与无差异曲线的特点完全类似，具体说来有以下几点。

（1）距离原点越远的等产量线代表的产量水平越高；反之，则越低。

（2）同一平面坐标上的任何两条等产量曲线不会相交，这是由等产量线的性质决定的。

（3）等产量线向右下方倾斜（任一点的斜率为负）。即在等产量线上增加（或减少）K 的数量就必须减少（或增加）L 的数量，意味着要保证产量水平不变，劳动与资本投入量必须反方向变动。

（4）等产量曲线凸向原点，这是由边际技术替代率递减决定的。在等产量线上增加（或减少）K 的数量就必须减少（或增加）L 的数量，这种相互替代的关系可以用边际技术替代率（Marginal Rate of Technical Substitution，MRTS）来衡量。

3. 边际技术替代率与等产量曲线的形状

边际技术替代率是指在维持产量水平不变的条件下，增加一单位某种生产要素投入量时所减少的另一种要素的投入数量。

以 $MRTS_{LK}$ 表示劳动对资本的边际技术替代率，则

$$MRTS_{LK} = -\frac{\Delta K}{\Delta L} \tag{4.9}$$

式中，ΔK 和 ΔL 分别表示资本投入量的变化量和劳动投入量的变化量，式中加负号是为了使 $MRTS_{LK}$ 为正值，以便于比较。如果要素投入量的变化量为无穷小，上式变为

$$MRTS_{LK} = \lim_{\substack{\Delta K \to 0 \\ \Delta L \to 0}} -\frac{\Delta K}{\Delta L} = -\frac{dK}{dL} \tag{4.10}$$

式（4.11）说明等产量曲线上某一点的边际技术替代率就是等产量曲线该点斜率的绝对值。边际技术替代率也可以用两种要素的边际产量之比来表示。

由生产函数 $Q = f(L, K)$ 可得

$$dQ = \frac{dQ}{dL} \cdot dL + \frac{dQ}{dK} \cdot dK = MP_L \cdot dL + MP_K \cdot dK \tag{4.11}$$

由于同一条等产量线上产量相等，即 $dQ = 0$，则式（4.11）变为

$$MP_L \cdot dL + MP_K \cdot dK = 0 \quad 即 \quad -\frac{dK}{dL} = \frac{MP_L}{MP_K} \tag{4.12}$$

由边际技术替代率公式（4.10）可得

$$MRTS_{LK} = \frac{MP_L}{MP_K} \tag{4.13}$$

在维持产量不变的前提下，当一种要素的投入量不断增加时，每一单位的这种要素所能代替的另一种生产要素的数量是递减的，这种现象被称为边际技术替代率递减规律。

边际技术替代率递减的原因是什么呢？以劳动对资本的替代为例，随着劳动对资本的不断替代，劳动的边际产量逐渐下降，而资本的边际产量逐渐上升，因此，作为逐渐下降的劳动的边际产量与逐渐上升的资本的边际产量之比的边际技术替代率是递减的，即等产量线上的切线斜率绝对值递减，等产量线凸向原点。

（二）等成本线

等成本线是指在既定的成本预算和生产要素价格条件下，生产者可以购买到的两种生产要素不同数量组合的轨迹。

假定 C 为既定成本，w 和 r 分别为既定的劳动要素价格（工资率）和资本要素价格（利息率），则等成本线可写为

$$wL + rK = C \text{ 或 } K = \frac{C}{r} - \frac{w}{r}L \tag{4.14}$$

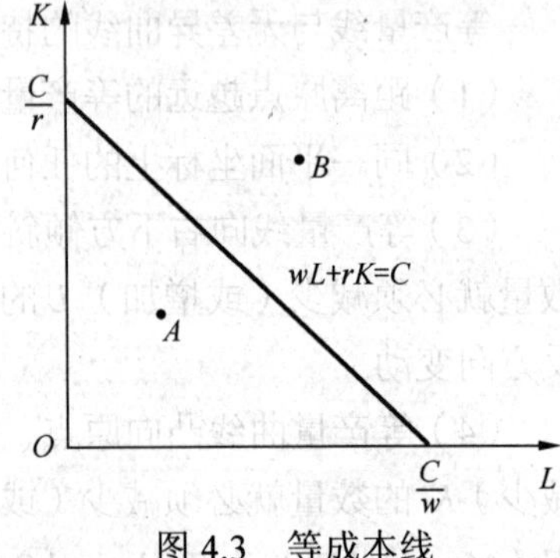

图 4.3　等成本线

在图 4.3 中，等成本线在横轴的截距 C/w 表示既定成本全部用于购买劳动要素可以购得的劳动投入量，在纵轴的截距 C/r 表示既定成本全部用于购买资本要素可以购得的资本投入量，连接这两点形成的线段便是等成本线，其斜率为 $-\frac{w}{r}$，该线段任何一点都表示既定成本能够购买到的劳动与资本的某种数量组合。等成本线以内与坐标轴围成的区域中的

任何一点，如点 A，表示企业既定成本尚有剩余；等成本线以外区域的任何一点，如点 B，是企业既定成本无法购买到的；唯有等成本线上的任何一点，才表示既定成本全部花完刚好能够购买到的劳动与资本的组合。

任何关于成本和要素价格的变化都会引起等成本线的变动。关于变动的具体情况，与消费理论中预算线的变动完全类似，这里不再重复。

（三）生产者均衡

在长期生产中，任何一个理性的生产者都会选择最优的生产要素组合进行生产，从而实现利润的最大化。所谓生产要素的最优组合是指在既定的成本条件下的最大产量或既定产量条件下的最小成本。生产要素的最优组合也称为生产者的均衡（Producer Equilibrium）。

根据等产量线与等成本线的定义，不难证明，既定等成本线与尽可能高的等产量线的切点表示既定投入成本下的产量最大化点，既定等产量曲线与尽可能低的等成本线的切点表示既定产量目标下的投入成本最小化点，如图 4.4 所示。

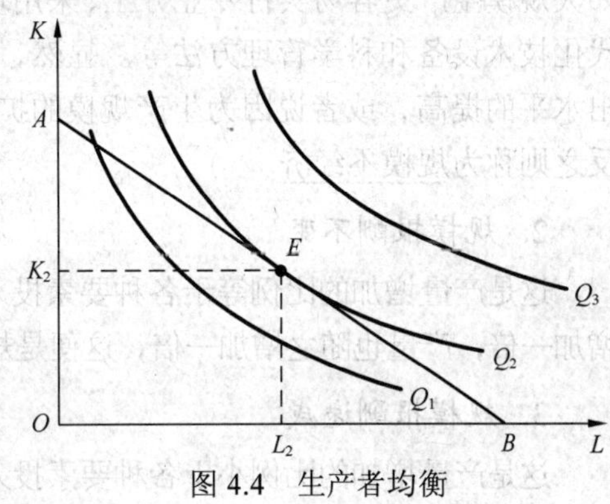

图 4.4　生产者均衡

在图 4.4 中，有一条等成本线 AB 和三条等产量线 Q_1、Q_2 和 Q_3。点 E 代表等产量线 Q_2 与等成本线 AB 的切点，OL_2 和 OK_2 的组合为投入的最优组合，即生产者均衡。任何更高的产量（如 Q_3），在既定成本条件下都是无法实现的；任何更低的产量（如 Q_1），在既定成本下的都是低效率的。

在生产者均衡点 E 处，等产量线 Q_2 与等成本线 AB 相切，则

$$\frac{MP_L}{MP_K}=\frac{w}{k} \quad 或 \quad \frac{MP_L}{w}=\frac{MP_K}{k} \tag{4.15}$$

式（4.15）就是生产者均衡或者说投入最优组合的条件。生产者均衡的条件可以表述为：投入要素的边际产量之比等于它们的价格之比。或者说，生产者最后一个货币单位购买任何投入要素所带来的边际产量都相等。

这一均衡条件同样适用于两种以上的投入要素的生产者。

（四）生产扩展线

要素价格的变化会引起等成本线的变化，从而引起生产者均衡点的变化。

假设生产技术和要素价格不变，厂商总投入的增加会引起等成本线向右上边平移，从而不同水平的等成本线与不同水平的等产量线相切，将这些切点连接起来的曲线被称为生产扩展线。

扩展线是表示生产技术和要素价格不变的条件下，生产者在不同的生产规模上将采用的最佳投入组合的轨迹。或者说，在生产技术和要素价格不变条件下，生产者将沿着扩展线 ON 进行生产规模的扩张，如图 4.5 所示。

（五）规模报酬

生产扩展线表明随着总投入的增加或称生产规模的扩大，产量会随之发生变化。

所谓规模报酬是指在其他条件不变的情况下，当企业内部各生产要素都按同一比例变化

时带来的产量变化状态。规模报酬变化一般可以分为三种情况。

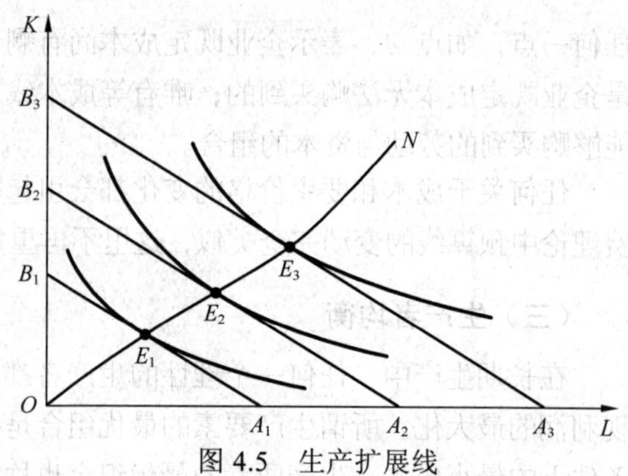

图 4.5 生产扩展线

1. 规模报酬递增

这是指产出增加的比例大于各种要素投入增加的比例。例如，劳动和资本等各种投入要素均增加一倍，带来的产量增加了一倍以上。规模报酬递增的主要原因在于企业生产规模的扩大带来的生产效率的提高，比如大规模生产更容易实行专业分工、采用现代化技术设备和科学管理方法等。显然，规模报酬递增可以降低产品的平均成本。由于产出水平的提高，或者说因为生产规模的扩大而引起的单位成本下降通常被称为规模经济，反之则称为规模不经济。

2. 规模报酬不变

这是产量增加的比例等于各种要素投入增加的比例。比如，劳动和资本等各要素投入量增加一倍，产量也随之增加一倍，这便是规模报酬不变的情况。

3. 规模报酬递减

这是产量增加的比例小于各种要素投入增加的比例。当生产扩大到一定规模以后，迟早会进入规模报酬递减阶段。因为规模过大、层次过多，企业组织内部难以协调，决策难以贯彻执行等，都将导致生产效率降低，产品平均成本提高。

一般说来，任何企业的规模报酬都会随着生产规模的不断扩大依次进行规模报酬递增、不变和递减三个阶段。需要注意的是，不同的行业、不同的技术条件等均会导致规模报酬变化的具体情况有所不同。

第三节 成本理论

案例 4-2

上大学的代价是什么？

上大学是要花钱的，这就是上大学的成本。从目前来看，每位大学生在四年期间学费、书费等各种支出约为4万元。此外，为了上大学，要放弃工作的机会。如果一个人不上大学而去工作，每年可以得到1万元，这四年一共就是4万元。

思考：上大学包括哪些成本？有成本人们为什么还要上学？

一、成本的定义与分类

企业对要素投入组合的选择，一方面取决于各种投入与产出间的物质技术关系，另一方面也取决于成本状况。

企业的生产成本是指企业为生产一定数量的产品所消耗的生产要素的货币支付。从不同的角度来考察可以将成本划分为不同的种类，经济学中经常使用的主要有以下几组成本概念。

（一）机会成本

经济学是研究稀缺资源如何配置与利用的科学。资源的稀缺性意味着当某种经济资源被用作生产一定数量的一种或几种产品时，就必须放弃其他的生产用途。生产者在其决策的过程中必须考虑这种放弃的代价的大小，这便引出了经济分析中一个非常重要的成本概念——机会成本（Opportunity Cost）。

机会成本是指由于使用特定资源而放弃的该资源其他用途所能获得的最高收益。

例如，某人有10万元资金，可供选择的用途假设只有以下几种：存入银行获得1万元，开商店获得2万元，开咖啡馆获得3万元，炒股获利4万元。如果该人将这10万元用于炒股，则意味着放弃了存银行、开商店和开咖啡馆三种用途，其中最高收益是开咖啡获得的3万元。所以，进行炒股选择时，机会成本就是开咖啡馆能获得的3万元。

在理解机会成本概念时，需要特别注意：第一，机会成本不同于实际成本，它不是作出某项选择时实际支付的损失或费用，而是存在于我们大脑中或观念中的成本；第二，机会成本是放弃的其他若干种选择中最高的收益，而不是全部收益或其他更低的收益；第三，理性人作出任何决策时都要使收益大于或至少等于机会成本，否则就是不合理的或非理性的。

机会成本的概念有利于人们判断资源配置的合理性。

（二）显性成本和隐性成本

显性成本（Explicit Cost）是指厂商支付给各要素所有者的报酬而形成的成本。比如厂商支付给工人的工资、借入资本的利息、原材料和固定资产的购买等，这些都需要现实的货币支付，也都会在厂商的会计账目上记录和反映出来，因而也称之为会计成本。

隐性成本（Implicit Cost）是指应该计算为成本但却未在形式上进行货币支付的厂商本身所拥有的生产要素的报酬。比如，一个夫妻店，店主夫妇每天工作10小时，但往往并未在形式上领取货币工资，这种应该领取但却未实际支付的工资就属于隐性成本。属于店主夫妇的店铺设备也往往未在形式上收取租金，这笔租金也属于隐性成本。从这对夫妇可以受雇于别人而领取工资和将店铺设备出租而获得租金的角度看，隐性成本显然属机会成本范畴。

显性成本和隐性成本之和构成厂商行为的总成本，亦称为经济成本。由于显性成本与隐性成本的区别，形成会计利润与经济利润的区别。会计利润是厂商销售收益扣减会计成本后的余额。经济利润是厂商销售收益扣减经济成本的余额。

会计利润 = 销售收益 − 会计成本（显性成本）

经济利润 = 销售收益 − 经济成本（显性成本 + 隐性成本）

经济利润 = 会计利润 − 隐性成本

经济成本中包含了隐性成本，因此经济利润也称为超额利润，它与正常利润是有区别的。正常利润是指厂商自有生产资源应该获得的正常报酬。正常利润是企业生产成本或经济成本的一个组成部分，从这个角度看，正常利润就是隐性成本。当厂商经济利润为零时，厂商仍得到了全部的正常利润。正常利润是令厂商将自有资源继续从事生产经营所需要的最低报酬，否则他们将重新选择。

（三）固定成本、可变成本和沉没成本

生产成本从其变化特征角度可区分为固定成本（Fixed Cost）和可变成本（Variable Cost）。随着产量的变动而变动的成本叫做可变成本。比如工人的工资、购买原材料和燃料的费用、电力费、短期借款利息等，这些成本都是随着产量的增减而增减的。不随着产量变动而变动的成本叫做固定成本。比如厂房、设备及各种维修费、长期借款利息等费用，这些费用是在一个较短时期来看固定不变的，不随产量的变动而变动。

与固定成本紧密相关的另一个成本概念叫做沉没成本（Sunk Cost），它是指已经发生和支付且无法收回的成本。如某厂商为某个项目做了大量的专项准备工作，后来这个项目被认为应该放弃或终止，那么那些专项准备工作及其发生的费用就属于沉没成本。沉没成本有可能影响生产或投资决策。

（四）短期成本和长期成本

在介绍生产函数的时候，我们区分了生产的长期与短期。所谓短期成本就是指生产期处于短期内的成本。或者说短期成本是厂商来不及调整其厂房、设备等固定成本规模的时期内的成本，因此短期成本包括了固定成本和可变成本两个部分。

长期成本则是指生产期处于长期内的成本。长期厂商可以调整所有的要素投入量，一切成本都是可以变动的，因此长期内不存在所谓固定成本。

二、短期成本函数

成本函数是表示在技术水平与要素价格不变的条件下，一定时期内成本与产出之间的数量关系。成本函数与生产函数共同制约和决定厂商的生产决策与收益状况。

（一）总成本、平均成本和边际成本

1. 总成本

总成本（Total cost，TC）是厂商在一定时期内生产一定数量产品的全部成本。短期内它由固定成本和可变成本之和构成。

固定成本为一常数，与产量的变化无关。图 4.6 中，固定成本曲线是一条与横轴平行的直线，它到横轴的距离为固定成本的金额。因为总成本是固定成本与变动成本之和，所以总成本 TC 曲线与变动成本 VC 曲线形状相同，TC 曲线可以由 VC 曲线向上平移获得，两条曲线任意一点间的垂直距离等于 FC 值。

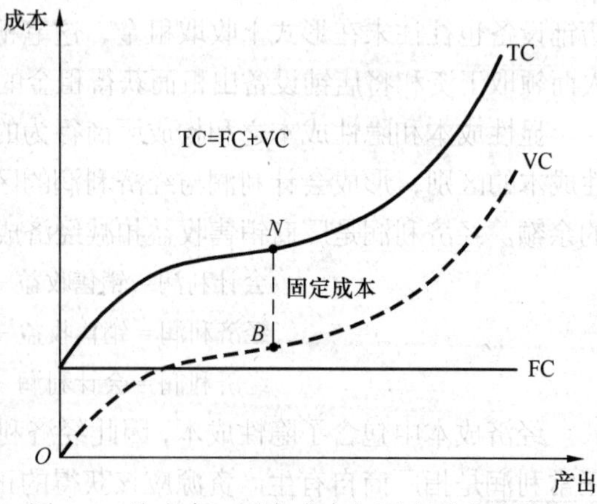

图 4.6　总成本、固定成本与可变成本曲线图

图 4.6 中，TC 曲线与 VC 曲线分别存在一个拐点 N 和 B，在拐点左边（即产量还未达到拐点对应的产量），TC 曲线与 VC 曲线以递减的速度上升，即两条曲线的斜率是递减的。在拐点右边，两条曲线以递增的速度上升，

即两曲线的斜率是递增的，两个拐点分别对应着斜率的最低点。

这是为什么呢？其原因在于边际报酬递减规律。在产量较小时，由于可变要素投入的边际产出递增，伴随着产量的增加，VC 和 TC 虽然也会增加，但以递减的速度增加。当边际产出超过最高点开始递减时，VC 和 TC 以递增的速度增加。可见，边际报酬递减规律不仅决定了总产量曲线的形状，也同时决定了总成本及可变成本曲线的形状。

2. 平均成本

由于总成本包括了固定成本和可变成本，因此，平均成本包括平均固定成本、平均可变成本以及平均总成本。

根据上述定义，容易得到：

$$\text{平均固定成本}\quad \mathrm{AFC}=\frac{\mathrm{FC}}{Q} \tag{4.16}$$

$$\text{平均变动成本}\quad \mathrm{AVC}=\frac{\mathrm{VC}}{Q} \tag{4.17}$$

$$\text{平均总成本}\quad \mathrm{AC}=\frac{\mathrm{TC}}{Q}=\frac{\mathrm{FC}}{Q}+\frac{\mathrm{VC}}{Q}=\mathrm{AFC}+\mathrm{AVC} \tag{4.18}$$

3. 边际成本

边际成本（Marginal Cost）是指每变动一个单位产量所引起的总成本的变动量，或微量产量变动所引起的总成本变动量，即

$$\mathrm{MC}=\frac{\Delta \mathrm{TC}}{\Delta Q}\quad \text{或}\quad \mathrm{MC}=\frac{\mathrm{dTC}}{\mathrm{d}Q} \tag{4.19}$$

由于固定成本不变，边际成本不受固定成本的影响，所以边际成本也是每增加一个单位的产量所引起的可变成本的变动量，或微量产量变动所引起的可变成本变动量，即

$$\mathrm{MC}=\frac{\Delta \mathrm{TC}}{\Delta Q}=\frac{\Delta \mathrm{VC}}{\Delta Q}\quad \text{或}\quad \mathrm{MC}=\frac{\mathrm{dTC}}{\mathrm{d}Q}=\frac{\mathrm{dVC}}{\mathrm{d}Q} \tag{4.20}$$

（二）各成本曲线的形状和相互关系

1. 平均固定成本曲线的形状

平均固定成本 AFC 曲线是一条向两轴渐近的双曲线，如图 4.7 所示。平均固定成本曲线可以由固定成本曲线任一点与原点连线的斜率来获得。当产量极小时曲线趋近于纵轴，随着产量的增加，AFC 不断降低并越来越趋近于横轴（接近于零）。但由于 FC 不为零，产量再大 AFC 也不会等于零，只会无限地趋近于零。

2. 边际成本曲线形状

边际成本曲线是先递减后递增的一条 U 形曲线。边际成本曲线可以由总成本曲线或可变成本曲线任意一点切线的斜率来获得。为什么 MC 曲线是 U 形的呢？正如前面所讲到的，这可以从边际产量的变化来解释。与边际产量递增部分相应的是边际成本曲线递减，与边际产量递减部分对应的是边际成本递增。图 4.7 中，在总成本曲线 TC 的拐点 N（或可变成本曲线的拐点）对应的产量 Q_1 之前，TC 曲线斜率递减，即边际成本 MC 递减，到 TC 拐点 N 即产量为 Q_1 时，斜率即边际成本最小，在拐点 N 所对应的产量 Q_1 之后，斜率即边际成本递增。

3. 平均可变成本和平均总成本曲线形状

平均可变成本与平均总成本均为先下降后上升的U形曲线。当产量很小时，固定成本不能充分地发挥作用，这时增加可变成本能够提高生产效率，平均产量上升从而平均可变成本呈下降趋势，但当产量超过一定点（如图 4.7 中的Q_2）后，由于边际产量递减的作用，平均可变成本呈上升态势。同样的原因决定了平均成本曲线也是一条先下降后上升的U形曲线。

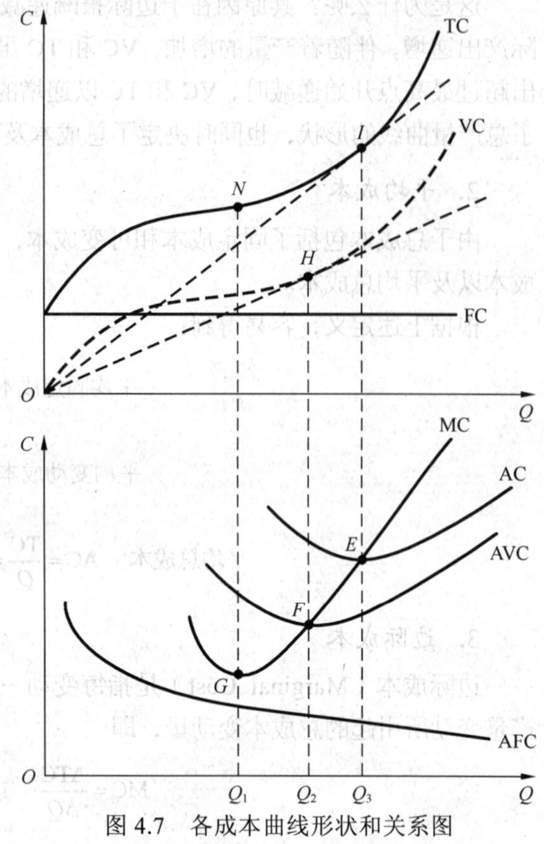

图 4.7　各成本曲线形状和关系图

平均可变成本曲线可以由可变成本曲线任意一点与原点连线的斜率来获得。图 4.7 中，从原点出发的射线与 VC 曲线相切于 H 点（即产量为Q_2时），此点对应着平均可变成本 AVC 曲线的最低点，因为 H 点之外可变成本 VC 曲线上任何一点与原点连线处于该切线上方（即斜率更大）。类似地，平均总成本曲线可以由总成本曲线任意一点与原点连线的斜率来获得。图 4.7 中，从原点出发的射线与 TC 曲线相切于 I 点（即产量为Q_3时），此点对应着平均总成本 AC 曲线的最低点，因为除 I 点之外总成本 TC 曲线上任何一点与原点连线处于该切线上方（即斜率更大）。

4. 平均可变成本、平均成本、平均固定成本和边际成本的关系

曲线始终位于 AVC 曲线的上方，AC 曲线的最低点 E 位于 AVC 曲线的最低点 F 点的右上方，E 点对应的产量Q_3比 F 点对应的产量Q_2要更大。这是因为 AC=AVC+AFC，而 AFC 一直在递减，到了一定阶段，即使 AVC 开始上升，但由于 AFC 下降幅度比 AVC 上升幅度更大，所以 AC 仍下降。但 AFC 下降速度越来越缓慢，而 AVC 上升越来越快，当 AFC 下降幅度赶不上 AVC 的上升幅度时，AC 也转入递增。AC 与 AVC 之间的垂直距离等于该产量水平上的 AFC 值。随着产量的增加，AVC 与 AC 会不断趋近，但不会相交或重叠。

边际成本 MC 曲线与平均成本 AC 曲线的关系是：当 MC 位于 AC 曲线下方时，AC 曲线处于递减阶段；当 MC 曲线处于 AC 曲线上方时，AC 曲线处于递增阶段；当 MC 曲线与 AC 曲线相交（即 MC = AC）时，AC 曲线获得最小值，或者说，MC 曲线一定会穿过 AC 曲线的最低点。

这是为什么呢？因为如果边际成本小于平均成本，那么每增加 1 单位产品，平均成本就会比以前更小些，所以只要 MC 处于 AC 曲线下方，AC 就肯定下降；相反如果边际成本大于平均成本，即每增加 1 单位产品，单位成本就会比以前更大些，所以只要 MC 处于 AC 曲线上方，AC 曲线必上升。也正因如此，MC 曲线只能在 AC 曲线的最低点与之相交。

同样的道理，我们可以得到边际成本 MC 与平均可变成本 AVC 的关系：当 MC 位于 AVC

曲线下方时，AVC 曲线处于递减阶段；当 MC 曲线处于 AVC 曲线上方时，AVC 曲线处于递增阶段；当 MC 曲线与 AVC 曲线相交（即 MC = AVC）时，AVC 曲线获得最小值，或者说，MC 曲线一定会穿过 AVC 曲线的最低点。

三、长期成本函数

在经济学上所说的长期中，厂商能根据所要达到的产量来调整其全部生产要素的投入量。因此，长期内也就没有所谓的固定成本，所有的成本都是可变的。这样，在长期中，就只有长期总成本、长期平均成本和长期边际成本三种成本概念。

为了与短期成本函数相区别，我们在长期成本中的各种概念前都冠以 L（Long-run），而在短期成本中的各种概念前冠以 S（Short-run）。

（一）长期总成本

长期总成本（LTC）是指企业在长期中在各种产量水平上通过最优生产规模所能达到的最低总成本。

在长期，厂商可以针对任一产量选择一个最优的生产规模，不再受生产规模的限制。但是，厂商一旦选择了某一生产规模，这一生产规模又呈现出短期内相对稳定的特征，从而这一生产规模又可由相应的 STC 曲线和 SAC 曲线来表示。从这个意义上说，生产和成本上的“长期”可以分解为无数个“短期”，不断变化和调整的“短期”组成了“长期”。沿着这一思路，我们可以运用短期总成本曲线来推导得到长期总成本曲线。

如图 4.8 所示，有三条短期成本曲线 STC_1、STC_2、STC_3，分别代表三个不同的生产规模。由这三条短期总成本曲线在纵轴的截距可知，STC_1 所表示的总固定成本最小，STC_2 次之，STC_3 最大。由于总固定成本的大小往往可以代表生产规模的大小，所以，从三条短期总成本曲线所代表的生产规模来看，STC_1 最小，STC_2 居中，STC_3 最大。

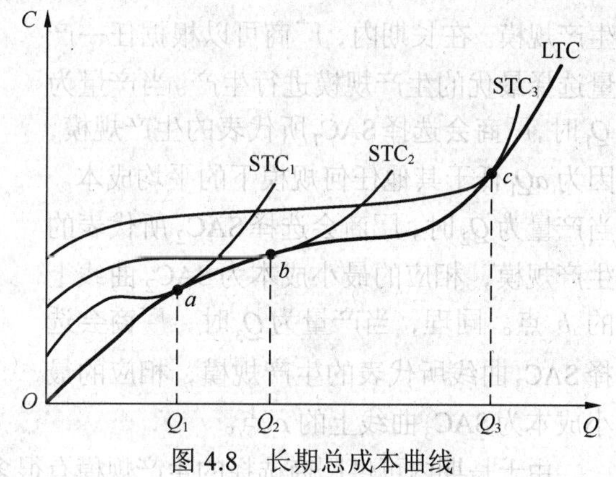

图 4.8 长期总成本曲线

图 4.8 中，当产量为 Q_1 时，厂商可以在三种生产规模中任意选择一种进行生产，但 STC_2 和 STC_3 所代表的生产规模的总成本都大于 STC_1 所代表的生产规模的总成本，所以当产量为 Q_1 时，厂商必然选择 STC_1 所代表的生产规模进行生产，因为在这个生产规模下 STC_1 曲线上的 a 点的总成本为最低水平。

同样，当产量为 Q_2 时，在短期厂商可能面临 STC_1 或 STC_3 所代表的偏大或偏小的生产规模，因此只能按较高的总成本来生产 Q_2。但在长期，厂商不再受规模限制，因此必然选择 STC_2 曲线上的 b 点进行生产，从而将总成本降低到所能达到的最低水平。类似地，当产量为 Q_3 时，厂商必然选择 STC_3 曲线上的 c 点进行生产。

图 4.8 中只给出了三个具有代表性的生产规模，如果规模可以无限细分，那么就会有无数条短期总成本曲线，厂商可以在任何一个产量水平上都找到一个相应的最优生产规模，并将总成本降到最低。也就是说，在长期，厂商可以找到无数个类似于点 *a*、*b*、*c* 的点，这些

点的轨迹就形成了长期总成本曲线 LTC。

可见，长期总成本曲线是无数条短期总成本曲线的包络线，在这些包络线上，连续变化的每一个产量水平都存在着 LTC 曲线和 STC 曲线的相切点（如点 a、b、c），该 STC 曲线所代表的生产规模就是生产该产量的最优生产规模，该切点所对应的就是生产该产量的最低总成本。所以说，LTC 曲线是长期内厂商在每一产量水平上最优生产规模所带来的最小生产总成本。

LTC 曲线从原点出发向右上方倾斜，它表示当产量为零时长期总成本为零，以后随着产量的增加长期总成本增加，但增加的速度（即斜率）是先递减，经过拐点后变为递增，其基本形状与 STC 相同。

（二）长期平均成本

长期平均成本（LAC）是指企业在长期内单位产品分摊的最低总成本。长期平均成本函数可写为

$$\mathrm{LAC}=\frac{\mathrm{LTC}}{Q} \tag{4.21}$$

由公式（4.21）可知，任意产量下的 LAC 等于由原点到长期总成本曲线上相应点的连线的斜率，这和短期总成本曲线与短期平均成本曲线的关系类似，这里不再赘述。为了更好地理解长期平均成本曲线，我们详细介绍如何从短期平均成本曲线推导获得长期平均成本曲线。

1. 从短期平均成本曲线到长期平均成本曲线

图 4.9 中，有三条短期平均成本曲线 SAC_1、SAC_2 和 SAC_3，它们分别代表三种不同的生产规模。在长期内，厂商可以根据任一产量选择最优的生产规模进行生产。当产量为 Q_1 时，厂商会选择 SAC_1 所代表的生产规模，因为 aQ_1 低于其他任何规模下的平均成本。当产量为 Q_2 时，厂商会选择 SAC_2 所代表的生产规模，相应的最小成本为 SAC_2 曲线上的 b 点。同理，当产量为 Q_3 时，厂商会选择 SAC_3 曲线所代表的生产规模，相应的最小成本为 SAC_3 曲线上的 c 点。

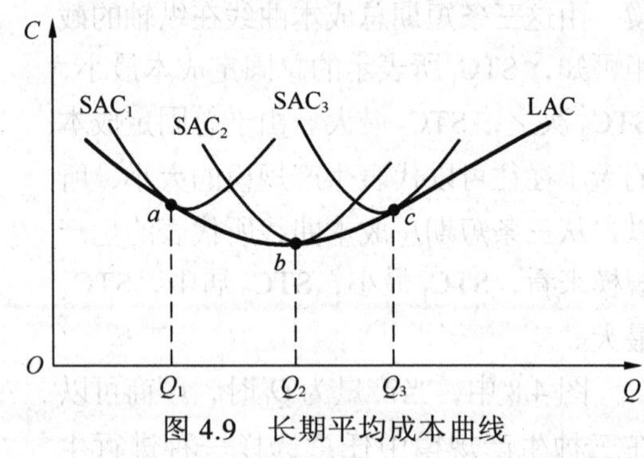

图 4.9　长期平均成本曲线

由于长期内可供厂商选择的生产规模有很多，在理论分析中，可以假定生产规模可无限细分，从而可以有无数条短期平均成本曲线，也就有无数个类似于点 a、b、c 的点，将所有这些点连起来便可以得到图 4.9 中的长期平均成本曲线 LAC。在解析几何上，长期平均成本曲线是无数条短期平均成本曲线的包络线。在这些包络线上，连续变化的每一个产量水平都存在 LAC 曲线和一条 SAC 曲线的相切点，该 SAC 曲线所代表的生产规模就是生产该产量的最优规模，该切点所对应的平均成本就是相应的最低平均成本。所以，LAC 曲线表示厂商长期内在每一产量水平可以实现的最小平均成本。

需要注意的是，短期平均成本曲线与长期平均成本曲线的相切点，并不一定是短期平均成本曲线的最低点。事实上，只有在长期平均成本曲线的最低点，LAC 才相切于相应的 SAC 曲线的最低点；在 LAC 曲线最低点的左边（即下降阶段），LAC 曲线相切于所有相应的 SAC

曲线最低点的左边；在 LAC 曲线最低点的右边（即上升阶段），LAC 曲线相切于所有相应的 SAC 曲线最低点的右边。

2. 长期平均成本的形状

从图 4.10 中可以看出，长期平均成本曲线和短期平均成本曲线的形状是很相似的，都呈先下降后上升的 U 形特征。但是，二者形成 U 形的原因是不同的。

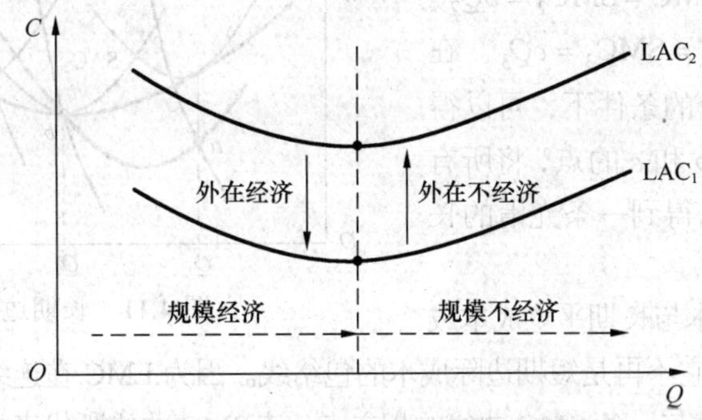

图 4.10　长期平均成本曲线的形状和位置

根据前面所学知识，SAC 之所以呈 U 形是因为边际收益递减规律的作用。但在长期内，由于所有要素投入量都是可变的，边际收益递减规律因而不可能对 LAC 的形状产生影响。长期平均成本曲线的 U 形特征主要是由长期生产中的规模经济和规模不经济所决定的。

不难理解，规模经济对应着长期平均成本曲线的下降阶段，即随着产量的增加单位成本不断减少；规模不经济对应着长期成本曲线的上升阶段，即随着产量的增加单位成本呈上升趋势。由于规模经济与规模不经济都是由厂商变动自己的生产要素（即内在原因）而引起的，所以也被称为内在经济和内在不经济。内在经济和内在不经济决定 LAC 的形状。

3. 长期成本曲线的位置

外在经济和外在不经济决定 LAC 曲线的位置。外在经济是由于厂商的生产活动所依赖的外部环境得到改善从而引起的平均成本下降。例如，整个行业的技术水平发展，从而使行业内的单个企业受益。外在不经济是指由于厂商生产活动所依赖的外部环境恶化而引起的单位成本上升。例如，整个行业投资环境恶化，从而使行业内的单个企业受损。既然外在经济和外在不经济是由企业以外的因素引起的，那么外在经济就会使整条 LAC 曲线向下平移，相反，外在不经济则使整条 LAC 曲线向上平移，如图 4.10 所示。

（三）长期边际成本

长期边际成本（LMC）是指企业在长期内每增加一个单位产量所引起的最低总成本的增加量。长期边际成本函数可写为

$$\mathrm{LMC}=\frac{\Delta \mathrm{LTC}}{\Delta Q} \quad 或 \quad \mathrm{LMC}=\frac{\mathrm{dLTC}}{\mathrm{d}Q} \tag{4.22}$$

由式（4.22）可知，每一产量下的长期边际成本 LMC 为长期总成本曲线 LMC 的斜率，所以只要把每一个产量水平上的 LTC 曲线的斜率值描绘到产量和成本平面坐标中便可以得到长期边际成本 LMC 曲线。

长期边际成本 LMC 曲线还可以由短期边际成本 SMC 曲线推导得出。图 4.11 中，每

一个产量水平上代表最优生产规模的 SAC 曲线都有一条相应的 SMC 曲线，每一条 SMC 曲线都穿过相应的 SAC 曲线的最低点。在产量为 Q_1 时，生产该产量的最优生产规模由 SAC_1 和 SMC_1 所代表，相应的短期边际成本为 a，aQ_1 既是短期边际成本，又是长期边际成本，即 $LMC = SMC_1 = aQ_1$。同理，在产量 Q_2 上，有 $LMC = SMC_2 = bQ_2$。在产量 Q_3 上，有 $LMC = SMC_3 = cQ_3$。在生产规模可以无限细分的条件下，可以得到无数个类似于点 a、b 和 c 的点，将所有这些点连接起来便可以得到一条光滑的长期边际成本 LMC 曲线。

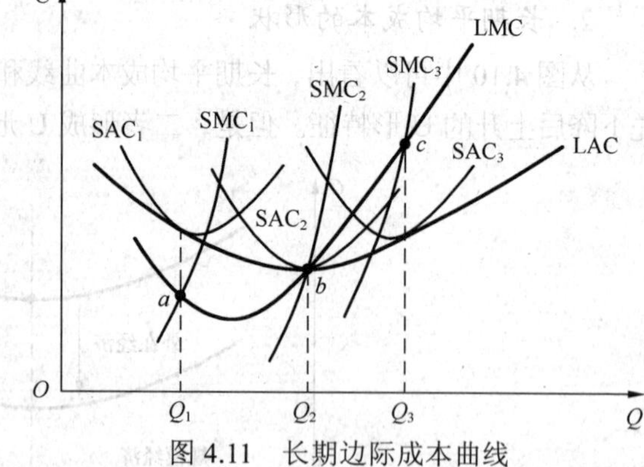

图 4.11　长期边际成本曲线

可见，长期边际成本与长期平均成本或长期总成本有所不同，它不再是短期边际成本的包络线。因为 LMC 在连续变化的每一个产量水平上，都存在 LMC 曲线与一条 SMC 曲线的相交点，该 SMC 曲线所代表的生产规模就是该产量所对应的最优规模，该交点所对应的边际成本就是生产该产量的最低边际成本，即长期边际成本。

因此，LMC 曲线是所有 LMC 与 SMC 的相交点连接起来的轨迹。与 SMC 与 SAC 曲线的关系类似，LMC 处于 LAC 下方时，LAC 递减，LMC 处于 LAC 上方时，LAC 递增，LMC 必定与 LAC 相交于 LAC 的最低点。

案例 4-3

春秋航空的经营理念

春秋航空是中国第一家真正意义上的低成本航空公司，奉行“省之于旅客，让利于旅客”的经营理念。

国内传统航空公司飞机的每日平均飞行时间在10小时左右，而春秋航空保证在13小时。春秋航空充分提高了飞机的利用率。春秋航空公司的班机不提供机上免费餐食，因为这些免费餐食的费用都是“羊毛出在羊身上”，旅客的口味各有不同，春秋航空将机上餐食的费用从旅客支付的票价中剥离出来还给旅客。作为廉价航空公司，不提供食物是省钱的一方面，同时也在飞机内贩售食物和自己公司的飞机模型等特色产品。春秋航空首航之后，在每个座位上配备一瓶矿泉水，进入秋冬季由于气温逐渐降低，很多乘客只喝很少的矿泉水，为此春秋航空计划在气温较低的季节里，在航班上配发杯装水，“取消瓶装水的初衷并不是‘吝啬每一个铜板’，而是要节约下每一分钱，可以返利于民”。

春秋航空的经营理念符合企业作为“经济人”应追求利润最大化的假设吗？

本章小结

厂商的生产决策主要取决于其生产函数和成本函数。生产理论与成本理论是相互补充的，生产与成本可以被理解为同一过程的两个方面。生产函数有短期和长期之分，成本函数同样有短期和长期之分，在不同的生产时期，生产函数与成本函数呈现出来的经济特征是不同的。在短期，生产函数和成本函数的特征主要取决于边际报酬递减规律的作用；在长期，生产函数和成本函数的特征主要取决于规模报酬的作用。边际报酬和规模报酬一般都存在着递增、不变和递减三个阶段。通过等产量线和等成本线，可以分析厂商投入要素的最优组合，即生产者均衡的条件。不同的成本概念是从不同角度对成本概念的理解和描述，这些成本概念令我们对成本的认识更趋深刻全面。

复习思考题

一、名词解释

1. 边际报酬递减
2. 等产量线
3. 边际技术替代率
4. 等成本线
5. 生产者均衡
6. 扩展线
7. 规模经济、规模不经济
8. 外在经济、外在不经济
9. 机会成本、会计成本、沉没成本、显性成本和隐性成本
10. 短期和长期、正常利润和经济利润
11. 短期总成本、固定成本、可变成本、平均可变成本、边际成本
12. 长期总成本、长期平均成本、长期边际成本

二、画图

1. 试用图示的方法阐述生产者均衡的确定。
2. 图示 SFC、STC、SVC、SAC、AVC、AFC 和 SMC 之间的相互关系。
3. 作图说明 MP、AP 与 MC、AC 之间的对应关系。
4. 利用长期成本曲线图示内在经济、内在不经济和外在经济、外在不经济概念。

三、计算题

1. 已知某厂商只有一种可变生产要素 L（劳动），产出一种产品 Q，固定成本为既定，短期生产函数为 $Q=-0.1L^3+5L^2+80L$，试求：

（1）劳动要素投入量为 10 时，劳动的平均产量与边际产量；

（2）厂商劳动投入量的合理范围。

2. 已知某厂商生产函数为 $Q=L^{0.5}K^{0.5}$，L 的价格 $w=1$，K 的价格 $r=3$。试求：

（1）该厂商的长期总成本函数（LTC）、长期平均成本函数（LAC）和长期边际成本函数（LMC）；

（2）设短期内 K=10，求短期总成本函数（STC）、短期平均成本函数（SAC）和短期边际成本（SMC）。

3. 已知某厂商的生产函数为 $Q=0.5L^{1/3}K^{2/3}$，当资本投入量 $K=50$ 时资本的总价格为500，劳动的价格 $P_L=5$。求：

（1）劳动的投入函数 $L=L(Q)$；

（2）总成本函数、平均成本函数和边际成本函数；

（3）当产品的价格 $P=100$ 时，厂商获得最大利润的产量和利润。

四、问答题

1. 什么是边际报酬递减规律？如何利用这一规律确定生产的三阶段？
2. 两种可变生产要素投入的最佳组合如何确定？消费者均衡与生产者均衡有何异同？
3. 短期成本有哪几种成本概念？它们之间的相互关系如何？
4. 长期成本有哪几种成本概念？它们分别与对应的短期成本概念的关系如何？

第五章　市场结构分析

学习目标：通过本章的学习，主要了解不同市场结构划分的依据，把握不同市场结构下企业所面临的需求曲线以及企业如何通过产量与价格的决定来实现利润最大化，从而实现厂商均衡；把握价格歧视的含义及其对消费者剩余的影响；了解博弈论的基本方法；能结合实际对不同市场的经济效率作出评价。

关键概念：市场结构（Market Structure）　完全竞争市场（Perfect Competition Market）　收支相抵点（Break Point）　停止营业点（Shut-down Point）　生产者剩余（Producer Surplus）　完全垄断市场（Perfect Monopoly Market）　价格歧视（Price Discrimination）　博弈（Game）

所谓市场结构（Market Structure），是指一个行业内部买方和卖方的数量及其规模分布、产品差别的程度和新企业进入该行业的难易程度的综合状态。也可以说是某一市场中各种要素之间的内在联系及其特征，包括市场供给者之间、需求者之间、供给者和需求者之间以及市场上现有的供给者、需求者与正在进入该市场的供给者、需求者之间的关系。

西方经济学通常按市场竞争程度的不同将市场结构分为四种类型：完全竞争市场、垄断竞争市场、寡头垄断市场和完全垄断市场。

一般而言，影响市场竞争程度的具体因素主要有：①卖者和买者的集中程度或数目，卖者和买者的数目越多，集中程度越低，竞争程度就越高；②不同卖者之间各自提供的产品的差别程度，各厂商提供的产品越相似，竞争就越激烈；③单个厂商对市场价格控制的程度，若单个厂商无法控制价格，则表明市场竞争激烈；④厂商进入或退出一个行业的难易程度，一般而言，如果一个企业进出该行业越容易，竞争就越激烈。在不同的市场结构条件下，市场运行是不同的，对经济效率的影响也不一样，关于不同市场结构的划分及其特征如表 5.1 所示。

表 5.1　四种市场结构的基本特征比较

市场结构类型	厂商数目	产品差别程度	单个厂商控制价格程度	厂商进入行业难易	现实中接近的行业
完全竞争	很多	无差别	没有	非常容易	农业
垄断竞争	很多	有些差别	有一些	比较容易	零售业
寡头垄断	几个	有或没有差别	相当程度	比较困难	汽车制造业
完全垄断	一个	唯一产品无替代品	非常大，但常受政府管制	基本不可能	公用事业

第一节 完全竞争市场

一、完全竞争市场的特点

（一）完全竞争市场的定义与条件

完全竞争市场（Perfect Competition Market）也称纯粹竞争市场，是指竞争完全、不受任何阻碍和干扰的市场结构。一般而言，完全竞争市场必须具备以下几个方面的条件。

第一，市场上有大量的买者和卖者，任何一个买者或卖者都不能影响市场价格。由于存在着大量的买者和卖者，与整个市场的生产量（即销售量）和购买量相比较，任何一个卖者的生产量（即销售量）和任何一个买者的购买量所占的比例都很小，因而，他们都无能力影响市场的产量（即销售量）和价格。所以，任何买者和卖者的单独市场行为都不会引起市场产量（即销售量）和价格的变化。这也就是说，他们都只能是市场既定价格的接受者。

第二，企业生产的产品是同质的。市场上有许多企业，每个企业在生产某种产品时不仅是同质的产品，而且在产品的质量、性能、外形、包装及售后服务等方面也是无差别的。对于消费者来说，无论购买哪一个企业的产品都是同质无差别产品。

第三，各种资源都能够充分地流动。任何一种资源都能够自由地进入或退出某一市场，能够随时从一种用途转移到另一种用途中去，不受任何阻扰和限制。即各种资源都能够在各种行业间和各个企业间充分自由地流动。

第四，市场信息畅通准确，市场参与者充分了解各种情况。消费者、企业和资源拥有者都对有关的经济和技术方面的信息有充分和完整的了解。因此，市场上完全按照大家都了解的市场价格进行交易活动，不存在相互欺诈。

以上四个方面是完全竞争市场必须具备的前提条件，实际上也是完全竞争市场所具有的明显特征。但在现实生活中，要完全具备上述条件是不现实的。

尽管完全竞争的市场结构是一种纯理论模式，但完全竞争市场机制的理论却是分析、研究其他市场结构的基础。通过对完全竞争市场的研究，有助于了解其他市场的情况。

（二）完全竞争条件下的需求曲线与收益曲线

1. 完全竞争厂商的需求曲线

在完全竞争市场的条件下，对整个行业来说，需求曲线是一条向右下方倾斜的曲线，供给曲线是一条向右上方倾斜的曲线，整个行业产品价格就由这种需求与供给决定，如图 5.1（a）所示。

但对单个厂商来说情况就不同了。当市场价格确定之后，对单个厂商来说，这一价格就是既定的，无论它如何增加产量都不能影响市场价格。因此，市场对单个厂商产品的需求曲线是一条由既定市场价格出发的水平线，如图 5.1（b）所示。它表示完全竞争厂商只能被动地接受既定的市场价格，单个厂商面临的需求价格弹性无限大，即在市场价格为既定时，对单个厂商产品的需求是无限的。

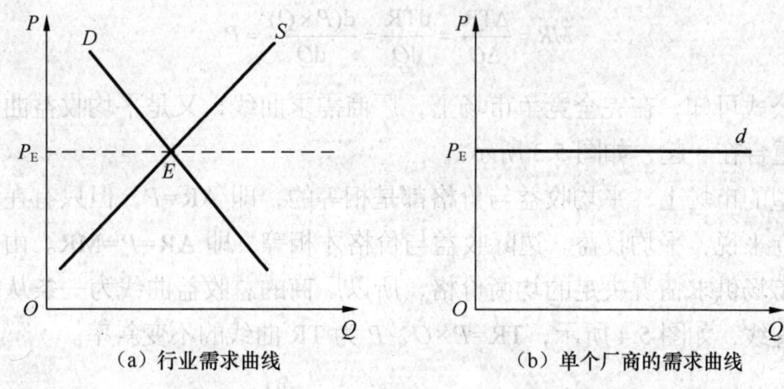

图 5.1　完全竞争市场的行业需求曲线与单个厂商的需求曲线

需要注意的是，在完全竞争市场中，厂商无力影响市场价格，都是被动地接受既定的市场价格，但这并不意味着完全竞争市场的价格是固定不变的。

在其他因素的影响下，如消费者收入水平的提高、先进技术的推广或者政府有关政策的作用等，使得众多消费者的需求量和众多生产者的供给量发生变化时，供求曲线的位置就有可能发生移动，从而形成市场的新的均衡价格。在这种情况下，就会得到由新的均衡价格水平出发的一条水平线，如图 5.2（b）所示。

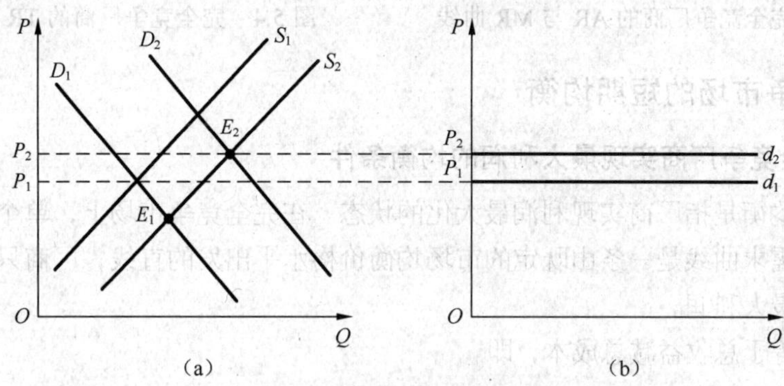

图 5.2　完全竞争市场价格变动与厂商需求曲线移动

在图 5.2 中，开始时的需求曲线为 D_1，供给曲线为 S_1，市场的均衡价格为 P_1，相应的厂商的需求曲线是价格水平 P_1 出发的一条水平线 d_1。由于一些因素的变化导致需求与供给变动，当需求曲线的位置由 D_1 移动到 D_2，同时供给曲线的位置由 S_1 移至 S_2，市场均衡价格上升为 P_2，于是相应的厂商的需求曲线是由新的价格水平 P_2 出发的另一条水平线 d_2。由此可见，厂商的需求曲线可以出自各个不同的给定的市场均衡价格水平，且总是呈水平线的形状。

2. 完全竞争厂商的收益曲线

厂商的收益就是厂商的销售收入，它可以分为总收益、平均收益和边际收益，这里分别用 TR、AR 和 MR 表示。在完全竞争市场上，由于厂商是价格的接受者，价格 P 是一常数，不随产量 Q 的变化而变化，所以收益函数为

$$\text{TR} = P \times Q \tag{5.1}$$

$$\text{AR} = \frac{\text{TR}}{Q} = \frac{P \times Q}{Q} = P \tag{5.2}$$

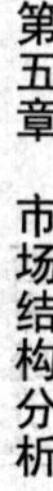

$$MR=\frac{\Delta TR}{\Delta Q}=\frac{dTR}{dQ}=\frac{d(P\times Q)}{dQ}=P \tag{5.3}$$

从上面的公式可知，在完全竞争市场上，厂商需求曲线，又是平均收益曲线和边际收益曲线，三条线重合在一起，如图 5.3 所示。

在各种类型的市场上，平均收益与价格都是相等的，即 AR=P，但只有在完全竞争市场上，对个别厂商来说，平均收益、边际收益与价格才相等，即 AR=P=MR。由于完全竞争厂商面临的是由市场供求情况决定的均衡价格，所以厂商的总收益曲线为一条从原点出发的向右上方倾斜的直线，如图 5.4 所示，TR=P×Q，P 为 TR 曲线的不变斜率。

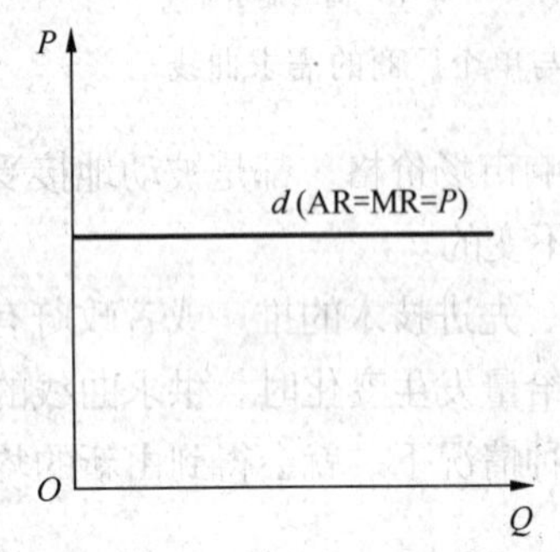

图 5.3　完全竞争厂商的 AR 与 MR 曲线

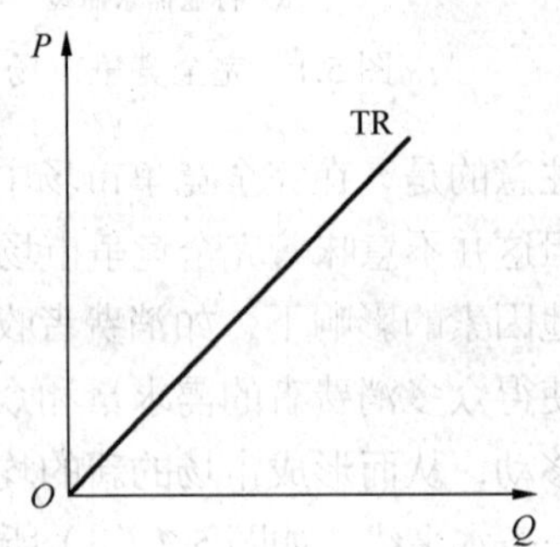

图 5.4　完全竞争厂商的 TR 曲线

二、完全竞争市场的短期均衡

（一）完全竞争厂商实现最大利润的均衡条件

所谓厂商均衡是指厂商实现利润最大化的状态。在完全竞争市场上，单个厂商是价格的接受者，它的需求曲线是一条由既定的市场均衡价格水平出发的直线，厂商只能通过对产量的调整来实现最大利润。

由于利润等于总收益减总成本，即

$$\pi(Q)=TR(Q)-TC(Q) \tag{5.4}$$

就利润函数对产出求一阶导数，并令该导数值等于 0，可以得到利润最大化的必要条件是 MR=MC。即

$$\frac{d\pi}{dQ}=\frac{dTR}{dQ}-\frac{dTC}{dQ}=0 \quad 得 \quad MR=MC \tag{5.5}$$

式中，MR = dTR/dQ，为某产量点的边际收益；MC = dTC/dQ，为某产量点的边际成本。

如图 5.5 所示，在 E 点有 MR = MC = AR = P，由此决定的利润最大化的产量为 Q_E。当产量小于 Q_E 时，如图 5.5 中的 Q_1 产量，则 MR > MC，说明增加下一个单位产量带来的收益大于成本，因此厂商会在这一阶段上继续增加产量，以增加利润，直至 E 点。当产量大于 Q_E 时，如图 5.5 中的 Q_2 产量，则 MR＜MC，此时厂商每增加一单位产量所得到的收益小于成本，因此，厂商在这一阶段上会不断地减少产量，以增加利润，直至 E 点。

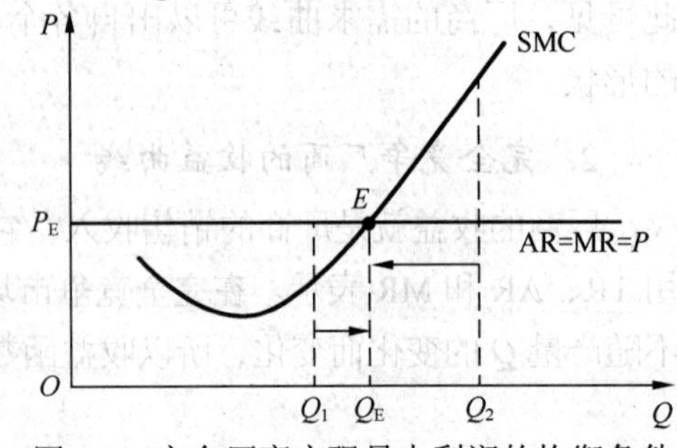

图 5.5　完全厂商实现最大利润的均衡条件

（二）完全竞争市场的短期均衡

在完全竞争市场上厂商的短期生产中，市场的价格是给定的，而且，生产中的不变要素的投入是无法变动的，即生产规模也是给定的。厂商的短期均衡可以分为四种情况。

1. 有超额利润的短期均衡

当完全竞争市场上产品的市场价格 P_0 高于厂商的最小短期平均成本时（如图 5.6 所示），作为价格接受者的完全竞争厂商根据 MR = MC 的利润最大化原则选择最优的产量为 Q_0。此时该厂商的单位产品收益 AR 为 EQ_0，单位产品成本 SAC 为 BQ_0。从图 5.6 可以看出，在最佳产量 Q_0 处，AR＞SAC，平均收益大于短期平均成本，从而该厂商的单位产品利润为 EB，总利润为矩形 P_0EBA 的面积，为正。由于短期内，新的厂商不能参加进来，老的厂商不能扩大工厂规模，因而，厂商获超额利润。

2. 获得正常利润的短期均衡

当完全竞争市场上产品的市场价格 P_0 等于厂商的最小短期平均成本时（如图 5.7 所示），作为价格接受者的完全竞争厂商根据 MR = MC 的利润最大化原则选择最优的产量为 Q_0；此时该厂商的单位产品收益 AR 为 EQ_0，短期均衡点 E 正好也为短期平均成本曲线的最低点，从而单位产品成本 SAC 也为 EQ_0。从图 5.7 可以看出，在最佳产量 Q_0 处，AR = SAC，平均收益等于短期平均成本，从而该厂商的单位产品利润为零。即此时厂商的经济利润为零，只能获正常利润。

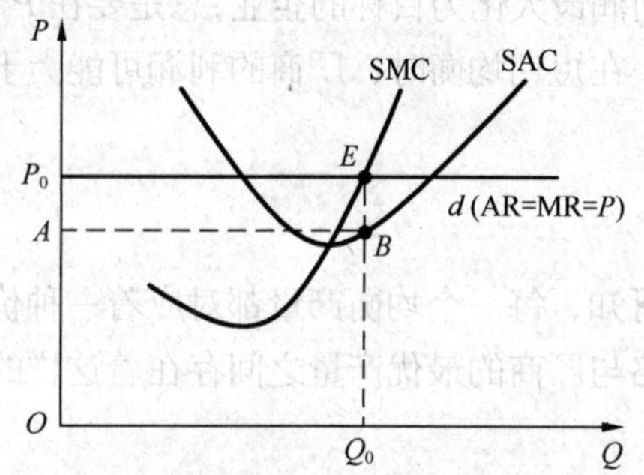

图 5.6 厂商短期均衡：获得超额利润情形

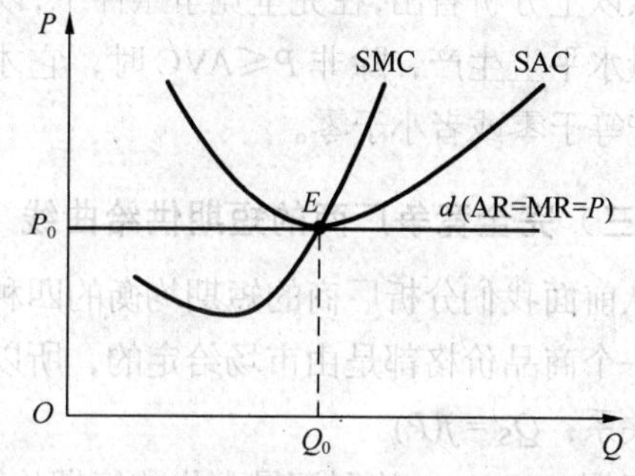

图 5.7 厂商短期均衡：获得正常利润情形

3. 存在亏损的短期均衡

当完全竞争市场上产品的市场价格 P_0 大于平均可变成本的最小值，但小于短期平均成本的最小值时（如图 5.8 所示），作为价格接受者的完全竞争厂商根据 MR = MC 的利润最大化原则选择最优的产量为 Q_0，此时该厂商的单位产品收益 AR 为 EQ_0，单位产品成本 SAC 为 AQ_0，单位产品的可变成本 AVC 为 BQ_0。从图 5.8 可以看出，在最佳产量 Q_0 处，AVC＜AR＜SAC，平均收益高于平均可变成本，但仍小于短期平均成本。

所以，当价格大于平均可变成本的最小值，但小于短期平均成本的最小值，即 minAVC＜P=AR＜minSAC 时，厂商有亏损，但仍可继续生产。

4. 停止营业点

当完全竞争市场上产品的市场价格 P_0 等于平均可变成本的最小值时（如图 5.9 所示），作为价格接受者的完全竞争厂商根据 MR = MC 的利润最大化原则选择最优的产量为 Q_0。此时该厂商的单位产品收益 AR 为 EQ_0，单位产品成本 SAC 为 AQ_0，单位产品的可变成本 AVC 为 EQ_0。从图 5.9 可以看出，在最佳产量 Q_0 处，P = AR = AVC＜SAC，平均收益等于平均可变成本，但小于短期平均成本。

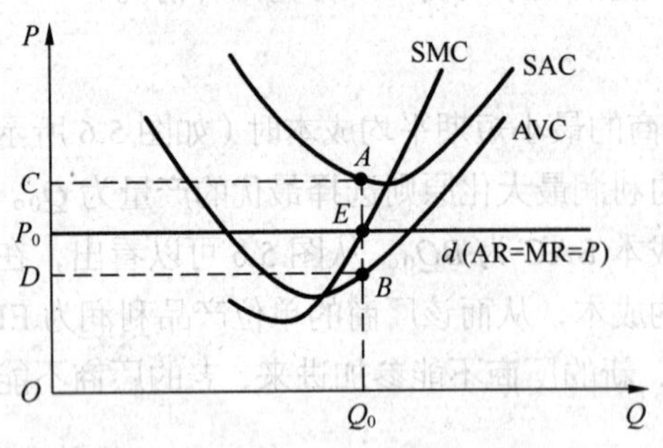

图 5.8 厂商短期均衡：亏损但仍可生产情形

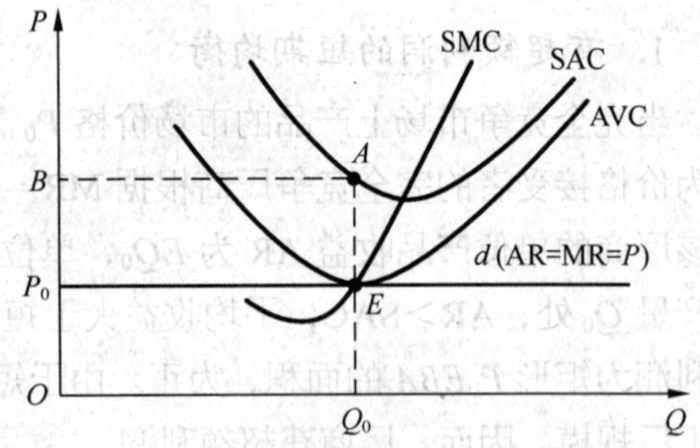

图 5.9 厂商短期均衡：停止营业点情形

由于此时价格 P 等于 EQ_0，平均收益恰好等于平均可变成本，厂商从事生产和不从事生产所受的亏损是一样的，其亏损额都等于固定成本，这时厂商处于营业的边际状态。因此，价格等于最低的平均可变成本这一点（图中的均衡点 E）就叫做停止营业点（Shut-down Point）。

如果市场价格进一步地下降，一旦价格低于单个厂商的最低平均可变成本时，由于平均收益小于平均可变成本，如果继续生产，则全部收益连可变成本都无法弥补，因而应停止生产，如图 5.10 所示。

从以上分析看出，在完全竞争条件下，以寻求利润最大化为目标的企业，总是要在 P = MC 的产量水平上生产，除非 P≤AVC 时，它才停产。在短期均衡时，厂商的利润可能大于零，也可能等于零或者小于零。

（三）完全竞争厂商的短期供给曲线

从前面我们分析厂商的短期均衡的四种情况可知，每一个均衡产量都对应着一种价格，而每一个商品价格都是由市场给定的，所以，价格与厂商的最优产量之间存在着这样的一种函数关系：$Q_S = f(P)$。

根据 P = SMC 的利润最大化的短期均衡条件，厂商所愿意提供的产量和商品的价格的组合都出现在 SMC 曲线上等于或高于 AVC 曲线最低点的部分（停止营业点以上的部分）。这就是完全竞争厂商的短期供给函数，如图 5.11 所示。

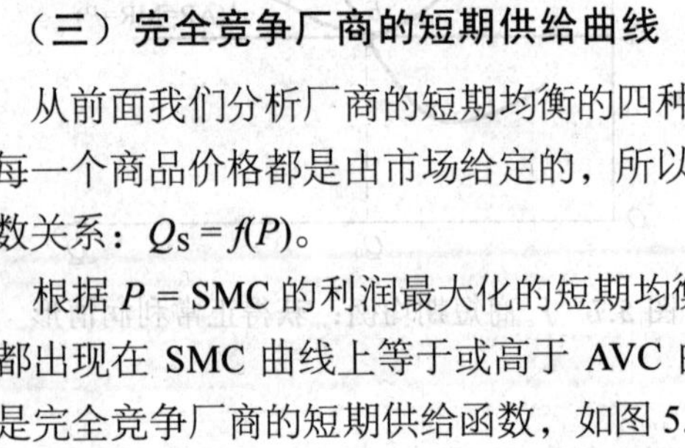

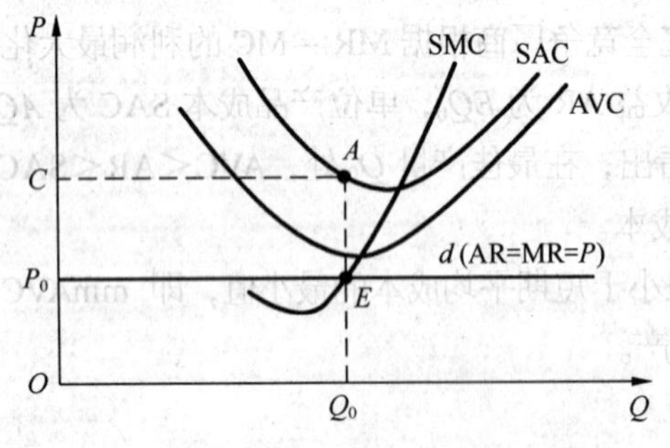

图 5.10 厂商的短期均衡：停止生产情形

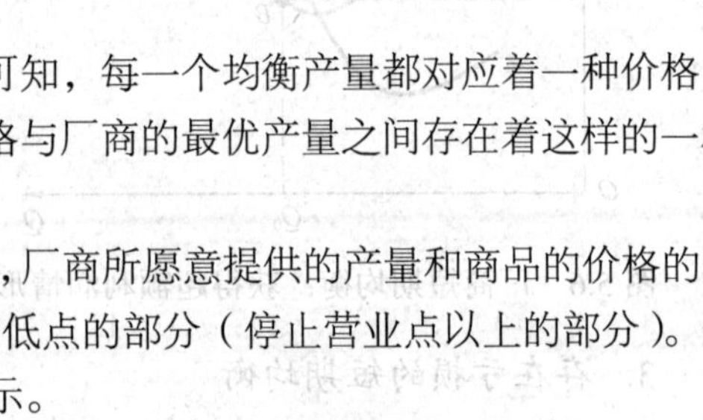

图 5.11 完全竞争厂商的短期供给曲线

注意：完全竞争行业的短期供给曲线是由行业内所有厂商的短期供给曲线的水平加总而

构成的。

（四）生产者剩余

生产者剩余（*Producer Surplus*）是指厂商在提供一定数量的某种产品时实际接受的总价格与愿意接受的最小总价格之间的差额。

由于厂商利润最大化的条件是 MR = MC，只要 MR＞MC，厂商就是有利可图的，而在完全竞争市场，又有 MR = P，因此只要价格 P 高于边际成本 MC，厂商进行生产，就可以得到生产者剩余。此时厂商实际接受的总价格就是价格线以下的总收益，而厂商愿意接受的最小总价格便是边际成本线以下的总边际成本，因而价格直线和边际成本曲线所围成的面积即为生产者剩余，如图 5.12（a）中阴影部分的面积。

在短期里，生产者剩余还可以用厂商的总收益与总可变成本的差额来衡量。因为在短期里，厂商的不变成本是无法改变的，总边际成本必然等于总可变成本。当产量为 1 时，可变成本即是边际成本，即 QVC(1) = MC(1)，当产量为 2 时，QVC(2) = MC(1) + MC(2)，依此类推，当产量为 Q 时，QVC(Q) = MC(1) + MC(2) + ⋯ + MC(Q)，表明可变成本可以用边际成本曲线与横轴之间的面积来表示。

此外在短期里厂商无论生产还是不生产，固定成本都是要支付的，实际上只要价格高于可变成本，厂商生产就是有利的。这时继续生产不仅能收回全部的可变成本，还能够补偿一部分固定成本，可以减少损失，若厂商不生产，将损失全部的固定成本。所以图 5.12（b）中阴影矩形 $EFGP_0$ 的面积便是生产者剩余，它等于总收益减去总可变成本。

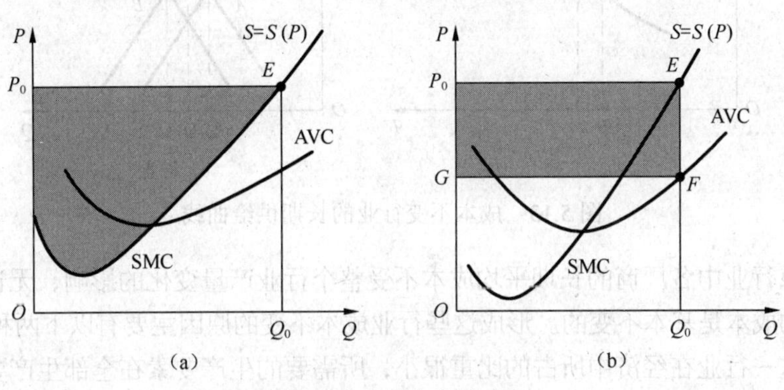

图 5.12 生产者剩余

三、完全竞争市场的长期均衡

在完全竞争市场上，如果说在短期内，由于时间短促，厂商来不及调整自己的生产规模，从而出现超额利润或亏损的话，那么在长期内这两种情况将不复存在。因为，如果短期内厂商获得超额利润，那么长期内新的厂商就会加入这个行业，或者原有厂商扩大自己的生产规模，从而使整个行业供给增加，价格水平下降；如果短期内厂商出现亏损，那么在长期内厂商就会退出他们所在的行业，或者缩小他们的生产规模，从而使整个行业供给减少，价格上升，始终价格水平会达到使各个厂商既无超额利润又无亏损的状态。这时整个行业的供求均衡，各个厂商的产量也不再调整，于是就实现了长期均衡，这如同短期中的第二种情况的均衡。

长期均衡的条件为 LAC = LMC = SMC = MR = AR = P。

四、成本不变、递增与递减行业

长期内，市场供给曲线不能像短期那样把各个厂商的供给曲线水平相加来得到，厂商的进入或退出导致市场价格变动，我们无法知道要把哪些厂商的供给曲线加起来。另外，如果有新厂商不断进入行业，那么该行业就要扩张，从而导致对要素的需求上升。如果要素需求上升导致要素价格上升，那么行业（厂商）的长期平均成本曲线就要上升（即成本增加），从而长期均衡点向上移动，导致产品价格上升。可见，要分析行业长期供给曲线，是一件比较复杂的事情。但总体上来说，行业长期供给曲线是通过厂商长期平均成本最低点的移动而形成的。

为了分析长期供给曲线的形状，这里假定不涉及技术进步因素，产量的增加只是通过增加要素投入来实现的。下面根据要素市场的三种不同情况来讨论。

（一）成本不变行业

所谓成本不变行业（Constant-cost Industry），是指该行业的产量变化所引起的生产要素需求的变化，不对生产要素的价格发生影响。图 5.13 是成本不变行业的长期供给曲线。

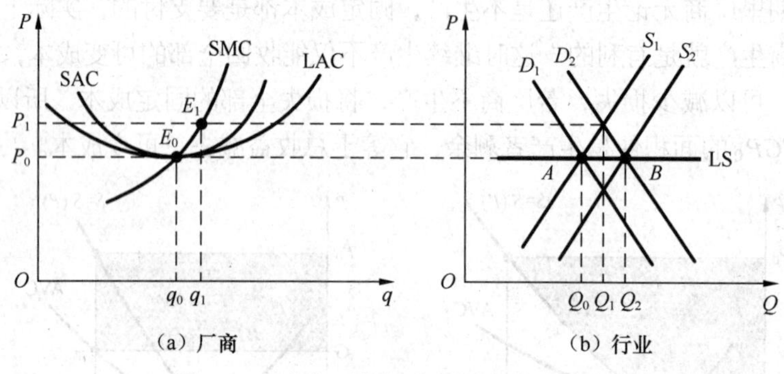

图 5.13　成本不变行业的长期供给曲线

这样，该行业中各厂商的长期平均成本不受整个行业产量变化的影响，无论产量如何变化，长期平均成本是基本不变的。形成这些行业成本不变的原因主要有以下两种。

第一，这一行业在经济中所占的比重很小，所需要的生产要素在全部生产要素中所占的比例也很小，从而它的产量的变化不会对生产要素的价格发生影响。

第二，这一行业所使用的生产要素的种类和数量与其他行业成反方向变动。这样，它的产量的变动也就不会引起生产要素价格的变动，从而保持长期平均成本不变。

（二）成本递增行业

所谓成本递增行业（Increasing-cost Industry），是指该行业的产量增加所引起的生产要素需求的增加，会导致生产要素价格的上升，从而该行业中各个厂商的长期平均成本会随整个行业产量的增加而增加。

这种行业在经济中属于普遍的情况。形成这些行业成本递增的原因是，由于生产要素是有限的，所以整个行业产量的增加就会使生产要素价格上升，从而引起各厂商的长期平均成本增加。这也就是以前所说的由于外部因素，一个行业扩大给一个厂商所带来的“外在不经济”。这种情况在以自然资源为主要生产要素的行业中更为突出。图 5.14 是成本递增行业的长期供给曲线。

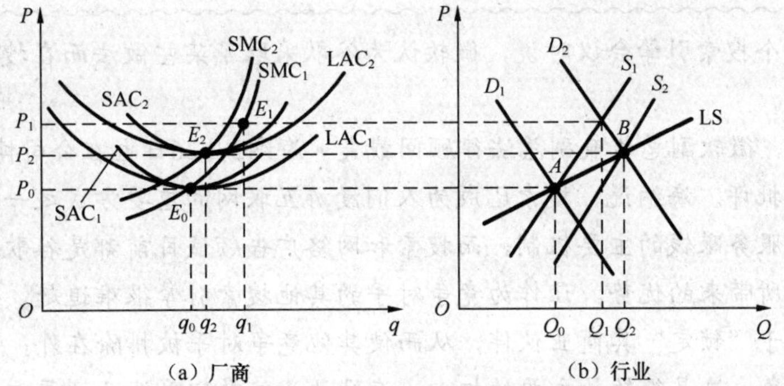

图 5.14 成本递增行业的长期供给曲线

（三）成本递减行业

所谓成本递减行业（Decreasing-cost Industry），是指该行业的产量增加所引起的生产要素需求的增加，反而使生产要素的价格下降了，从而该行业中各个厂商的长期平均成本随整个行业产量的增加而减少。

这也就是以前所说的规模经济中的“外在经济”。形成这些行业成本递减的原因是，外在经济对这种行业特别重要。例如，在同一地区建立若干汽车制造厂，各厂商就会由于在交通、辅助服务等方面的节约而产生成本递减。但应该指出的是，这种成本递减的现象只是在一定时期内存在。在长期中，外在经济必然会变为外在不经济。因此，一个行业内的成本递减无法长期维持下去。图 5.15 是成本递减行业的长期供给曲线。

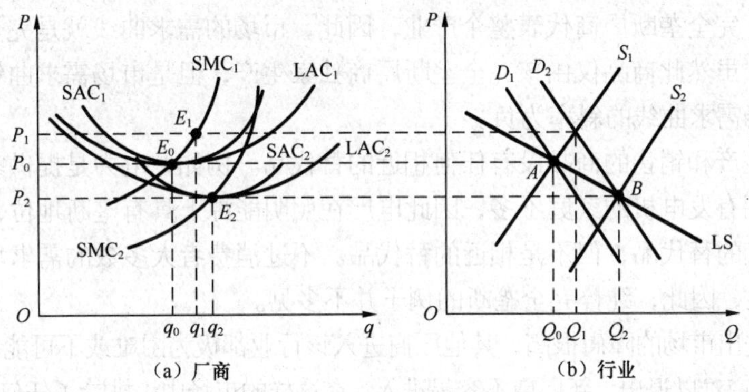

图 5.15 成本递减行业的长期供给曲线

注意：一般认为，成本递减行业只是一种理论上的可能性，就像吉芬商品一样，现实生活中是十分少见的。

第二节 完全垄断市场

案例 5-1

谷歌利用“垄断”危害行业竞争？

美国《旧金山纪事报》等媒体2010年3月 2 日报道说，微软首席执行官史蒂夫·鲍尔默当

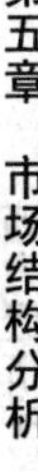

天在硅谷参加一个搜索引擎会议时说，微软认为谷歌采取了某些做法而在搜索广告市场上获得不公平的优势。

除鲍尔默外，微软副总裁兼副总法律顾问戴夫·海纳2月26日也在公司博客上发表长文，对谷歌进行点名批评。海纳说，搜索已成为人们漫游互联网的重要方式之一，广告则是目前大批网站和网络服务赚钱的主要机制，而搜索和网络广告领域目前都是谷歌一家独大。谷歌拥有庞大用户群所带来的优势，让作为竞争对手的其他搜索引擎很难追赶。他指出，谷歌的搜索结果更倾向于"锁定"其商业伙伴，从而使其他竞争对手被排除在外，并在更广泛的程度上危害行业竞争，这是微软最主要的担心。海纳认为谷歌似乎涉及"严重的反垄断问题"。

为什么要考虑谷歌的垄断问题？

一、完全垄断及其形成原因

（一）完全垄断的基本概念

完全垄断（Perfect Monopoly），或者称卖者垄断，一般指唯一的卖者在一个或多个市场，通过一个或多个阶段，面对竞争性的消费者的一种市场结构。垄断者在市场上，能够随意调节价格与产量。

一般来说，完全垄断形成需要具备以下几个条件。

（1）市场上只有唯一的一个生产和销售某种产品的厂商。完全垄断市场中只有一家厂商单独生产商品，完全垄断厂商代表整个产业，因此，市场的需求曲线就是完全垄断厂商所面对的需求曲线，虽然此商品仅由该完全垄断厂商独家生产，但是市场需求曲线仍然遵守需求法则，因此市场需求曲线的斜率为负。

（2）厂商生产和销售的商品没有任何相近的替代品。例如，电力是提供家庭电器用品的主要能源，而拥有发电机的家庭不多，因此电厂在照明能源上具有垄断地位，因为蜡烛或煤油灯虽然是电灯的替代品，但不是相近的替代品。不过消费者大多数的需求均可用多种不同的方式予以满足，因此，纯粹完全垄断的例子并不多见。

（3）厂商进出市场的障碍很高，其他厂商进入该行业都极为困难或不可能。在完全垄断市场中，原来的厂商难以退出，新厂商不容易进入。在这样的市场中，排除了任何竞争因素，独家垄断厂商控制了整个行业的生产和市场的销售，所以，完全垄断厂商可以控制和操纵市场价格。

（二）形成完全垄断的原因

1. 自然垄断

有些产业的设立成本很高，只有资本雄厚的厂商才有能力投资，加上产业存在规模经济、长期平均成本递减等特性，厂商的生产规模愈大成本愈低，现有的一家垄断厂商在达到长期平均成本最低点的产量即足以满足全部市场的需求。新厂商的加入，将使得所有厂商的产量减少，成本上升，造成亏损，因而无法容纳第二家以上厂商的存在。此种由市场力量自然形成的完全垄断称为自然垄断。例如电力供应、自来水等公用事业就是典型的自然垄断行业。

2. 拥有关键生产要素

某些商品的生产必须使用到某种特别的关键生产要素，因而只有拥有这种关键生产要素的厂商才得以生产出该种商品。例如南非的“德比尔”公司拥有并控制了地球上钻石矿的4/5，成为世界钻石市场上的垄断者。

3. 具备特殊生产技能或独特配方

某些商品的生产必须使用到某种特殊的生产技能或独特配方，令其他厂商无法模仿而得以垄断生产。例如微软公司独特的编码技能，使得其 Windows 系列产品几乎垄断个人电脑的操作系统；可口可乐公司借助独特的配方，取得可乐饮料的龙头地位。

4. 法令的保障

受政府法令保障的垄断生产形式通常有专利权及政府特许等。各国政府为鼓励厂商从事研发创新，纷纷订立专利法以保护发明和创新，因而专利在一定时限内禁止了其他人生产某种产品或使用某项技术，除非经专利持有人同意。不过专利带来的垄断地位是暂时的，因为专利有法律时效。在我国，专利有效期为 15 年，美国是 17 年。此外，政府为提高公共事业服务质量或出于特殊政策考虑，也会以特权许可的方式允许厂商垄断经营。

5. 特殊的时空环境

有些市场在本质上称不上是完全垄断市场，但由于特殊的时空环境造成这些市场具有完全垄断市场的特性。例如饮料、零食、爆米花等商品市场接近完全竞争市场，但在电影院内，只有单独一家小卖部供应这些商品，就形成局部完全垄断；又如偏远山区的加油站，由于地域的因素只有一家加油站提供加油服务而形成完全垄断。

二、完全垄断市场的均衡

（一）完全垄断市场的需求曲线和收益曲线

完全垄断市场中由于只有唯一一家厂商，故市场需求曲线即为完全垄断厂商所面临的需求曲线，它向右下方倾斜，表示完全垄断厂商可以用减少销售量的办法来提高市场价格，或者通过增加销售量来压低市场价格，即完全垄断厂商可以通过改变销售量来控制市场价格。

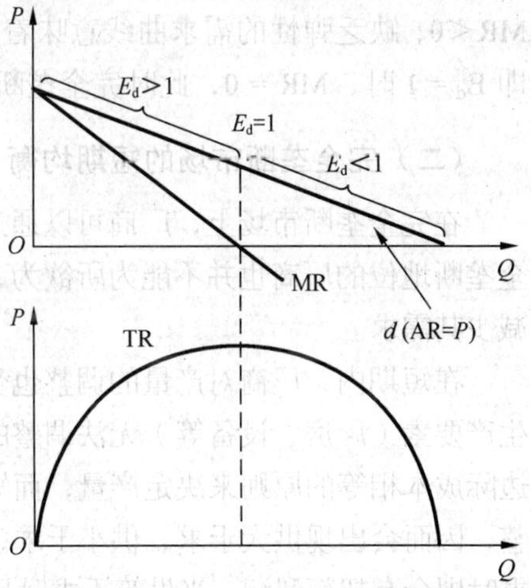

厂商所面临的需求状况决定了厂商的收益状况，如成本、收益理论所述，由于完全垄断厂商的需求曲线向右下方倾斜，故完全垄断厂商的平均收益曲线、边际收益曲线与总收益曲线具有如图 5.16 所示的特征。

图 5.16　完全垄断厂商的收益曲线

根据完全垄断厂商的需求曲线可知其商品的 P 与 Q 之间成负相关关系，因此，完全垄断厂商的总收益 TR 为

$$\text{TR} = P(Q) \times Q \tag{5.6}$$

由 AR 定义可知，此时：

$$\text{AR} = \frac{\text{TR}}{Q} = \frac{P(Q) \times Q}{Q} = P(Q) \tag{5.7}$$

即完全垄断厂商的平均收益曲线与需求曲线重合，如图 5.16 所示。

由于 AR 曲线向右下方倾斜，说明 AR 呈递减趋势，根据边际量与平均量的关系，可知 MR 曲线在 AR 曲线的下方。假定完全垄断厂商的需求曲线是线性的，则可确定 MR 的函数形式，进而确定 MR 曲线的位置。具体分析如下。

设垄断厂商的总需求函数形式为

$$P = a - b \times Q \tag{5.8}$$

式中，a、b 为常数，a、$b > 0$，则完全垄断厂商的总收益和边际收益函数分别为

$$\mathrm{TR}(Q) = P \times Q = (a - b \times Q) \bullet Q = a \times Q - b \times Q^2 \tag{5.9}$$

$$\mathrm{MR}(Q) = \frac{\mathrm{dTR}(Q)}{\mathrm{d}Q} = a - 2bQ \tag{5.10}$$

根据 MR 的函数形式即可得图 5.16 所示的 MR 曲线，MR 曲线的斜率为$-2b$，在纵坐标轴上的截距与需求曲线相同，在横轴上的截距是需求曲线在横轴上截距的一半。

完全垄断厂商的边际收益不仅与价格相关，还与需求弹性相关。设需求函数为

$$\mathrm{P} = \mathrm{P(Q)} \tag{5.11}$$

则

$$\mathrm{TR(Q)} = \mathrm{P(Q)} \times \mathrm{Q} \tag{5.12}$$

$$\mathrm{MR}(Q) = \frac{\mathrm{dTR}(Q)}{\mathrm{d}Q} = P + Q \times \frac{\mathrm{d}P}{\mathrm{d}Q} = P\left(1 + \frac{Q \times \mathrm{d}P}{P \times \mathrm{d}Q}\right) \tag{5.13}$$

即

$$\mathrm{MR} = P\left(1 - \frac{1}{\mathrm{E_d}}\right) \tag{5.14}$$

式中 $\mathrm{E_d}$ 为需求价格弹性。从上式可以看出：①当需求富有弹性，即 $\mathrm{E_d} > 1$ 时，MR＞0，富有弹性的需求曲线意味着产量的增加将使总收益增加。②当需求缺乏弹性，即 $\mathrm{E_d} < 1$ 时，MR＜0，缺乏弹性的需求曲线意味着产量的增加将使总收益减少。③当需求具有单位弹性，即 $\mathrm{E_d} = 1$ 时，MR = 0，此时完全垄断厂商的总收益达到最大。

（二）完全垄断市场的短期均衡

在完全垄断市场上，厂商可以通过对产量与价格的控制来实现利润最大化。但是处于完全垄断地位的厂商也并不能为所欲为，要受市场需求状况的限制。如果价格太高，消费者会减少其需求。

在短期内，厂商对产量的调整也受到限制，因为在短期内，产量的调整同样要受到固定生产要素（厂房、设备等）无法调整的限制。在完全垄断市场上，厂商仍然根据边际收益与边际成本相等的原则来决定产量，而短期内产量一旦决定则很难完全适应市场需求来进行调整，因而会出现供大于求、供小于求、供等于求的状况。当供大于求时会有亏损；当供小于求时则会有超额利润；当供等于求时只有正常利润。

1. *存在超额利润的短期均衡*

当市场供给小于需求时，价格水平高（价格线在平均成本曲线的上方），如图 5.17 所示，完全垄断厂商根据利润最大化原则，确定最佳产量为 Q_1，然后他再根据市场需求曲线 D，将价格定在 P_1。在 Q_1 水平上有 $P > \mathrm{SAC}$，此时该完全垄断厂商会盈利，单位平均利润为 FG，将其乘以产量 Q_1，便为他的利润总额，即矩形 P_1FGH 的面积。因此，在 Q_1 水平上，完全垄

断厂商实现了利润极大化均衡——此时他没有任何积极性去改变自己的产量。

2. 超额利润为零的短期均衡

当市场供给等于需求时，价格等于短期平均成本，价格线与短期平均成本曲线在 I 点相切，如图 5.18 所示，完全垄断厂商根据利润最大化原则确定最佳产量为 Q_2，并决定其价格 P_2。在此产量水平上，完全垄断厂商的短期平均成本恰好等于价格，单位利润为零，从而使总经济利润亦为零。这意味着该完全垄断厂商所有使用的生产要素，无论是市场购买的，还是自有自用的，都得到了市场应有的、按机会成本支付的回报。此时的均衡点 E_2 被称为收支相抵点（Break Point）。

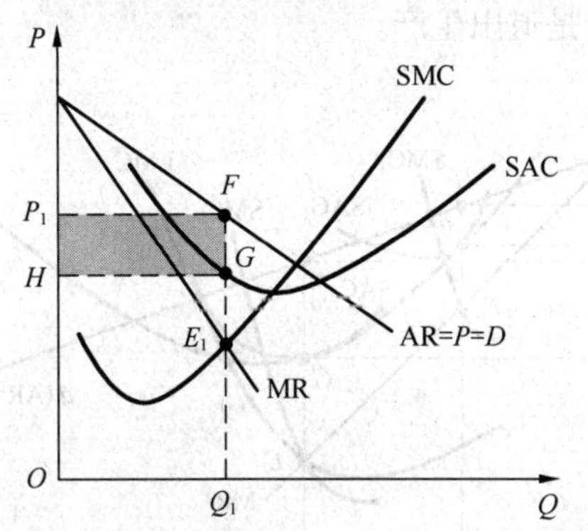

图 5.17　完全垄断厂商短期获取超额利润

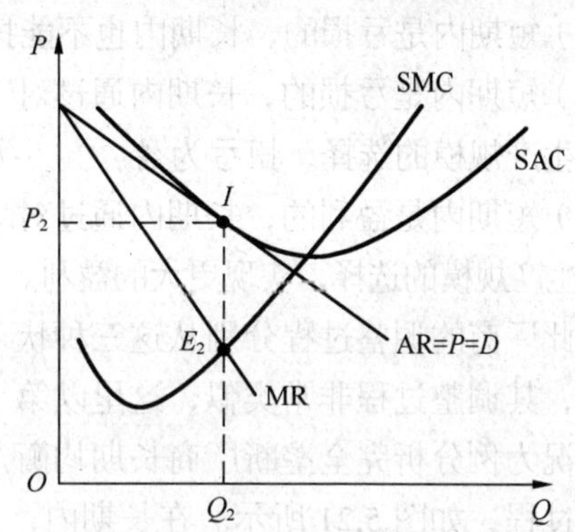

图 5.18　完全垄断厂商短期超额利润为零

3. 超额利润为负的短期均衡

当市场供给大于需求时，价格低于短期平均成本，价格线低于短期平均成本曲线，垄断厂商根据利润最大化原则确定最佳产量为 Q_3，并决定其价格 P_3：在此产量水平上，完全垄断厂商的短期平均成本低于价格，单位利润为负，从而使总经济利润亦为负，即完全垄断厂商在短期内出现了亏损。这时完全垄断厂商就应停产吗？不一定！这一点与完全竞争的决策的基本原理是一致的。

如果在 Q_3 水平上，AC＞P＞AVC，企业生产 Q_3 所造成的亏损比停产时的亏损要少一些，那么，企业为了做到亏损极小化就应该生产 Q_3，如图 5.19 所示。如果 AC＞AVC＞P，厂商生产 Q_4 所造成的亏损比不生产时的不变成本还要大，即图 5.20 中的矩形 $SRWP_4$ 的面积（厂商的总亏损）要大于矩形 $SRNT$ 的面积（厂商的总不变成本），那么理性的厂商此时应该停产。

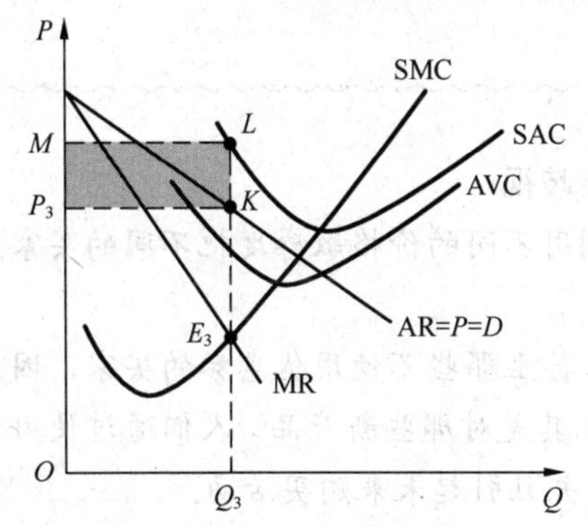

图 5.19　完全垄断厂商短期亏损但仍可生产

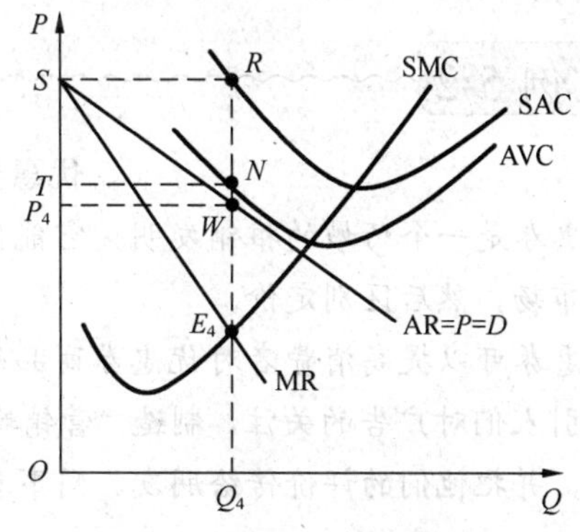

图 5.20　完全垄断厂商短期亏损并停产

（三）完全垄断市场的长期均衡

由于完全垄断市场只有一家厂商经营该行业的全部产品，不存在第二家厂商，所以，即使完全垄断者存在超额利润（经济利润），在长期也不可能像完全竞争市场那样通过厂商间的竞争消除超额利润。如果完全垄断厂商短期内获得超额利润，长期内只要需求状况不发生变化，厂商仍然可以获得超额利润，甚至可以通过调整生产规模获得更大的利润。因此完全垄断者的长期均衡是指完全垄断者在长期内通过调整生产规模而达到利润最大化的均衡。

由于完全垄断市场长期均衡形成过程中不存在厂商数量的调整，因而完全垄断行业的长期均衡并不以超额利润消失为标志。在长期内，完全垄断厂商对于生产的调整一般有三种以下结果。

（1）短期内是亏损的，长期内也不能扭亏，于是退出生产。

（2）短期内是亏损的，长期内通过对于最优生产规模的选择，扭亏为盈。

（3）短期内是盈利的，长期内通过对于最优生产规模的选择，实现更大的盈利。

因此厂商的调整过程分别从这三种状态开始，其调整过程非常类似，这里以第三种情况为例分析完全垄断厂商长期均衡的形成过程，如图 5.21 所示。在长期内，完全垄断厂商可以通过调整产量与价格来实现利润最大化，这时厂商均衡的条件是边际收益与长期边际成本和短期边际成本都相等，即 MR = LMC = SMC。

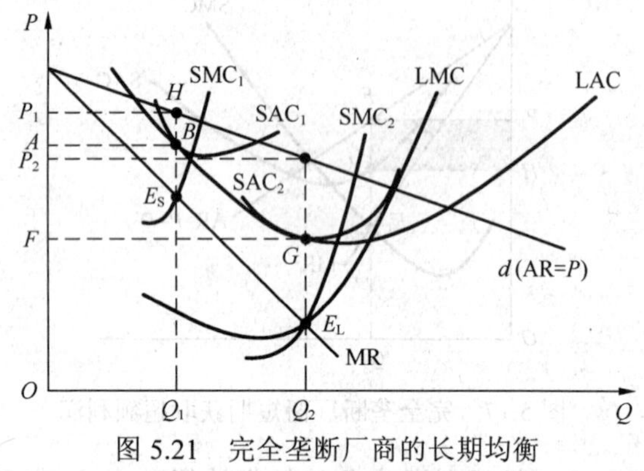

图 5.21　完全垄断厂商的长期均衡

三、完全垄断厂商的价格歧视

在有些情况下，完全垄断厂商会对同一种产品收取不同的价格，从而增加完全垄断厂商的利润。以不同的价格出售同一种产品，就被称为价格歧视（Price Discrimination）。

价格歧视可分为依对象（消费者）的不同而采取的价格歧视与依购买数量的多少而采取的价格歧视两种。依对象的价格歧视，譬如超市里部分商品的会员价与非会员价；我国铁路系统针对学生实行的学生半价制；又如电影院将票价划分为学生票与成人票等。数量的价格歧视在日常生活中随处可见，例如电信公司根据客户每月上网时间的不同，收取不同的价格，对于使用量小的客户，收取较高的价格；对于使用量大的客户，收取较低的价格。

案例 5-2

优惠券和价格歧视

优惠券是一个巧妙的推销发明，它能使卖家利用不同的价格敏感度把不同的买家划分在不同的市场，然后区别定价。

优惠券可以提高消费者对优惠券商品的需求，甚至那些不使用优惠券的买家，因为优惠券能吸引人们对广告的关注，制造“营销蜂鸣”，尤其是对那些新产品。人们通过使用优惠券买产品，并把他们的评价传给朋友、同事和家人，并且引起未来购买活动。

（理查德·麦肯齐，2009）

（一）价格歧视的前提

完全垄断厂商欲进行价格歧视，必须满足下列四个条件。

（1）生产者面对的是负斜率的需求曲线，并且生产者必须是价格的决定者。

（2）生产者必须能区别出不同市场的消费者，以便确定不同价格。一般而言，市场的区别是以消费者的需求弹性予以划分的。

（3）生产者必须有能力防范消费者的套利行为。例如电影院内贩卖的爆米花没有儿童价，因为电影院不能防范儿童购买爆米花后再转售给成人赚取价差。

（4）生产者实施价格歧视后，有能力阻止商品在不同市场间流动。例如铁路局通过验票等措施就能防止学生将学生半价票转卖给他人。

（二）价格歧视的类型

一般根据价格差别的程度把价格歧视分为三种类型。

1. 一级价格歧视

一级价格歧视（First-degree Price Discrimination），又称为完全价格歧视（Perfect Price Discrimination），是指垄断厂商根据消费者购买每单位产品愿意且能够支付的最高价格来确定每单位产品的销售价格。

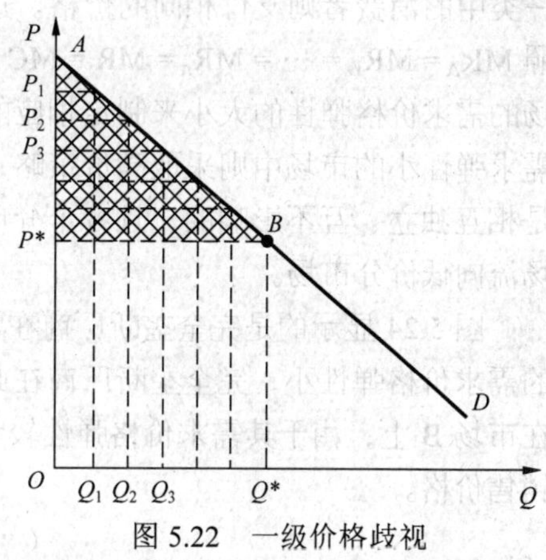

图 5.22 一级价格歧视

在一级价格歧视下，如果垄断厂商完全知道每一个消费者的需求曲线，他将每一单位的商品均按需求曲线上消费者愿意支付的最高价格售出。如图 5.22 所示，第一单位商品消费者愿意支付的最高价格为 P_1，厂商就按 P_1 价格出售，第二单位商品，消费者愿意支付的最高价格为 P_2，厂商就按 P_2 的价格出售，依次类推，直至厂商销售全部的商品。这是一种理想的极端情况。假定厂商生产的平均成本为 P^*，则此时厂商的利润为 P^*AB，而通常情况下，厂商按单一价格 P^*销售，利润为零。

可见实行一级价格定价后，厂商的利润增加了三角形 P^*AB 的面积。由消费者理论知，这部分面积正好是消费者剩余，因此，实行一级价格歧视的厂商实际上是将所有消费者剩余全部剥夺，消费者剩余为零，所有的消费者剩余都变成了生产者剩余。

2. 二级价格歧视

二级价格歧视（Second-degree Price Discrimination）是指垄断厂商了解消费者的需求曲线，把这种需求曲线分为不同段，根据购买量的多少来确定不同的价格：在较少的购买量范围内索取较高的价格，超额购买部分则索取较低的价格。

二级价格歧视常用于电力、煤气等可以方便地记录与计量客户消费量的行业。有时厂商按消费者购买时间的先后实行不同的价格，如飞机票提前订票就相对便宜，即时订票就相对昂贵，这种情形也可以归到二级价格歧视之中。

假定消费者对电力的需求曲线为 D，当消费者的耗电量低于 Q_1时，电力公司按 P_1价格向消费者收费；当耗电量达到 Q_2时，增加消费的部分 Q_1Q_2 按 P_2价格收费；当耗电量达到

Q_3时，超过 Q_2 的部分 Q_2Q_3 以更低的价格 P_3 收费。从图 5.23 中可见，二级价格歧视与一级价格歧视不同，对不同的数量制定不同价格。假设完全垄断厂商的平均成本为 P_3，则销售量为 Q_3 时，厂商的收益为图 5.23 中阴影部分的面积。当按同一价格，例如 P_3 价格销售 Q_3 产量时利润为零。而阴影部分面积属消费者剩余的一部分，因此，在二级价格歧视下，垄断厂商将这部分消费者剩余转化成了垄断利润。

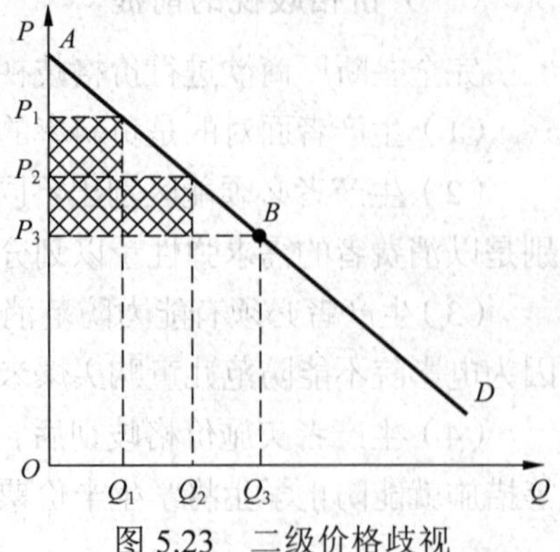

图 5.23　二级价格歧视

3. 三级价格歧视

三级价格歧视（Third-degree Price Discrimination）是指完全垄断厂商对不同的消费者规定不同的价格，但同一消费者不论购买多少数量，价格都是相同的。即三级价格歧视是对个人的歧视，而不是对购买量的歧视，是最普遍的价格歧视形式。

消费者千千万万，区别对待每一个消费者极不现实。完全垄断厂商通常的做法，是把消费者分类（一般按照个人需求弹性大小来分类），对不同类的消费者规定不同的价格，同一类中的消费者则支付相同的价格。这等同于把整个销售市场分割为若干个分市场，先按照 $MR_A = MR_B = \cdots = MR_n = MR = MC$ 原则，把产量分配到各个分市场，然后根据各个分市场的需求价格弹性的大小来制定相应的价格，即在需求弹性大的市场中采取低价策略，在需求弹性小的市场中则采取高价策略，以赚取更高的利润。被分割出来的这些分市场必须是相互独立、互不影响的，且各个分市场的需求弹性互不相同。否则，产品将从高价分市场流向低价分市场。

图 5.24 显示的是完全垄断厂商在需求弹性不同的两个市场所实施的价格歧视。市场 A 的需求价格弹性小，完全垄断厂商在此市场上投放较少的产品，制定较高的销售价格；而在市场 B 上，由于其需求价格弹性较大，完全垄断厂商则投放较多的产品，并制定较低的销售价格。

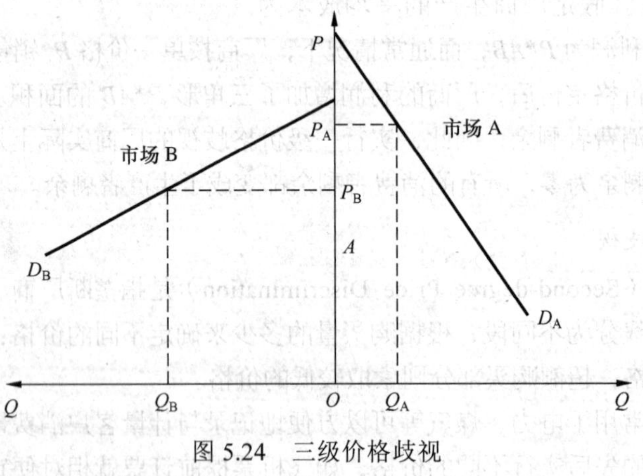

图 5.24　三级价格歧视

四、完全垄断与政府管制

完全垄断厂商的存在扭曲了社会资源分配效率，但是现代社会中还是有少数公用事业必须依赖垄断的方式提供，为求社会公平，政府常会介入管制完全垄断厂商的定价。

完全垄断厂商的定价方法有三种，其结果如图 5.25 所示。

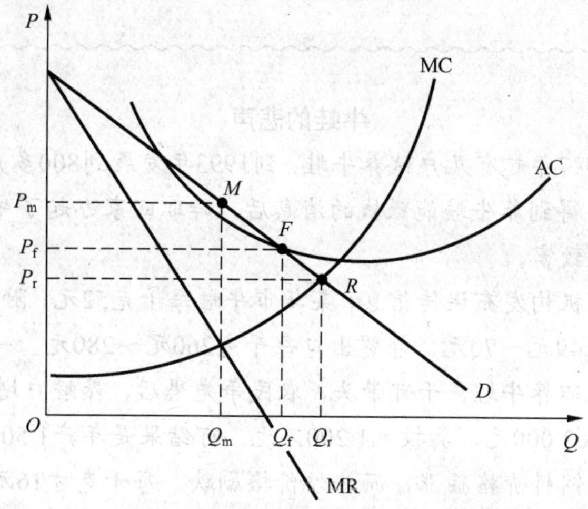

图 5.25　完全垄断厂商的不同定价法

（一）垄断定价法

垄断定价法是完全垄断厂商在追求利润极大化目标时以 MR = MC 决定供给量，再依据需求曲线决定价格的定价方法。其缺点是产量（Q_m）少价格（P_m）高，社会产生大量的无谓损失，且完全垄断厂商剥削了大部分的消费者剩余，政府通常不会允许这种定价方法。

（二）边际成本定价法

此种定价方法使得消费者每消费一单位商品所付出的价格等于完全垄断厂商生产该单位商品的边际成本，即依据 $P = AR = MC$ 决定供给量（Q_r）及价格（P_r）。此时社会资源得到最有效的配置，不存在无谓损失，社会福利达到最大。但是这种定价方法可能造成完全垄断厂商的经济损失（因为 $P_r < AC$），政府如果采取边际成本定价法，长期而言将使得完全垄断厂商的资本逐渐耗尽而破产，除非得到政府补贴。

（三）平均成本定价法

此种定价方法使得消费者每消费一单位商品所付出的价格等于完全垄断厂商生产该单位商品的平均成本，即依据 $P = AR = AC$ 决定供给量（Q_f）及价格（P_f）。这种定价方法保证完全垄断厂商可以赚到正常利润又不会有亏损之虞，是最易为政府接受的定价方法。

第三节　不完全竞争市场

完全竞争与完全垄断的市场结构，在现实世界中并不常见。在日常生活中我们经常遇到的市场结构类型大多介于两者之间，厂商的数量有限，既不像完全竞争市场那样有无限多个厂商，也不像完全垄断市场那样仅有一个厂商，这种市场上每一个单个厂商对价格都有一定的控制能力，但也不能随意制定价格，这种市场就是不完全竞争市场，包括垄断竞争市场与寡头垄断市场两种类型。

案例 5-3

牛蛙的悲声

我国南方某地从1987年起有几户试养牛蛙，到1993年发展到800多户，蛙池面积500多亩。50岁的李某，在1990年得到养牛蛙能赚钱的消息后，辞职回家办起了牛蛙养殖场，到1993年获利70万元，率先养蛙致富。

1993年当地一新闻机构发布误传信息，某集市牛蛙每千克52元，附近某城市日销牛蛙700千克，每千克价格均在49元～70元，外贸出口每千克260元～280元。一时当地各级政府领导大讲牛蛙，职工停薪留职养牛蛙，干部带头，农民争先恐后，养蛙户增加至6 471户，蛙池面积达6 021亩。每亩投入2 000元，共投入1 200万元。可结果是年产1 500吨，但市场销量不到50%。由于养蛙热使得饲料价格猛涨，而牛蛙价格剧跌，每千克才16元～20元，不到成本的一半。农民血本无归，欲哭无泪。

为什么会出现这样的市场结果？

一、垄断竞争市场

（一）垄断竞争的定义及特征

顾名思义，垄断竞争是既包含垄断的因素，又有竞争成分的一种市场结构。垄断因素和竞争因素在这种市场结构中各自都具有一定的控制力。因此，垄断竞争是指众多厂商生产和销售有差异的商品的一种市场结构。

从上述定义可知，垄断竞争具有如下几个特征。

（1）厂商人数众多。在垄断竞争市场中，厂商如同完全竞争市场一般人数众多，但有其限度。如餐厅、水果摊等。

（2）产品异质。消费者可以感受到个别的垄断竞争厂商所生产的商品有些许的差异，但商品间的差异程度不大。商品间差异的来源可能是商品本质上的不同，也可能是厂商对同质商品赋予有形或无形的东西，如商标、包装、广告、售后服务等而创造出来。

（3）厂商可以自由进出市场。如同完全竞争市场一般，当市场内的个别厂商获取经济利润时，将吸引其他新厂商加入；当市场内的个别厂商遭受经济损失时，如不堪亏损可随时退出。

（4）厂商具有部分价格决定能力。由于每一个垄断竞争厂商的规模相对于整个行业而言十分微小，且生产异质商品，个别厂商拥有有限的价格决定能力，但无法影响整个行业市场均衡。

（二）垄断竞争厂商的需求曲线与收益曲线

1. 垄断竞争厂商的需求曲线

由于垄断竞争厂商之间生产的是有差别的产品，因而和完全竞争的厂商只是被动地接受市场的价格不同，垄断竞争厂商对其产品都具有一定的垄断能力，对价格有一定的影响力。

比如，厂商如果将它的产品的价格提高一定的数额，则习惯于消费该物品的消费者可能不会放弃该物品的消费，该产品的需求不会大幅度下降。但若厂商大幅度提价的话，由于存在着大量的替代品，消费者就可能舍弃这种偏好，转而购买该商品的替代品。因此，垄断竞争厂商所面临的需求曲线相对于完全竞争厂商而言要更陡一些（即更缺乏弹性），而相对于垄断厂商来讲需求曲线要更平缓，即更富有弹性。

同时，由于在垄断竞争行业中厂商生产的产品都是有差别的替代品，因而市场对某一厂商产品的需求不仅取决于该厂商的价格—产量决策，而且取决于其他厂商对该厂商的价格—产量决策是否采取对应的措施。比如一个厂商采取降价行动，如果其他厂商不降价，则该厂商的需求量可能上升很多，但如其他厂商也采取降价措施，则该厂商的需求量不会增加很多。因此，垄断竞争市场结构的特点使每一个厂商面临着两条需求曲线，如图 5.26 所示，一条是厂商期望的需求曲线 d，另一条是厂商实际的需求曲线 D。

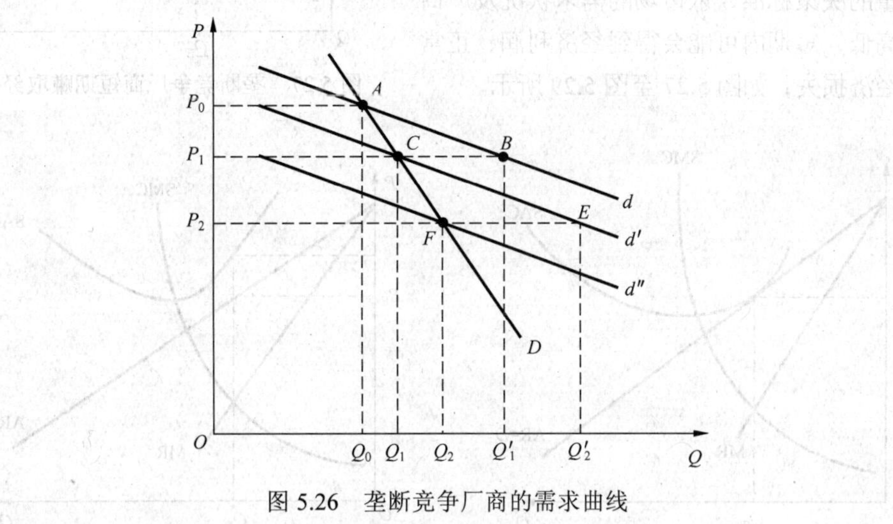

图 5.26　垄断竞争厂商的需求曲线

（1）当某厂商降价时，它设想其他厂商都不会采取降价措施，这样，该厂商不仅可能增加对原有顾客的销售量，而且还能把较多的顾客从其他厂商那里吸引过来，厂商的销售量可望有较大幅度的增加，图 5.26 中用 d 来表示。d 较为平坦，表示需求曲线弹性较大，厂商一旦降价，可以增加很大的销售量。例如，某垄断竞争厂商将其产品价格由 P_0 降至 P_1，Q_0 增至 Q_1'，由图形中 A、B 两点连接而成的直线即为垄断竞争厂商期望的需求曲线 d 或由于 d 曲线出现的情况仅存在于厂商的设想之中，称为垄断竞争厂商期望的需求曲线或主观需求曲线。

（2）当某厂商降价时，其他厂商也会作出同样的反应。这样，该厂商就无法从其他厂商那里吸引新的顾客，而只可能增加原有顾客的销售量，因此增加的销售量是十分有限的，反映在图中就是 D。D 较为陡峭，表示需求弹性较小，厂商一旦降价，可以增加的销售量有限，在同样的降价幅度下，厂商只能由 Q_0 增加到 Q_1（$Q_1 < Q_1'$）。由于假定所有厂商的销售量都以同样幅度增加，因此，每个厂商所占有的市场份额将不会改变。所以由 A、C、F 点连接而成的 D 曲线被称为垄断竞争厂商实际的需求曲线，也被称为客观需求曲线或比例需求曲线。

2. 垄断竞争厂商的收益曲线

由于垄断竞争厂商的平均收益 AR 总是等于该销售量时的价格 P，因此平均收益曲线就是厂商的需求曲线。需求曲线向右下方倾斜，则平均收益曲线也是向右下方倾斜的，且两线重合。平均收益递减，则边际收益必定也是递减的，并且小于平均收益。所以与完全垄断厂商类似，垄断竞争厂商的边际收益（MR）曲线也是位于平均收益 AR 曲线之下且较 AR 曲线更为陡峭。

（三）垄断竞争厂商的短期均衡

垄断竞争同时包括完全垄断市场与完全竞争市场的特征。由于每一个单个厂商生产异质产品，短期在新厂商无法自由进入的情况下，单个厂商享有部分的垄断力。同垄断厂商一样，垄断竞争的厂商面对一条负斜率的需求曲线，以 MR = MC 作为产量的决策标准，依市场的需求状况及厂商的成本高低，短期内可能会得到经济利润、正常利润、经济损失，如图 5.27 至图 5.29 所示。

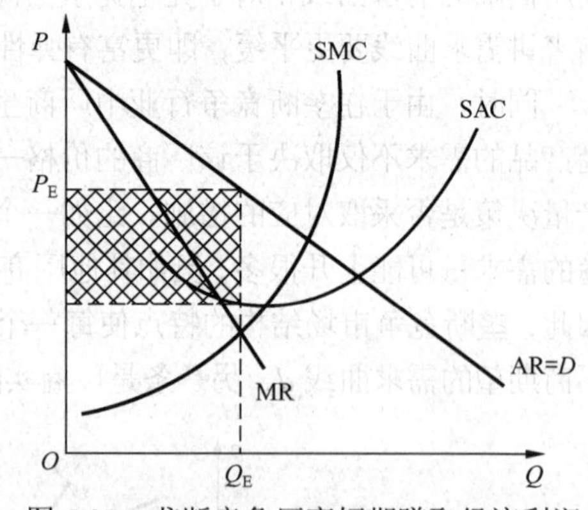

图 5.27　垄断竞争厂商短期赚取经济利润

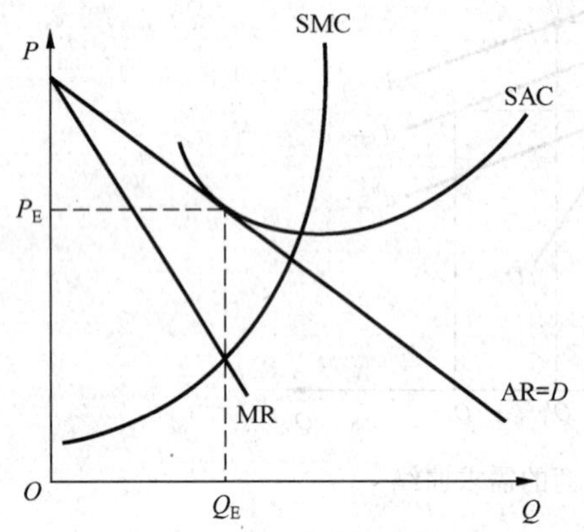

图 5.28　垄断竞争厂商短期赚取正常利润

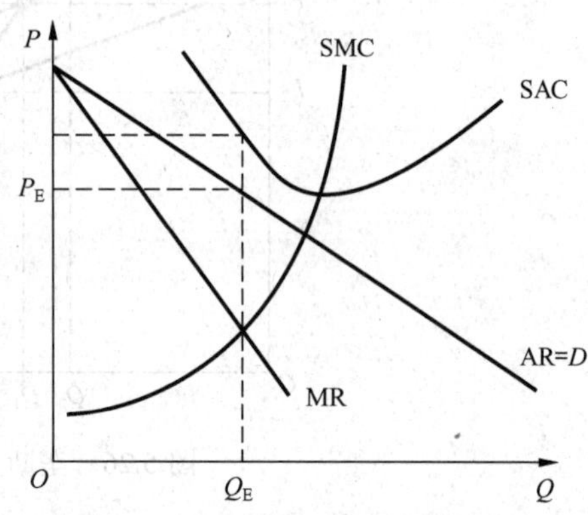

图 5.29　垄断竞争厂商短期遭受经济损失

（四）垄断竞争厂商的长期均衡

在长期，垄断竞争厂商与完全竞争厂商相同，可以自由进出市场。如果该行产业存在经济利润，将吸引新厂商加入瓜分市场，一直到市场内所有厂商的利润都为零时才会停止；反之，如果该行业无利可赚，存在亏损，则现有的厂商将退出市场，一直到市场内所有厂商的经济利润回复到零时为止。因此，就长期而言，每一个垄断竞争厂商只能得到正常利润，如图 5.30 所示。垄断竞争厂商与完全竞争厂商不同的是，垄断竞争厂商提供异质性商品，每一个单个厂商均拥有部分的价格决定能力，故每一个单个厂商所面对的是一条负斜率的需求曲线，且其依据 MR = MC 所决定的产量 Q_E 并非位于长期平均成本曲线（LAC）最低的地方。从图 5.31 可以看出，垄断竞争厂商长期平均成本最低的产量应该是 Q_L*，这就表示在长期垄断竞争厂商未充分利用产能，而有 $Q_L* - Q*$的产能过剩的现象，因而垄断竞争厂商的长期均衡是在无效率的状态下从事生产。

与完全竞争厂商生产同质商品比较，垄断竞争厂商生产异质性商品，因而垄断竞争厂商长期的无效率生产可以视为是消费者为享受多样化商品所必须付出的代价。

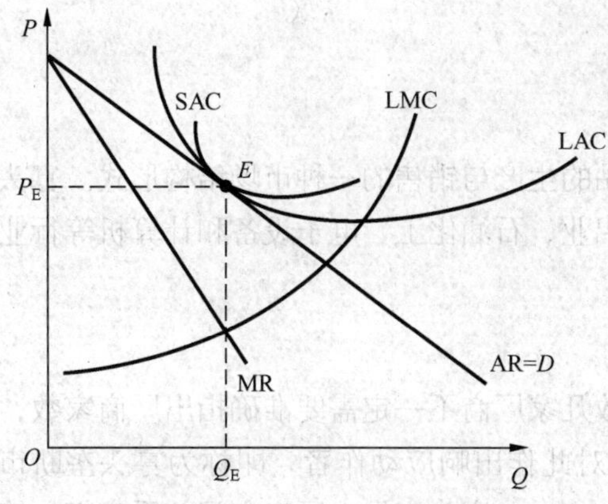

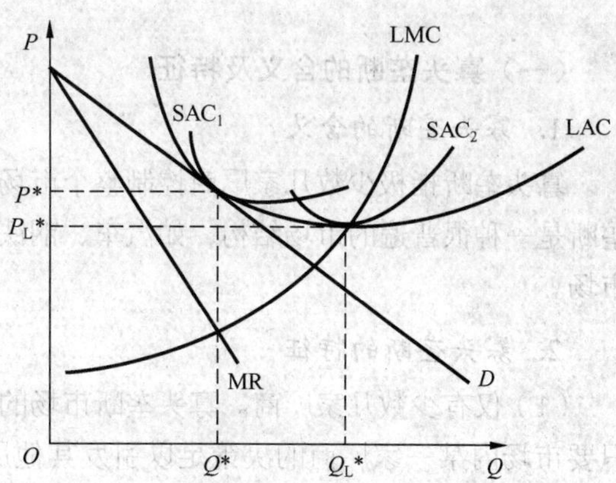

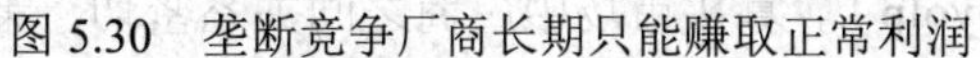
图 5.30　垄断竞争厂商长期只能赚取正常利润　　图 5.31　垄断竞争厂商在无效率状态下生产

（五）垄断竞争厂商的非价格竞争

厂商之间的竞争一般采取两种手段，一是价格竞争，二是非价格竞争（Non-price Competition）。价格竞争是厂商通过压低价格争夺市场。非价格竞争是厂商通过提高产品的质量，改进产品的性能，改变产品的设计、包装、装潢，赠送额外利益，或者通过大量的广告推销产品。

一般来说，垄断竞争厂商在消费者购买商品的当时未提供价格折扣，但使消费者在消费前后得以享有额外效用的一切竞争活动均可视为非价格竞争。

二、寡头垄断市场

案例 5-4

中国牙膏市场

80年代中期以来，中国日化行业经历了前所未有的繁荣，全国范围内，较有名气的品牌有上海的中华，天津的蓝天六必治，重庆的冷酸灵，广西柳州的两面针，广州的洁银、黑妹，丹东的康齿灵，哈尔滨的三颗针……由于计划经济的原因，几乎每个省都有自己的牙膏厂。但大部分牙膏的品质较差，包装粗糙，没有明确的品牌概念，品牌的含金量也谈不上，只是单纯地追求销量，并没有市场份额等概念。

1994年，美国高露洁公司（Colgate-Palmolive Company）在广州黄埔的工厂破土动工。2000年，高露洁就以超过20%的市场份额，站在了国内牙膏销量第一位的冠军台上。1996年7月，宝洁公司（Procter & Gamble Company）推出佳洁士牙膏（Crest）。佳洁士在2005年成为市场第一名。从此，中国的牙膏市场进入群雄争霸年代。

目前国内牙膏市场实际上形成了三大板块：一是外资及合资强势品牌板块，主要由高露洁、佳洁士、中华组成。二是民族传统品牌板块，包括两面针、冷酸灵、黑妹、蓝天六必治、田七等。三是新兴品牌，如LG竹盐、纳爱斯、Lion、舒爽等。虽然理论上是三大板块，但实际上2008年2月最新的市场份额显示，高露洁、佳洁士、黑人、中华这排在前四位的品牌合计份额已经超过了70%。

中国的牙膏市场是一种什么类型的市场结构？

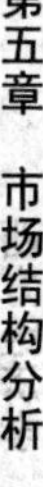

（一）寡头垄断的含义及特征

1. 寡头垄断的含义

寡头垄断指极少数几家厂商控制整个市场产品的生产与销售的一种市场结构形式。寡头垄断是一种很普遍的市场结构，如汽车、钢铁、铝业、石油化工、电子设备和计算机等行业市场。

2. 寡头垄断的特征

（1）仅有少数几家厂商。寡头垄断市场的少数几家厂商不一定需要准确指出厂商家数，只要市场内某一家厂商的决策足以引发其他厂商对此作出响应动作者，即称为寡头垄断市场。如果市场中仅有两家厂商，则称为双寡（Duoyolp）。寡头市场中厂商之间关系密切，策略的相互依赖程度高，各厂商达到规模经济所需的生产量亦较大。

（2）产品可能同质也可能异质。寡头市场各厂商生产的产品可能同质也可能异质，例如中国石化、中国石油生产的汽油就是同质商品，而广州本田与广州丰田生产的汽车不论是外观、配备、价格等均有所差异，因而是异质的商品。

（3）厂商很难自由进出市场。与完全竞争及寡头性竞争市场相比，寡头市场中厂商人数较少，新厂商加入时容易受到现有厂商的抵制与排挤。由于各个厂商的生产规模较大，新厂商必须投入很高的固定资本才得以加入，这个限制除了使得新厂商不易加入外，对于已投入的厂商而言，其退出的沉没成本亦高，因而也不容易退出。

（二）寡头垄断厂商的竞争行为

寡头垄断市场中少数厂商生产供应整个市场所需的商品，虽然各厂商生产的产品可能同质也可能异质，但异质产品间有很高的替代性。单个寡头垄断厂商提高产量、扩大自己的市场占有率的同时，将使得其他厂商的需求量降低，不得不寻求相应的策略以保住市场份额，这就是“寡头垄断厂商的产量竞争”。

相同的，单个寡头垄断厂商也可能以降低产品价格来扩大自己的市场占有率，迫使其他厂商不得不跟进，这就是“寡头垄断厂商间的价格竞争”。寡头垄断厂商之间的竞争行为引起经济学家的注意，经济学家们提出许多模型试图加以解释。下面是几个典型的模型。

1. 古诺的产量竞争模型

古诺的产量竞争模型（Cournot Model）由法国数理经济学家古诺（Augustin Cournot，1801—1877）在 1838 年出版的《财富理论的数学原理研究》一书分析双寡头行为时提出的这一理论模型，通常被作为寡头理论分析的出发点。由于它是一个只有两个寡头厂商的简单模型，该模型也被称为“双头模型”。古诺模型的结论可以很容易地推广到三个或三个以上的寡头厂商的情况中去。其主要假设有：一个产业只有两个寡头厂商，每个寡头生产和销售相同的产品，他们的生产成本为零，并追求利润最大化；两个寡头同时作出产量决策，即寡头间进行的是产量竞争而非价格竞争，产品的价格依赖于二者所生产的产品总量；双方无勾结行为；每个生产者都把对方的产出水平视为既定，并依此确定自己的产量；边际成本是常数。

假设市场上只有 A、B 两个成本为零的生产和销售相同矿泉水的厂商，他们共同面临一条线性的市场需求曲线，A、B 两个厂商都是在已知对方产量的情况下，各自确定能够给自己带来最大利润的产量。A 厂商首先进入市场，它的最优产量为市场总容量的 1/2；之后，B

进入市场，B 在已知 A 的产量之后根据剩余市场容量决定的最优产量是全部市场容量的 1/4。之后，当 A 知道 B 留给它的市场容量为 3/4 时，为了利润最大化，A 将产量调整至总市场容量的 3/8。如此等等，经过一系列的产量调整后，A 的产量逐渐减少，B 的产量逐渐增加。最终，当 A 和 B 的产量分别达到市场总容量的 1/3 时，市场处于均衡。如果该行业有 n 个厂商，则每个厂商的均衡产量为市场最大需求量的 $1/(n+1)$，总产量则为市场最大需求量的 $n/(n+1)$。

2．伯川德价格竞争模型

伯川德价格竞争模型（Bertrand Model）同样假设在双寡市场中的两个厂商生产同质产品，并且面临同一条需求曲线。与古诺模型不同的是，在伯川德模型中，先进入市场的第一个厂商根据其产能及利润最大化的目标制定价格 P_1，随后进入市场的第二个厂商只要将价格 P_2 定得略低于 P_1，即 $P_2<P_1$，就可以期待占领整个市场。第一个厂商发现市场被取代后，也以相同的低价策略，定出更低的价格，$P_1<P_2$，企图夺回市场……从而出现两个寡头垄断厂商竞相杀价的结果，最终使得市场价格不断下降直到边际成本为止，此时，竞争双方的利润都等于 0。

3．斯塔克尔伯格模型

古诺模型和伯川德模型里，竞争厂商在市场上的地位是平等的，因而它们的行为是相似的。而且，它们的决策是同时的。当企业甲在作决策时，它并不知道企业乙的决策。但事实上，在有些市场，竞争厂商之间的地位并不是对称的。市场地位的不对称引起了决策次序的不对称。通常，小企业先观察到大企业的行为，再决定自己的对策。德国经济学家斯塔克尔伯格（H. Von Stackelberg）20 世纪 30 年代建立的模型就反映了这种不对称的竞争。

斯塔克尔伯格模型（Stackelberg Model）假定，在某些寡头垄断市场上，一个大企业拥有绝对的市场份额，而一组小企业则供给该市场的剩余份额。在这种情况下，这个大企业会以主导企业身份领先一步，它在决策其最优产量时，将跟随企业的反应函数看成给定，确定一个能够实现利润最大化的价格，而其他小企业就会像完全竞争市场中的企业一样，将该大企业的价格作为给定，并据此安排自己的产量。这种情况下，首先采取行动的主导厂商可以获得“先行者利益”或者“先动优势”（First Mover Advantage）。斯塔克尔伯格模型可能更适合于行业内有一个在推出新产品或生产方面领头的大厂商主导的情况，因而也被称为“主导企业模型”。

（三）寡头垄断厂商的勾结行为

寡头厂商为避免同业间的竞争影响收益，常会相互勾结（Collusion），谋求共同的利益。常见的勾结行为有公开形成卡特尔（Cartel）组织、透过默契形成价格领导（Price Leadership）两种。

1．卡特尔组织

卡特尔组织是同一产业中，几个生产同质产品的厂商为降低竞争而公开形成的组织，其目的在于协调组织内各个成员的产量及产品价格，以谋求最大的共同的利益。卡特尔组织一旦形成后，其产生的经济效果如同由单一厂商完全垄断一般，产量少，价格高，效率低，增加社会无谓损失。因此，大多数先进国家均订有禁止厂商公开勾结串谋利益的法令，例如美国有反托拉斯法（Anti-trust Law），中国的《价格法》也禁止厂商之间的价格协议。因此，卡特尔组织仅在国际性组织中较常看到，最著名的卡特尔组织是石油输出国组织（OPEC）。在石油输出国组织中，几个重要产油国常常协商各会员国每日的石油生产配额，用来操控国际原油价格。经济学家利用张伯伦模型（Chamberline Model）来解释双寡市场中两个生产同质产品的卡特尔组织厂商如何分配生产配额，统一产品价格，使得两个厂商的联合利润最大化的行为。

2. 价格领先制

由于卡特尔组织的公开勾结行为为大多数国家法令所不容许，而且寡头厂商的共谋存在一些现实的障碍，比如生产的产品差异较大，厂商之间达成一个卡特尔协议也是难以完成的。所以，厂商之间往往采用非正式的串谋行为，通常是大家共同遵守一些公认的“准则”，如相互承认低价倾销是违反商业道德的，相互尊重对方的市场份额和销售区域，认可竞争行为的某些惯例等。其中最重要的当然是价格的制定，在非正式串谋中普遍采用的形式是价格领先制。寡头厂商常常由某行业中成本最低或市场占有率最高、最有影响（或最大）的厂商先定价或与其他同行协商后定价，定价后同行其他企业默默接受此价格。此定价过程虽无公开勾结之名，但却有联合定价之实。这种暗中勾结的行为在现实生活中不乏实例，如各县市有线电视收视费、汽柴油价格、主要报纸的定价、各县市出租车费率的制定等。

由于其他企业是根据领袖企业的价格定价，他们是价格的接受者，而不是制定者，所以其产量决策类似完全竞争市场结构，最优产量水平确定在 P = MC 处。对于领袖企业来说，其决策类似完全垄断市场结构，最优产量确定在 MC = MR 处，可以获得最大利润。这种模式常用来解释国内或国际市场上大企业和小企业之间的价格和产量关系。

（四）寡头垄断厂商的价格刚性：斯威齐模型

由于寡头厂商之间价格战的结果往往是两败俱伤，竞争的双方利润都趋向于零，所以在寡头垄断市场上，产品的价格往往比较稳定，厂商比较喜欢采用非价格竞争方式，即便采用价格战的方式也是非常慎重的。寡头厂商不愿轻易地变动产品价格，价格能够维持一种比较稳定的状态的情况，被称为价格刚性。例如国际原油价格几乎每天都不一样，可是国内汽油价格并未随之频频调整。经济学家曾提出多种理论试图来诠释价格刚性现象，但都存在不同的缺陷，其中较被人接受的是斯威齐所提出的弯折的需求曲线模型，也称斯威齐模型（Sweezy Model）。

斯威齐模型是美国经济学家保罗·斯威齐（Paul Marlor Sweezy）于 1939 所建立。它假设对应于一个特定的价格，当一个寡头厂商降低价格的时候，其他厂商会跟着降价；当一个寡头厂商提高价格的时候，其他厂商会保持价格不变。做这样的假定的原因是，当一个厂商降低它的产品的价格的时候，其他厂商如果不跟着降价，那么其他厂商的市场份额就会减少，从而产量下降，利润下跌；而当一个寡头厂商提高它的产品价格的时候，如果其他厂商价格保持不变，那么提价的厂商的一部分市场份额将会自动被其他厂商瓜分，从而其他厂商的产量会上升，利润会增加。根据这样的假设，单个厂商面临的需求曲线在当前的价格—产量水平上出现了弯折点 E，需求曲线呈现弯折的形状，如图 5.32 中的 AEC 段，通常被称为弯折的需求曲线。

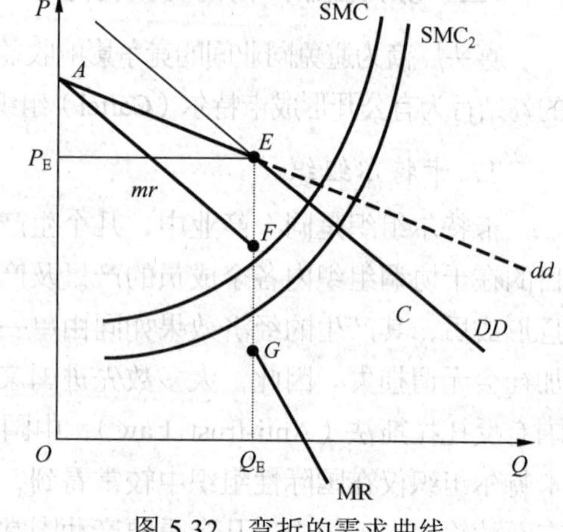

图 5.32　弯折的需求曲线

图 5.32 中，E 点为现在的价格点。如果这家

企业打算降价以扩大销路，则别的企业也要跟着降价，结果是这家企业销售量的增加比预期要少得多，降价后的需求曲线将是一条弹性较小的需求曲线 *EC*。如果这家企业打算提高价格，但别的企业并不跟着提价，结果会是提价后的需求曲线将是一条弹性较大的曲线 *AE*。这样，在寡头垄断条件下，单个厂商的需求曲线由两部分（*AE* 和 *EC*）组成，它们共同构成一条曲折的需求曲线。已知需求曲线 *AE* 和 *EC*，则可求得 *mr* 和 MR，由这两部分构成的边际收益曲线则是一条中断的折线。缺口 *FG* 的长短依赖于 *AE* 和 *EC* 的弹性，在 *E* 点左方的弹性越大、*E* 点右方的弹性越小，则 *FG* 的长度越大。从图中可以看出，最大利润的产量是 MC 曲线与 MR 曲线相交处的 Q_E，价格为 P_E。同时，即使边际成本发生变化，只要 SMC 曲线在 FG 范围之内与 MR 相交，价格将固定不变。也就是说，边际成本曲线 SMC 在缺口 FG 之间摆动时，企业的最优价格和产量决策不变。只有当技术上有很大突破，企业的成本变化很大，MC 曲线的变动超出 *FG* 范围时，才需要对价格重新作出调整。

三、博弈论基本知识

在前面的章节中，我们看到厂商无论是进行价格决策还是产量决策，都必须考虑竞争对手的反应，这与此前所考察的厂商行为有着明显的不同。当在决策过程中必须考虑其行为对竞争对手的影响以及竞争对手的反应时，我们实际上就进入了博弈论分析的领域。博弈论就是对上述互动情形的研究。在这些情形中，有多个行为主体参与行动，他们的活动共同决定每个参与人所获得的奖励或惩罚。

博弈（Game）论，也称为对策论，主要是分析几个参与者的策略之间相互影响相互作用的理论。人类早在几千年前就有了博弈思想，但是作为一门理论真正的起点应该算是 1944 年冯 · 诺伊曼（Von Neumann）和摩根斯坦（Morgenstern）出版的《博弈论和经济行为》（Theory of Games and Economic Behavior）。现已被广泛应用于诸多领域，如寡头理论、劳资争议、国际贸易政策等。

（一）博弈的要素

1. 局中人

在一场竞赛或博弈中，每一个有决策权的参与者成为一个局中人（Player）。只有两个局中人的博弈现象称为“两人博弈”，而多于两个局中人的博弈称为“多人博弈”。

2. 策略

一局博弈中，每个局中人都有选择实际可行的完整的行动方案，即方案不是某阶段的行动方案，而是指导整个行动的一个方案。一个局中人的一个可行的自始至终全局筹划的行动方案，称为这个局中人的一个策略（Strategy）。如果在一个博弈中局中人都总共有有限个策略，则称为“有限博弈”，否则称为“无限博弈”。

3. 得失

一局博弈结局时的结果称为得失。每个局中人在一局博弈结束时的得失（Payoff），不仅与该局中人自身所选择的策略有关，而且与全局中人所取定的一组策略有关。所以，一局博弈结束时每个局中人的“得失”是全体局中人所取定的一组策略的函数，通常称为得失函数。

4. 次序

各博弈方的决策有先后之分，且一个博弈方要作不止一次的决策选择，就出现了次序（Order）问题；其他要素相同次序不同，博弈就不同。

（二）博弈的类型

根据不同的基准，博弈有不同的分类。经济学家从不同角度对博弈进行了分类。

1. 双人博弈和多人博弈

根据局中人的数量多少，博弈可以划分为双人博弈和多人博弈。

2. 静态博弈和动态博弈

根据局中人决策的先后顺序，可以分为静态博弈与动态博弈。静态博弈是指局中人同时决策或行动，或者后行动者不知道先行动者选择了什么决策；动态博弈是指局中人的决策有先后次序，而且后行动者了解先行动者所作的决策并据此做出自己的选择。通俗地理解，“囚徒困境”就是同时决策的，属于静态博弈；而棋牌类游戏等决策或行动有先后次序的，属于动态博弈。

3. 合作博弈和非合作博弈

按局中人是否合作可以分为合作博弈与非合作博弈。合作博弈和非合作博弈的区别在于相互发生作用的当事人之间有没有一个具有约束力的协议，如果有，就是合作博弈，如果没有，就是非合作博弈。例如，几个寡头联合限制产量提高价格就是合作。

4. 完全信息博弈和不完全信息博弈

按照局中人对其他局中人的了解程度分为完全信息博弈和不完全信息博弈。完全信息博弈是指在博弈过程中，每一位局中人对其他局中人的特征、策略空间及得失函数有准确的信息。不完全信息博弈是指局中人对其他局中人的特征、策略空间及得失函数信息了解得不够准确、或者不是对所有局中人的特征、策略空间及得失函数都有准确的信息，在这种情况下进行的博弈。

5. 零和博弈与非零和博弈

根据局中人的最后所得，可以将博弈分为零和博弈与非零和博弈。在零和博弈中，各局中人的得失总和为零，即一方所得恰好等于另一方所失。在零和博弈中，各方存在激烈的竞争。

（三）占优均衡与纳什均衡

1. 占优均衡

如果无论其他局中人选择何种策略，某个局中人所选择的某一策略总是能使自己的收益最大化，则该策略就是该局中人的占优策略。所有局中人的占优策略组合被定义为占优均衡（Dominant Equilibrium）。可以用博弈论中经典的例子——“囚徒困境”来说明占优均衡。

“囚徒困境”是由数学家塔克（A. W. Tucker）于1950年提出的。“囚徒困境”描述的是，两个小偷A和B联合犯事，私入民宅被警察抓住。警方将两人分别置于不同的两个房间内进行审讯，对每一个犯罪嫌疑人，警方给出的政策是：如果两个犯罪嫌疑人都坦白了罪行，交出了赃物，于是证据确凿，两人都被判有罪，各被判刑 8 年；如果只有一个犯罪嫌疑人坦白，另一个人没有坦白而是抵赖，则以妨碍公务罪（因已有证据表明其有罪）再加刑 2 年，而坦白者有功被减刑 8 年，立即释放。如果两人都抵赖，则警方因证据不足不能判两人的偷窃罪，但可以私入民宅的罪名将两人各判入狱 1 年。A 和 B 两囚徒面临的选择可以用博弈论中的得失矩阵（Payoff Matrix）来描述，它列出所有博弈方的各种不同策略组合以及各自相应的得失情况，如表 5.2 所示。A、B 两囚徒都可选择坦白或不坦白两种策略，他们所有的选择可得到四种不同的组合，即（坦白，坦白），（坦白，抵赖），（抵赖，坦白）和（抵赖，抵赖）。括号中前一种策略为 A 的选择，后一种为 B 的选择。矩阵中的数字表示在不同选择下 A、B 各自的博弈得失情况，前一列数字为 A 的得失，后一列为 B 的得失。在这个例子中，嫌疑犯得到的是惩罚，因而他们的得失为负。

从这个博弈中我们可以看到 A 和 B 都面临两难境地。如果他们都选择抵赖，那么只会被判 1 年，这比两个人都坦白要好得多。但问题在于如果 A 抵赖而 B 不合作选择坦白，则 A 会被判 10 年，这个结果比都坦白要糟得多；同样 B 选择抵赖时也会担心 A 不合作。结果最后的均衡必然是 A、B 都选择坦白，因为从得失矩阵中可以看到，不管 B 是坦白还是抵赖，A 的占优策略都是坦白，同理 B 的占优策略也是坦白。这样的结局称为占优均衡。所谓占优策略，是指不管博弈对手采取什么策略，自己的这种策略都是最优的；而占优均衡是指所有博弈方的选择都是占优策略的一种均衡状态，此时没有博弈方有动力再去改变策略。

表 5.2 囚徒困境

A \ B	坦白	抵赖
坦白	−8，−8	0，−10
抵赖	−10，0	−1，−1

2. 纳什均衡

纳什均衡（Nash Equilibrium）是指在给定竞争对手的策略条件下，各局中人所选择的某一最优策略的组合。在纳什均衡下，局中人的策略都是针对竞争对手策略的最佳反应，因此，没有一位局中人能通过改变决策来增加自己的福利。纳什均衡有时也叫非合作性均衡。因为各局中人在选择策略时没有共谋，他们只是选择对自己最有利的策略，而不考虑这种策略对社会福利或任何其他群体利益的影响。将自己的战略建立在对手总是会采取最佳策略的假定基础上，这是博弈的一个原则。假定 A 和 B 是两家寡头垄断厂商，他们的得失矩阵如表 5.3 所示。从表中可以看出，如果他们互相勾结，限制产量以维持较高的价格，他们将分享较高的垄断利润；反之，如果互相欺骗，即增加产量，降低价格，双方所获利润都将减少。但在无合谋的情况下，他们还是会选择低价格。

表 5.3 寡头厂商的支付矩阵

A \ B	高价格	低价格
高价格	100，200	−20，150
低价格	150，−30	10，10

占优均衡一定就是纳什均衡，但纳什均衡不一定就是占优均衡。实际上，可以将占优均

衡看成是纳什均衡的特例。在有些博弈中，可能存在多个纳什均衡。

（四）纳什均衡的意义

非合作性的纳什均衡对于各博弈方来说，不一定是有效率的均衡，但对于社会来说往往是有效率的均衡，而合作性博弈均衡可能是低效率的均衡。

例如，完全竞争就是一个纳什均衡，每个经济主体都在考虑其他各方的价格策略以后做出决定，最后导致价格等于边际成本，利润等于零的有效结局。相反，如果厂商实行合作，则经济效率反而会受到影响。这也就解释了政府为什么要执行反托拉斯法的原因。

尽管非合作性的纳什均衡对于各博弈方来说，不一定有效率。但如果上述博弈无止境地重复下去，只要双方采取“针锋相对”或“以牙还牙”的策略，结局可能会改善。如果对方采取欺骗策略，则自己也采取欺骗策略，以惩罚对方的欺骗；如果对方采取合作策略，则自己也采取合作策略，以鼓励对方的合作。这样，经过多次博弈以后，双方都会发现合作比不合作好。

另外，在一些其他场合，例如有关污染、治安、军备竞赛与政治经济体制改革等博弈中，非合作性的纳什均衡常常是无效率的。非合作“纳什均衡”的无效率，表明了人们追求私人利益最大化的理性行为不一定都能够增加整个社会福利，从而对亚当·斯密的“看不见的手”的原理提出了挑战。

假如市场经济中存在着污染、政府不管制的环境，企业为了追求利润的最大化，宁愿以牺牲环境为代价，也绝不会主动增加环保设备投资。表 5.4 为两公司的污染的博弈得失矩阵。按照“看不见的手”的原理，所有企业都会从利已的目的出发，采取不顾环境的策略，从而进入“纳什均衡”状态。如果一个企业从利他的目的出发，投资治理污染，而其他企业仍然不顾环境污染，那么这个企业的生产成本就会增加，价格就要提高，它的产品就没有竞争力，甚至企业还要破产。这是一个“看不见的手的有效的完全竞争机制”失败的例证。20 世纪 90 年代中期，中国乡镇企业的盲目发展造成严重污染的情况就是如此。只有在政府加强污染管制时，企业才会采取低污染的策略组合。企业在这种情况下，获得与高污染同样的利润，但环境将更好，从而使企业达到低污染的合作性均衡。

表 5.4 公司的污染博弈

A \ B	低污染	高污染
低污染	100，100	−30，120
高污染	120；−30	100，100

“纳什均衡”是一种非合作博弈均衡，由于在现实中非合作的情况要比合作情况普遍。所以作为非合作博弈均衡，“纳什均衡”是对冯·诺依曼和摩根·斯坦的合作博弈理论的重大发展，甚至可以说是一场革命，极大地扩大了博弈论的应用范围，也促进了博弈论研究的深入与发展。

本章小结

1. 西方经济学通常按市场竞争程度的不同将市场结构划分为四种类型：完全竞争市场、

垄断竞争市场、寡头垄断市场和完全垄断市场。

2. 完全竞争是指竞争完全、不受任何阻碍和干扰的市场结构。形成完全竞争市场需要具备的条件有：市场上有大量的买者和卖者，任何一个买者或卖者都不能影响市场价格；企业生产的产品具有同质、无差别的特征；生产者自由进出市场，不受社会力量的限制；市场交易活动自由、公开，没有人为的限制；市场信息畅通准确，市场参与者充分了解各种情况；各种资源都能够充分地流动。

完全竞争厂商所面对的需求曲线为一条水平线，而且在完全竞争市场中，厂商所面对的需求曲线、平均收益曲线及边际收益曲线是同一条水平线；完全竞争厂商实现短期均衡的条件为 P=SMC；完全竞争厂商的长期均衡条件是厂商所面临的需求曲线与其长期平均成本曲线最低点相切，在这一切点上满足以下条件：LMC = SMC = MR = AR = P = LAC = SAC。

3. 完全垄断，或称卖者垄断，一般指唯一的卖者在一个或多个市场，通过一个或多个阶段，面对竞争性的消费者的一种市场结构。一般来说，形成完全垄断的原因有：①自然垄断；②拥有关键生产要素；③具备特殊生产技能或独特配方；④法令的保障；⑤特殊的时空环境。

短期内，完全垄断厂商像完全竞争厂商一样能够获得经济利润，只有当价格等于或小于平均可变成本时才会停产。长期内，完全垄断厂商与完全竞争厂商不同，只要新厂商的进入受到阻止，就能够持续获得经济利润。

要借助价格歧视增加利润，完全垄断厂商必须具备下列四个条件：①生产者面对的是负斜率的需求曲线，并且生产者必须是价格的决定者。②生产者必须能区别出不同市场的消费者，以便制定不同价格。一般而言，市场的区别是以消费者的需求弹性予以划分的。③生产者必须有能力防范消费者的套利行为。④生产者实施价格歧视后，有能力阻止商品在不同市场间流动。

4. 垄断竞争是既包含垄断的因素，又有竞争成分的一种市场结构。在短期内，至少能够弥补其平均可变成本的垄断竞争厂商通过边际成本等于边际收益的产量来实现利润最大或亏损最小。在长期内，厂商的自由进入和退出保证垄断竞争厂商只获得正常利润，这一情况发生在平均总成本曲线与厂商面临的向下倾斜的需求曲线的切点之处。

5. 寡头垄断指极少数几家厂商控制整个市场产品的生产与销售的一种市场结构形式。在一些寡头行业如钢铁或石油行业中，各厂商的产品是同质的；在另一些寡头行业如汽车或早餐麦片行业中，各厂商的产品是有差别的。

博弈论，也称为对策论，主要是分析几个参与者的策略之间相互影响、相互作用的理论。利用博弈论可以分析每一个厂商的策略行为及其均衡情况。

复习思考题

一、名词解释

1. 市场结构
2. 完全竞争市场
3. 收支相抵点
4. 停止营业点

5. 生产者剩余

6. 完全垄断市场

7. 价格歧视

8. 一级价格歧视

9. 二级价格歧视

10. 三级价格歧视

11. 博弈

12. 纳什均衡

二、问答题

1. 为什么完全竞争市场厂商的需求曲线是一条与横轴平行的直线，而行业的需求曲线是一条向右下方倾斜的曲线？

2. 为什么完全竞争厂商的需求曲线、平均收益曲线和边际收益曲线是重叠的？

3. 为什么有时发生亏损的厂商会选择继续生产而不是关闭？

4. 完全竞争市场条件下，为什么行业中所有厂商的经济利润在长期均衡时都会为零?这是否意味着厂商的生产变得没有意义?

5. 假定一个完全竞争行业里的企业得到的利润少于正常利润，从长期看，该行业的价格将会如何调整?导致这种调整的原因是什么？

6. 成为完全垄断的厂商可以任意定价，这种说法对吗？

7. 完全垄断厂商和完全竞争厂商的需求曲线和边际收益的形状有何区别？

8. 比较完全垄断和寡头垄断市场的均衡产量与价格。

9. 什么是价格歧视，实现价格歧视的条件和形式是什么？

10. 寡头垄断市场中，寡头的行为模式主要有哪些？

11. 佳洁士为牙膏市场中众多企业之一，它处于长期均衡。

（1）画出表示佳洁士需求、边际收益、平均总成本与边际成本曲线的图形。画出佳洁士利润最大化的产量和价格。

（2）佳洁士的利润是多少？解释其原因。

（3）购买佳洁士牙膏所得的消费者剩余是多少？社会的无谓损失有多大？

（4）如果政府强迫佳洁士生产有效率的产量水平，会发生什么变动，企业会发生什么变动？

三、计算题

1. 完全竞争厂商的短期成本函数是$\mathrm{STC}=0.04Q^3-0.8Q^2+10Q+5$。

（1）试求厂商的短期供给函数。

（2）若市场价格$P=10$元，试求厂商利润最大化时的产量及其利润总额。

（3）市场价格为多少时厂商要停止生产。

2. 已知某垄断厂商的反需求函数是$P=130-2.25Q$，成本函数是$\mathrm{STC}=0.1Q^3-5Q^2+120Q+300$，求

（1）短期均衡产量和价格。

（2）垄断厂商获得的总利润。

3. 在短期的完全竞争市场上，市场供给函数为$Q_{\mathrm{s}}=1800P-60\,000$，市场需求函数为

$Q_d = 100\,000 - 200P$，如果某个厂商的短期成本函数为 $STC = 0.1Q^3 - 6Q^2 + 132.5Q + 400$，求

（1）该厂商的利润最大化产量是多少？

（2）该厂商的净利润是多少？

4. 假设垄断厂商拥有不变的平均成本和边际成本，并且 $AC = MC = 5$，厂商面临的市场需求曲线 $Q = 53 - P$，求

（1）该垄断厂商利润最大化时的价格、数量及其利润总额是多少？

（2）如果该市场是完全竞争的，其市场产出水平为多少？

5. 已知某垄断者的成本函数为 $TC = 0.05Q^2 - 8Q$，产品的需求函数为 $Q = 400 - 20P$，求

（1）垄断者利润最大化时的销售价格、产量和利润是多少？

（2）垄断者收支相抵时的价格和产量是多少？

6. 已知某完全竞争的成本不变行业中的单个厂商的长期总成本函数为 $LTC = Q^3 - 12Q^2 + 40Q$，试求

（1）当市场商品价格为 $P=100$ 时，厂商实现 $MR = LMC$ 时的产量、成本和利润；

（2）该行业长期均衡时的价格和单个厂商的产量；

（3）当市场的需求函数为 $Q = 660 - 15P$ 时，行业长期均衡时的厂商数量。

7. 假设某完全竞争行业有100个相同的厂商，每个厂商的成本函数都为 $STC = 0.1Q^2 + Q + 10$。

（1）求市场供给函数；

（2）如果市场需求函数为 $Q = 4\,000 - 400P$，求市场的均衡价格和产量。

8. 设垄断者的产品的需求曲线为 $P=16-Q$，P 以人民币元计，求

（1）垄断者出售 8 单位产品的总收益是多少？

（2）如果垄断者实行一级价格歧视，垄断者的收益为多少？他掠夺的消费者剩余为多少？

（3）如果垄断者实行二级价格歧视，对前 4 个单位的商品定价为 12 元，后 4 个单位的商品定价为 8 元，垄断者的收益为多少？他掠夺的消费者剩余为多少？

第六章　要素市场

学习目标：通过本章的学习，主要了解生产要素市场的特性，明确生产要素的需求是派生需求；了解边际收益产品和边际产品价值；明确劳动市场供需和工资的关系；了解影响资本供给和需求变动的关系，了解地租、级差地租、准租金和经济租的区别。

关键概念：要素市场(Factor Market)　派生需求(Derived Demand)　边际收益产品(Marginal Revenue Product)　边际产品价值（Value of Marginal Product）　经济租（Economic Rent）

第一节　要素的供给与需求

厂商要提供产品或服务，就必须要具备劳动、资本、土地和企业家才能(Entrepreneurship)等相关生产要素。劳动指人类在生产活动中所付出的体力或智力的活动，是所有生产要素中最能动的因素。劳动者是劳动这一生产要素的基本所有者。土地包括地上、地面、地下的经济资源，如土地、河流、森林、矿藏、野生生物等一切的自然资源，它们得自于大自然的恩赐，是最稀缺的经济资源。资本是由经济制度本身所生产出来的并被用作投入要素以便进一步生产更多的商品和服务的物品。由于资本自身的特点，资本区别于一般的消费品，也区别于土地和劳动等要素。企业家才能，指的是综合运用其他生产要素进行生产、革新、从事企业组织和经营管理的能力，以及创新和冒险精神。

随着科技的发展和知识产权制度的建立，技术、信息也作为相对独立的要素投入生产。这些生产要素进行市场交换，形成各种各样的生产要素价格及其体系。

生产者和消费者在不同市场所扮演的角色不同。在要素市场，要素的需求者为生产者，供给者为消费者。要素市场的价格是厂商使用要素所支付的价格，厂商具有一定期限内的使用权限；产品市场的价格则是消费者支付产品本身的价格，产品购买以后，消费者则拥有产品的所有权。

在要素市场，要素价格决定了要素所有者的报酬；在产品市场，产品的价格决定了厂商的收入。要素市场和产品市场相互依存，要素价格取决于要素的供需状况，要素的供需取决于产品的市场状况。

案例 6-1

企业家才能也是一种生产要素

潘石屹曾对中国的企业家进行了两类区分，他称之为土老帽的经验主义和洋海龟的理想主义。“土老帽”，或叫做“土鳖”，也就是“技术含量低”的一类。这一类属于经验主义，没有大方向，也没有大画面，就是外国人说的缺乏远见（Vision）。但他们不固执，摸着石头过河，摸着石头了就往前走一步，摸不着石头，不知水深水浅时就另寻他途。这类企业家很容易成为机会主义者。但千千万万这样“技术含量不高”的企业家用这种办法成功了。中国在世界经济的影响力，“中国制造”现象就是从这样一大批企业家手里产生的，他们的生命力惊人的顽强，可以在任何艰苦、恶劣的环境下生存。不光在中国的土地上，在世界各个角落都能看到他们的身影。与这一类企业家相反的是另一类高学历知识分了，以“海龟”为代表，技术含量高，走南闯北，见多识广，不光会讲中文，英文、法文也都会。他们是最早走向国际的一批精英，给中国的开放带来了新的气息。

新的企业形态对中国的企业家提出了新的要求，他们既要有第二类企业家的远见、知识和理想，也要有第一类企业家的务实精神，要尊重未知的领域。两者都不能走极端，正确的道路是中庸之道。

一、生产要素的需求

商品可以直接满足消费者的需求，厂商利用生产要素生产出商品以满足消费者的需求。厂商之所以需要生产要素是因为必须使用生产要素才能生产出产品，从而带来利润最大化。因此，厂商对生产要素的需求是由对商品的需求产生的，称为派生需求。

派生需求（Derived Demand）就是消费者对产品的需求导致的厂商对生产要素的需求，也可称为引致需求。例如食品公司对面粉的需求是由消费者对面包的需求所派生的，那么，食品公司对面粉的需求就是派生需求；同样的，食品公司投入面包生产的其他生产要素——劳动、机器、厂房、土地等，也都是由于消费者对面包的需求而带来的派生需求。如果消费者对某种商品的需求增加，则厂商对生产这种商品所需要的生产要素的需求也增加。

在生产过程中，厂商不可能仅用一种生产要素来生产产品，必须有若干生产要素的配合才能完成生产。因此各种生产要素之间具有相互依存的关系。在生产要素的相互依存关系中，既有合作关系，又有替代关系。合作关系是指在生产某一种产品时，两个或两个以上的生产要素必须同时使用，它们的需求是互长互消的。但是，在一定范围内，生产要素之间又是可以替代的，生产相同数量的产品，可以使用较多的甲要素，也可以使用较多的乙要素。对生产要素需求的这种共同性特点带来了一个重要后果：对某种生产要素的需求，不仅取决于该生产要素本身的价格，而且也取决于其他生产要素的价格。生产技术条件也会影响生产要素的需求。

二、生产要素的供给

在分析要素供给时，需要区分两个不同的概念：

一是某一时期内要素的存量。如果从一个较短的时间来看，一个消费者拥有的生产要素有一个明显的特点，就是它的数量是有限的。例如，一个消费者拥有 10 亩地，他每年的收入是 10 万元，他每天可以支配的时间只有 24 小时。所以消费者的决策只能在这有限的资源范围内进行。比如，这个消费者每天用于劳动的时间不可能超过 24 小时（由于他要睡觉、吃饭，所以他能够供给市场的时间实际不超过 16 小时），他每年的新增储蓄不可能超过 10 万元（除非他获得别人的馈赠），他可以出租的土地也不会超过 10 亩。

二是要素所有者愿意提供或出售的要素数量。一般而言，要素的存量都是相对固定的，但是由于要素所有者愿意提供的要素数量随着要素的价格变动而变动，所以它是可变的。我们要研究的就是要素供给数量和要素价格的关系。

消费者所拥有的生产要素有各种各样的用途，但都可以归入两大类用途中去：一是把他拥有的生产要素提供给市场，从而获得租金、工资、利息等收入；二是把他拥有的生产要素“保留自用”，比如把时间用于娱乐和休闲，把收入用于即时的消费，把土地修成花园、草地供自己欣赏等。这样，所谓要素供给问题实际上成为消费者在一定的要素价格水平下，将其全部既定资源在“要素供给”与“保留自用”两种用途上进行分配以获得最大效用的问题。

要素供给曲线与所考察的市场大小有关。一般来说，要素供给曲线是一条向右上方倾斜的曲线，即要素价格越高，要素所有者愿意提供的要素数量越多。

三、要素市场的均衡

（一）厂商使用要素的利润最大化原则

在产品市场上，厂商利润最大化的原则是 MR = MC，这一原则也同样适用于要素市场，只不过在要素市场中，边际收益和边际成本两个概念被赋予了新的内涵。

1. 生产要素的边际收益——边际收益产品

边际收益产品（Marginal Revenue Product，MRP）是指每增加一单位要素的投入所带来的收益的增量。我们以劳动力市场为例，劳动投入量用 L 表示，MRP 用公式表示为

$$\text{MRP} = \Delta\text{TR}/\Delta L = (\Delta\text{TR}/\Delta Q)\,(\Delta Q/\Delta L) = \text{MR}\cdot\text{MPP} \tag{6.1}$$

或

$$\text{MRP} = \text{dTR}/\text{d}L \tag{6.2}$$

式中，TR 为总收益，MPP 为产品市场上的边际产量。边际收益产品反映了要素投入量和由其引起的总收益增量的关系，而产品市场的边际收益反映了产品销售量和收益之间的关系，两个函数中的自变量和因变量是不同的。

与边际收益产品相关的另一个概念是边际产品价值（Value of Marginal Product，VMP）。边际产品价值是生产要素的边际产品和产品价格的乘积，可用下式来表示

$$\text{VMP} = \text{MPP}\cdot P \tag{6.3}$$

由于在完全竞争市场中，产品的价格和边际收益相等，即 P=MR，所以在完全竞争市场中，边际产品价值等于边际收益产品，即

$$\text{VMP} = \text{MRP} \tag{6.4}$$

但是在非完全竞争市场中，由于价格高于边际收益，即 P>MR，所以边际产品价值也就大于边际收益产品，即

$$\text{VMP} > \text{MRP} \tag{6.5}$$

2. 生产要素的边际成本——边际要素成本

边际要素成本（Marginal Factor Cost，MFC）是指增加单位要素投入所带来的成本的增量。我们同样以劳动力市场为例，劳动投入量用 L 表示，MFC 用公式表示为

$$\text{MFC} = \Delta\text{TC}/\Delta L = (\Delta\text{TC}/\Delta Q)\cdot(\Delta Q/\Delta L) = \text{MC}\cdot\text{MPP} \tag{6.6}$$

或

$$\text{MFC} = \text{dTC}/\text{d}L \tag{6.7}$$

边际要素成本反映了要素投入量和成本之间的关系，与产品市场上等成本曲线的函数关系是相同的，而产品市场的边际成本反映的是产品的产量与成本之间的关系。因为在完全竞争的条件下，生产要素价格是一个常数，所以 MFC = W，此处，W 为劳动力的价格。

3. 最佳要素投入量的原则

按上述边际收益等于边际成本，即 MR=MC 的原则，厂商使用生产要素最优的原则是

$$MRP = MFC \tag{6.8}$$

因为在完全竞争市场中，VMP = MRP，MFC = W，所以上式可以演变为 VMP = W，表明完全竞争厂商使用生产要素最优数量的条件是让边际产品价值等于要素价格。在此条件下，可保证厂商的利润最大化。

（二）完全竞争条件下要素价格的决定

1. 单个厂商面临的生产要素的需求曲线和生产要素的投入量

上面厂商最优要素投入量的原则是令 VMP = W，即边际产品价值等于要素价格。因此，给定一个价格，厂商就可以在 VMP 曲线上找到一个对应点，该点即为要素的最优投入量，或者说是厂商获得最大化利润的生产要素的投入点，如图 6.1 所示。

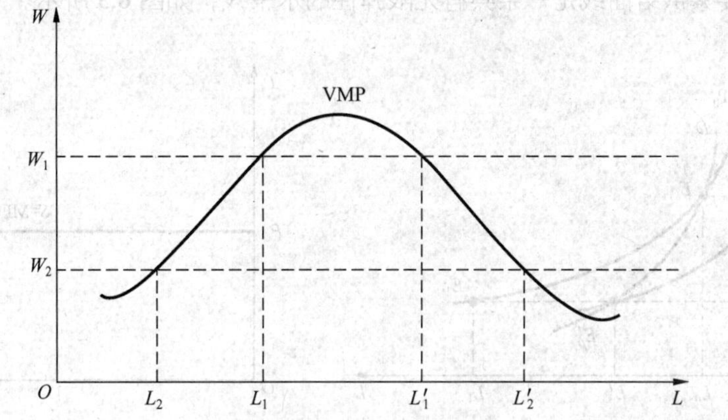

图 6.1　单个厂商面临的生产要素的需求曲线和生产要素的投入量

由于 VMP= MPP·P，在产品价格不变的条件下，VMP 曲线类似于 MPP 曲线，即先上升后下降的一条曲线。对应于任一给定价格，VMP 曲线上都有两点与之相对应，那么究竟哪一点才是利润极大化的点？

在产品市场中，MR=MC 仅仅是厂商利润极大化的必要条件，是否存在利润极大化，还要看其充分条件，而利润极大化的充分条件是利润函数的两阶导数小于零，即 $TR''(Q)<TC''(Q)$ 或 $MR'(Q)<MC'(Q)$。

同样的道理，在要素市场上，VMP=W 也仅仅是厂商利润最大化的必要条件，充分条件也应该是 $TR''(L)<TC''(L)$，其中 $TR''(L)=VMP'$，$TC''(L)=W'$，因为完全竞争市场中，要素价格 W 为常数，所以其一阶导数等于零，这样利润极大化的充分条件就可以表述为 VMP′<0。也就是说对应于任一给定价格，利润最大化的点或最优要素投入量都应该落在 VMP 曲线递减的那一段，此段即为要素的需求曲线。

2. 生产要素的市场需求曲线

厂商对某种生产要素的需求是市场对这种生产要素的需求的一部分，但是，市场对

某种生产要素的需求并不是所有厂商对这种生产要素需求简单相加的总合。虽然，市场对某种要素的总需求是单个厂商的需求之和，但是在单个厂商的需求曲线 VMP 上，是假定最终产品的价格是既定不变的，当要素价格下降时，厂商会增加对要素的需求，并扩大产量，而当市场上所有厂商都扩大产量时，又会压低该产品的市场价格，这又会降低要素的边际产品价值。这样，随着生产要素数量的增加，市场的边际产品价值曲线比单个厂商的边际产品价值曲线下降得更快，因而市场对要素的需求曲线较为陡峭，如图 6.2 所示。

图 6.2 中，当要素价格等于 W_0 时，最优要素投入量为 L_0。如果要素价格降为 W_1，其他厂商也增加生产要素的购买，从而致使产量增加，生产要素的边际产品和产品价格降低，边际产品价值曲线向左下方移动，如 6.2 图中 VMP_0 降为 VMP_1。所以当价格降为 W_1 时，最优要素投入量为 L_1'，而不是 L_1，连接 E 点和 E_1' 点，构成厂商新需求曲线 D，再将所有厂商新需求曲线进行水平方向加总就可以获得整个市场的需求曲线。

3. 生产要素的市场供给曲线

在完全竞争条件下，单个厂商对要素的需求和供给对要素的价格不产生影响，即单个厂商面临的生产要素供给曲线是一条具有无限弹性的水平线，如图 6.3 所示。

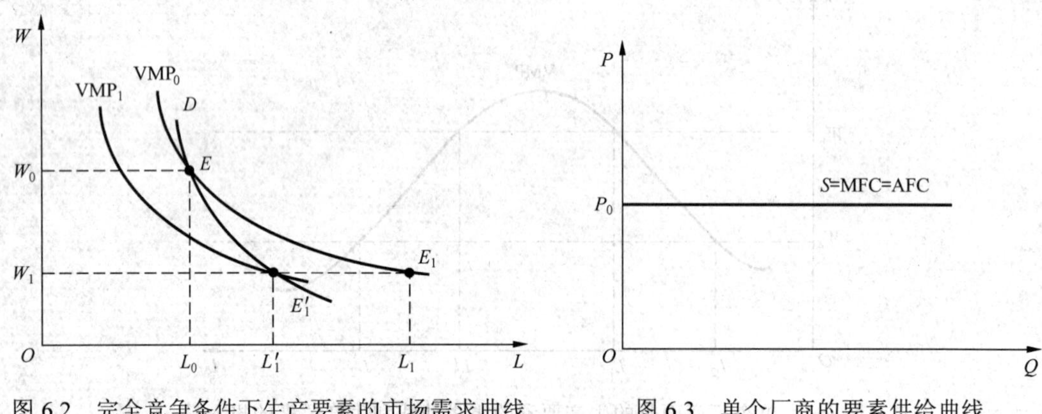

图 6.2 完全竞争条件下生产要素的市场需求曲线　　图 6.3 单个厂商的要素供给曲线

图 6.3 表明，在既定的价格水平下，单个厂商可以购买到它所需的生产要素量，此时厂商面临的生产要素供给曲线也就是它的平均要素成本 AFC 曲线和边际要素成本 *MFC* 曲线。

但是，在整个市场上，由于要素所有者对价格的变化所作的反应大致相似，生产要素的供给曲线不再是一条水平线，而是一条向右上方倾斜的曲线。厂商愿付的价格越高，要素所有者愿意提供的要素的数量越多；反之，厂商愿意支付的价格越低，要素所有者提供的生产要素的数量就越少，如图 6.4 所示。

4. 要素价格的决定

根据完全竞争厂商对生产要素的需求曲线即边际产品价值 VMP 曲线和生产要素的供给曲线即边际要素成本曲线 *MFC*，我们可以得到均衡的要素量和均衡的要素价格，如图 6.5 所示。

图 6.5 中，要素的边际成本曲线 MFC 和要素的边际产品价值曲线 VMP 产生交点 E，此时，要素的价格为 P_0，要素的使用量为 L_0。可见，要素的均衡价格由要素的供给状况决定，而要素的使用量则由厂商的 VMP 曲线和要素供给曲线共同作用决定。

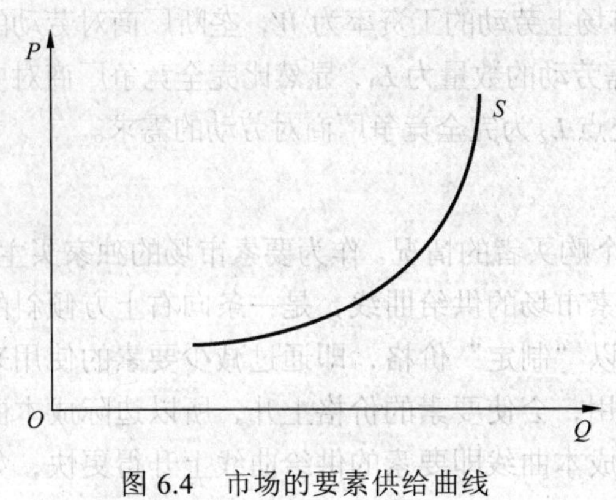

图 6.4　市场的要素供给曲线

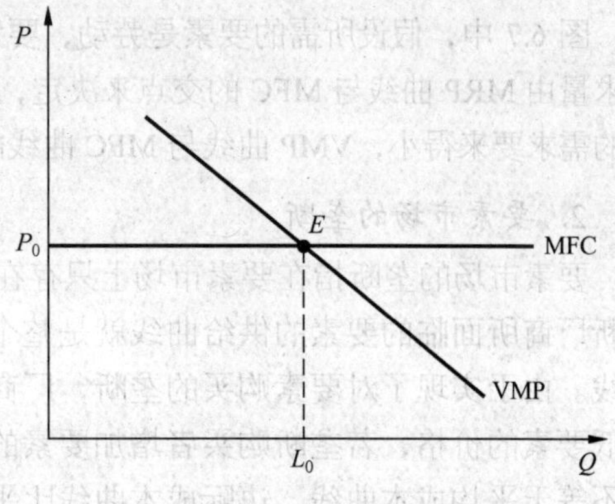

图 6.5　单个厂商要素价格的决定

对整个市场而言，生产要素的均衡价格是生产要素的供给量和需求量相等时的价格，如图 6.6 所示。图 6.6 中，要素的供给曲线和需求曲线相交，决定了要素的均衡价格 P_0 和要素的均衡使用量 Q_0。当要素的价格为 P_1 时，要素的供给量为 Q_1，要素的需求量为 Q_2，存在着求大于供的短缺，为了得到生产要素，厂商支付更高的价格，由此价格上升。如果要素的价格为 P_2，则存在着供大于求的缺口，价格必然下降，即只有在需求与供给相等时，才形成均衡的价格 P_0 和使用量 Q_0。

（三）非完全竞争条件下要素价格的决定

与完全竞争要素市场相对应的是不完全竞争要素市场，它主要包括两种情况：产品市场的垄断厂商和要素市场的垄断购买者。

1. 垄断厂商对要素的需求

垄断厂商对产品市场实现了垄断，但并不意味着其在要素市场也具有垄断地位。当然，产品市场的不同结构还是会影响对要素的需求。厂商对要素的需求取决于要素投入所带来的边际成本和边际收益，当边际成本和边际收益相等时即实现了利润最大化。

边际成本就是要素的市场价格，而边际收益即边际收益产品，对垄断厂商而言，要素投入所带来的边际收益产品要小于边际产品价值。由于垄断的存在，厂商的产量越大，不仅要素的边际产量会递减，而且产品的销售价格也下降，所以边际收益产品和边际产品价值不等。边际收益产品 MRP 曲线位于边际产品价值 VMP 曲线左下方，且比边际产品价值递减得更快，如图 6.7 所示。

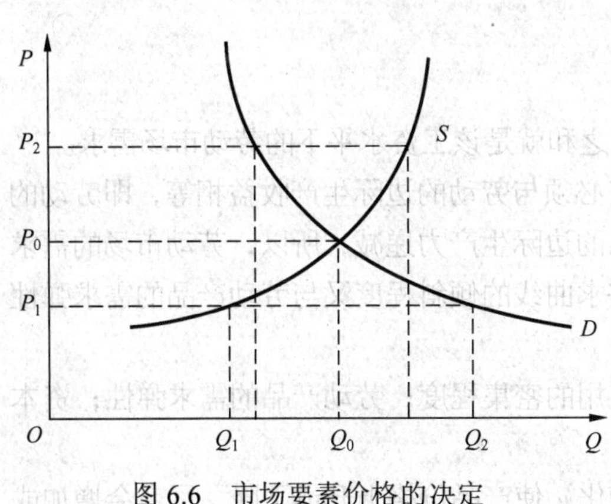

图 6.6　市场要素价格的决定

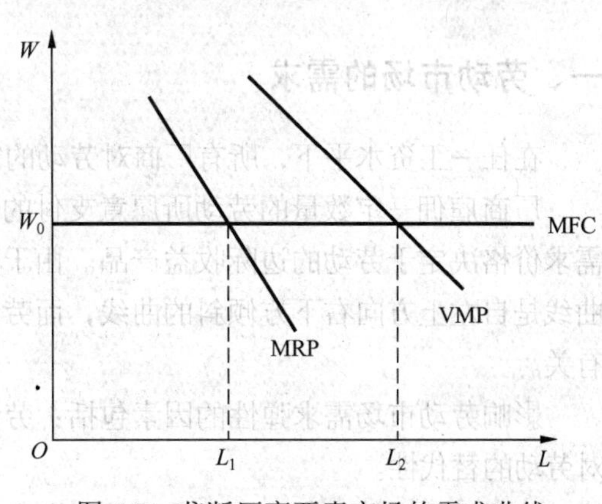

图 6.7　垄断厂商要素市场的需求曲线

图 6.7 中，假设所需的要素是劳动，要素市场上劳动的工资率为 W，垄断厂商对劳动的需求量由 MRP 曲线与 MFC 的交点来决定，所需劳动的数量为 L_1，显然比完全竞争厂商对要素的需求要来得小，VMP 曲线与 MFC 曲线的交点 L_2 为完全竞争厂商对劳动的需求。

2. *要素市场的垄断*

要素市场的垄断指在要素市场上只存在一个购买者的情况。作为要素市场的独家买主，垄断厂商所面临的要素的供给曲线就是整个要素市场的供给曲线，是一条向右上方倾斜的曲线。由于实现了对要素购买的垄断，厂商可以“制定”价格，即通过减少要素的使用来降低要素的价格，若垄断购买者增加要素的使用，会使要素的价格上升，所以边际成本曲线不等于平均成本曲线，边际成本曲线比平均成本曲线即要素的供给曲线上升得更快，如图 6.8 所示。

图 6.8 中，要素的边际收益产品曲线 MRP 与边际要素成本 MFC 曲线相交于 A，决定了厂商使用劳动的数量为 L_1。当要素的使用量为 L_1 时，垄断购买者按照 W_1 支付工资报酬（要素的价格是由供给曲线上相应的要素使用量那一点决定的），而此时厂商使用最后一个单位的生产要素时其边际要素成本为 W_2，厂商通过人为地减少要素的使用而使要素的价格降低，而这一价格又低于完全竞争要素市场情况下应有的价格 W_3，由此垄断购买者获得了超额收益。

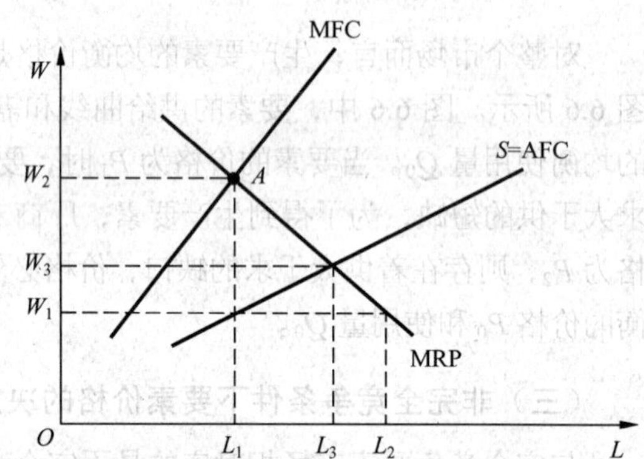

图 6.8 买方垄断条件下要素的价格决定

可以看出，买方垄断厂商的要素需求理论和垄断厂商的产品供给理论可以类比。垄断厂商根据 MR = MC 的原则确定它的产量，根据需求曲线确定产品的价格，无法推导出有规律的供给曲线；买方垄断厂商根据 MRP= MFC 的原则来确定它的最佳要素使用量，根据要素供给曲线决定要素价格，且无法推导出厂商对要素的需求曲线。

第二节 劳动市场

一、劳动市场的需求

在任一工资水平下，所有厂商对劳动的需求之和就是该工资水平下的劳动市场需求。

厂商雇佣一定数量的劳动所愿意支付的工资必须与劳动的边际生产收益相等，即劳动的需求价格决定于劳动的边际收益产品。由于劳动的边际生产力递减，所以，劳动市场的需求曲线是自左上方向右下方倾斜的曲线，而劳动需求曲线的倾斜程度又与劳动产品的需求弹性有关。

影响劳动市场需求弹性的因素包括：劳动使用的密集程度；劳动产品的需求弹性；资本对劳动的替代性。

譬如，当产品市场对产品的劳动需求发生变化，使产品价格上升或下降，厂商会增加或减少产品的生产，造成对劳动的需求产生增减变化。而技术改进，有助于提升劳动的边际生产力，当劳动要素的边际产量增加，会造成边际生产收益增加。

一般而言，在短期内，劳动市场需求的工资弹性较小，而长期内，劳动市场需求的工资弹性较大。因为在短期内，当工资上升，企业很难找到劳动力的替代品，企业不得不忍受工资上升所带来的成本。

二、劳动市场的供给

假设，人们的时间只有两种用途：工作（提供劳动，从事生产活动）和闲暇（包括睡觉、饮食、娱乐、旅游等，从事非生产活动）。工作可以获得报酬。在一天时间里，一个人如果不休息，可工作 24 小时，如休息若干小时，即用于闲暇，也就是减少了这若干小时工作可获得的收入，因此，单位时间工资率相当于闲暇的价格。图 6.9 为简单的时间分配模型。

图 6.9 中，纵轴衡量收入，横轴衡量闲暇时间，如果一个劳动者一点也不工作，将享有 24 小时的闲暇时间，即表现为预算约束线在横轴上的点 A，如果每天工作 24 小时，则可获收入为 $24W$（W 为小时工资率），即是纵轴上的点 B。预算线的斜率 W 即是单位闲暇时间的机会成本，也就是说，多享受 1 小时的闲暇时间，就放弃了价值为 W 的收入。为实现时间分配的最优，劳动者就应该选择无差异曲线 U 和预算线 AB 相切的点 E 的时间分配，即享有 H 小时的闲暇，工作 I 小时，这时的工资率正好等于闲暇替代工作的边际替代率。

当工资率上升的时候，闲暇的价格提高，闲暇商品和其他商品的相对价格变得更加昂贵，在效用总水平不变的前提下，理性的消费者理所当然地会减少闲暇商品的消费，而增加劳动供给，也就是获取更高的收入，这就是替代效应。可以看出替代效应导致工资率与劳动供给呈同方向变化。另一方面，由于闲暇是一种正常物品，工资率的上升引起消费者的收入增加，收入的增加会提高消费者对闲暇商品的需求，这就是收入效应。显然收入效应导致工资率与劳动供给呈反方向变化。图 6.10 说明了收入效应和替代效应。

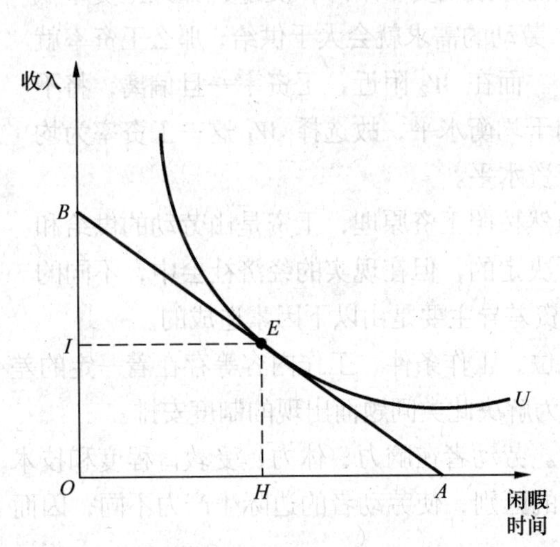

图 6.9　闲暇时间与工作时间的最优选择

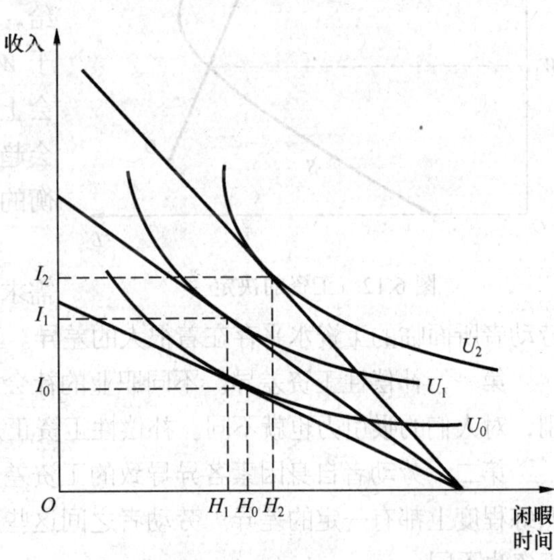

图 6.10　工资变动的收入效应和替代效应

图 6.10 中当原工资水平为 W_0 时，收入与闲暇的最优组合为 I_0 和 H_0，而当工资水平上升

至 W_1 时，收入与闲暇的最优组合为 I_1 和 H_1，替代效应大于收入效应，使闲暇时间减少；随着工资水平的进一步上升，收入效应大于替代效应，闲暇时间增长，即图 6.10 中达到最优点时对应的闲暇时间为 H_2。

我们看到，工资率提高时，由于替代效应，消费者会增加劳动的供给，由于收入效应，消费者会减少劳动的供给。当替代效应大于收入效应时，总效应是劳动供给增加，当收入效应大于替代效应时，总效应是劳动供给减少。所以劳动的供给曲线向右上方弯曲的部分是替代效应大于收入效应的结果，而向后弯曲的部分则是收入效应大于替代效应的结果。

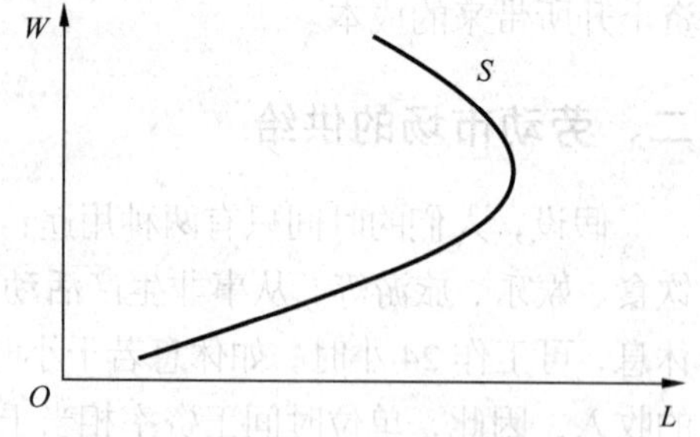

图 6.11　劳动的供给曲线

正由于收入效应和替代效应对劳动供给的影响，因此劳动的供给曲线呈如图 6.11 所示的形态。

三、劳动市场均衡与工资的决定

均衡的工资由劳动市场上的供求双方的均衡决定。由劳动的边际产品价值决定，劳动的需求曲线是一条向右下方倾斜的线。而劳动的供给决定于工资水平和人口特性，包括年龄、性别、教育以及劳动者的生理和心理等因素。这里假设其他要素投入不变，技术水平不变，还假定所有劳动都是同质的，则构成整个劳动市场的供给是建立在个人劳动供给的基础上，将所有的个人劳动供给曲线加起来，就得到了劳动市场的供给曲线。劳动的需求曲线和供给曲线的交点决定均衡的工资。工资指提供劳动生产要素所获得的报酬，工资率则是提供劳动的价格，如图 6.12 所示。

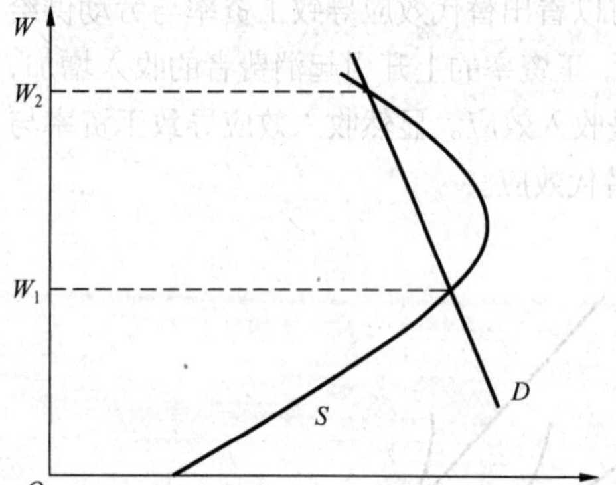

图 6.12　工资的决定

图 6.12 中劳动的需求曲线 D 和供给曲线 S 一般会有两个交点，即 W_1 和 W_2。其中，在 W_1 附近，如果工资率高于 W_1，劳动的需求会小于供给，从而导致工资率下降；反之，如果工资率低于 W_1，劳动的需求就会大于供给，那么工资率就会上升。而在 W_2 附近，工资率一旦偏离，将不会趋向于均衡水平，故选择 W_1 这一工资率为均衡的工资水平。

虽然按照工资原理，工资是由劳动的供给和需求所决定的，但在现实的经济社会中，不同的劳动者所面临的工资水平存在着很大的差异。工资差异主要是由以下因素造成的。

第一，补偿性工资差异。不同职业的社会地位、工作条件、工作内容等存在着一定的差别，对人们的吸引力也就不同。补偿性工资正是为解决此类问题而出现的制度安排。

第二，劳动者自身因素各异导致的工资差异。劳动者在脑力、体力、受教育程度和技术熟练程度上都有一定的差异。劳动者之间这些质的区别，使劳动者的边际生产力不同，因而工资也不同。

第三，针对劳动者的歧视会导致工资差异。如年龄歧视，上了年纪的工人得到的工资较低（因为他转换工作较困难）；性别歧视，男女同工不同酬；籍贯歧视，外来工人的工资低于本地工人；职业歧视，社会地位较低的阶层很少有机会得到收入更好的工作。

第四，不完全的劳动流动性所造成的工资差别。由于不同的职业种类之间缺乏竞争，人们在不同的工作之间进行流动困难很大，从而无法通过更大范围的竞争来消除工资差别。

第五，信息不完全所引起的工资差别。劳动者不具有关于劳动市场中可供选择的工作机会的完全信息，而要弄清可能选择的工作中哪项工资最高，将支付高昂的搜寻费用。

在上述五类工资差别中，第一、二类差别难以消除；第三、四类可以通过税收政策缓解；而缩小第五类的工资差别，则需要政府提供就业指南，进行信息服务。

案例 6-2

为何工资增长数据与百姓感觉有差距

据国家统计局统计，2002年全国在岗职工平均工资12 422元，到2006年达21 001元，扣除价格因素，年均增长12.0%，比同期GDP增幅高2.8个百分点，是改革开放以来职工实际工资水平增长最快的时期。统计数据显示，我国职工工资连续四年两位数增长。然而，许多百姓感觉自己的工资增长与统计数据有差距。

造成百姓对工资增长的感觉与统计数据存在差距的原因是什么？

第三节　资本市场与利率的决定

一、资本的需求

厂商的投资行为形成了对于资本的需求。那么影响厂商投资决策的因素是什么呢？在厂商进行投资决策时，它追求的是利润最大化，它所考虑的主要方面是预期利润率和利息率，另外还要考虑到投资风险。

对于资本的投资来说，总是伴随着风险。厂商一旦进行投资，其所花费的大部分成本就变为沉淀成本，并且一项投资往往持续的时间很长，所需资金庞大，所以厂商的投资决策实际上是风险决策，它牵涉到一系列影响因素，我们这里略过不谈。我们主要讨论利息率对厂商投资需求的影响。

厂商在进行投资决策的时候，由于利息构成了厂商的成本，所以如果一个投资项目的预期利润率大于市场的利息率，那么就意味着厂商预期的资本收益大于成本，厂商投资该项目就可以获得利润；如果一个投资项目的预期利润率小于市场的利息率，那么厂商的预期资本收益小于成本，厂商就会亏损，所以厂商会放弃该项目或转而去寻求其他合适的项目。要注意的是，如果厂商的投资所用资金是自有资金，利息可被看成是机会成本，上述分析依然有效。

如果厂商的各个投资项目的预期利润率不变，而市场利率提高，就会有许多的投资项目被否定，从而厂商的投资意愿降低，投资就会下降，从而对可贷资本的需求下降；如果利息率降低，厂商的成本降低，就会使一些原本不合算的项目变得有利可图，厂商的投资意愿上升，投资增加，对可贷资本的需求就会上升。

因此，资本的需求曲线也是向右下方倾斜的曲线。图 6.13 是资本的需求曲线。

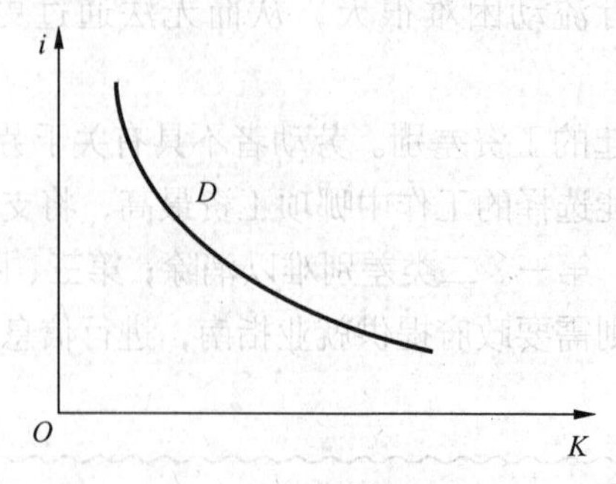

图 6.13　资本的需求曲线

二、资本的供给

资本的供给主要取决于消费者的储蓄决策。消费者会把他的收入一部分消费掉，而把另一部分储蓄起来，留待以后消费。假设消费者今年储蓄 100 元，明年他能够得到 110 元，那么这增加的 10 元就是利息。10 元利息除以储蓄额 100 元，得到利息率 10%，这个利息率就是资本供给的价格。这里可以看出，消费者之所以没有把他的所有收入都在今年消费掉，而是储蓄了一部分，正是为了获取利息，这样今年他减少消费 100 元，明年他可以消费 110 元，可见消费者今年减少一些消费正是为了以后能够多消费。消费者对于消费和储蓄的决策实际是一种跨时期决策。

资本供给来源于储蓄。资本供给曲线表示资本供给与利率之间的关系。高利率鼓励储蓄，所以资本的供给曲线是向右上方倾斜的，如图 6.14 所示。

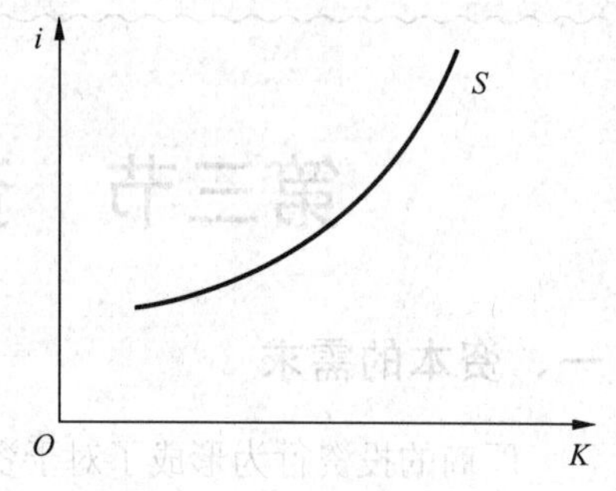

图 6.14　资本的供给曲线

三、资本市场的均衡

当资本的需求与资本的供给相等时，资本市场达到均衡。这时的资本的供求均衡价格即为利率。利率是由资本的需求与供给双方共同决定的。投资决定了资本的需求方面，而储蓄决定了资本的供给方面，从而两者的均衡决定了市场利率，如图 6.15 所示。

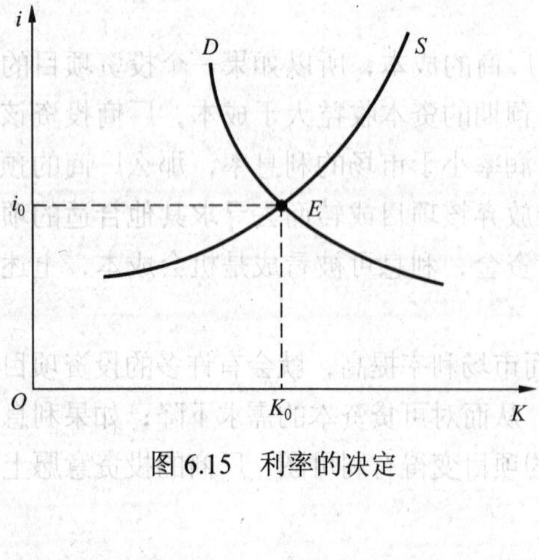

图 6.15　利率的决定

图 6.15 中，横轴代表资本量，纵轴代表利率，D 为资本的需求曲线，S 为资本的供给曲线，这两条曲线相交于 E 点，决定了均衡利率为 i_0，资本量为 K_0。

需要注意的是，这里所说的由资本供求关系所决定的利率一般称为“纯利率”，它反映了资本的净生产力。实际上，由于各种因素的影响，比如风险程度、时间长短、管理成本等因素影响，利率也不是只有一个水平，实际利率会存在差异。

第四节 土地的供求与地租的决定

案例 6-3

房价与地价，到底谁决定谁？

2009年6月23日，国土资源部发布的调查数据显示，目前中国地价占房价的比例并不高，平均仅为23.2%，这与两会期间全国工商联认为土地财政是高房价主因的结论针锋相对。

关于房价和地价谁决定谁的问题，国土资源部和地方政府认为房价拉动地价，而全国工商联和房地产商则坚定认为地价推高房价，这似乎演变成了“鸡生蛋还是蛋生鸡”的无解题。

当然，房价决定地价的假设就是土地供给固定不变和土地用途唯一。道理很简单，正因为如果土地供给固定不变，所以地价的变化只是由土地需求来决定，而土地需求是由房价来决定的，因此也就得出了房价决定地价的结论。

对照中国现实，由于中国有严格的土地规划管制，每块土地的用途基本是唯一的，这个假设条件基本满足。土地的供给并不是固定不变的，政府掌握着每年的土地供应量，在理论上，在假定用地需求不变的情况下，土地的供给增加会导致地价下降，从而房地产供给也会相应增加，就会对房价产生影响。

但现实情况则是，政府严格控制着每年土地的批租量，不会贸然加大土地供给。而且，即使加大了土地供给，房地产商也会在银行资金的支持下以囤地的形式刻意减少房地产供给，从而导致房价不受土地供给增加的影响。

因此，在中国更多的是房价决定地价，而不是地价决定房价，因为地价决定房价的链条被房地产商以囤地的形式切断。在现实操作中，房地产商根据相关市场价格比较来事先设定房价区间，在扣除建筑费用、资金成本和税费等成本后确定地价和利润的总和，然后与政府讨价还价确定地价，这就是房价决定地价的操作路径。对于房地产商来说，地价和利润是对跷跷板，地价高了利润自然就少了。

如果是房价决定地价，那么谁来决定房价呢？

（崔宇，2009）

一、土地的供求

土地的需求取决于它的边际收益产品。边际收益产品越高，土地的需求量就越大；反之，其需求量就越小。在边际收益递减规律的作用下，土地的边际收益产品是递减的，因此，土地的需求曲线是向右下方倾斜的。如图 6.16 所示，土地的需求曲线为 D。

从短期来看，土地的自然供给可以看做是一个固定不变的量，但从长期来看，人类可以通过改造沙漠、移山填海、围海造田等增加土地的自然供给，人类也可能由于洪涝、风沙等自然灾害和污染、毁林、对土地的破坏性使用等人为因素导致土地的有效供给减少。但从整体来看，在一个较短的时期内，土地自然供给的增减在总的土地自然供给中所占的比例非常之小，为了简化问题起见，我们把土地的自然供给看做是一个固定不变的量。所以，土地的供给曲线是完全没有弹性的，即图 6.16（a）中垂直于横轴的直线 S。

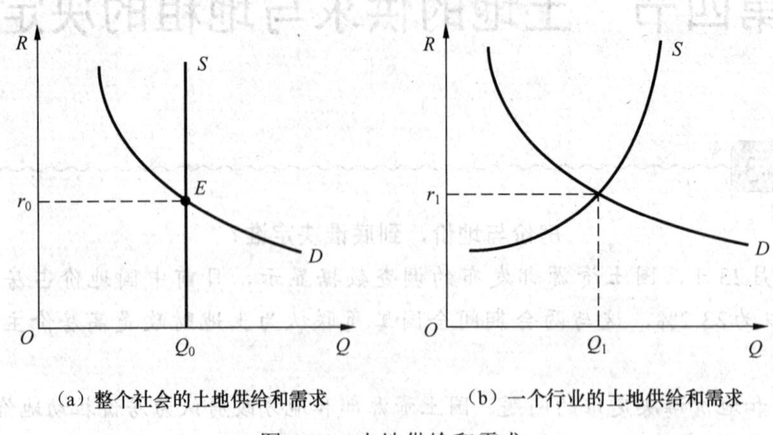

（a）整个社会的土地供给和需求　（b）一个行业的土地供给和需求

图 6.16　土地供给和需求

若仅从一个行业来看土地的供给情况，我们会发现，土地的供给曲线不再是一条无弹性的曲线，而是一条向右上方倾斜的曲线，见图 6.16（b）。因为，当生产某种产品的收益高于其他产品时，原先用于其他产品生产的土地就会转而生产该产品，即由于产品收益的提高会增加土地的价格，从而增加土地的供给所以，从单个行业来看，土地的供给曲线是向右上方倾斜的，而从整个社会来看，则是垂直于横轴的。

二、地租的决定

地租是土地或其他自然资源使用者支付给这类生产要素所有者的代价，就像其他生产要素的价格决定一样，地租是由土地的供给和需求决定。

土地的供给是固定的就意味着土地的价格主要取决于对土地的需求，图 6.16 中需求曲线 D 与供给曲线 S 的交点 E 就决定了均衡的地租 r_0。当土地的需求减少时，均衡地租将下降，但土地的供给量保持不变。

上述关于地租的分析是假设全部土地的生产率都是相同的，即所有的土地都是同质的，它们都具有相同的需求曲线。但在现实的经济社会里，土地的生产率有很大的区别，如土地的地理位置、土地的肥沃程度等都有很大的差别，因此，不同的土地的地租也有很大的差别，这被经济学称为级差地租。

一般说来，土地的生产率越高，它的边际收益产品就越高。以图 6.17 来分析，假设有 A、B、C、D、E 五块肥沃程度不同的土地，按生产率的高低依次有五条需求曲线 D_1, D_2, D_3, D_4, D_5，由于土地的供给是固定的，所以土地的供给曲线仍然是垂直于横轴的。

从图 6.17 可以看出，C、D、E 三块土地的需求曲线与供给曲线相交，决定了均衡的地租 r_3、r_4、r_5，而 A 块土地由于质量太差，连生产成本也无法弥补，不会被利用，B 块土地的需求曲线决定了其地租正好为零，即不存在级差地租，被称为“边际土地”。随着经济发展，人口增加，农产品价格上升，级差地租会增加。

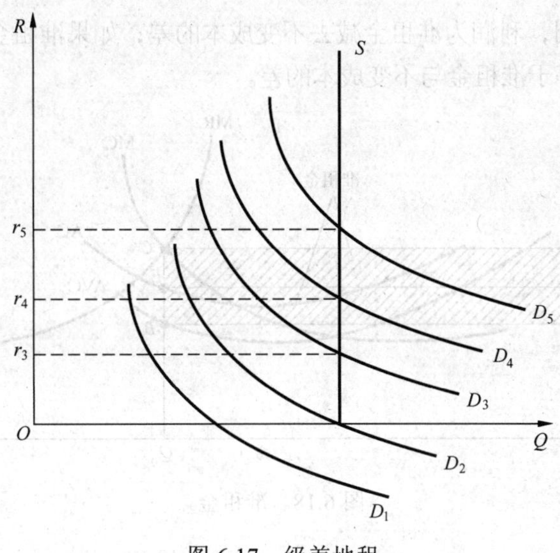

图 6.17　级差地租

三、经济租金

（一）租金

租金（Rent）指供给同样固定不变的一般资源的服务价格。如前所述，土地的供给是固定不变的，由于需求的增加，土地所有者可以得到的收入叫做地租。我们看到，地租提高，土地的供给量也不会提高；地租降低，土地的供给量也不会减少。在经济中还存在着其他的一些要素，比如某些人的天赋才能，它们的供给数量也是不变的，不受价格涨落的影响，这些要素的价格，我们统称为租金。可以看出，土地是一种特有的资源，所以地租只是租金的一个特例，是租金的一种，而租金是一般化的地租。

（二）准租金

准地租（Quasi-rent）是指那种只取决于要素需求状况而与供给无关的租金。

有些生产要素在短期内的供给，同土地的供给相类似也是固定的，对这些要素的租金也取决于它们的需求，我们把这种租金称为准地租。实际上，准地租是某些素质较高的生产要素在短期内供给不变的情况下，所产生的一种超额收入。

例如，生产经营者使用的厂房、机器、设备等，从短期看其供给数量是固定不变的，不因其是否取得收入而影响其供给，在短期内，只要产品价格能够补偿平均可变成本，生产经营者就会利用这些厂房和设备进行生产。在这种状况下，产品价格超过其平均可变成本的余额，代表固定设备的收入。很显然，使用这些要素所获取的报酬相当于地租，具有地租的性质，所以被称为准地租。从长期看，这些要素的供给发生变化，这时要素报酬由供给和需求两方面的变化共同决定，准地租也就不存在了。

图 6.18 是准租金的一个示意图。该图表示了一个完全竞争厂商的短期决策情况。在价格为 P_0时，按照厂商利润最大化的原则 MR=MC，厂商的均衡点为 C，均衡产量为 Q_0，因此厂商的总收益为 OP_0CQ_0的面积。由于 $OGBQ_0$ 可以看做是对可变要素支付的成本，因而固定要素的总收益就可以表示为 P_0CBG 的面积，如图中的阴影部分所示，这一部分的收入就是固定要素所获的准租金。可以看出，准租金等于不变成本与经济利润之和。如果准租金大于不

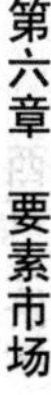

变成本，表示厂商盈利，利润为准租金减去不变成本的差；如果准租金小于不变成本，表示厂商亏损，亏损额也等于准租金与不变成本的差。

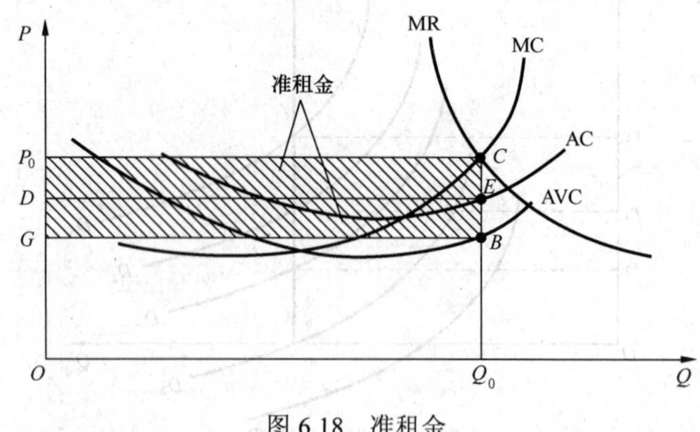

图 6.18　准租金

（三）经济租

经济租（Economic Rent）可以定义为生产要素所得到的收入超过其在其他场所可能得到的收入部分，可以理解为要素的当前收入超过其机会成本的部分，简言之，经济租金等于要素收入减去机会成本。例如，劳动市场上有 A、B 两类工人各 100 人，A 类工人素质高，所要求的工资为 2 000 元，B 类工人素质相对低一些，所要求的工资为 1 500 元。如果某种工作 A、B 两类工人都可以担任，那么，生产经营者在雇佣工人时，当然先雇佣 B 类工人。但在 B 类工人数量不能满足需求时，也不得不雇佣 A 类工人。假设某生产经营者需要工人 200 人，他就必须雇佣 A、B 两类工人，在这种情况下，生产经营者必须按 A 类工人的要求支付 2 000 元的工资，这样，B 类工人所得到的收入就超过了他们的要求。B 类工人所得到的高于 1 500 元的 500 元收入就是经济租。其他生产要素的所有者也可以得到这种经济租。准地租与经济租有所不同，准地租仅在短期内存在，而经济租则在长期中也存在。

如图 6.19 所示。雇佣 F 数量的生产要素所必需的货币额就等于 $AOFE$ 的面积。但是，在竞争的市场上，某种生产要素不管其数量为多少，总是按相同的价格支付，即按最后一个单位生产要素所需支付的价格支付，因此，在 F 之前的每一单位要素都获得了高于希望的报酬，这就是经济租，即 ABE 的面积部分。

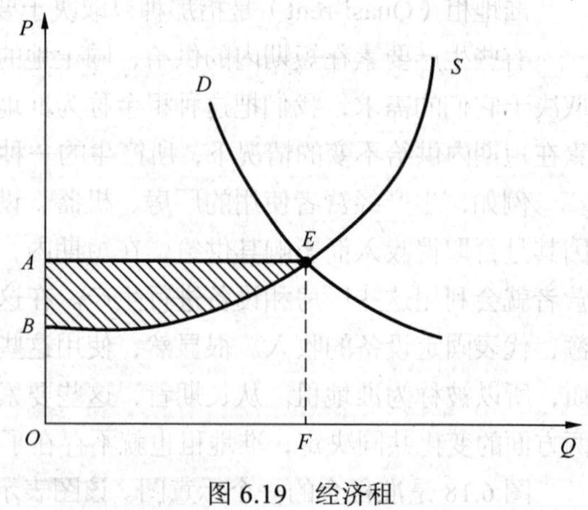

图 6.19　经济租

从图 6.19 中，我们可以发现，要素的供给弹性越大，其可获得的经济租越少。如果要素的供给是无限弹性，那么经济租为零；而如果要素的供给弹性为零，则其所有报酬均为经济租。因为这时无论要素价格多高或者多低，要素的供给都不变，这时经济租金变得最大，这时的经济租金就是租金。可以看出，租金只是经济租金的一个特例。

（四）寻租

寻租（Rent Seeking）指的是个人或利益集团利用各种合法或非法的手段，以得到占有这种由于行政管制或垄断而产生的经济租金的特权。

寻租使资源配置扭曲或无效，是阻碍经济发展、社会稳定、文化进步的陷阱。所以，研究寻租行为及其影响，以便提高资源的配置效率，也是经济学研究的范畴。

本章小结

要素市场和产品市场是相互联系、相互依存的。劳动供给曲线是向后弯曲的，这与其他要素和产品的供给曲线是有区别的。理论上的均衡利率是实际利率的基础，实际利率总是趋向于均衡利率。地租是一种租金，可以将租金引申出准租金、经济租金等概念。

复习思考题

一、词解释

1. 边际收益产品
2. 边际要素成本
3. 租金
4. 准租金
5. 经济租金
6. 劳动供给的替代效应
7. 劳动供给的收入效应

二、问答题

1. 生产要素的市场需求曲线是怎样形成的？
2. 不完全竞争要素市场和不完全竞争产品市场情况下生产要素的价格和数量是如何决定的？
3. 劳动供给曲线为何向后弯曲？
4. 运用劳动供给曲线的特征说明劳动和闲暇产生的替代效应和收入效应。
5. 土地供给曲线为什么垂直？
6. 说明利息与地租确定的基本原理。

三、计算题

1. 一位垄断厂商只用劳动 Z 来生产商品 Y，他在一个完全竞争的市场中出售商品，价格固定为 1 元，生产函数和劳动供给函数分别为

$$y = 6z - 3z^2 + 0.2z^3$$

$$w = 6 + 3z$$

其成本函数为

$$c = 6z + 3z^2$$

请计算利润最大化时的 z 和 w 值。

2. 假定对劳动的市场需求曲线为 $D_L = -10W + 150$，劳动的供给曲线为 $S_L = 20W$，其中 S_L、D_L 分别为劳动市场供给、需求的人数，W 为每日工资，问在这一市场中，劳动与工资的均衡水平是多少？

3. 某厂商将劳动作为仅有的可变要素，它的生产函数是为

$$X = -0.01L^3 + L^2 + 36L,$$

其中，X 是产品的日产出单位数，L 是日劳动投入量（工时），所有的市场是完全竞争的，产品的价格为每单位 0.1 元，每工时的工资率是 4.80 元，厂商追求利润最大化。试计算

（1）每天厂商雇佣多少工时的劳动量？

（2）如果厂商每天的固定成本是 50 元，那么每天厂商的纯利润是多少？

4. 如果劳动的边际产量为 $100/L$，资本的边际产量为 $50/K$，工资为 5 元/小时，资本的价格为 100 元，产品的价格是 12 元，一个完全竞争的厂商需要多少资本和劳动？

5. 一厂商生产某产品，其单价为 10 元，月产量为 100 单位，每单位产品的平均可变成本为 5 元，平均不变成本为 4 元。试求其准租金和经济利润，两者相等吗？

6. 已知在产品市场中的某一完全竞争厂商的 SMC、SAC、AVC 数据如表 6.1 所示。

表 6.1　某一完全竞争厂商的各种函数

Q	4 000	5 000	6 000	7 000
SMC	5	9	13	18
SAC	7	14	13	14
AVC	5	6	8	10

试问：当产品价格分别为 18 元、13 元、9 元和 5 元时，该厂商的利润与准租金各为多少？

四、案例分析题

两个同龄的年轻人同时受雇于一家店铺，并且拿着同样的薪水。可是叫阿诺德的小伙子青云直上，而那个叫布鲁诺的小伙子却始终在原地踏步。布鲁诺很不满意老板的不公正待遇。终于有一天他到老板那儿发牢骚了。老板一边耐心地听着他的抱怨，一边在心里盘算着怎样向他解释清楚他和阿诺德之间的差别。

“布鲁诺先生，”老板开口说话了，“您今早到集市上去一下，看看今天早上集市上有什么卖的。”

布鲁诺从集市上回来，向老板汇报说：“今早集市上只有一个农民拉了一车土豆在卖。”

“有多少？”老板问。

布鲁诺赶快戴上帽子又跑到集上，然后回来告诉老板一共有 40 口袋土豆。

“价格是多少？”布鲁诺第三次跑到集上问来了价钱。

“好吧，”老板对他说，“现在请您坐到这把椅子上，一句话也不要说，看看别人怎么做。”

阿诺德很快就从集市上回来了，并汇报说，到现在为止只有一个农民在卖土豆，一共 40 口袋，价格是多少；土豆质量很不错，他带回来一个让老板看看。这个农民一个钟头以后还弄来几箱西红柿，据他看，价格非常公道。昨天西红柿卖得很快，库存已经不多了。他想，这么便宜的西红柿，老板肯定会要进一些的，所以他不仅带回了一个西红柿做样品，而且把那个农民也带来了，他现在正在外面等着回话呢。

此时老板转向了布鲁诺，说：“现在您肯定知道为什么阿诺德的薪水比您高了吧？”

试评析工资差异的原因。

第七章　一般均衡和福利经济学

学习目标：通过本章的学习，了解在所有市场、市场参与者都相互联系的情况下，产品市场和要素市场是如何实现一般均衡的。了解福利经济学的涵义，理解帕累托最优及其条件、非完全竞争的福利损失等。

关键概念：一般均衡（General Equilibrium）　福利经济学（Welfare Economics）　帕累托最优（Pareto Optimality）　艾奇沃斯盒形图（Edgeworth-box Diagram）　洛伦兹曲线（Lorenz Curve）　基尼系数（Gini Coefficient）

第一节　一 般 均 衡

一、一般均衡的含义

到目前为止，我们使用均衡分析方法，所分析研究的都是单个市场的均衡问题。即假定其他市场的供求是既定不变的，而我们所研究的这个市场的变动也不影响其他市场，因而该市场的产品的供给和需求仅仅是其价格的函数。结论就是在供给和需求这两个相反力的作用下，该市场会逐渐趋于均衡，形成一个均衡价格，在这个价格下，供给量等于需求量，市场出清。这种研究方法通常称为局部均衡分析方法（Partial Equilibrium Approach）。局部均衡分析研究一个部门或单个经济变量变动的直接的、单纯的后果。

一般均衡（General Equilibrium）分析则要研究一个变量变动所引起的一系列连锁反应，即不仅看到变量变动的直接效应，还要顾及到其间接的影响，看到其最终的结果。一般均衡是将所有相互联系的各个市场看成一个整体来加以研究，每个商品的需求和供给不仅仅取决于该商品本身的价格，还与其他商品（替代品和互补品）的价格相关。各个商品的价格不能单独决定，必须和其他商品一起联合决定。只有当整个经济中所有商品的供给和需求相等时，市场才达到一般均衡。

例如，从局部均衡分析来看，降低工资将会降低成本，进而增加生产，增加就业。但从一般均衡分析的角度来说，降低工资将会导致收入水平下降，进而各个市场的需求和价格普遍下降，最终导致生产下降，失业增加。可见，降低工资到底是会增加就业，还是会增加失业，从一般均衡的眼光来分析比局部均衡分析要复杂得多。

一般均衡分析追求整个经济体系的各种变量的总体均衡。实现一般均衡既复杂又困难。实际上，由于经济社会中各种变量是不断变化的，并且一种变量变化引起的另一些变量变化在作用方向、速率、方式上，因具体条件不同而有所不同，因此，经济体系的一般均衡只是一种趋势，而非均衡则是常态。

（一）产品市场的均衡

假如原先整个经济社会已处于均衡状态，现在由于外界因素的影响，其中某一产品市场的供给或需求发生变动，结果就不仅打破这一市场的均衡，而且通过各市场的相互联系进而打破所有市场的均衡，引起一系列的调整与再调整，最终再次同时达到新的均衡。

在这一过程中，如果不同市场的产品之间存在相互替代关系（例如牛肉与羊肉），则一产品价格的上升会导致其他产品价格的上升。具体来说，假定 A、B 两产品具有替代关系，A 产品价格上涨将使社会减少对其购买，而增加对其替代品 B 的购买量。在 B 的供给不变时，社会对产品 B 的需求增加，结果 B 产品价格上升，并引起 B 产品供给增加。而 B 产品价格的上升，又会使人们对其替代品 A 的需求增加，从而 A 产品价格进一步上升，供给也增加。A 产品价格上升又促使 B 产品需求增加进而价格和供给再提高。至于 A、B 两产品价格上升的幅度，则依这两种替代品的需求交叉弹性而定。那么，替代品价格的轮番上涨是否是无止境的呢？不是的。消费者的收入水平将制约着各产品市场的价格水平。产品价格的上涨使消费者的实际收入下降，这会使各产品的需求曲线左移，从而具有使产品价格下降的压力，经过价格上升和下降这两种对立力量的相互作用和调整，最终在某一水平上达到各市场的均衡。

当各市场的产品具有互补关系时（例如汽车与汽油），一产品价格的上升，会引起其他产品价格下降，并反过来又会促使这种产品价格的下降。例如，A、B 产品具有互补关系，当 A 产品价格上涨时，对 A 的需求量会下降，对 B 的需求也会下降，在 B 产品供给未变时，B 产品价格会下降。B 产品价格下降最终会使 B 产品供给量减少，B 产品市场供求的这种变化反过来又会影响 A 产品市场，使 A 产品市场的需求进一步下降，从而价格下降。在这个变动过程中，消费者的收入也起着制约价格无限制下跌的作用。如果消费者名义收入不变，价格下降则意味着实际收入的提高，这会使消费者增加对降价产品的购买量，从而抑制价格的下降，经过一系列调整，最终在互补品市场之间达到新的共同均衡。

（二）产品市场与要素市场的均衡

我们进一步研究产品市场和要素市场之间的关系，即当一种要素（产品）价格变动时，对有关的产品（要素）市场的影响。

假定所有市场在刚开始的时候均处于均衡状态。如果要素的价格发生了变化，则会影响其他市场，被影响后的其他市场均会反过来再影响要素市场……一直继续调整下去，直到最后所有的市场又都重新达到均衡状态——新的一般均衡状态。如第一个要素市场为石油，第二个要素市场为石油的替代要素煤，第一个产品市场是以石油为投入的汽油，第二个产品市场为与其有相互补充的小汽车之间的联系。

我们假定其他条件不变而劳动市场出现供给减少的情况，劳动市场上均衡工资率会提高，均衡劳动数量会下降。劳动市场的这种变化会影响其他市场的供求。

首先，劳动市场的变化影响着产品市场。从成本方面看，由于工资率上升，所有使用劳动这一要素进行生产的产品的成本就提高，这导致这些产品价格上升，而这些产品价格上升将引起其替代品价格上升，互补品价格下降。从收入角度看，工资上升意味着劳动者收入提高，假定产品价格不变，这会使劳动者对各种消费品的需求增加，进而使产品价格上升，产品价格上升又通过替代品关系和互补品关系影响着其他各种产品的价格与供求的变动。所以从收入角度来说，最终的产品需求如何变化，取决于上述需求增加和减少这两个对立的方面哪一个更强。

其次，从要素市场之间关系来看，劳动市场的变化必然影响到资本品市场。劳动市场价格的提高，使资本品价格相对降低，厂商将会以机械等资本品替代人力，从而增加对资本品的需求。随着资本替代劳动的增加，资本的价格也提高了，这又会引起与机械有关的替代品或互补品价格的变动。

总之，根据局部均衡分析，一种产品的需求主要取决于该产品价格与消费者收入。而从一般均衡的角度来说，一种产品的需求，不仅取决于该产品的价格，而且取决于其他所有相关产品的价格；不仅取决于一类要素所有者的收入，而且取决于各类要素所有者的收入。一种产品的供给，不仅取决于该产品的价格（即平均收益），而且取决于各种产品供给的价格的比较；不仅取决于生产该种产品的成本与收益的比较，而且取决于各种产品生产上的成本与收益的比较。要素的供求情况同样如此。一种要素的供求，不仅取决于该要素的价格，而且取决于其他要素的价格；不仅取决于该要素所生产的产品的价格，而且同各种产品的价格有关。

二、两部门的一般均衡

（一）交换的一般均衡

前面已经说明了整个经济社会如何通过价格机制达到一般均衡，这里要进一步分析这种一般均衡形成时经济效率是否已达到最大。英国经济学家艾奇沃斯提出艾奇沃斯盒形图（Edgeworth -box Diagram）来研究这个问题。假设社会上只有两个消费者和两种产品，两个生产者和两种生产要素，生产要素总量和价格既定，人们追求的是效用最大化和利润最大化。

下面先研究交换的一般均衡情况。艾奇沃斯交换盒形图如图 7.1 所示。

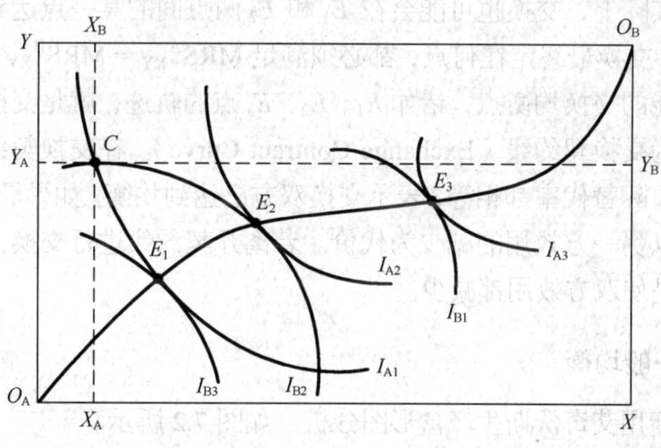

图 7.1 交换契约线

图 7.1 中，横轴代表 X 产品数量，纵轴代表 Y 产品数量，盒形图空间为产品总量。两个原点 O_A、O_B 分别代表两个消费者 A 和 B 对两种产品 X 和 Y 的消费起点。A 所消费的 X 的数量和 Y 的数量，分别以 O_A 点出发的水平向右和垂直向上的距离来表示；B 所消费的 X 和 Y 的数量，分别以 O_B 点出发的水平向左和垂直向下的距离来表示。我们再将消费者行为理论所提供的无差异曲线置于盒形图中，可分别作出 A、B 两个消费者的无差异曲线。无差异曲

线可以有无数条，不同的无差异曲线又分别代表 A、B 两个消费者在分配既定的 X、Y 两种产品时得到的效用水平。盒形图中任一点都具有双重意义：一方面它代表总产品（$X+Y$）在 A、B 两个消费者之间分配的数量关系；另一方面，它表示在这种分配下，消费者 A、B 分别获得的满足程度。

假设最初的分配结果是 C 点，即 A 消费者拥有的 X 为 X_A，拥有的 Y 为 Y_A。则 B 消费者拥有的 X 只能为 X_B（$X_B=X-X_A$），拥有的 Y 为 Y_B（$Y_B=Y-Y_A$）。这种分配带给 A、B 双方的满足程度分别由无差异曲线 I_{A1} 和 I_{B2} 表示。此时，是否达到了交换的一般均衡呢？并没有。在 C 点的产品分配组合情况下，A 消费者分得的 X 较少而 Y 较多，B 消费者分得的 X 较多而 Y 较少。根据边际效用递减法则，此时 A 对 X、Y 的效用的主观评价与 B 对 X、Y 的主观评价不同：A 对 X 的主观评价较高，对 Y 的主观评价较低；而 B 对 X 的主观评价较低，对 Y 的主观评价较高。前面讲过，无差异曲线的斜率称为边际替代率（MRS_{XY}），它表示 X、Y 两种商品可以替代的数量比率，实际上也反映了两种商品此时的边际效用之比。由图可见，C 点为 I_{A1} 和 I_{B2} 两条无差异曲线的交点，C 点对于无差异曲线 I_{A1} 来说，其切线斜率较大，说明对 A 消费者而言，X 对 Y 的替代率较大，Y 对 X 的替代率较小；C 点对于 I_{B2} 而言，其切线斜率较小，说明对 B 消费者来说，X 对 Y 的替代率较小，Y 对 X 的替代率较大。由于在 C 点的分配情况下，A、B 两消费者对 X、Y 两商品的主观评价不同，所以，C 点的产品分配不是效用最大化的分配，此时双方通过互相交换产品，可以使满足程度提高。

如何交换？A 当然希望最好沿着 I_{B2} 曲线以 Y 换 X，直到 E_2 点为止。这种交换，可使 B 消费者的效用不减少，而 A 的效用从 I_{A1} 增至 I_{B2}。当交换进行到 E_2 点时，I_{A2} 与 I_{B2} 两条无差异曲线相切，切点上两曲线斜率相等，即 $MRS^A{}_{XY}=MRS^B{}_{XY}$，交换达到均衡。B 则希望交换最好沿着 I_{A1} 曲线以 X 换 Y，直到 E_1 点。这时 A 的效用程度未变，而 B 的效用从 I_{B2} 提高到 I_{B3}，在 E_1 点同样可以达到交换的一般均衡，达到社会效用的最大。那么，究竟是沿着 I_{B2} 交换到 E_2 点，还是沿着 I_{A1}，交换到 E_1 点呢？这取决于交换中 A 和 B 的初始分配状况以及双方的讨价还价能力。实际上，交换也可能会在 E_1 和 E_2 两点间的某一点达到均衡，即交换使双方效用都增加。不管交换最终定在何点，都必须满足 $MRS^A{}_{XY}=MRS^B{}_{XY}$。这种在艾奇沃斯交换盒形图中各种可能的交换均衡点，诸如 E_1、E_2、E_3 点的轨迹，就是交换双方的无差异曲线相切点的轨迹，称为交换契约线（Exchange Contract Curve）。在交换契约线上的任意一点，交换双方的商品的边际替代率都相等，表示交换双方已达到均衡。如果沿着契约线进行交换，一方效用的增加必以另一方效用的减少为代价。若离开契约线进行交换，其结果不是使一方效用单独减少，就是使双方效用都减少。

（二）生产的一般均衡

生产的一般均衡用艾奇沃斯生产盒形图分析，如图 7.2 所示。

图 7.2 中，横轴代表劳动 L 要素数量，纵轴代表资本品 K 要素数量，整个图形空间代表既定的要素总量。两个相对的原点 O_X 和 O_Y 分别代表两种产品 X 和 Y 生产的出发点。生产 X 所用的 L 数量和 K 数量，分别以 O_X 点出发的水平向右和垂直向上的距离来表示；生产 Y 所用的 L 数量和 K 数量则分别以 O_Y 点出发的水平向左和垂直向下的距离来表示。根据前面章节学习过的等产量线，在盒形图中可分别对 X 和 Y 的生产作出无数条等产量线。这样，盒形图内的任意一点表示了社会既定的两种要素 L 和 K 在两种产品 X 和 Y 生产上的分配。盒形

图内任意一点同时也表示，在技术水平既定时，社会能够用 L 和 K 生产的 X 和 Y 的一种产量组合。

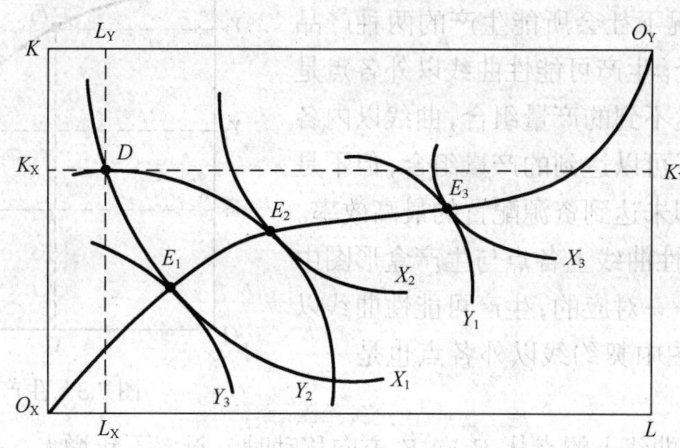

图 7.2　生产契约线

假设图 7.2 中的 D 点代表两种要素的最初配置，其中用于生产 X 的劳动量为 L_X，资本量为 K_X。由于生产要素的完全被使用是最大化研究的约束条件，因此用于生产 Y 的劳动量为 L_Y（$L_Y = L - L_X$），资本量为 K_Y（$K_Y = K - K_X$），此时，社会获得的产量组合为 X_1、Y_2。

过图 7.2 中的 D 点分别作 X_1 和 Y_2 这两条等产量线的切线。由于图中 D 点处于 X_1 和 Y_2 两条等产量线的交点而不是切点，所以此点所表示的 X_1 的斜率和 Y_2 的斜率是不同的。换句话说，在 D 点组合上，生产者对两种要素的评价不同。在 X 产品生产上，因为 K 使用过多，其边际产量较低，L 使用较少，其边际产量较高；在 Y 产品生产上，则情况相反。若以 L 替代 K 的边际技术替代率表示，此时是 $MRTS^X_{LK} > MRTS^Y_{LK}$；若以 K 对 L 的边际技术替代率表示，此时则是 $MRTS^X_{KL} < MRTS^Y_{KL}$。总之，两种要素在两种产品生产上的边际技术替代率不等，这表明资源的配置不合理。如果调整两种产品生产中 L 和 K 的配合比例，不增加要素也可以增加两种产品的数量，或者至少可以增加一种产品的产量而不会使另一种产品的产量减少，从而可达到最高的资源配置效率。

现在以图 7.2 来分析调整两要素在两种生产中的配置。若沿着 X_1 曲线向 E_1 点移动，最终均衡产量组合将会是 X_1 和 Y_3，即 X 产量不变而 Y 产量增加；如果沿着 Y_2 曲线向 E_2 点移动，最终均衡产量组合将会是 X_2 和 Y_2，即 Y 产量不变而 X 产量增加。总之，无论是从原 D 点向 E_1、E_2 点移动，或是向 E_1 和 E_2 点中间任一点移动，当这种移动分别使 X 和 Y 的两条等产量线相切，即两种要素的边际技术替代率在两种产品的生产上相等时，就达到了生产的均衡。我们将两条等产量线相切的点的轨迹称为生产契约线。

生产契约线上任意一点都表示生产处于均衡状态，此时，若沿着契约线重新分配生产要素，一种产品产量的增加必须以另一种产品产量的减少为代价；若从契约线上向契约线外变动要素分配，其结果不是一种产品单独减产，就是两种产品产量都减产。

生产盒形图作为要素空间，在生产契约线上首先表示的是两种要素在两种产品生产上的分配。其次，借助于要素的不同分配，契约线上每一点也间接地体现着处于生产均衡状态时可能生产的两种产品的产量组合。当我们把这些产品产量组合转到产品空间上，则可以得到直接表示两种产品产量关系的生产可能性曲线（Production-possibility Frontier），或称为产品转换曲线，如图 7.3 所示。

生产可能性曲线表示在要素量既定情况下，当一种产量确定时另一种产品的最大产量，或者说在其他条件不变的情况下社会所能生产的两种产品产量最大的各种组合。生产可能性曲线以外各点是既定要素条件下所达不到的产量组合，曲线以内各点是既定要素条件下可以达到的产量组合，但不是最大的产量组合，即未达到资源配置的最高效率。由图可见，生产可能性曲线上各点与生产盒形图中契约线上的各点是一一对应的，生产可能性曲线以内各点与生产盒形图中契约线以外各点也是一一对应的。

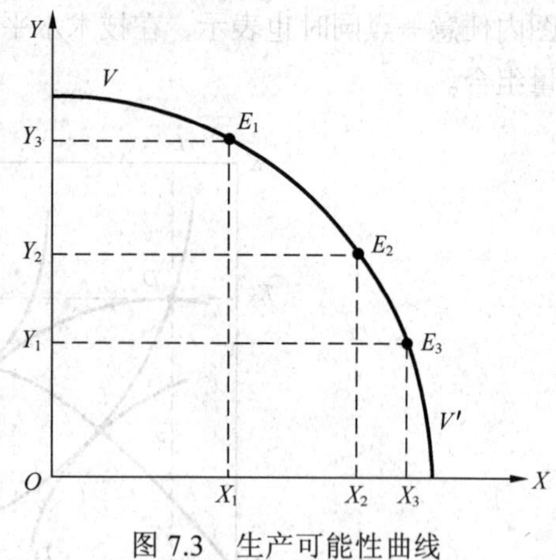

图 7.3　生产可能性曲线

在图 7.3 中，当曲线上的点从 E_1 向 E_3 方向移动时，斜率不断增大。这表明随着 X 产品的增加，要多生产 1 单位 X，必须放弃越来越多的 Y，即为了多生产 1 个单位的 X，经济上的成本递增（用放弃 Y 的数量来表示），因此转换曲线凹向原点，而不是一条直线，也不是凸向原点。

从生产契约线到生产可能性曲线的转换说明，生产的一般均衡的含义是，经济必须处于生产可能性曲线上，这就是生产的效率。

（三）生产与交换的一般均衡

上面分别讨论了不考虑生产时的交换的一般均衡和不考虑交换时的生产的一般均衡。下面我们再建立一个包括生产和交换在内的简单模型，来考察生产和交换相互作用时的一般均衡。根据生产的一般均衡理论，生产要素的分配应在生产契约线上，或者说由生产契约线而产生的转换线——生产可能性曲线上，即图 7.4 中的 *VV′*线上。

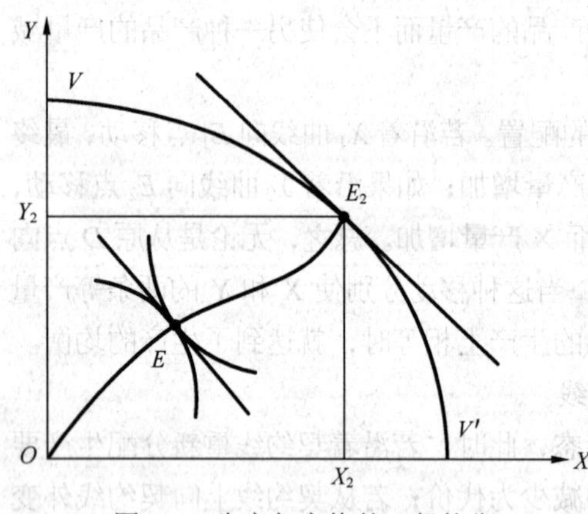

图 7.4　生产与交换的一般均衡

假如生产要素的分配确定在生产可能性曲线上的 E_2 点，此时相应的 X 产量为 X_2，Y 产量为 Y_2。对消费者而言，其交换消费品只能在这个既定的产量组合范围内进行，于是，对消费者而言，其交换消费品只能在这个既定的产量组合范围内进行，$OY_2E_2X_2$ 构成一个既定产量组合下的艾奇沃斯交换盒形图。

根据交换的一般均衡理论，要使产品 X_2、Y_2 在 A、B 两个消费者之间分配最优，使社会总满足程度最大，分配必须沿着交换契约线 OE_2 进行。但是交换契约线上有无数个点，能够满足生产和交换一般均衡的最优分配点如何确定呢？这就涉及到边际转换率。它表示在技术条件不变、资源充分利用条件下，每增加 1 单位 X 产品必须放弃若干单位 Y 产品，也就是单位 X 产品的机会成本。当交换契约线上某一点（比方说 *E* 点）的边际替代率等于这两种产品的边际转换率，即 $MRS_{XY} = MRT_{XY}$ 时，即达到了生产与交换的一般均衡。如果 $MRS_{XY} = MRT_{XY}$，生产者将沿着生产可能性曲线来调整生产要素在两种产品生产上的分配，即调整两种产品的产量；消费的盒形图随之改变，消费者也将调整产品的分配，直到 MRS_{XY} 与 MRT_{XY} 相等。

假设图 7.4 中 E_2 点的边际转换率 $MRT_{XY}=0.5$，而 E 点的边际替代率 $MRS_{XY}=1$，$MRT_{XY}<MRS_{XY}$。$MRT_{XY}=0.5$ 表示在资源既定条件下，在产品组合为 X_2 与 Y_2 时，增加 1 单位 X 产品生产，只需减少 0.5 单位 Y 产品生产。而 $MRS_{XY}=1$ 则表示，在消费总量为 X_2 与 Y_2 时，消费者多消费 1 单位 X，可以减少 1 单位 Y，而效用程度不变。此时就没有达到生产与交换的一般均衡，因为在这种情况下，生产者改变产品组合，多生产 X 产品少生产 Y 产品，可使消费者总效用程度提高。比方说多生产 2 单位 X，少生产 1 单位 Y，就可使消费者多消费 1 单位 X。

由此得出结论：若 X 对 Y 的边际转换率小于边际替代率，则减少 Y 产量，增加 X 产量，可以使消费者的总效用程度提高；若 X 对 Y 的边际转换率大于边际替代率，则减少 X 产量，增加 Y 产量，也可以提高社会的总效用程度；若 X 对 Y 的边际转换率等于边际替代率，即当 $MRT_{XY}=MRS_{XY}$ 时，生产和交换都已无调整的必要，生产与交换同时达到了均衡状态。

简单的交换与生产的一般均衡模型表明，在资源总量、技术水平既定的条件下，若掌握了所有消费者的效用函数以及所有的生产函数，社会就有可能通过对资源配置的不断调整，对产品分配方案不断改进，达到一个最佳的生产计划和最佳分配消费计划，使资源的配置效率达到最大，使消费者的满足程度达到最大。实际上，生产与交换的一般均衡的含义是，经济必须生产反映消费者偏好的产品组合。这就是产品组合的效率。

第二节　福利经济学

一、福利经济学概述

福利经济学（Welfare Economics）是侧重研究社会经济福利的经济学理论体系。它是由英国剑桥学派经济学家阿瑟·庇古（A. C. Pigou）于 20 世纪 20 年代创立的。福利经济学主要以边际效用基数论或边际效用序数论为基础，建立福利概念；以社会目标和福利理论为依据，制定经济政策方案。因此，福利经济学研究的主要内容包括：社会经济运行的目标，实现社会经济运行目标所需的生产、交换、分配的一般最适度的条件及其政策建议等。

福利经济学按其发展阶段可以分为旧福利经济学和新福利经济学。庇古是旧福利经济学的创始人。庇古根据边际效用基数论提出两个基本的福利命题：第一，国民收入总量越大，社会经济福利就越大；第二，国民收入分配越平等，社会经济福利就越大。他认为，经济福利在相当大的程度上取决于国民收入的数量和国民收入在社会成员之间的分配情况。因此，要增加经济福利，在生产方面必须增大国民收入总量，在分配方面必须消除国民收入分配的不平等。庇古从第二个基本福利命题出发，提出收入分配平等的问题。他认为，要增大社会经济福利，必须实现收入平等。他把边际效用递减规律推广到货币上来，断言高收入者的货币边际效用小于低收入者的货币边际效用。他所说的收入平等，就是国家通过累进所得税政策把向富人征得的税款用来举办社会福利设施，让低收入者享用。庇古认为，通过这一途径实现“把富人的一部分钱转移给穷人”的“收入平等”，就可以使社会经济福利达到最大化。

后来的经济学家对庇古旧福利经济学进行了批评。一是认为基数效用论不足取，即认为，效用作为一种个人主观心理感受是无法在人们之间进行数量相加和比较的。二是对于收入均等化问题，他们也认为，如果收入的不平等是由剥削造成的，那么进行收入转移可以增加社会福利；但是，如果收入不均等不是由剥削造成的，那么政府强制地进行收入转移，就是不公正的，从而会损害经济效率，使人们的生产积极性下降，并最终导致社会经济福利减少。

19 世纪末 20 世纪初，产生了以意大利经济学家帕累托为代表人物的新福利经济学。新福利经济学在序数效用论基础上，避开收入分配问题，以效率作为福利分析的唯一目标。帕累托所提出的帕累托最优状态成为新福利经济学判断社会福利最大与否的标准。新福利经济学提出了以下命题：第一，个人是他本人福利的最好判断者；第二，社会福利取决于组成社会的所有个人的福利；第三，如果至少有一个人的境况好起来，而没有一个人的境况坏下去，那么整个社会的境况就算好了起来。

二、效率与公平

公平与效率的关系是经济学中一个永恒的话题，是规范经济学与实证经济学中不同视角的两个方面。公平关系到社会稳定，效率则影响经济发展。

（一）效率与公平的矛盾

效率与公平这两个目标有时是相互促进的。例如，加强对低收入劳动者的教育和培训就能够一举两得：它既可以提高这些劳动者的生产效率，又可以改善整个社会的收入分配。然而，不容否认的是，在很多情况下这两个目标却是相互矛盾的：一方面，为了提高效率，有时必须忍受更大程度的不平等；另一方面，为了增进公平，有时又必须牺牲更多的效率。社会常常不得不面临一个困难的选择：“是要更高的效率呢，还是要更大程度的公平？”如何在效率与公平之间进行权衡，找到二者在不同条件下的最优组合，是经济学需要解决的一个重大现实问题。

效率与公平的矛盾可以从两个方面来说明。首先，效率的提高并不一定意味着公平的增进。伴随着效率的提高，收入分配的状况既可能得到改善，也可能保持不变，甚至还可能进一步恶化。其次，公平的增进也不一定有利于效率的提高。随着分配的改善，经济效率可能会提高，也可能会下降。

在某些情况下，收入的平等化可能会有助于效率的提高。例如，过低的工资不仅会影响工人的工作态度，而且也会影响他们的工作能力，因为在过低的工资水平下，他们无法享受到起码的教育和保健服务。在这种情况下，如果能够提高工人的工资水平，从而改善收入的分配状况，就能够提高他们的生产效率，从而提高整个社会的生产效率。

然而，在另外一些情况下，收入的平等化不仅不能够提高、而且还会降低经济的效率。平等化的效率损失包括两个方面。一个是直接的效率损失，它是为获得更大程度的平等而不得不支出的各种费用：为了增进社会的平等，改善收入的分配，就必须要建立一套制度来把富人的一部分收入“转移”到穷人手里，就必须要建立专门的机构，购买专门的设备，雇用专门的人员来做这件事。所有这一切，都要耗费掉大量的资源。这些为收入转移而消耗掉的资源就是平等化的直接的效率损失——因为它们本来可以用于增加社会的生产，提高经济的效率。另一个是间接的效率损失，它产生于平等化本身所带来的各种“反刺激”效应。税收和转移支付存在较强的反刺激效应。以对劳动、资本等生产要素征收的税收为例，税收它一方面提高雇主支付的成本，从而减少雇主对生产要素的需求，另一方面又减少生产要素所得到的收入，从而减少它们的供给，结果都会导致产出数量的下降。

（二）“效率优先”和“兼顾公平”

如何解决效率与公平之间的矛盾？对此，学者们较为普遍的一个思路是“效率优先，兼顾公平”。

1. 效率优先

所谓效率优先，就是在决定收入分配的问题上，首先考虑效率，把效率当做决定收入分配的第一位的因素。经济效率高，所得到的收入也高；反之，经济效率低，所得到的收入也低。让市场机制在收入分配领域里充分地发挥作用，让市场的供求关系去决定各种生产要素的价格，去决定收入的分配。也就是要承认个人的天赋能力的差别，承认后天努力的差别，承认努力结果（这些结果可能包含了纯粹运气的作用）的差别。总之，承认一切合法和合理的差别，并把这些差别与它们的结果即收入联系起来。

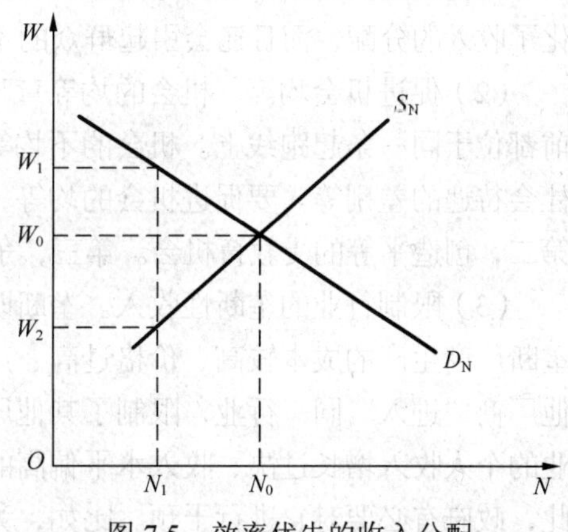

图 7.5　效率优先的收入分配

下面以劳动市场中的工资决定为例来加以说明。如图 7.5 所示，图中的横轴 N 表示劳动的数量，纵轴 W 表示实际的工资，向右下方倾斜的 D_N 是劳动需求曲线。本书第六章说明，劳动需求曲线之所以向右下方倾斜，是因为劳动的边际产品递减同时产品的边际收益也递减的缘故。由于这一点，企业只有在较低的工资水平上才愿意雇用较多的劳动量。向右上方倾斜的 S_N 是劳动供给曲线。劳动供给曲线之所以向右上方倾斜是因为劳动成本递增的缘故。由于这一点，工人只有在较高的工资水平上才愿意提供较多的劳动量。劳动需求曲线 D_N 与劳动供给曲线 S_N 的交点决定了市场均衡的就业和工资分别为 N_0 和 W_0。这里的 W_0 就是由市场机制决定的劳动价格，它决定了工人的收入水平。

按照西方经济理论，由市场决定的工资水平 W_0 是最有效率的。首先，可以从均衡工资 W_0 上看，在 W_0 上，劳动的需求量和供给量恰好相等，都等于 N_0，实际的就业量既不过剩，也不短缺；其次，还可以从均衡就业 N_0 上看，在就业量 N_0 上，劳动需求曲线的高度和劳动供给曲线的高度也是相等的，都等于 W_0。劳动需求曲线的高度代表劳动的“边际收益”，劳动供给曲线的高度代表劳动的“边际成本”。因此，在均衡的就业量 N_0 上，劳动的“边际收益”恰好等于劳动的“边际成本”，从而社会所得到的好处达到了最大。

如果政府认为上述的均衡工资 W_0 太低，而用法律规定一个最低的工资 W_1，则在 W_1 上，劳动供给曲线位于劳动需求曲线的右方，即劳动供给大于劳动需求。但是，实际的就业量是由较小的一方即劳动需求决定的，它等于 N_1。于是，这就出现了大量的公开和非自愿的失业。此外，在 N_1 上，我们看到，劳动需求曲线的高度要高于劳动供给曲线。这意味着，劳动的“边际收益”要大于劳动的“边际成本”。在这种情况下，如果能够降低工资，从而增加就业数量，就能够增加社会的福利。但是，由于工资是法律规定的，不得低于 W_1，这种本来可以得到的社会福利只好牺牲掉了。

另一方面，如果政府认为均衡工资 W_0 太高，它也可能会制定一个最高工资，例如为 W_2。由图 7.5 可以清楚地看到，与前面的最低工资一样，这种最高工资也会导致同样的效率低下的结果。唯一的区别是，在这种情况下，失业从前面的公开的和非自愿的变成了隐蔽的和“自愿”的。

2. 兼顾公平

坚持效率优先的条件下，必须兼顾公平。为了做到效率优先，兼顾公平，需要做好以下几方面的工作。

（1）减少和消除不合理的收入。首先是要减少和消除那些不合乎市场经济要求的不合理的、甚至是不合法的收入。譬如非法的致富，如贪污、走私、贩毒、贩卖人口等。它们是市场经济不健全的表现，是对市场经济正常运行的破坏。这些不合理和不合法的收入是导致收入分配差距过大的一个重要原因。特别值得一提的是，这些不合理不合法的收入不仅严重恶化了收入的分配，而且还会引起群众的不满，导致社会的不稳定，影响经济效率的提高。

（2）促进机会均等。机会的均等意味着公平的竞争，意味着所有参加竞争的人在赛跑之前都位于同一条起跑线上。机会的不均等可能来源于天生能力的差别、家庭背景的差别以及社会待遇的差别等。要促进机会的均等，必须做到以下几点：第一，创造平等的就业机会。第二，创造平等的受教育机会。第三，争取更大的共享信息的机会均等。

（3）限制行业的垄断性收入。垄断既缺乏效率，又缺乏公平。譬如与竞争性厂商相比，垄断厂商生产的成本较高、价格过高、产量较低；垄断厂商凭借其垄断的地位，通过限制其他厂商“进入”同一行业，限制了其他厂商的竞争，从而能够获得巨额的垄断利润。某些行业的个人收入增长过快、收入水平偏高的现象有相当一部分就是发生在这些垄断性行业。因此，政府有必要对它进行干预。比如，为了保证公平，政府可以为垄断企业制定一个“公平价格”。在该价格水平上，垄断企业的平均收益和平均成本恰好相等，这样，垄断利润将不再存在。与没有政府干预条件下的垄断价格相比，这个公平价格不仅可以改善收入的分配，而且也可以提高生产的效率。

三、洛伦兹曲线和基尼系数

一个经济社会如果收入分配过于不平等，国民收入的大部分落到少数人手里，而大多数人一贫如洗，这样的社会必然是一个不稳定的社会；反之，如果一个经济社会收入分配过于平均化，每个人无论工作的勤劳程度如何、工作业绩如何，都得到同样的收入，这个社会一定是一个缺乏效率的社会。正因为如此，建立一个能够测度一个国家收入分配不平等程度的标准或指标就是至关重要的。

（一）洛伦兹曲线

洛伦兹曲线（Lorenz Curve）是由美国统计学家 M.O.洛伦兹于 1905 年提出来的，旨在用以比较和分析一个国家在不同时代，或者与同一时代不同国家的收入和财富分配的平等情况。具体做法是，首先按照经济中人们的收入由低到高的顺序排队，然后统计经济中收入最低的 10%人群的总收入在整个经济的总收入中所占的比例，再统计经济中收入最低的 20%的人群的总收入在整个经济的总收入中所占比例……依此类推。注意：这里的人口百分比和收入百分比在统计时都是累积百分比。洛伦兹曲线如图 7.6 所示。

图 7.6 中，横轴 OP 代表人口累积百分比，纵轴 OI 代表收入（或财产）累积百分比。将得到的人口累积百分比和收入累积百分比的统计数据投影在图中，得到一系列的点，将这一系列的点用平滑的曲线连接得到一条曲线，就是图中的 OBY 曲线,这条曲线就叫做洛伦兹曲线。

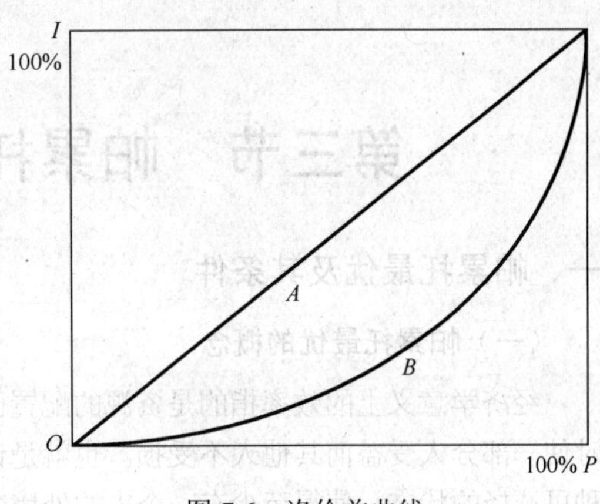

图 7.6　洛伦兹曲线

图 7.6 中，连接原点与对角的 45 直线 OY 是绝对平均曲线。在这条线上，任何一点的横坐标和纵坐标都相等。这意味着从社会上最穷的人开始计算，总人口中最穷的 5%人口拥有全社会总收入（或总财产）的 5%，总人口中最穷的 10%人口拥有全社会总收入（或总财产）的 10%等。总而言之，社会中最穷人口所拥有的收入（或财产）在全社会总收入（或总财产）中所占的比例，与这些人口在总人口中所占的比例是相同的。这意味着社会的收入（或财产）分配是绝对平均的。

图 7.6 中，曲线 OPY 称为绝对不平均曲线。在 OP 曲线上任何一点的纵坐标都等于 0，这意味着除了 PY 曲线代表的最后一个人以外，其他人的收入（或财产）都是 0，所有的收入（或财产）都归最富有的那一个人所拥有。实际的收入（或财产）分配曲线位于绝对平均与绝对不平均曲线之间，即位于 OPY 三点构成的三角形区域中。

（二）基尼系数

基尼系数（Gini Coefficient）是意大利经济学家基尼（Corrado Gini）于 1912 年提出的，用于定量测定收入分配差异程度的工具。在图 7.6 中，如果用 A 表示实际收入（或财产）分配曲线与绝对平均曲线之间的面积，B 表示实际收入（或财产）分配曲线与绝对不平均曲线之间的面积，则基尼系数的具体计算公式为

$$G=\frac{A}{A+B} \tag{7.1}$$

如果 $A=0$，则基尼系数也等于 0，收入（或财产）分配绝对平均；如果 $B=0$，则基尼系数等于 1，收入（或财产）分配绝对不平均。实际的基尼系数位于 0 与 1 之间。基尼系数越小，收入（或财产）分配越平均；基尼系数越大，收入（或财产）分配越不平均。联合国有关组织规定：若低于 0.2 表示收入高度平均；0.2～0.3 表示比较平均；0.3～0.4 表示相对合理；0.4～0.5 表示收入差距较大；0.6 以上表示收入差距悬殊。通常把 0.4 作为收入分配差距的“警戒线”。

案例 7-1

历年中国居民的基尼系数

年份	全国居民基尼系数	年份	全国居民基尼系数
1997	0.370 6	2002	0.432 6
1998	0.378 4	2003	0.438 6
1999	0.389 2	2004	0.438 7
2000	0.408 9	2006	0.4960
2001	0.403 1	2007	0.4980

第三节　帕累托最优与经济效率

一、帕累托最优及其条件

（一）帕累托最优的概念

经济学意义上的效率指的是资源的配置已经达到这样一种境地：无论作何改变都不能同时使一部分人受益而其他人不受损。也就是说，当经济运行已达到高效率时，不存在另外一种可选择的状态，使得至少有一个人的处境变得更好而没有任何人的处境变差，进一步改善处境必须以另一些人处境恶化为代价，这种状态称为帕累托最优（Optimality）资源配置状态。

如果既定的资源状态的改变使得至少有一个人的状态变好，而没有使任何人的状态变坏，则认为这种资源状态的变化是“好”的，否则认为是“坏”的。这种以帕累托标准来衡量“好”的状态的变化称为帕累托改进（Pareto Improvement）。

例如，一辆车可以乘坐 40 人，如果只有 39 人，那么还达不到帕累托最佳状态，因为再增加一个人上车（这个人的处境变好），别人也没有什么损失。但是，如果已经满员了，那么，再增加一个人上来，别人的处境就会变差，比如不安全。所以，满员时就是帕累托最优状态了。当尚未处于帕累托最优状态的时候，就存在“帕累托改进”的余地了。

满足帕累托最优状态就是一种经济效率，反之，不满足帕累托最优状态就是缺乏经济效率的。如果一种状态没有达到帕累托效率，就说明应该进行帕累托改进。

（二）帕累托最优的条件

我们研究了交换的一般均衡、生产的一般均衡和交换与生产的一般均衡，从福利经济学的角度来说，也是帕累托最优的必要条件。根据帕累托最优条件，一个社会要达到最高的经济效率，得到最大的社会经济福利，必须同时满足下述三个边际条件。

第一个条件为交换的边际条件，对所有消费者来说，任意两种商品之间的边际替代率必须相等。当这个条件满足时，商品在消费者之间的分配就达到了帕累托最优。也就是说，此时不可能再通过改变商品的分配，使一部分人的福利增加，同时又不使其他人的福利减少。

例如，假定仍是 A、B 两个消费者消费 X、Y 两种商品。如果商品 X、Y 的边际替代率对 A、B 两位消费者来说不相等，比如说对 A 消费者来说，商品 X 对 Y 的边际替代率为 1；对 B 消费者来说，商品 X 对 Y 的边际替代率为 2，即在 B 心目中，1 单位 X 值 2 单位 Y。双方开展交换，可使福利增加。如果 A 消费者用 1 单位 X 换取 B 消费者 1 单位 Y, A 消费者效用不变，因为他得到 1 单位 Y，其增加的满足等于他失去 1 单位 X 所失去的满足。而 B 消费者的效用可以提高，因为他得到 1 单位 X 所增加的满足要 2 倍于他因失去 1 单位 Y 所损失的满足。如果 A 消费者用 1 单位 X 向 B 换取 1.5 单位 Y，则 A、B 两者效用程度均可提高。因为对 A 来说，这等于使 X 从 1 单位增至 1.5 单位，而对 B 来说，等于使 Y 从 1.5 单位增加到 2 单位（因为用 1.5 单位 Y 换进的 1 单位 X 要值 2 单位 Y）。随着这种交换的进行，边际效用递减规律在起作用，A、B 两消费者拥有的 X、Y 商品数量发生着变化，两商品的边际替代率发生着变化。最后，当 A、B 两者对商品 X、Y 的边际替代率相等，即 $MRS^{A}_{XY}=MRS^{B}_{XY}$

时，达到交换的帕累托最优。

第二个条件是任意两种生产要素之间的边际技术替代率对于任意两个生产者来说都必须相等。当满足这个条件时，生产要素在生产者之间的分配就达到了帕累托最优状态。也就是说，此时不可能通过生产要素的重新分配，使某些生产者的产量增加，同时又不使其他生的产量减少。

假定两个生产者分别生产 X、Y 两种产品，生产要素为 L、K 且总量既定。如果生产要素 L 对 K 的边际技术替代率对两个生产者而言不相等，假定对生产 X 商品的生产者来说，生产要素 L 对 K 的边际技术替代率为 1，即 $MRTS^{X}_{LK} = 1$；对生产 Y 产品的生产者来说，生产要素 L 对 K 的边际技术替代率为 2，即 $MRTS^{Y}_{LK}=2$，那么，如果此时 X 生产者用 1 单位 L 向 Y 生产者换取 1 单位 K，X 生产者的产量不变，而 Y 产量可以增加。因为 Y 的生产者换得的 1 单位 L 可以当 2 单位 K 来发挥作用，产量当然会增加；如果 X 生产者用 1 单位 L 向 Y 生产者换取 2 单位 K，则 Y 产量不变，X 产量可以增加，因他换得的 2 单位 K 可以发挥 2 单位 L 的作用；如果 X 生产者用 1 单位 L 向 Y 生产者换取 1.5 单位 K，则 X、Y 产量都会增加。随着要素在两个生产者之间的不断调整，当两者的投入要素 L、K 的边际技术替代率相等，即 $MRTS^{X}_{LK} = MRTS^{Y}_{LK}$ 时，达到了生产的帕累托最优。

第三个条件是对各消费者而言，任意两种商品的边际替代率相等；对各生产者而言，生产任意两种产品的边际转换率都相等；且边际替代率等于边际转换率。此时我们已不可能通过生产要素和产品的重新分配，使一部分人的福利增加，而同时又不使其他人的福利减少。

我们知道，商品的边际替代率就是两种商品的边际效用之比，而商品的边际转换率实际上就是两种商品生产上的边际成本之比。单独来看，当任意两种商品的边际替代率对每个消费者都一样时，达到了交换的帕累托最优；当任意两种商品的边际转换率对每个生产者都一样时，达到了生产的帕累托最优。但在综合考虑交换和生产的情况下，如果此时商品的边际替代率不等于商品的边际转换率，比如说 X、Y 两商品的边际替代率为 1，而边际转换率为 2，那么，在既定资源总量下，社会减少 1 单位 X 产品生产，可以增加生产 2 单位 Y 产品，从而增加社会的福利总量。随着 Y 产品的不断增加，X 产品的不断减少，消费者对 X、Y 两商品的效用评价也在变化，即两种商品的边际替代率也在变化。当生产和消费的共同调整达到某一点，在这一点上，各消费者对 X、Y 两种商品的主观评价，即两种商品的边际效用之比（边际替代率）同各生产者在生产 X、Y 商品上所花费的两种商品的边际成本之比（边际转换率）相等时，就达到了生产与交换（消费）的均衡，达到了帕累托最优，即

$$MRS_{XY} = MRT_{XY} \quad (7.2)$$

案例 7-2

帕累托改进与制度变迁

帕累托（Pareto，1848～1923年）是19世纪末的一位意大利工程师兼经济学家。他所提出的帕累托最优，或帕累托改进，在以后的100年里给国家经济政策的制定者提供了非常丰富的指导思想，大大地造益于百姓。

1920年，英国经济学家庇古（Arthur Cecil Pigou，1877～1959年）写了一部名为《福利经济学》的著作，对触及人们利益格局的改革，提出了一条新的评判标准。他说，当人们因

某项改革所获的利益大于另一些人因此而失去的利益时，该项改革就是有效率的，因为它促进了社会总福利的增加。经济学把这种改革所取得的成果称作“帕累托次优”，以区别那种世外桃源式的“帕累托最优”。但不论怎么说，帕累托在这一领域内所做的贡献是开创性的，所以后来的经济学家一般都自觉或不自觉地把所有能够增进社会总福利的改革都称为“帕累托改进”。庇古的福利经济学虽然深化了“帕累托改进”的内涵，但却没能进一步说明现代社会通过什么途径和机制才能实现这种改进。这个问题直到19世纪60年代，由美国经济学家布坎南（Buchanan，James）创立了公共选择理论才得以真正解决。为此，布坎南在1986年获得了诺贝尔经济学奖。

（叶航，2009）

二、完全竞争与帕累托最优

了解了帕累托最优的三个条件之后，读者很自然地会提出，在什么条件下，可满足帕累托最优的三个条件？完全竞争的市场经济是实现帕累托最优的条件。

完全竞争的一般均衡状态下，市场中商品和要素的价格都是由市场决定，厂商和消费者都被动地接受市场价格，消费者根据自己的效用最大化原则决定要购买的商品组合，厂商根据自己的利润最大化原则决定自己的产量，最后实现供求相等。

（一）交换的帕累托最优

从消费者情况看，任意两种商品之间的边际替代率对于任意两个消费者来说都相等。在经济生活中，消费者以有限的收入追求尽可能大的满足，一定要使其消费任何两种商品的边际替代率等于其价格之比，即 $MRS_{XY}=(P_X/P_Y)$。因为只有在完全竞争条件下，所有的消费者才能享有同样的价格，不存在价格歧视，因此只有在完全竞争条件下，依据同样的价格水平，才可能在全体消费者之间实现任意一组产品的边际替代率相等，才可能实现帕累托最优。用公式表示，即

$$MRS^A{}_{XY}=(MU_X/MU_Y)_A=(P_X/P_Y)_A=(P_X/P_Y)_B=MRS^B{}_{XY}=(MU_X/MU_Y)_B \quad (7.3)$$

（二）生产的帕累托最优

从生产者情况看，任意两种生产要素之间的边际技术替代率，对于任意两个生产者来说都相等。在生产中，每个生产者都通过一定投入的生产来追求最大的利润，一定会使任何一组生产要素的边际技术替代率等于其价格之比，$MRTS_{LK}=(P_L/P_K)$。又因任意两要素之间的边际技术替代率的内在依据是边际产量之比，因此这一条件也可以表述为：任意两要素的边际产量之比等于其价格（或边际成本）之比，即

$$MRTS_{LK}=(P_L/P_K)=(MP_L/MP_K) \quad (7.4)$$

在完全竞争的市场条件下，全体生产者可以面对同样的要素价格，即要素的价格之比对每一个生产者都一样，这使追求利润最大化的各个厂商有了一个统一的参照标准。所以，当每个生产者达到利润最大化标准时，一定也同时使社会实现了帕累托生产最优，即

$$MRTS^X{}_{LK}=(P_L/P_K)_X=(MP_L/MP_K)_X=MRTS^Y{}_{LK}=(P_L/P_K)_Y=(MP_L/MP_K)_Y \quad (7.5)$$

（三）生产与交换的帕累托最优

再来看生产和交换的综合情况。任意两种商品之间的边际替代率，必须等于这两种商品

对任意生产者的边际产品转换率。由于边际转换率可以表示为两种产品边际成本的比率，即

$$MRT_{XY} = MC_X/MC_Y$$

边际替代率可以表示为两种商品的边际效用之比，即

$$MRS_{XY} = MU_X/MU_Y$$

消费者为达到效用最大化，一定要使 MR = MC。在完全竞争条件下，MR = MC = P，而且所有消费者和所有生产者均面对同样的产品价格，因此可以实现：

$$MRT_{XY} = MC_X / MC_Y = P_X / P_Y = MU_X / MU_Y = MRS_{XY} \quad (7.6)$$

从实现上述三个条件的要求来看，完全竞争的市场经济确实是实现帕累托最优唯一的也是最好的舞台。在这个舞台上，每种商品的价格等于其边际成本，每种要素的价格等于其边际产品价值，每个消费者根据其偏好自由选择商品，每个生产者根据利润最大化原则生产商品，每个要素所有者根据报酬最大原则提供要素。所有人都根据这些原则开展自由竞争，整个社会的福利就能达到最大，经济作为一个整体就有效率。在这个完全竞争的市场经济舞台上，私人利益和公共利益达到了惊人的和谐与统一。

三、非完全竞争的福利损失

垄断时的厂商产量水平未达到经济有效，这种低效率导致了社会福利损失。现在我们就采用消费者剩余和生产者剩余理论来说明非完全竞争市场的均衡价格和均衡数量为什么使全社会的经济福利受损的问题。

我们知道，完全竞争条件下厂商的产量达到了产品价格与边际成本相等的水平，从而达到了最有效率的状态。然而在垄断条件下，产品价格高于边际成本。这时，如果消费者再多购买一个单位的产品，那么对这一额外单位的产品，消费者愿意支付的价格高于生产这一单位产品的成本，可见如果增加一单位产品的供给，不但消费者的满足程度有所增加，而且厂商的利益也有所增加。这就是说，垄断产量水平没有达到最有效的状态，社会的生产与消费状态还有进一步改进的可能。因此，垄断是缺乏社会效率的。

垄断的低效率到底给社会福利造成多大的损失？我们从消费者剩余和生产者剩余两方面来讨论这个问题，参见图 7.7。

消费者剩余是消费者愿意支付的价格与产品实际价格之差，生产者剩余是产品的实际价格与生产者最低愿意索要的价格（即边际成本）之差。MC = MC（Q）是市场上的边际成本函数。用 P_L、Q_L 和 MC_L 分别表示厂商在完全竞争市场条件下的利润最大化价格、产量和边际成本，则 $P_L = \varphi(Q_L) = MC_L = MC(Q_L)$。然而在完全垄断市场条件下，该厂商的利润最大化价格、产量和边际成本分别成为 P_m、Q_m 和 MC_m，而且 $P_m = \varphi(Q_m) = MC(Q_m)$。从 $\varphi(Q_L) = MC(Q_L)$和 $\varphi(Q_m) > MC(Q_m)$可知 $Q_m<Q_L$，从而 $P_m>P_L$ 及 $MC_m<MC_L$。

完全竞争情况下，消费者以价格 P_L 购买 Q_L 个单位的产品。而在完全垄断条件下，由于产品价格的提高，愿意购买的消费者人数减少，甚至有一部分消费者根本就买不起厂商的产品了，于是购买量下降到 Q_m。

那些购买了产品的消费者，如果是按竞争价格购买当前手中这么多产品，则获得的消费者全体剩余为 Surc (P_L, Q_m)；但他们是按照垄断价格购买的，实际获得的消费者全体剩余为 Surc (P_L, Q_L)，结果损失的消费者剩余 A 为

$$A = \mathrm{Surc}(P_L, Q_m) - \mathrm{Surc}(P_m, Q_m) = (P_m - P_L)\,Q_m \quad (7.7)$$

那些本来在竞争价格下要购买，而在垄断价格下没有购买商品的消费者，实际上也损失了消费者剩余，用 B 表示这部分消费者的消费者剩余损失总额，则 B 应该等于从完全竞争情况下的消费者全体剩余中，减去垄断价格下购买了产品的消费者所获得的剩余，再减去他们的消费者剩余损失 A 之后所剩下的数量。这样，垄断给消费者造成的消费者全体剩余损失总额 L_C 为

$$L_C = A + B \tag{7.8}$$

再看生产者剩余损失。完全竞争情况下生产者剩余为 Surp (P_L, Q_L)，而在完全垄断情况下生产者剩余为 Surp (P_m, Q_m)，结果生产者剩余损失 L_S 为

$$L_S = \text{Surp}(P_L, Q_L) - \text{Surp}(P_m, Q_m) = C - A$$

社会福利损失 L_W 是消费者全体剩余损失和生产者全体剩余损失之和。因此，垄断造成的社会福利造成损失为

$$L_W = L_C + L_S = (A+B) + (C - A) = B + C \tag{7.9}$$

这个损失额 L_W 就是垄断的低效率造成的社会成本，简称为垄断的社会成本。图 7.7 显示了垄断的社会成本构成情况，垄断造成的净福利损失等于三角形 ABC。

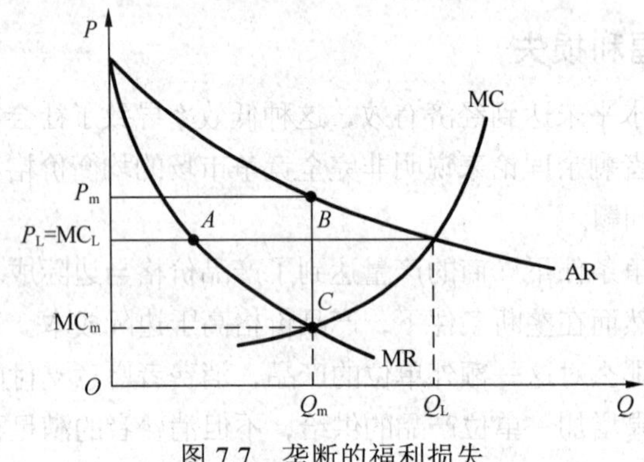

图 7.7　垄断的福利损失

案例 7-3

完全竞争的分析方法有用吗？

完全竞争是对市场的一种理想化设想，实际中并没有能够完全符合完全竞争条件的市场，充其量只有接近于完全竞争的市场。既然这样，说完全竞争的市场效率最高还有什么意义呢？其实，认识到完全竞争的效率最高，这是很重要的。从对任意价格下的社会福利计算可知，当实际交易价格越向完全竞争的均衡价格靠近时，社会福利也就从原来较低的水平向完全竞争的最高水平靠近。这就说明，市场的竞争性程度越高，市场效率就越高。因此，充分发挥市场机制对资源的配置作用，对于提高资源的有效利用程度，对于提高人民生活水平，对于提高经济效率，都是非常重要的。

那么，利用计划手段是否也能提高经济效率呢？初看起来，似乎通过中央计划直接把市场价格确定在均衡价格水平上，不就达到了社会福利最大化吗？不就经济效率最高吗？问题在于，通过计划手段决定的市场价格是均衡价格吗？如果不是，那么社会福利必受损失。而且均衡价格是很难人为确定的，难以预测，必须靠买卖双方之间频繁的交易活动才能确定下来。计划机构有权决定价格，但没有权力决定消费者的购买，也没有足够的能力去决定私人生产者的产量。所以，仅仅靠市场或仅仅靠计划都难以达到的效率目标。

本章小结

福利经济学是侧重研究社会经济福利的经济学理论体系。帕累托最优是指这样一种状态：不存在另外一种可选择的状态，使得至少有一个人的处境变得更好而没有任何人的处境变差。按照帕累托最优标准，完全竞争经济是有效率的，而不完全竞争经济通常是低效的。效率的提高并不一定意味着公平的增进。伴随着效率的提高，收入分配的状况既可能得到改善，也可能保持不变，甚至还可能进一步恶化。其次，公平的增进也不一定有利于效率的提高。随着分配的改善，经济效率可能会提高，也可能会下降。判断收入是否公平的指标很多，可以使用洛伦兹曲线或者基尼系数等工具来衡量。

复习思考题

一、名词解释

1. 一般均衡
2. 局部均衡
3. 帕累托最优
4. 艾奇沃斯盒形图
5. 基尼系数
6. 洛伦兹曲线

二、问答题

1. 什么是局部均衡和一般均衡，两者的区别和联系是什么？
2. 为什么完全竞争的市场机制符合帕累托最优状态？
3. 什么是契约曲线？
4. 下列说法正确吗？为什么？

"为了达到帕累托最优状态，任何使用两种投入要素的两个厂商，即使它们生产的产品很不相同，也必须在该要素间的边际技术替代率相等。"

5. 试评析公平与效率的关系。
6. 为什么说福利经济学属于规范经济学范畴？
7. 假定有两位消费者小凡和小军，有两种商品 X 和 Y，小凡的最初禀赋为 X_H^0，Y_H^0，小军的最初禀赋为 X_T^0，Y_T^0。

（1）用盒形图说明两人的最初禀赋情况，假定他们的最初禀赋处于契约曲线以外的 A 点。

（2）显示通过交换使双方状况改进的 B 点。

三、分析讨论题

判断下列说法的正误，并说明理由。

1. 契约曲线的得名是由于它是所有可能契约之轨迹。（　　）

2. 为了达到帕累托最优状态，必须使任何使用某两投入要素的两厂商的该两要素间的边际技术替代率相等，即使这两个厂商所生产的产品很不相同。(　　)

3. 如果两种商品之间的边际转换率不是对所有消费这两种商品的所有消费者来说都等于消费者在它们之间的边际替代率，那么两种商品中至少有一种不是有效地生产出来。(　　)

4. 在交换的契约曲线上，点的位置越高，表示效率越高。(　　)

5. 对于帕累托最优状态来说，完全竞争长期一般均衡既是必要的也是充分的。(　　)

6. 如果资源配置是帕累托最优状态，则存在一种资源重新配置的途径，使一些人的境况变好而不使其他人的境况变坏。(　　)

第八章　市场与政府

学习目标：通过本章的学习，了解市场有效运行的条件、市场失灵的原因及其表现形式。了解外部效应、信息不完全、公共产品对经济效率的影响，理解市场失灵的微观政策。

关键概念：市场失灵（Market Failure）　外部性（Externalities）　信息不对称（Information Dissymmetry）　逆向选择（Adverse Selection）　道德风险（Moral Hazard）　非竞争性（Norivalry）　非排他性（Nonexclusivity）　私人物品（Private Goods）　公共物品（Public Good）　搭便车（Free Ride）

第一节　市场经济与资源配置

一、市场有效性的条件

完全竞争市场的一个基本假定就是市场参与者具有完全的信息。市场能够实现社会资源的有效配置，是以人们能够完全掌握市场信息为前提的。当消费者了解各种商品的特性以及自己对各种商品的偏好时，他就可以在各种可能的价格下对商品的需求量作出合理的选择。同样，当生产者了解各种生产要素的效用和价格，以及各种生产技术的作用和成本时，他也可以在各种可能的价格下对商品的供给量作出合理的决策。

因此，在具备充分的市场信息的条件下，市场的需求和供给决定价格，而价格又调节着市场的需求量和供给量，市场能够形成合理的价格，从而实现社会资源的有效配置。另外，在市场的调节下，消费者可以实现效用的最大化，生产者可以实现产量的最大化，社会可以达到帕累托最优状态，市场是有效率的。

完全竞争市场均衡理论的另一个基本假定是，单个消费者或生产者的行为对社会上其他人的福利没有影响；单个经济主体的行为的私人成本和私人收益分别等于其社会成本和社会收益；生产者的成本及其销售收益都归卖者，而买者得到该产品的全部收益并支付相应的全部成本。私人收益与社会收益、私人成本与社会成本完全相等，经济主体行为不存在外部性。但是，在实际生活中，以上假定是不成立的，市场中存在未被市场交易包括的额外成本和收益，这就是所谓的外部性，又被称作“溢出效应”。所谓外部性（Externalities）是指一个经济主体的行为对另外一个经济主体的福利产生了影响，但这种影响并没有通过货币或市场交易反映出来。在存在外部效应时，企业的行为并不能导致有效率的资源配置。

二、市场失灵及其表现形式

（一）市场失灵的定义

美国经济学家萨缪尔森曾指出，“市场效率的两大限制：市场失灵和不能被接受的收入分配。”由于不完全信息的存在、外部性的存在以及公共产品的存在，帕累托最优状态通常不能实现，因此存在市场机制的局限性，即市场失灵的出现。

市场失灵（Market Failure）有狭义和广义之分。狭义的市场失灵是指完全竞争市场所假定的条件得不到满足而导致的市场配置资源的能力不足从而缺乏效率的表现。广义的市场失灵则还包括市场机制在配置资源过程中所出现的经济波动以及按市场分配原则而导致的收入分配不公平现象。

（二）市场失灵的表现形式

1. 垄断或不完全竞争会产生市场失灵

在存在自然垄断或市场垄断的条件下，垄断厂商可以对商品的价格实行控制，竞争受到限制，商品的价格不能真正反映市场供求的情况并随着供求的变化而变化，市场的调节将失灵。

2. 市场行为的外部性会产生市场失灵

当个人或企业的行为直接影响到其他个人或企业，但其他个人或企业并没有因此而支付成本或得到补偿，这种情形称之为外部性。在存在外部效应的情况下，通过市场对社会资源的配置不是有效的。当一家企业的生产产生负外部效应而又没有为此付出代价时，他人将为此付出代价，这种代价叫做社会成本。显然，在完全竞争的市场上，由商品的供给和需求所决定的商品价格只反映了企业的成本，而没有反映社会成本。由于这些商品价格没有反映社会成本，造成这些商品产量过高，社会资源的配置是不合理的，市场的调节发生失灵。

3. 市场信息的不完全性或不对称性导致市场失灵

在现实的经济里，市场信息是不充分、不对称的，市场的调节也是不充分的。当卖者比买者掌握更多的信息，或者买者比卖者掌握更多的信息，价格就不能真实地反映供给和需求情况。消费者和生产者的选择不一定是最优的，社会资源的配置不一定是有效的。

4. 市场机制不能保证公共物品的供给

公共物品的非竞争性和非排他性特征使得通过市场机制不能有效地提供公共物品，为避免“搭便车”的现象，必须通过公共选择来决定公共物品的供给。

5. 市场机制不能解决收入分配的平等性

市场的调节能够解决收入分配的效率问题，但不能解决收入分配的平等或均等问题。拥有财产的人即使不劳动也可以得到高收入，没有财产的人即使辛勤劳动也可能只得到低收入；掌握技能的人在生产要素市场上处于有利地位，没有技能或患病或残疾的人在生产要素市场上处于不利地位；有的人是亿万富翁，有的人则无家可归。美国经济学家萨缪尔森曾经说过：“看不见的手是有效率的，但是它对公正或平等却是盲目的。人们最终是富还是穷部分地依赖于他们从父母那里继承的财富的多少和智力的高低，依赖他们所能提供的劳务的市场价格，还依赖他们钻井或击球的运气。”

在本章我们讨论的是狭义的市场失灵，主要从外部性、不完全信息及公共物品这样几个原因来考虑。

第二节 市场失灵与政府的微观经济政策

案例 8-1

鲸肉市场

人们每天都要消耗掉大量猪肉、牛肉、羊肉，却未引起猪、牛、羊的灭绝。虽然人们很少吃鲸肉，但是在某些国家，如日本，鲸肉被视为美味佳肴。1986年，由于担心鲸类因遭滥捕而灭绝，国际社会通过了一项禁止一切商业捕鲸的国际公约。20世纪90年代，我国藏北高原上疯狂盗猎藏羚羊，致使藏羚羊濒临灭绝是另一个典型例子。

为什么市场能够确保足够的猪、牛、羊，却使某些种类的鲸濒临灭绝呢？

一、外部性与市场失灵

（一）外部性

外部性指对他人产生有利的或不利的影响，但不需要他人对此支付报酬或进行补偿的活动。当私人成本或收益不等于社会成本或收益时，就会产生外部性。值得注意的是，外部性是个人或厂商行为给他人带来的直接影响（收益或损害），而非间接影响（经由价格变化而引起的货币收益或损失）。如在卡特尔中，一厂商供给增加引起市场价格下降，从而给盟友造成损失（利润减少）的现象不属于外部性。外部性在本质上是未被市场交易所体现的额外成本和额外收益。

根据经济活动主体的不同，我们可以把外部性分为生产的外部性和消费的外部性，也可以把外部性分为积极的和消极的或正的和负的两类，具体取决于个人是否无偿地享有额外的收益，或是承受了他人行为导致的额外成本。

如果一个个体（生产者或消费者）的一项社会经济活动会给社会上其他成员带来好处，这就是该个体行为的外部性。如果该个体不能由此得到补偿，也就是说，这个人从其活动中得到的私人收益小于社会收益，这种性质的外部性被称为“外部经济”（External Economies）或正的外部性。例如，企业开展研究与开发活动，除了自己获得正常的利润回报以外，对社会的进步也有一定的贡献；企业对所雇用的工人进行培训，而如果这些工人转移到其他单位去工作，该企业不能从其他单位得到补偿或向其索要培训费用。养蜂场的蜜蜂帮助果园的果树传播花粉从而提高了果农的产量；个人搞好自己的环境卫生，或者花费一定的时间和精力提高自己的受教育水平，都会得到适当的回报，而整个社会也会从个人的以上活动中受益。

除了上述的外部经济之外，还存在外部不经济（External Diseconomies），即负的外部性，私人成本（Private Cost）小于社会成本（Social Cost）。例如，企业因排放有害气体、污染周围水质而使附近其他的社会成员遭受了损失；在交通高峰时间驾车外出，会使道路变得更加拥挤；吸烟者的行为也危害了被动吸烟者的身体健康等，这就是生产者和消费者的行为所带来的外部不经济。

（二）外部性、产权与科斯定理

英国经济学家罗纳德.H.科斯（Ronald H. Coase）于 1960 年发表《社会成本问题》，他认为，要解决外部性问题的关键在于把环境的使用权作为一种财产权，并且把这种财产权明晰化。只要交易成本为零，产权明确，则私人市场就能解决外部性问题，并且有效地配置资源。至于法定产权的最初分配情况并不妨碍资源达到最有效的配置。

我们以工厂与其附近的居民为例，假定工厂有任意产生噪声的权利，则附近居民必须承担损失（噪声及其污染）。但是，在这种情况下，如果居民向工厂支付一定的费用使对方减小噪声，即向工厂购买安静的生活环境，可能会对双方有利。显然，居民支付给工厂的最高偿付金就是安静环境能够给居民带来的边际效用增量；另一方面，工厂愿意接受居民的要求即减小噪声的条件是居民的支付额必须不小于减小噪声污染给工厂带来的损失。

一般说来，根据生产函数边际递减的性质，污染量越大，减少一分贝噪声时附近居民获得的边际收益越高；而工厂的产量越大，减少一分贝噪声给工厂带来的边际损失越小。随着工厂产量和噪声污染的逐步减少,附近居民的边际效用增量递减而工厂的边际利润损失递增，最终总会存在一点，使得一方所愿意支付的最高赔偿金等于另一方所需要的最低赔偿金。这时，在污染市场上，就达到了均衡。而这一条件与帕累托最优配置的条件一致，在上述交易过程中，没有任何一方受到了损失，相反双方都得到了好处，增加了收入或效用。

以上分析证明了以下两点：第一，只要产权明确，私人交易能够克服外部效应，实现资源的帕累托配置。由法律所规定的初始权利分配不当，会在市场上通过自由交换得到校正。第二，在外部性问题上，如何分配产权只决定收入分配，而不影响资源的配置结果，这就是产权分配的配置中性。以交易成本为零得出的解决外部性问题的方案也被称作科斯第一定理。

但是，科斯定理所阐明的私人交易可以使外部效应内部化的道理，有一个很强的假设，即以不存在交易成本为前提。所谓交易成本，狭义上是指完成一项交易所需花费的时间和精力。广义上的交易成本指的是协商谈判和履行协议所需的各种资源的费用，包括制定谈判策略所需信息的成本、谈判所花的时间以及防止谈判各方欺骗行为的成本。

在实际生活中，运用科斯第一定理解决外部性问题存在诸多问题，并不一定真正有效：第一，资产的财产权是否总是能够明确地加以界定？界定的成本是否一定小于相应的收益？譬如，空气等资源被大家共同使用，很难将其财产权具体分配给谁。第二，已经明确界定的产权是否总是能够转让成功？其实，信息的不完全、谈判人数太多、交易成本的存在等都有可能使交易无法完成。在以上的噪声污染案例中，假定初始的产权被分配给工厂，那么附近居民可以通过支付一定的费用向工厂购买安静的生活环境。但实际操作过程中，在具体的谈判人选、费用的分摊等问题上，居民的意见可能不一致，即由于存在集体行动的难题而使得该交易可能不会实现，外部性问题也就不能以适当的方式解决。第三，明确的财产权的转让是否总能够实现资源的最优配置？产权的分配会影响收入分配，而收入的分配与公平、效率问题有关，因而产权的初始界定是否合法、恰当，界定是否完全或清晰，最终会有不同的效率结果。而这正是科斯第二定理所要表达的基本思想：不同的产权制度和法律会导致不同的资源配置效率，而产权制度是决定经济效益的内生变量。

（三）外部性内部化的方法

由于外部性的存在，使私人成本和私人收益与社会成本和社会收益相背离，生产者和消费者在决策时虽然都达到了私人的最高效率，但不能达到社会的最高效率。解决外部性问题的基本思路是让外部性内部化，即通过制度安排将经济主体经济活动所形成的外部收益或外部成本，转化为私人收益或私人成本。主要通过税收、补贴、界定产权等间接干预的方法及对外部性直接管制的方法来实现。

1. 征税和补贴

英国经济学家庇古提出：如果要达到社会总福利的极大化，任何经济活动的社会边际收益与社会边际成本必须相等。因此，存在外部性成本的情况下，政府应该对带来外部成本的经济主体征税，单位税额等于边际外部成本，通过税收的调节，使私人的边际成本与社会的边际成本相等，此时私人的最优产量即是社会的最优产量。具体来说，对造成负外部性的个体征税（庇古税），其数额等于或接近该个体给社会其他成员造成的损失，而对生产止外部性的个体给予适当的补贴，使其私人收益等于或接近于社会收益。

2. 可出售的排污许可证

可以出售的许可证制度的核心是政府（或其他机构）创建"污染权"，市场买卖赋予污染者污染环境的权利，其基本步骤如下。

（1）政府根据自然环境的吸污能力或社会所能承受污染的程度，设定排污量，并将其分割为若干污染权单位。

（2）以不同方式（出售或授予许可证）赋予污染者污染环境的权利。

（3）创建污染权市场，允许污染者按利润最大化原则自主抉择、自由买卖污染权。

（4）检查、监督污染者在许可证范围内排污，对超越许可证范围的排污行为给予制裁。

在这种制度下，环保局决定每单位时间（如每年）多大的总排放量是可以容许的，然后发行一批许可证，授权与之相等的总污染量。许可证卖给那些出价最高的竞争者，其价格由供求决定。如果可供出售的许可证数量不多，而又有大量企业需要购买许可证来完成生产活动，则许可证的价格就会上升；反之，许可证的价格会下降。

排污许可证的作用机制与征收排污税基本相同——使企业继续像以前一样实施污染的成本上升。但发放排污许可证有一些优于征收排污税的特点。例如，它降低了将要排放的污染的不确定性。如果征税，环保局无法事先知道这一数量，因为它取决于污染者对给定税率的反应程度。而在实行排污许可证的情况下，环保局可事先确定一个排放的最高标准，然后按这一限额发行许可证，授权排放。

3. 一体化或企业合并方式

外部性经济活动中影响与被影响双方联合组成新企业，这一方式取消了外部性经济活动中影响与被影响双方的市场交易，省去了市场交易费用，使一些因市场交易费用过高，依靠市场机制不能解决的外部性问题可能得到解决。

但一体化方式解决外部性问题也有一定的局限性，只有一体化的组织成本低于其所替代的市场交易成本，低于一体化后收益的增长，人们才会选择这种方式。一体化的组织成本可能很高，以至于一体化的任何企图都是不可能的。另外，双方可能会在谈判分配合作剩余等方面不能达成一致意见而使得合并不能够实现。

4. 确定产权和交易产权

通常情况下，外部性导致资源配置的低效率，是由于财产权不明确。产权就是对某种资源的排他性使用权，在产权明确并且其实施得到充分保障的情况下，外部性产生的机会就会减少，或者生产正的或负的外部性的主体会得到相应的补偿或处罚。

例如，工厂产生大量的噪声影响了附近居民的生活质量。在产权明确的情况下，无论是工厂享有产生噪声的权利还是居民享有宁静的生活环境的权利，外部性问题会得到妥善解决。如果工厂有权利产生噪声，则附近居民可以通过搬家或同工厂协商并支付一定的费用向工厂购买舒适生活环境。同样，如果权利被确定给附近居民一方，则工厂会减小噪声，或者工厂搬迁，或者向居民支付一定的费用作为对居民的补偿。总之，在财产权明确的情况下，外部性得到解决，私人成本或收益与社会成本或社会收益之间不再存在差别。

案例 8-2

垃圾处理费

排放垃圾带来多种成本：如破坏环境卫生，致使人们的生活质量下降（因为环境卫生是人们生活质量的重要指标）；破坏环境卫生，致使旅游收入减少；为各种病菌及老鼠、苍蝇、蚊子的繁殖提供环境，加剧各种疾病的产生与传播，而疾病不但给人们带来痛苦，也增加医疗支出；引起空气和水污染；加速资源耗竭，一方面，排放更多垃圾意味着消耗了更多资源，另一方面，处理垃圾也需要消耗大量资源等。

而垃圾制造者仅承担这些成本的很小一部分，所以垃圾生产过量。征收垃圾处理费（相当于对排放垃圾征税），提高垃圾生产者排放垃圾的私人成本，使其尽可能接近社会成本，可以减少垃圾生产与排放。

目前，收缴率低是我国许多城市在征收垃圾处理费时面临的一个普遍问题，问题的关键不是缴费单位或个人的支付能力，主要是费用征收的公平和效率。许多城市在征收垃圾处理费时，没有考虑个人排放垃圾的实际数量，按人（或按户）征收，把垃圾处理费变成了人头（或户头）费，这既不公平，又严重削弱了征收垃圾处理费减少垃圾生产的作用。实际上，一些居民拒缴垃圾处理费的主要原因是认为收费不公平。

如何设计一种有效的垃圾收费制度？

二、不完全信息与市场失灵

信息是一种十分有价值的资源，经济社会中每一个能获得更多信息的参与者可在市场竞争中获得有利的地位。信息经济学就是研究与不对称信息有关的经济行为及其相应的机制设计问题的理论，它建立在一系列严格的假定基础之上，从非对称信息的角度来研究市场交易、合约安排和资源的配置。信息经济学已成为当前微观经济学研究的重要领域之一。

信息经济学的发展，使人们对问题的分析深入到最基本的层次。经济学中的一切问题都可以从信息不对称和信息不完全中找到本源。

（一）信息不对称与逆向选择

商品能够给消费者带来一定程度的满足，但是，不同质量的商品给消费者带来的满足程度或效用是不同的。因此，消费者一般关心商品的质量，消费者愿意为质量好的商品付出相对比较高的价格。但是，一般情况下，买卖双方对商品信息的掌握是不同的，卖者一般知道更多的质量信息，而买者所获得的信息相对于卖者来说要少一些，这就是双方的信息不对称。以旧车市场为例，我们假定市场上的旧车分为两类：好车与坏车（有毛病但不太明显）。由于卖主已经使用过一段时间，所以对汽车的质量有比较充分的信息，但买方对旧车质量的信息一般比较少。

首先，市场上好车与坏车并存，好车的所有者可能由于偏好的改变、搬家以及工作的变动等原因有时也想卖掉自己的好车，我们假定无论新车还是旧车，由于买者不知道自己想买的车的质量的好坏，因此好车和坏车可以按照相同的价格出售。

其次，由于好车与坏车的价格一致，市场上就会出现这样的情况：一方面好车的原有所有者由于不能得到合适的价格而不愿意卖掉自己的好车；另一方面，人们在购买了好车之后会留下来继续使用，而在买了坏车之后会马上卖掉。所以就会出现劣质车充斥市场，劣质车的比例大幅增加的现象，人们购买到好车的可能性更低。这一事实会使得市场的价格进一步降低，由此带来好车的所有者愿意卖车的意愿进一步降低，最终市场上全是有问题的坏车。就像劣币驱逐良币一样，在价格比较低的情况下，人们把车子拿到市场上去卖就证明它是一辆坏车。在这种情况下，市场本身的自我调节机制发挥作用，买者预期自己将要买的车具有"坏"质量，于是只会支付坏车的价格。这就是所谓的次品市场与逆向选择（Adverse Selection）。

逆向选择会产生市场配置的低效率，因为导致好车的所有者由于价格低而不愿意或根本没有卖出自己的好车，而那些愿意支付相对高价格购买好车的买者也没有买到自己合意的车子。这就是由于信息的不对称所导致的无效率。

劳动力市场也是一个典型的不对称信息市场。设想企业准备雇用新的员工，雇员比企业掌握有更多的劳动力质量的信息（比如工作能力、态度和责任心等）。一般说来，企业通常只有在雇用员工一段时间以后才能真正了解劳动力的质量，在此之前企业对新员工的生产力知道甚少。通常企业不会只是简单地雇用新员工并将随后发现的不称职的员工解雇，因为这样做的成本比较高，企业或多或少需要对新员工进行培训，并且可能需要的时间比较长。所以，如果企业在雇用员工之前就已经了解雇员工作能力的信息，企业的状况就会得到改善。

（二）信息不对称与道德风险

如果说逆向选择是在成交前市场信息的不对称所产生的问题，那么道德风险就是在成交以后由于市场信息的不对称导致不能有效地进行监督所产生的问题。

道德风险（Moral Hazard）最初出现在保险市场，它是指投保人购买了保单以后，由于保险公司存在信息的不对称不能有效地对投保人进行监督而导致投保人的行为发生了变化。例如，当某个投保人购买了全额医疗保险以后，他可能不管是否有必要都会去看医生。由于保险公司不能及时地掌握投保人的信息并对他进行有效的监督，它将发现赔偿的医疗费比原来测算的医疗费要高。又如，许多发达国家都实行了银行存款保险制度。银行接受存款以后，必须向银行存款保险机构支付一定的费用。如果银行发生破产，将由银行存款保险机构赔偿存户的存款。在这种情况下，银行的经理们往往敢于从事高风险的投资，结果增加了银行破产的可能性。道德风险的存在不仅造成了保险公司的损失，而且导致社会资源配置缺乏效率。

与道德风险直接相关的是委托—代理关系。只要一个人的福利与另外一个人的努力程度或行为有关就会存在委托—代理问题。委托—代理问题产生的直接原因是信息不对称以及“信用危机”。委托—代理问题在现实生活中很普遍。如，在股东会聘请了总经理以后，由于市场信息的不对称，股东对企业信息的了解少于总经理，总经理有可能不是追求股东的最大利益而是追求市场份额或自己的地位。再如，房东一般希望房客能够细心维护房屋，但日常维护房屋的成本与收益在房东与房客之间的分配是不对称的。

（三）市场信息不对称的解决方法

当代西方经济学认为，对于逆向选择，人们可以利用市场信号来减小市场信息不对称的不利影响。所谓市场信号是卖方向买方传递的关于交易对象的质量的信息，它具有下面多种表现方式。

1. 承诺

承诺是一种市场信号。卖方承诺在旧货售出以后，如果在一定的时期内不是由于使用不当的原因发生损坏，将提供免费维修的服务。这种承诺可以减小市场信息不对称对买者的不利影响。通常比较流行的方式有：产品包换、包退、卖主或生产厂家提供保修期等的服务。例如，家电、汽车行业许多公司提供不同的保修服务承诺，如果厂家承诺的提供保修期比较长，一方面反映了厂家对其产品质量的信心，同时减少了消费者如有质量问题可以产生的维修成本；另一方面是企业向消费者传递自己产品质量的信息，从而在一定程度上解决双方的信息不对称问题。

又如，在劳动力市场上，文凭、工作经历、获奖情况都是有利于劳动者自身的信号。当然，与一般学校的毕业生相比，名校的毕业生还是值得信任的，因为他能够从名校毕业本身就是一种能力的证明。而失业经历则是不利的信号，所以失业的时间越长，失业者就越不容易找到工作。在经理市场上，一个职业经理的履历就是一种信号，他过去为哪家公司工作，经营业绩如何都直接影响到他被重新聘用时的收入。雇主可以通过雇员的学历和工作经历来了解雇员的基本工作能力，从而可以减小市场信息不对称对雇主的不利影响。

2. 声誉（或品牌）

在价格相同的情况下，同类商品中劣质商品可能驱逐高质量的商品，但高质量商品的厂家有内在的动力和激励让买主相信自己产品的高质量，此时厂家良好的声誉对于买主十分重要。

3. 标准化的产品或服务

对于那些一次性或临时性的买主，厂家可以通过产品或服务的标准化向买主表明自己产品的质量。例如，对于许多人来说，位于自己住所附近的快餐店（肯德基或麦当劳）可能没有太大的吸引力，但旅行时情况会不一样，由于其标准化的服务至少可以减轻人们对其产品与服务质量的担忧。同样，酒店业的星级标准也同样起着向消费者传递有关酒店服务质量信息的作用。

4. 约束和激励

对于道德风险，人们可以用约束和激励两个方面来减小市场信息不对称的不利影响。所谓约束是指如果发生了道德风险，将付出某种代价。所谓激励是指如果没有发生道德风险，将带来某些利益。

约束和激励的具体方法如下。

（1）合同约束。人们可以通过合同中某些具体的条款来防止道德风险的发生。例如，保险公司在提供全额医疗保险时，用签订合同的方式规定在什么数额内给予全额赔偿，在什么数额内给予部分赔偿。

（2）信誉激励。信誉是信任的基础，人们可以用信誉激励的方法来避免道德风险的发生。例如，保险公司在提供保险时明确规定，如果投保人具有良好的信誉，在上一个时期发生的赔偿额少于一定的数额时，在下一个时期将对支付的保险费用提供一个折扣的优惠。这样，投保人将会比较自觉地避免道德风险的发生。

（3）效率工资。在雇主和雇员之间由于信息不对称而有可能产生道德风险的情况下，雇主可以考虑向雇员提供比同行业均衡工资略高的工资，以激励雇员努力工作。

（4）奖励激励。在股东和总经理之间由于信息不对称而有可能产生道德风险的情况下，股东可以考虑将总经理的报酬分为两个部分：一部分是基本薪金，另一部分是年终奖励。其中年终奖励部分将在一年结束的时候，根据股东的利益设立指标对总经理进行考核，以决定奖励的数额。

案例 8-3

工资制度的设计

假定马丁是个工程师，如果他努力工作，在幸运的情况下，每个月他可以为雇主创造50 000元的利润，但如果他不幸运，则只能创造30 000元的利润；如果他不努力工作，在幸运的情况下，利润是30 000元，不幸运的情况下，利润是20 000元。如果马丁为雇主创造了30 000元的利润，那么雇主就不知道马丁工作是否努力。雇主希望通过工资制度促使马丁工作要努力。比较以下两种工资支付方式。

第一种，马丁得到固定工资4 000元，而无论他为雇主创造了多少利润。在这种情况下，马丁不会努力工作。假如他运气好与坏的概率是对半的，则雇主可以预期马丁每个月可以创造$0.5 \times 30\,000 + 0.5 \times 20\,000 = 25\,000$元的利润，扣除工资，雇主得到21 000元的利润。

第二种，如果马丁创造出了高利润即50 000元，他可以得到奖励，具体地说，如果他每个月创造出20 000或30 000元的利润，他将得到2 000元的收入，如果每个月创造出50 000元的利润，他将得到10 000元的收入。还是假定马丁运气好的可能性对半，则当他努力工作时，他的收入期望为$0.5 \times 2\,000 + 0.5 \times 10\,000 = 6\,000$元。如果他不努力工作，他只能得到2 000元。因此，马丁将会努力工作，每个月得到6 000元的期望工资。这时，雇主预期利润：$0.5 \times 50\,000 + 0.5 \times 30\,000 = 40\,000$元，扣除马丁的工资，雇主将得到34 000元的利润。

请问雇主喜欢用哪一种工资制度？

三、公共物品与市场失灵

典型的私人物品（Private Goods）具有排他性和竞争性。排他性指可以阻止一个人使用一种物品的特性。竞争性指一个人使用一种物品减少其他人使用该物品的特性。私人物品的数量随着消费数量的增加而不断减少。在经济生活中还存在许多不满足竞争性和排他性的商品，即公共物品（Public Goods）。公共物品指由每一个人消费并不能排除其他任何一个人消费的物品或劳务。如国家安全、公共教育、疾病控制等。

公共物品具有两个特点：

第一，非排他性（Nonexclusivity）。对于公共物品来说，不论一个人是否支付这种物品的价格，他都可以使用这种物品。也就是说，这种物品提供给全社会的任何一个人，谁都可以从中得益。例如，国家安全就是一种公共物品。不管人们是否为此缴纳了赋税，他们都可以受到保护。

第二，非竞争性（Nonrivalry）。当公共物品向更多的人提供服务的时候，社会的边际成本等于零。这就是说，尽管更多的人得到了公共物品的服务，但社会并没有因此而付出了额外的成本。这种性质叫做非竞争性。例如，在不拥挤的条件下，多一个人或少一个人过一座桥，并不会带来社会边际成本的增加或减少。

满足非排他性和非竞争性的物品就是纯公共物品。纯公共产品必须以“不拥挤”为前提，一旦拥挤，增加一个消费者就会影响其他人的消费，从而影响公共物品的性质。同时，非排他性具有这样的含义：即使某种公共产品对某个社会成员是不必要的，但他别无选择，只能消费这类服务。例如，一旦政府决定增加军费支出，以建造导弹系统，你就是持反对意见，也只能接受这种消费。

但在现实生活中，“拥挤程度”是由量变积累成质变的，因此，非竞争性程度也会发生相应的变化。这样，我们面临的大多是非纯粹的公共物品。例如，一个大型图书馆，读者较少时可对任何人开放，此时它是公共物品；随着读者数量的增加，就会出现拥挤问题，于是要设置种种限制，如让教授优先、进门要查证等。

因此，现实生活中存在四种物品：具有竞争性和排他性的私人物品，具有排他性和非竞争性的自然垄断物品，具有竞争性和非排他性的共有资源物品，同时具有非竞争性和非排他性的纯公共物品，见表 8.1。

表 8.1　四种物品的典型特征

		竞争性	
		是	否
排他性	是	私人物品 • 冰激凌蛋卷 • 衣服 • 拥挤的收费道路	自然垄断 • 消防 • 有线电视 • 不拥挤的收费道路
	否	共有资源 • 海洋中的鱼 • 环境 • 拥挤的不收费道路	公共物品 • 国防 • 知识 • 不拥挤的不收费道路

需要指出的是，并非所有的公共物品都应由公共部门提供。比如，公共卫生可以由私人企业或家庭实行“门前三包”的方式完成，这是因为职责与效益便于与具体的当事人挂钩。但在大多数情况下，政府承担了公共物品提供者的角色。

（一）搭便车问题与政府供给的必要性

公共物品的潜在提供者会发现，一旦自己提供了某特定的公共物品，就不会有其他人愿意成为该公共物品的买者，并为其付费，因为每个人并不需要支付费用就可以从中受益。因而在一般情况下，我们无法知道公共物品的需求或消费者对公共物品的需求曲线，更为重要的是，即使消费者了解自己对公共物品的偏好程度或需求，他们也不会如实地显示出来。因为公共物品的消费是非竞争性的，每个人都有动机低报或隐瞒自己对公共物品的偏好，从而达到不支付或少支付价格而消费“同样数量”公共物品的目的。

假设要在一个居民居住区安装路灯，安装后每月的支出需要 2 000 元，该居住区共有居民 5 000 户，每户居民每月愿意为路灯支付 1 元。由于 5 000 元的利益大于 2 000 元的成本，在该小区安装路灯是有效率的。但市场能提供这种有效率的结果吗？我们设想一下让一家私人企业来提供该小区的路灯，但它在收费的时候肯定会遇到麻烦，由于路灯不具有排他性，很多小区的居民都会想到，即使不付费也能享受到路灯带来的利益，因此他们会尽量避免这种支付。最后这家私人企业也就无法提供该小区的路灯，市场的选择是无效率的。

以上这种个人不愿意主动为公共商品付费，总想让别人生产以后自己免费享用的问题就是搭便车（Free Ride）。如果以这种方式思考的人比较多，则搭便车问题就会比较严重，那么路灯根本就无法安装。

通常情况下，公共产品涉及的人越多，搭便车问题就越严重，公共产品由私人提供的可能性就越小，因为人数越多，谈判涉及的人就越多，协调起来就越困难。所以，市场机制不可能自发产生公共物品的供给。

（二）几种决策规则与方法

公共物品的生产和消费问题不能由市场上的个人决策来解决。因此，必须由政府来完成提供公共产品的任务。政府如何来确定某公共物品是否值得生产以及应该生产多少呢？

在私人部门里，人们对物品的偏好是通过他们所愿意支付的货币表达的。在公共部门里，人们对物品的偏好则是通过他们的投票表达的。公共部门根据人们的投票结果来作出决策，就叫做公共选择。显然，公共选择考虑到人们以投票的方式表达的偏好和生产公共物品要付出的成本。

投票的原则主要有以下几种。

1. 一致同意规则

所谓一致同意规则，是指一项集体行动方案，只有在所有参与者都同意或者至少没有任何一个参与者反对的前提下，才能最后通过实施，也就是说每一个参与者都对将要达成的集体决策享有否决权。只有参与各方达成完全一致的意见，才能决定采取什么样的行动。例如，某地方政府必须得到全体投票人的一致赞成，才能在本地区建造一座桥梁。如果公共物品的生产方案未能获得全体投票人一致赞成，那么公共部门就需要修改这个方案，直到全体投票人通过为止。

2. 多数规则

多数规则是指公共物品的生产方案只需多数投票人通过就能实施。这里的多数，可以是简单多数，即超过总数的一半，也可以是比例多数，如达到总数的 2/3 以上。多数规则存在的问题是：难以照顾到少数人的要求，少数对投票不很重视的人很可能被特殊利益集团用较低成本收买和利用。

3. 加权投票规则

加权投票规则，就是按实际得到的赞成票数（而非人数）的多少来决定集体行动方案。一个集体行动方案对不同的参加者会有不同的重要性。于是，可以按照重要性的不同，给参加者的意愿“加权”，即分配选举的票数。相对重要的，拥有的票数就较多否则就较少。得到最多票数而不是最多人数支持的议案将获得通过。

4. 否决投票规则

否决投票规则的具体做法如下：首先让每个参加对集体行动方案投票的成员提出自己认可的行动方案，汇总之后，再让每个成员从中否决自己所反对的那些方案。这样一来，最后剩下的没有被否决的方案就是所有成员都可以接受的集体选择结果。如果有不止一个方案留了下来，就再借助于其他投票规则（如一致同意规则或多数规则等）来进行选择。

现实生活中，有许多公共物品是由政府提供的，政府负责提供公共物品，能否实现资源的最有效配置？政府应该以何种方式提供公共物品？政府是否真正知道公民对公共物品的需求？政府的决策是否真正代表了社会公众的利益？是否以社会福利的最大化为目标？以上诸多问题都有待于进一步的研究。如何完善市场经济条件下提供公共物品的方式和提高供给公共物品的效率，这已成为政府的一个重要任务。

本章小结

信息经济学已成为当前微观经济学研究的重要领域之一。由于存在垄断、外部性、不完全信息和公共产品等因素以致市场机制无法使资源达到最优的配置时会导致市场失灵。由于存在外部性，科斯定理提出了明晰产权的重要性。它可以表述为：在完全竞争条件下，如果不存在交易费用和收入效应，则无论初始的产权如何分配，产生外部性的个体和受外部影响的个体之间的自愿交易，都将导致同样的资源配置和产出组合。市场存在着信息的不完全和不对称，买者和卖者之间的不对称信息导致次品市场和逆向选择，而逆向选择会产生市场配置的低效率。道德风险和委托—代理问题本质上也是一个不对称信息问题。为解决信息不对称和道德风险问题，必须充分发挥市场信号的作用，进行激励机制的设计。公共物品会存在搭便车问题。所以，市场机制不可能自发产生公共物品的供给，要运用一致同意规则、多数规则等公共选择方法来分析公共产品的供给。

复习思考题

一、名词解释

1. 市场失灵
2. 外部性
3. 科斯定理
4. 信息不对称
5. 逆向选择
6. 道德风险
7. 公共物品

二、问答题

1. 外部性是如何影响资源的配置的？
2. 如何认识科斯定理及其适用性？通过明确产权解决外部性问题有什么优点和局限性？

3. 高等教育是一种准公共物品，试结合我国实际讨论高等教育收费的相关问题。

4. 公共物品的存在如何为政府的干预提供了一个例证？公共物品只能够由政府提供吗？它与市场失灵之间的关系如何？

5. 能否说政府提供的物品都是公共物品？

6. 下面每种情况均涉及外部性。试指出是正外部性，还是负外部性，或两者兼而有之；并解释为什么自由市场对所述商品会生产得过多或过少。

（1）从事研发的企业；

（2）排污企业；

（3）在公园中心举行音乐会；

（4）吸烟。

7. 完全禁止污染活动是一个好的想法吗？为什么？

8. 设想 A 喜欢夜间大声播放摇滚乐，而这干扰了他的众多邻居休息。那么，产权如何配置效率较高？

如果 A 的众多邻居都喜欢在夜间听摇滚乐，只有极少数邻居不喜欢，那么，产权如何配置效率较高？

如果 A 只有一个邻居 B，且 A 夜间大声播放摇滚乐干扰了 B 的休息。矛盾应如何解决？

三、计算题

1. 假设有 10 个人住在一条街上，每个人愿意为增加一盏路灯而支付 2 美元，而不管提供的路灯数量。若提供 X 盏路灯的成本函数为 $C(X)=X^2$，试求最优路灯安装数。

2. 假设一个养蜂场位于一个苹果园的边上，每个农场都位于竞争性市场上，设苹果的产量为 A，蜂蜜的产量为 H，两个农场的生产成本函数分别为 $C_H(H)=H^2/100$，$C_A(A)=A^2/100-H$，蜂蜜的价格是 2，苹果的价格是 3，试求：①若两个农场独立经营，则蜂蜜的均衡产出为多少？苹果的均衡产出为多少？②若农场和养蜂场合并了，则利润最大化的蜂蜜产出为多少？苹果的产出为多少？③蜂蜜的社会有效产出为多少？如果两个农场分开经营，为了达到有效供给，应对蜂蜜生产实行多少补贴？

3. 教育有利于一国国民素质的提高，一般来说，教育存在外部经济。政府为了鼓励教育，需对学校的学生给予补贴，现某国政府对凡参加高等教育的学生都给予 1 000 元的补贴。初始状况如图 8.1 所示，试分析政府提供补贴后对高等教育人数的影响。

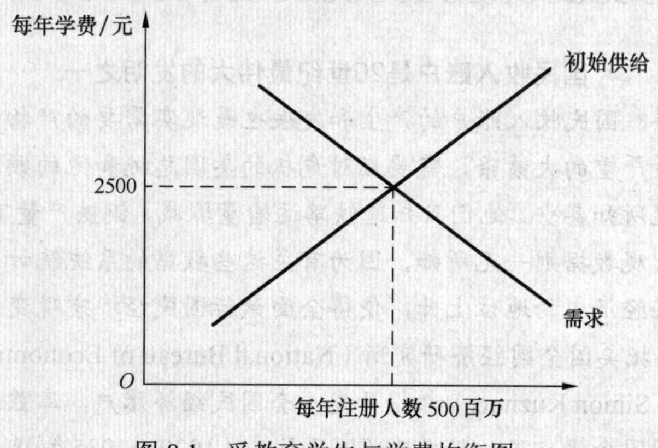

图 8.1 受教育学生与学费均衡图

第九章 国民收入核算

学习目标：通过本章的学习，主要了解如何从总体上描述经济运行基本状况，掌握国内生产总值(GDP)及相关宏观经济指标的定义和核算方法，理解和把握国民收入核算体系中的5个总量的关系。理解和掌握国民收入核算的基本等式。

关键概念：国内生产总值（Gross Domestic Product） 支出法（Expenditure Approach） 收入法（Income Approach） 国内生产净值（Net Domestic Product） 个人可支配收入（Disposable Personal Income）

第一节 国民收入的核算指标

宏观经济学以整个国民经济活动作为考察对象，其核心理论是国民收入决定理论，重点考察一个经济中的总产出、价格水平、就业水平等宏观变量是如何决定的。要想从总体上把握整个国民经济活动，这首先涉及如何描述整体经济运行状况的问题，就必须要有一套定义和计量国民收入的方法。国民收入账户便是为解决这一问题的20世纪经济统计的最重大发明。国民收入账户形成了一套完整的宏观经济统计指标，适用于市场经济各国的国民经济核算，该核算体系被称为国民收入账户核算（SNA）体系。运用国民收入账户核算体系，经济学研究国民收入的核算指标主要以国内生产总值（GDP）为主，包括了其他 5 个经济总量指标。

案例 9-1

国民收入账户是20世纪最伟大的发明之一

像很多发明一样，国民收入账户的产生和发展也是现实需要的产物。20世纪30年代美国经济出现了历史上最严重的大萧条，需要应对危机的美国总统和他的顾问们发现：他们对宏观经济运行整体情况所知甚少。他们只知道铁路运输量骤减、钢铁产量下降、几百万人失业，但他们对其他基本宏观数据则一无所知，因为有关这些数据的系统统计体系尚未建立。经济大萧条及随后政府在经济中的地位上升，使得全面试行国民经济宏观变量成为紧迫性工作。为此，美国商业部委托美国全国经济研究所（National Bureau of Economics Research，NBER）的西蒙·库兹涅茨（Simon Kuznets）教授开发一套国民经济账户，库兹涅茨和他领导的研究小组在1937年向美国国会提交了一份名为《国民收入（1929～1935年）》的研究报告。这是最早的国民收入账户，也是现代国民经济核算体系建立的标志。

美国著名经济学家保罗·萨缪尔森指出“GDP是20世纪最伟大的发明之一”。没有GDP这个发明，我们就无法进行国与国之间经济实力的比较、富裕与贫穷的比较。GDP就像一把尺子、一面镜子，是衡量一国经济整体运行和发展的重要指标。如今，大多数国家使用了共同的国民核算方法，有了共同的国民收入核算指标国内生产总值（GDP）。

中国政府相关部门从20世纪80年代初期开始研究联合国国民经济核算体系中的GDP，并从1985年开始建立了国家和省两级国内生产总值的核算制度。

一、国内生产总值

（一）国内生产总值的含义

国民收入核算是指计算国民收入的一套规则和方法。广义的国民收入就是指国内生产总值，所以，国民收入核算最主要的指标是国内生产总值。国内生产总值（Gross Domestic Product，GDP），是指经济社会在一定时期内（通常为 1 年）所生产的最终产品和劳务的市场价值总和。

关于 GDP 这种国民收入核算中最重要的概念，必须从以下几个方面来准确把握。

1. GDP 是流量而不是存量概念

宏观经济学进行总量分析时，还把相关的经济变量区分为流量（flow）和存量（stock）。流量是指一定时期内发生的变量，存量是一定时点上存在的变量。例如，我们问一个人一年收入是多少的时候，收入就是一个流量。国内生产总值是一年内经济社会生产出来的最终产品价值，是一定时期内发生变动的数量，因而是一个流量而不是存量。

2. GDP 衡量的是最终产品的价值

所谓最终产品，是指在一定时期内生产的并由其最后使用者购买的产品或劳务，而中间产品是指用于再出售而供生产别种产品用的产品。最终产品和中间产品的区别，不是取决于产品本身的物质属性，而是根据它在再生产循环流转的功能来区分的。

在现实中，中间产品和最终产品有时很难区别，同一产品用于生产属于中间产品，用于消费则属于最终产品。一块布料卖给制衣厂做原料，是中间产品，卖给家庭主妇直接使用就是最终产品了。一台机器卖给某一企业做设备，看来似乎是用于生产别种产品的中间产品，但由于它不再出售，和用做原料的中间产品不同，因而被认为是最终产品。

核算国民收入时，为了避免上述中间产品和最终产品难以区分容易造成的重复计算，要采用增加值法来核算国民收入的最终价值。也就是把产品在不同的生产阶段中增加的价值加总起来，如表 9.1 所示。

从表 9.1 可知，如果按照销售阶段核算国内生产总值，那么总价值有 360 万元，但最终产品（面包）的价值只有 140 万元，重复计算了 240 万元。如果按照增加值法计算，增加值为 140 万元，与最终产品（面包）的价值相等。因此，在核算国民收入时，要把销售过程中的中间产品的价值剔除掉，只计算每一个环节中产品的增加值，以免重复计算影响国内生产总值核算的准确性。

表 9.1　利用增加值方法计算的国内生产总值

生产阶段	销售阶段	增加值
小麦生产	100 万元	100 万元（假定成本不计）
面粉	120 万元	20 万元
面包	140 万元	20 万元
合计	360 万元	140 万元

3. GDP 是经济社会生产的最终产品价值而不管是否出售

某国生产了价值 5 000 万美元的上衣，即使只卖出了 4 000 万美元，但剩下的 1 000 万美元被看作是生产上衣的企业自己买下来的，计入 GDP 的仍然是 5 000 万美元。也就是说，企业年终盘存的库存货物也被当作是最终产品，它可看作是企业自己购买自己的最终产品，计算 GDP 时应把库存品的价值计算在内。

4. GDP 衡量依据的是地域原则而非国民原则

GDP 指的是一国范围内生产的最终产品市场价值，是一个地域概念，也就是说，在一国领土范围内，其居民无论国籍如何，在一定时期内所生产的最终产品和劳务价值都算作该国的 GDP，计算时所依据的是地域原则。而与此相联系的国民生产总值（Gross National Product，GNP）则是一个国民概念，是指某国国民所拥有的全部生产要素在一定时期内所生产的最终产品市场价值，GNP 计算时所依据的是国民原则。一个在美国工作的日本公民的收入要计入日本的 GNP 中，但不计入日本的 GDP 中，而计入美国的 GDP。所以

$$\text{GDP} = \text{GNP} - \text{国外要素净收入} \tag{9.1}$$

其中，国外要素净收入等于本国居民在国外生产的最终产品价值或要素收入减去外国居民在本国生产的最终产品价值或要素收入。GDP 与 GNP 关系可以图 9.1 表示。

5. GDP 衡量的是市场活动的价值，是用市场价值来计算的

在我们的生活中，有许多产品和劳务虽然与我们的效用或福利很有关系，但如果不是通过市场交换完成，就不包括在 GDP 中，也就是说，GDP 不包括非市场活动的结果。自给自足的生产、家庭劳动、无法得到统计数据的地下经济等均不计入 GDP。举一个例子，如果一个男主人花钱雇佣了一个女保姆，则保姆的收入应计入 GDP；如果该男主人与保姆结婚了，也许这位妻子的生活费和她当保姆时的收入一样多，但由于不再是市场交易活动，因而不再计入 GDP。

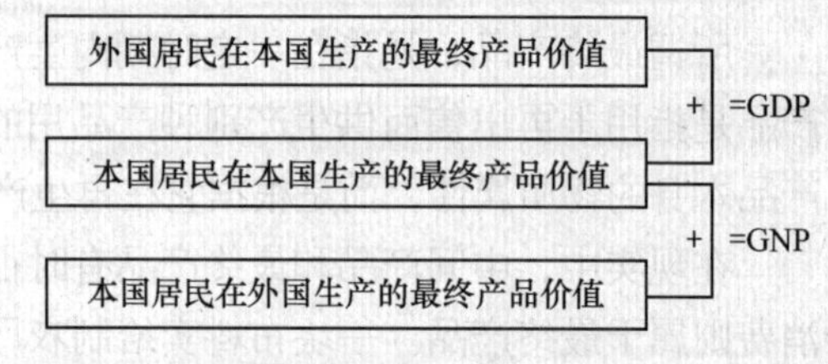

图 9.1　GDP 和 GNP

各种最终产品的价值都是用货币加以衡量的，最终产品的市场价值就是用这些最终产品的单位价格乘以产量得到的。假如某国一年生产 20 万件上衣，每件售价 50 美元，则该国一年生产上衣的市场价值为 1 000 万美元。而如果每件售价为 100 美元，同样产量的上衣的市场价值则为 2 000 万美元，GDP 翻了一倍，但实际最终产品生产量并没有变化。显然，GDP 的大小与市场价格的高低密切相关，这就涉及名义国内生产总值和实际国内生产总值的概念。

（二）名义国内生产总值与实际国内生产总值

案例 9-2

到底谁的收入高？

2005年10月的一天，晚饭过后，刚毕业参加工作的王刚对父亲抱怨："工资真是太低了，辛辛苦苦干一个月，才拿到1 500元！"父亲笑着安慰他说："小伙子，要知足，我1980年刚参加工作的时候每月工资才400元，可比你现在低多了！"那么，王刚父亲的话对吗？根据《中国统计年鉴2006》的数据，以1978年为基期，1980年的消费价格指数为109.5，而2005年的消费价格指数为464。到底谁的收入高呢？

名义国内生产总值是指按照当年价格计算的GDP，实际国内生产总值是指按照不变价格计算 GDP。不变价格是统计时确定的某一年（称为基年）的价格。计算实际 GDP 可以让我们了解从一个时期到另一个时期产量到底变化了多少，两个时期实际 GDP 的差额就可表现出这个变化。如果仅仅比较两个时期的名义 GDP，则无法准确知道两个时期 GDP 差额究竟是由产量变化引起，还是由价格变化引起。

某个时期名义 GDP 与实际 GDP 之间的差别，可以反映出这一时期和基期相比的价格变化程度。名义 GDP 与实际 GDP 的比率，即为价格变动的百分比，被称之为 GDP 缩减指数（或 GDP 价格指数）。因此，有

$$\text{GDP 缩减指数} = \text{名义 GDP} \div \text{实际 GDP} \tag{9.2}$$

假设某个经济体中只生产 3 种最终产品：打印机、苹果和服装，2008 年和 2009 年的产量和单位价格如表 9.2 所示。

表 9.2　关于计算名义 GDP 和实际 GDP 的例子

产　品	2008 年		2009 年	
	数量	单位价格	数量	单位价格
打印机	5	1 400	6	2 200
苹果	1 000	2	1 000	1
服装	200	40	250	40

计算名义 GDP。

$$2008\text{ 年名义 GDP} = 5\times 1\,400 + 1\,000 \times 2 + 200 \times 40 = 17\,000\ (\text{元})$$

$$2009\text{ 年名义 GDP} = 6 \times 2\,200 + 1\,000 \times 1 + 250 \times 40 = 24\,200\ (\text{元})$$

若以 2008 年为基期，即用 2008 年的价格可计算 2009 年的实际 GDP。

$$2009\text{ 年实际 GDP} = 6 \times 1\,400 + 1\,000 \times 2 + 250 \times 40 = 20\,400\ (\text{元})$$

该经济体 2009 年与 2008 年相比，名义 GDP 增加了 7 200 元，而实际 GDP 仅增加了 3 400 元，或者说名义 GDP 增加额 7 200 元中，3 400 元是由于实际产出变动引起的，剩下的 3 800 元则是由于价格变化引起的。

$$\text{GDP 缩减指数} = \text{名义 GDP} \div \text{实际 GDP} = 24\,200 \div 20\,400 = 1.186\,3$$

根据《中国统计年鉴 2008》中的相关数据，我们可以绘制出 1993 年至 2007 年度的名义 GDP 和实际 GDP 的变化图，如图 9.2 所示。图中，名义 GDP 与实际 GDP 在 1999 年时相交

于一点，这说明我们是选择 1999 年作为基期，其余年份的实际 GDP 都是根据 1999 年的价格水平计算出来的。

图 9.2　1993～2007 年我国名义 GDP 与实际 GDP 的增长（单位：亿元）

二、从国内生产总值到个人可支配收入

在国民收入核算体系中，除了国内生产总值指标以外，还包括国内生产净值、狭义的国民收入、个人收入、个人可支配收入等其他衡量指标。因此，要理解相关的国内生产净值、国民收入、个人收入和个人可支配收入这些概念及其相互关系。

（一）从国内生产总值到国内生产净值

生产产品需要固定资产，比如机器和设备等。固定资产的价值不是一次性全部转移到新产品中去的，而是逐步地转移到新产品中，并通过固定资产折旧的方式得到补偿。在计算 GDP 时，如果把固定资产的价值当作中间产品完全排除掉，那么当年新生产的机器的价值就有一部分会被排除掉，从而使计算的 GDP 比实际的要少。为此，国民收入核算体系规定当年生产的新的固定资产价值计入当年 GDP。但是，企业在固定资产使用期限内将折旧费分摊到所生产产品的价格上，这样一来，GDP 中就显然包含了折旧费。折旧费实际上并非新创造的价值，也不能作为收入分给任何一类要素所有者，因此，折旧费要从 GDP 中扣除掉。

在上面提到的国内生产总值指标中，“总值”意指在计算各个生产单位产出时，未扣除当期的资本耗费即折旧，从国内生产总值中扣除资本折旧，就得到国内生产净值（Net Domestic Product，NDP），即

$$NDP = GDP - \text{折旧} \tag{9.3}$$

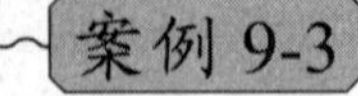
案例 9-3

为什么NDP优于GDP？

尽管许多人在谈论一个国家的产出时通常都使用GDP这个概念，但是大部分经济学家更愿意使用NDP来衡量一国的经济表现。这主要是因为后者考虑到了厂房和机器设备的折旧问题。我们可以通过两个假想的国家来说明这个问题。

从表9.3的数据中，我们可以看出甲、乙两国有着同样的GDP，但是甲国的折旧为50亿元，而乙国的折旧为100亿元，因此两国的国内生产净值（NDP）分别是450元亿和400亿元。那么，

哪一国经济表现更好一些呢？如果评价标准是GDP，显然两国一样好。如果把标准换成NDP，则甲国明显优于乙国。想一想，为什么？

表 9.3 两国的 GDP 和 NDP

甲国		乙国	
GDP（亿元）	500	GDP（亿元）	500
折旧（亿元）	50	折旧（亿元）	100
NDP（亿元）	450	NDP（亿元）	400

（二）从国内生产净值到国民收入

这里的国民收入（National Income，NI）是狭义的国民收入，是指按生产要素报酬计算的国民收入。从国内生产净值中扣除间接税和企业转移支付，然后加上政府的补助金，就得到一国生产要素在一定时期内提供生产性服务所得的全部报酬，包括工资、利息、租金和利润的总和，即

$$NI = NDP - \text{间接税} - \text{企业转移支付} + \text{政府补助} \quad (9.4)$$

间接税（例如烟、酒、食品等商品的营业税）和企业转移支付虽然构成产品价格，但不成为要素收入；政府给企业的补助虽不列入产品价格，但成为要素收入。因此，在计算国民收入时，间接税和企业转移支付应扣除，政府补助应加入。

（三）从国民收入到个人收入

生产要素报酬意义上的国民收入并不会全部成为个人收入（Personal Income，PI）。例如，经营利润收入中要给政府缴纳公司所得税，公司还要留下一部分利润不分配给个人，职工收入中也有一部分要以社会保险税的形式上缴政府有关机构。另一方面，个人也会以各种形式从政府那里得到转移支付，如退伍军人津贴、失业救济金、养老金、困难补助等。从国民收入中扣除经营利润税、公司未分配利润和社会保险税，加上政府给个人的转移支付，大体上就得到个人收入，即

$$PI = NI - \text{经营利润税} - \text{未分配利润} - \text{社会保险税} + \text{政府转移支付} \quad (9.5)$$

（四）从个人收入到个人可支配收入

在个人收入中，不是所有的个人收入总量都归个人支配，因为要缴纳个人所得税。税后的个人收入才是个人可以支配的收入，称为个人可支配收入（Disposable Personal Income，DPI），即人们可用来消费或储蓄的收入，用公式可表示为

$$DPI = PI - \text{个人所得税} \quad (9.6)$$

第二节 国民收入核算的方法

国民收入核算（National Income Accounting）方法是指计算国民收入的一套规则和方法。这里是从广义的角度来考察国民收入的核算，按照前面的讨论，广义的国民收入就是指国内

生产总值，因此，下面讨论国民收入的核算也就是指国内生产总值（GDP）的核算。

一、收入和支出的循环流动

由于国内生产总值是衡量宏观经济运行情况的重要指标，它反映了一个国家一定时期内生产的最终产品和劳务的市场价值的总和。因此，可以通过国民收入流量模型来描述国民经济活动的循环流转。根据国民经济活动的循环流转（Circular Flow）可以用不同的方法来测量国内生产总值。

（一）两部门经济的循环流转模型

现在，假设社会经济只有企业和居民户两个部门，那么，可以得到以下简单的收入和支出循环流转模型，如图 9.3 所示。

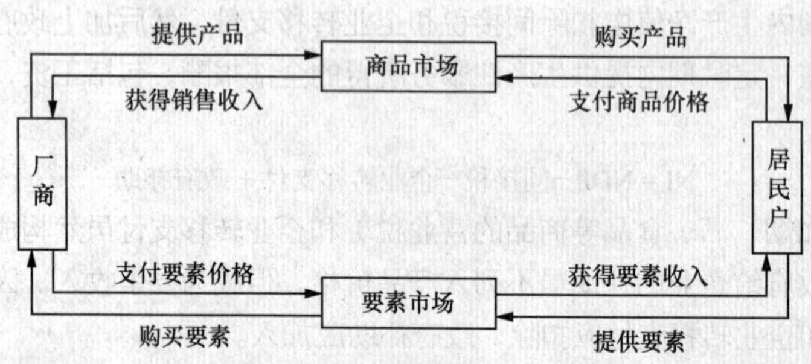

图 9.3　两部门经济的循环流转图

从图 9.3 可以看出，假定社会经济只有两部门（厂商、居民户）和两个市场（商品市场、要素市场），在要素市场上，居民户提供要素，获得要素收入，利用收入在商品市场上购买商品，支付商品价格；而厂商在要素市场上购买要素，要支付要素价格，厂商利用要素生产商品，通过出售商品获得收入。这个循环过程不断持续下去，周而复始。这样，一个经济社会就完成了生产要素的流动、商品的流动，以及收入和支出的循环流转。图中，内线是货币（收入或支出）的流转，外线是实物（产品或生产要素）的流转。

在两部门的经济核算中，国民经济活动的每一笔交易中，消费者的支出转变为销售者的收入，因此，总的支出一定等于总的收入。

从支出的角度来看，国内生产总值由消费支出和投资支出两部分构成，即

$$\text{GDP} = \text{对消费品的支出} + \text{对投资品的支出}$$

$$\text{GDP} = C + I \tag{9.7}$$

从收入的角度来看，国内生产总值由用于消费和用于储蓄两部分构成，即

$$\text{GDP} = \text{消费的部分} + \text{储蓄的部分}$$

$$\text{GDP} = C + S \tag{9.8}$$

要保证经济社会正常循环的条件是

$$\text{收入} = \text{支出}$$

$$C + I = C + S \tag{9.9}$$

（二）三部门经济的循环流转模型

在三部门经济中，把政府部门引了进来。政府的经济活动表现在，一方面，政府部门通

过向厂商和居民户征税形成了政府的收入；另一方面，政府部门通过购买商品和劳务以及给居民的转移支付形成了政府的支出。因此，三个部门中的经济活动由于政府部门的介入而形成了新的总收入和总支出。

从支出的角度来看，国内生产总值由消费支出、投资支出以及政府支出三个部分构成，即

GDP = 对消费品的支出 + 对投资品的支出 + 政府支出

$$GDP = C + I + G \tag{9.10}$$

从收入的角度来看，国内生产总值由用于消费的部分、用于储蓄的部分以及用于政府收入的部分三个部分构成，即

GDP = 消费的部分 + 储蓄的部分 + 政府收入

$$GDP = C + S + T \tag{9.11}$$

要保证经济社会正常循环的条件是

收入 = 支出

$$C + I + G = C + S + T \tag{9.12}$$

（三）四部门经济的循环流转模型

在三部门经济中加入一个外国部门就形成了四部门经济。四部门经济中，由于增加了一个外国部门，就有了对外贸易。对外贸易通过进出口体现出来，当出口大于进口时，形成贸易顺差；当出口小于进口时，形成贸易逆差。因此，四部门经济由于对外贸易活动而形成了新的总收入和总支出。

从支出的角度来看，国内生产总值由消费支出、投资支出、政府支出、净出口（即国外购买支出）四个部分构成，即

GDP = 对消费品的支出 + 对投资品的支出 + 政府支出 + 净出口

$$GDP = C + I + G + NX \tag{9.13}$$

从收入的角度来看，国内生产总值由用于消费的部分、用于储蓄的部分、用于政府收入的部分以及用于对国外的转移支付（即外国的收入）四个部分构成，即

GDP = 消费的部分 + 储蓄的部分 + 政府收入 + 对国外的转移支付

$$GDP = C + S + T + R_f \tag{9.14}$$

要保证经济社会正常循环的条件是

收入 = 支出

$$C + I + G + NX = C + S + T + R_f \tag{9.15}$$

也就是说，在一个经济活动中，因为任何一笔交易都涉及买方和卖方，国民经济活动的每一笔交易中，消费者的支出会转变为销售者的收入，因此，一个经济活动总的支出一定等于总的收入。

二、总支出衡量方法

总支出衡量方法是通过对本期生产的最终产品和劳务的支出总和来计算的国民收入。这

种方法是从产品的最终用途出发，把一国一年内购买的各项最终产品的支出加总起来，计算出该年内生产出来的产品与劳务的市场价值。

可以把一国在一年的支出归结为四大项：一是个人消费支出（Consumption），主要包括购买耐用消费品的支出、购买非耐用消费品的支出以及购买劳务的支出等；二是国内私人总投资（Investment）支出，主要包括用于增加资本资产的支出和用于更换资本资产的支出，前者往往被称为净投资，后者往往被称为重置投资；三是政府在产品和劳务上的购买（Government Spending or Purchases）支出，主要是指各级政府部门购买最终产品和劳务的支出。要注意的是，政府的购买支出只是政府支出的一部分，政府支出中的转移支付，因为其不直接创造价值而不计入国内生产总值；四是净出口（Net Export），它是指进出口的差额，即出口额减去进口额的差额，净出口代表了外国部门购买本国当期生产的最终产品和劳务的净支出。

因此，用总支出法衡量的国民收入就有一个重要的等式

$$Y = \text{GDP} = C + I + G + (X-M) \tag{9.16}$$

式中，Y = GDP = 全部产出的最终价值；C 代表个人消费支出；I 代表国内私人投资支出；G 代表政府在产品和劳务上的购买；X 代表出口；M 代表进口；（$X-M$）表示净出口。

三、总收入衡量方法

总收入衡量法是通过对本期生产最终产品和劳务所得到的收入总和来计算的国民收入。这种方法将生产中所形成的各种收入相加起来，计算一国一年内的国内生产总值。

一般来说，由于收入法是以生产要素的收入为主进行的核算，在经济活动中，还涉及企业的生产经营活动，因此，用收入法来计算的国内生产总值应该包括以下这些项目。

一是生产要素的报酬，表现为以工资、利息和地租为主的收入；二是公司的税前收入，包括公司所得税、社会保险税、股东红利以及公司未分配利润等；三是企业转移支付及企业间接税，企业转移支付包括对非营利组织的社会慈善捐款，间接税包括货物税或销售税、周转税等；四是资本折旧。因此，国民收入可以表示为

$$Y = \text{GDP} = \text{工资} + \text{利息} + \text{利润} + \text{租金} + \text{间接税和企业转移支付} + \text{折旧} \tag{9.17}$$

从理论上来说，总支出法计算的国民收入和总收入法计算的国民收入应该是相等的，但是，在实际核算中常有误差，因此，两者之间需要加上一个统计误差。

本章小结

国内生产总值是衡量宏观经济运行状况的一个重要指标。国内生产总值是指一个国家或地区的经济在一定时期新生产的最终产品和劳务的市场价值总和。核算国内生产总值最常用的方法是总支出核算法和总收入核算法。由于存在价格点取舍的差异，国内生产总值具有名义国内生产总值和实际国内生产总值之分。国民经济活动是一个大系统，核算指标还包括了国内生产净值、狭义的国民收入、个人收入以及个人可支配收入等核算指标，它们与国内生产总值具有密切的联系。理解这些指标可以更好更全面地了解国民收入核算的内容。

复习思考题

一、名词解释

1. 国民生产总值
2. 国内生产总值
3. 个人可支配收入
4. 支出法
5. 收入法

二、问答题

1. 如何理解核算国内生产总值的五个总量之间的关系？
2. 使用收入和支出方法进行国民收核算时应注意哪些问题？
3. 根据国民经济活动流转模型，如何理解国民收入流转循环中的恒等关系？

三、计算题

1. 假定一国的国内生产总值是300 000亿元，个人可支配收入是210 000亿元，政府预算赤字是12 000亿元，消费是180 000亿元，试计算①储蓄；②投资；③政府支出。

2. 假定一国的国民收入核算资料如表9.4所示。

表9.4 一国的国民收入核算 （单位：亿元）

项目	金额
个人租金收入	310.8
折旧	2 870.3
雇员报酬	15 960.3
个人消费支出	16 720.8
营业税	2 120.3
企业转移支付	100.5
国内私人总投资	3 950.3
产品和劳务出口	3 390.8
政府对产品和劳务的购买	5 340.7
产品和劳务进口	3 160.5
净利息	1 790.8
财产所有者的收入	1 300.6
公司利润	1 820.7
统计误差	−7.0

根据表9.4提供的相关数据，①用支出法计算GDP、NDP、NI；②用收入法计算GDP、NDP、NI。

第十章　简单国民收入决定理论

学习目标：国民收入决定理论是宏观经济学的核心内容，将涉及产品市场、货币市场、劳动市场和国际市场4个市场。本章讨论仅包括产品市场的简单国民收入决定理论。通过本章学习，要求掌握均衡产出的基本概念，消费与储蓄函数表达式的基本含义，两部门、三部门和四部门经济中简单国民收入的决定及相应的各种乘数。

关键概念：均衡产出（Equilibrium Qutput）　消费函数（Consumption function）　储蓄函数（Saving function）　平均消费倾向（Average propensity to consume）　边际消费倾向（Marginal propensity to consume）　平均储蓄倾向（Average propensity to save）　边际储蓄倾向（Marginal propensity to save）　乘数理论（Multiplier theory）

第一节　两部门经济中国民收入的决定

为了说明一国或一经济体的国民收入如何决定，我们先从最简单的两部门经济开始。即假定经济中不存在政府，也不存在对外贸易，只有居民和企业两部门，消费和储蓄行为全部发生于居民部门，生产与投资行为全部发生于企业部门，并假定折旧和公司未分配利润为零，这样GDP、NDP、NI和PI均相等。在这样一个两部门经济中，国民收入（或均衡产出）将是如何决定的呢？为了研究和回答这个问题，我们首先需要理解均衡产出的概念。

一、均衡产出

在短期分析环境下，经济社会的总产出或者说国民收入就取决于总需求。与总需求相等的产出即被称为均衡产出或均衡国民收入。

均衡产出中所谓的均衡概念，与微观经济学里均衡概念的理解是一致的，即指一种相对的稳定、不再变动的状态。当产出水平（供给）超过需求时，企业将减少生产以降低存货投资，当产出水平（供给）低于需求时，企业库存减少将增加生产，只有当总产出（供给）等于需求水平时，企业才停止调整。

两部门经济中，总需求仅由居民部门的消费需求和企业部门的投资需要构成，于是均衡产出的可表示为

$$Y=C+I \tag{10.1}$$

需要注意的是，这里假设价格没有变化，式（10.1）中 Y、C、I 分别为实际产出或收入、实际消费和实际投资。以后的章节中，除非有特别说明，否则这些字母一般都指剔除价格变

动因素后的实际经济变量。而且，这里的 C 和 I，表示的是居民和企业的意愿消费和投资，而不是上一章核算理论中所指的实际发生的消费与投资。

均衡产出是和总需求相一致的产出，也就是经济社会的收入正好等于居民和企业部门计划的支出。这一概念的理解可以由图 10.1 来说明。图 10.1 中，纵轴代表支出 E，横轴代表收入 Y，从原点出发的 45° 射线上的每一点都表示总支出与收入相等的均衡状态。若总需求量为 200 亿美元，则由此需求量决定的均衡产出为 200 亿美元，即 AE 曲线与 45° 射线的交点 E 为均衡点。E 点处总需求与收入均为 200 亿美元，说明产出水平正好等于支出水平。若产出大于 200 亿美元，则非意愿投资 IU 大于零，企业将减少产出；反之，非意愿投资 IU 小于零，企业将增加产出，E 点代表一种不再调整的相对稳定状态。

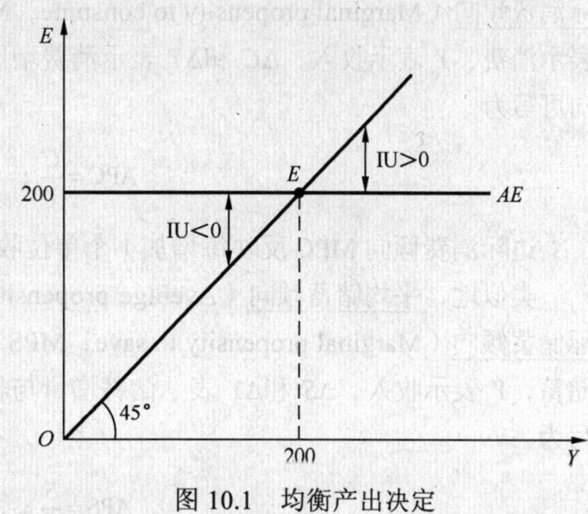

图 10.1　均衡产出决定

上述均衡产出的条件 $Y=AE$，也可以用 $I=S$ 来表示。因为，计划总需求等于计划消费加投资（$AE=C+I$）；而生产创造的收入等于计划消费加储蓄（$Y=C+S$）；因此 $Y=AE$ 即为 $C+I=C+S$，两边同时减去 C，则有

$$I=S \tag{10.2}$$

式（10.2）说明，经济要达到均衡，计划投资必须等于计划储蓄，或者说均衡产出的条件是计划投资等于计划储蓄。这与国民收入核算中实际发生的投资必然等于储蓄是有区别的。

二、消费和储蓄

在凯恩斯短期分析中，均衡的国民收入是由总需求来决定的，而总需求主要由消费和投资构成，因此需要对消费需求和投资需求做进一步的分析，才能更好地理解总需求对国民收入的决定问题。

（一）消费函数与储蓄函数

消费函数（Consumption function）是指消费支出与决定消费的各种因素之间的数量依存关系。在研究国民收入决定时，假定消费仅受收入的影响，因此可以说消费是收入的函数。用 C 表示消费，Y 表示国民收入，消费函数可记为

$$C=f(Y) \tag{10.3}$$

储蓄函数（saving function）是指储蓄与决定储蓄的各种因素之间的数量依存关系。假定储蓄亦仅受收入的影响，用 S 表示储蓄，则储蓄函数可记为

$$S=\Phi(Y) \tag{10.4}$$

一般说来，在其他条件不变的情况下，消费与储蓄都会随着收入的增加而增加，随着收入的减少而减少，即与收入同方向变化。

（二）消费倾向与储蓄倾向

凯恩斯认为，消费与收入的关系存在一条基本的规律：随着收入的增加，消费也会增加，

但消费增加不及收入增加得多。消费与收入的这种关系需要用平均消费倾向和边际消费倾向概念来理解。

平均消费倾向（Average propensity to consume，APC）是指消费支出占收入的比例。边际消费倾向（Marginal propensity to consume，MPC）是指消费增量与收入增量的比例。用 C 表示消费，Y 表示收入，ΔC 和ΔY 表示消费增量与收入增量，则平均消费倾向与边际消费倾向可写为

$$\mathrm{APC}=\frac{C}{Y}；\quad \mathrm{MPC}=\frac{\Delta C}{\Delta Y} \tag{10.5}$$

边际消费倾向 MPC 反映每增加 1 个单位收入时所增加的消费量，取值应在 0～1 之间。

类似地，平均储蓄倾向（Average propensity to save，APS）是指储蓄占收入的比例。边际储蓄倾向（Marginal propensity to save，MPS）是指储蓄增量与收入增量的比例。用 S 表示储蓄，Y 表示收入，ΔS 和ΔY 表示储蓄增量与收入增量，则平均储蓄倾向与边际储蓄倾向可写为

$$\mathrm{APS}=\frac{S}{Y}；\quad \mathrm{MPS}=\frac{\Delta S}{\Delta Y} \tag{10.6}$$

由于消费者的收入不是用来消费就是用来储蓄，即 $Y=C+S$，或者说，储蓄就是收入扣除消费后的剩余。于是有

$$\mathrm{APC}+\mathrm{APS}=\frac{C}{Y}+\frac{S}{Y}=1 \text{ 或 } \mathrm{APS}=1-\mathrm{APC} \tag{10.7}$$

同理可得

$$\mathrm{MPC}+\mathrm{MPS}=\frac{\Delta C}{\Delta Y}+\frac{\Delta S}{\Delta Y}=1 \text{ 或 } \mathrm{MPS}=1-\mathrm{MPC} \tag{10.8}$$

（三）消费曲线与储蓄曲线

如果消费与收入之间的依存关系是一种线性关系，则消费函数可写成

$$C=\alpha+\beta Y \tag{10.9}$$

其中 C 为消费，Y 为收入，α 称为自发性消费，即收入为零时也必须有的基本生活消费，可以通过举债或动用过去的储蓄来支付，它不受收入变动的影响；β为一个不变的边际消费倾向 MPC 值，β与 Y 的乘积表示由收入引致的消费，它随着收入的增加而增加。消费总量为自发消费和引致消费之和。

当消费与收入之间呈线性关系时，消费函数就是一条向右上方倾斜的直线，如图 10.2 所示。消费曲线与纵轴的截距为自发消费 α，曲线的斜率为不变的边际消费倾向β，曲线与 45° 线的交点 A 为收入平衡点，表示全部收入用于消费。在 A 点以左，消费大于收入，表示有负储蓄；在 A 点以右，收入大于消费，表示有正储蓄。无论正储蓄还是负

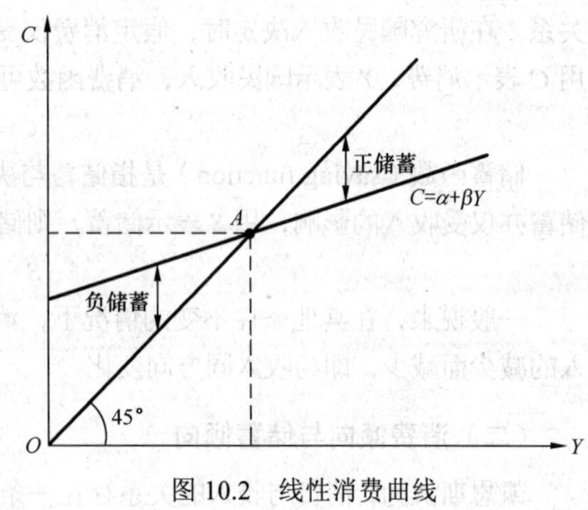

图 10.2　线性消费曲线

储蓄，其数量即为消费曲线与 45° 线的垂直距离。

储蓄函数可由收入、消费与储蓄之间的关系推导得出。由于储蓄是收入中扣除消费后的余额，因而给定消费函数则可以得到相应的储蓄函数。以 S 表示储蓄，则储蓄函数可写为

$$S = Y - C \tag{10.10}$$

如果消费函数是线性的，那么储蓄函数也为线性，即

$$S = Y - C = Y - (\alpha + \beta Y) = -\alpha + (1-\beta)Y \tag{10.11}$$

式（10.11）中，$-\alpha$ 为自发储蓄，它不受收入的影响；$(1-\beta)Y$ 是由收入引致的储蓄，$(1-\beta)$ 则是边际储蓄倾向。可见，只要确立消费函数，就可以确立储蓄函数，反之亦然。

（四）边际消费倾向递减与平均消费倾向递减

当边际消费倾向维持不变时，消费曲线形状是一条直线。但凯恩斯提出，边际消费倾向是递减的。随着收入的增加，消费虽然也增加，但增加的幅度却不断下降，即边际消费倾向递减规律。凯恩斯认为，人的天性决定人们会将增加的收入中的越来越多的部分用于储蓄，凯恩斯的消费理论正是以边际消费倾向递减（边际储蓄倾向递增）为显著特征的。

图 10.3 中，随着收入的提高，边际消费倾向 MPC 递减，即消费曲线的斜率不断递减。相应地，边际储蓄倾向 MPS 递增，即储蓄曲线的斜率不断递增。当然，任一水平上的边际消费倾向与边际储蓄倾向之和仍等于 1。出于方便考虑，本书的消费曲线一般采用直线形式。

在边际消费倾向递减条件下，平均消费倾向会怎么样呢？平均消费倾向也将递减。因为

$$\text{APC} = \frac{C}{Y} = \frac{\alpha + \beta Y}{Y} = \frac{\alpha}{Y} + \beta \tag{10.12}$$

所以，在边际消费倾向 β 递减时，APC 亦将随着收入 Y 的增加而发生递减。即使边际消费倾向 β 不变（即消费曲线为线性），由于自发消费 α 为常数，上式显示，随着收入 Y 增加，平均消费倾向同样会递减。这也可以从平面几何图上得到说明。图 10.4 中，消费曲线为边际消费倾向不变的线性函数，容易理解，消费曲线上的任一点与原点连线的斜率即为该点对应的平均消费倾向。由于 OB 线比 OA 线更为平坦，即 OB 线的斜率比 OA 线的斜率更小，说明即使边际消费倾向不变，平均消费倾向也将随着收入的增加而不断递减。

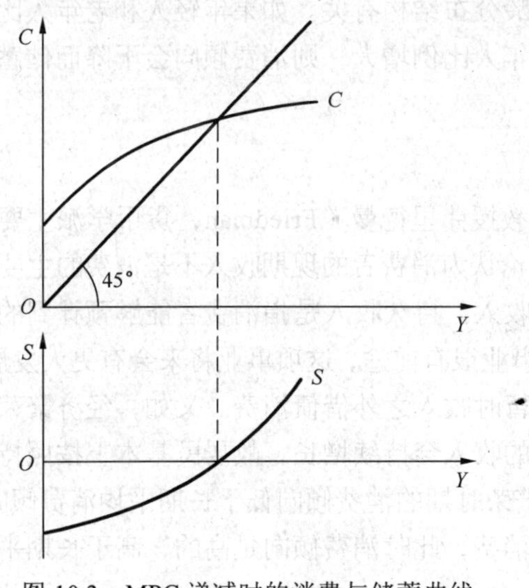

图 10.3　MPC 递减时的消费与储蓄曲线

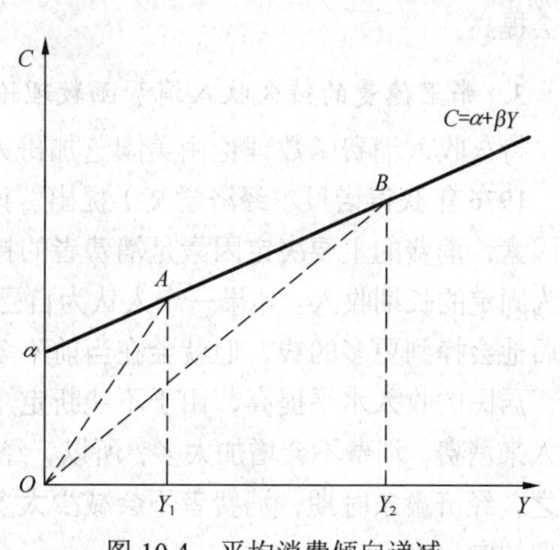

图 10.4　平均消费倾向递减

从边际消费倾向递减和平均消费倾向递减的理论说明中，可以引申出的结论是：随着国民收入水平的提高，消费将越显不足，生产出来的产品和劳务将越来越难以售卖出去。

（五）关于消费函数的其他理论

以上介绍的主要是凯恩斯关于消费函数的理论，它假定消费是人们收入水平的函数，这是西方消费函数中最简单的形式，被称为凯恩斯的绝对收入消费理论。凯恩斯之后，许多经济学家对消费理论进行了补充与修改，著名的有以下几种消费函数理论。

1. 杜森贝里的相对收入消费函数理论

相对收入消费函数理论由美国哈佛大学教授J.杜森贝里（J. Duesenberry）提出，他认为消费支出主要取决于相对收入水平。所谓相对收入一方面指相对于他人的收入，另一方面指相对于自己过去的收入。消费支出不仅受自身收入的影响，而且受他人消费的影响，这导致模仿、攀比等所谓消费“示范效应”广泛存在。消费支出不仅受当前收入的影响，也受过去收入尤其是受过去高收入的影响，这导致消费者收入增加时提高消费支出、收入减少时往往不会减少消费的所谓消费“棘轮效应”普遍存在。该理论的核心是消费者容易随收入的提高而增加消费，却不易随收入的降低而减少消费。消费不取决于消费者当前的绝对收入水平（凯恩斯绝对收入函数理论），而是取决于相对意义上的收入水平。

2. 莫迪里安尼的生命周期消费函数理论

生命周期消费函数理论由美国经济学家莫迪里安尼（Modigliani，1985年获得诺贝尔经济学奖）提出。他认为人们会在相当长时期的跨度内计划自己的消费开支，以便于在整个生命周期内实现消费的最佳配置。从个人一生的时间发展顺序看，一个人年轻时的收入较少，但具有消费的冲动、消费的精力等消费条件，此时的消费会超过收入；进入中年后，收入会逐步增加，收入大于消费，其收入实力既可以偿还年轻时的债务，又可以为今后的老年时代进行积累；退休之后步入老年，收入减少，消费又会超过收入，形成负储蓄。根据该理论，一国的国民消费同储蓄与国民的年龄分布结构有关。如果年轻人和老年人比例增大，则消费倾向会提高；而如果中年人和壮年人比例增大，则消费倾向会下降而储蓄倾向会提高。

3. 弗里德曼的持久收入消费函数理论

持久收入消费函数理论由美国芝加哥大学教授弗里德曼（Friedman，货币学派主要代表，1976年获得诺贝尔经济学奖）提出。该理论认为消费者的现期收入不是消费的主要决定因素，消费的主要决定因素是消费者的持久收入。持久收入是指消费者能够预计到的、较为固定的长期收入。如果一个人认为自己的事业很有前途，这项事业将来会有更大发展，今后他会挣到更多的钱，他就会在当前不多的暂时收入之外借债消费。又如，经济繁荣时期，居民的收入水平提高，由于不能断定今后的收入会持续增长，故居民基本上按照持久收入来消费，消费不会增加太多，所以，经济繁荣时期的消费倾向低于长期平均消费倾向。反之，经济萧条时期，消费者不会减少太多的消费，此时消费倾向是高的，高于长期平均消费倾向。

案例 10-1

影响边际消费倾向的因素是什么？

据估算，美国的边际消费倾向现在约为0.68，中国的边际消费倾向约为0.48。也许这种估算不一定十分准确，但是一个不争的事实是，中国的边际消费倾向低于美国。为什么中美边际消费倾向有这种差别呢？

三、两部门经济中国民收入的决定

两部门经济中支出或需求由居民部门的消费（C）和企业部门的投资（I）构成，均衡国民收入由 $Y=C+I$ 表示。前面已经分析了消费（C）如何确定，按理说还需要分析投资（I）如何确定，但为了使分析简化，在简单国民收入决定理论中一般假定投资固定不变，不随利率和国民收入的变化而变化（投资的决定将在下一章深入分析）。

这样，只要将两部门经济中的均衡国民收入与消费函数联立，便可得到收支相等的均衡国民收入。

$$\left.\begin{array}{l} Y=C+I \\ C=\alpha+\beta Y \end{array}\right\} \tag{10.13}$$

解联立方程，求得均衡国民收入为

$$Y^{*}=\frac{\alpha+I}{1-\beta} \tag{10.14}$$

如果给出消费函数和投资量，便可以通过上式获得均衡国民收入 Y^{*}。例如，假定消费函数为 $C=1\,000+0.8Y$，投资水平假定固定为 600 亿元，则均衡收入为

$$Y^{*}=\frac{1\,000+600}{1-0.8}=8\,000\text{（亿元）} \tag{10.15}$$

上述均衡国民收入的决定也可以用几何图形来表示。图 10.5 中，由于投资为固定的常数，所以总支出（$C+I$）曲线可以通过消费曲线向上平移来获得，两条平衡线间的垂直距离即为投资额。总支出曲线与 45° 射线的交点 E 即为总支出与总产出相等的均衡点，这时的国民收入为 Y^{*}。在国民收入为 Y^{*} 时，居民想要有的消费支出和企业想要有的投资支出之和正好等于整个社会的产出。如果经济偏离这个均衡点，企业的销售额就会大于或小于其产出，从而出现非意愿存货的减少或增加，这将引起生产的扩大或收缩，直到回到均衡点为止。例如，当国民收入为 Y_1（小于均衡收入 Y^{*}）时，总支出大于总产出，产品供不应求，企业存货减少将扩大生产，从而国民收入增加。同理，当国民收入大于均衡收入时，企业将减少生产，国民收入将趋于减少。只有当国民收入到达均衡水平 Y^{*} 时，经济才停止调整，到达一种相对稳定的状态。

均衡国民收入取决于社会总支出，社会总支出的变动会引起均衡国民收入的变动。比如自发消费 α 和自发投资 I 的变动会引起总支出的变动，导致总支出曲线向上或向下平移，从而产出新的国民收入均衡点。图 10.6 说明了均衡收入的这种变动。

图 10.6 中，初始总支出为 AE_0，AE_0 与 45° 射线的交点 E_0 决定了均衡的国民收入为 Y_0^{*}。若自发投资或自发消费增加，将使总支出曲线向上平移至 AE_1，均衡点将由 E_0 变动为 E_1，均

衡国民收入增加为Y_1^*。反之，若自发支出量下降，则总支出曲线向下平移至AE_2，均衡点将由E_0移动至E_2点，均衡国民收入减少为Y_2^*。

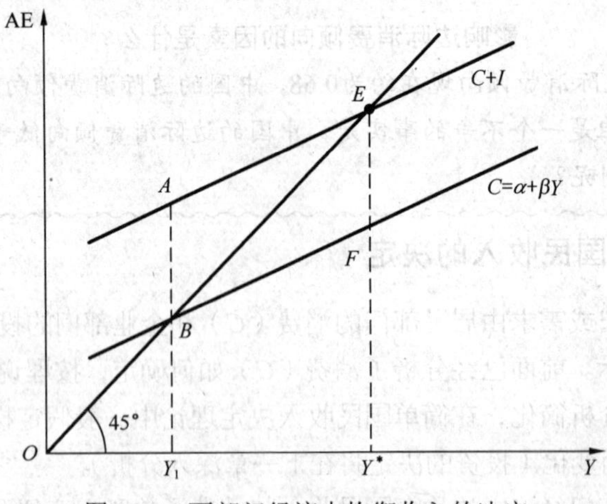

图 10.5　两部门经济中均衡收入的决定

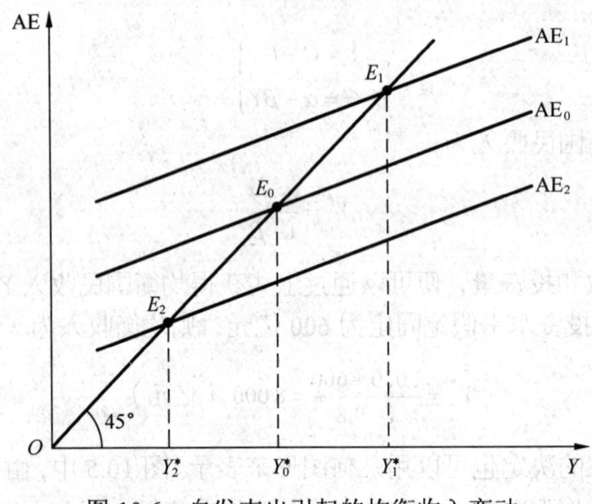

图 10.6　自发支出引起的均衡收入变动

四、乘数理论

自发支出的增加会引起均衡国民收入的增加，那么自发支出的增加将引起均衡国民收入多大的变动呢？

为了研究这个问题，我们来看一个具体的例子（仍沿用前文的例子）。假定两部门经济中，消费函数为$C=1000+0.8Y$，投资水平假定固定为 600 亿元，则均衡收入为 8 000 亿元（$Y^*=\dfrac{\alpha+I}{1-\beta}=\dfrac{1000+600}{1-0.8}=8\,000$）。若投资由 600 亿增加为 800 亿元，则均衡国民收入增加为 9 000 亿元（$Y^*=\dfrac{\alpha+I}{1-\beta}=\dfrac{1000+800}{1-0.8}=9\,000$）。可见，投资增加 200 亿元引起均衡国民收入增加 1 000 亿元，收入增量是投资增量的 5 倍。

为什么投资增加 200 亿元，收入会增加 5 倍呢？这是因为，增加投资 200 亿元用于购买投资品时，实际上是用来购买生产投资品所需要的各种生产要素，或者说这 200 亿元最终会通过要素报酬（比如工资、利息、租金和利润等）的形式流入各要素所有者手中，这200亿元是投资对国民收入的第一轮增加；由于边际消费倾向β为0.8，生产要素所有者也就是消费者将用这200亿元新增收入的80%即160亿元来增加消费，这增加的160亿元消费又使生产这些消费品的各要素所有者的收入增加了160亿元，这是国民收入的第二轮增加；假定消费倾向不变，新增加的160亿元收入中又将有80%用于增加消费，从而使国民收入再增加128亿元，这是国民收入的第三轮增加；这个过程将一直进行下去，引起国民收入第四轮、第五轮、第六轮……第N轮（N趋于无穷大）的增加。这种国民收入增加过程可以表示为

$$\Delta Y = 200 + 200 \times 0.8 + 200 \times 0.8^2 + 200 \times 0.8^3 + \cdots = \frac{200}{1-0.8} = 1\,000$$

上述例子中，均衡国民收入增加是投资增加的5倍，或者说，投资增加引起均衡国民收入5倍的增加。这种倍数我们称之为乘数。乘数是指均衡的国民收入的变动与引起这种变动的支出量变动之间的倍数或比例。如果用K表示乘数，则乘数的一般公式可表示为

$$K = \frac{均衡国民收入变动量}{引起这种变动的支出的变动量} \tag{10.16}$$

根据上述定义，容易得到，两部门经济中投资乘数为边际储蓄倾向的倒数，即

$$K_I = \frac{\Delta Y}{\Delta I} = \frac{1}{1-\beta} \tag{10.17}$$

类似地，两部门经济中，消费乘数亦为边际储蓄倾向的倒数，即

$$K_{\mathrm{C}} = \frac{\Delta Y}{\Delta C} = \frac{1}{1-\beta} \tag{10.18}$$

需要注意的是，乘数的作用是双向的。比如投资的增加会引起均衡国民收入成倍的增加，投资的减少当然也会引起均衡收入成倍的减少。同时，乘数的大小还取决于边际消费倾向，它与边际消费倾向成正方向变化，边际消费倾向越大则乘数越大，反之亦然。

乘数效应也可通过图10.7来说明。图10.7中，原来的均衡点为E_0，对应的均衡国民收入为Y_0^*，若投资增加ΔI，则将引起总支出曲线向上平移ΔI个单位，从而使均衡点变为E_1，此时均衡国民收入为Y_1^*。Y_1^*与Y_0^*间的差额ΔY与ΔI的比值即为投资乘数。

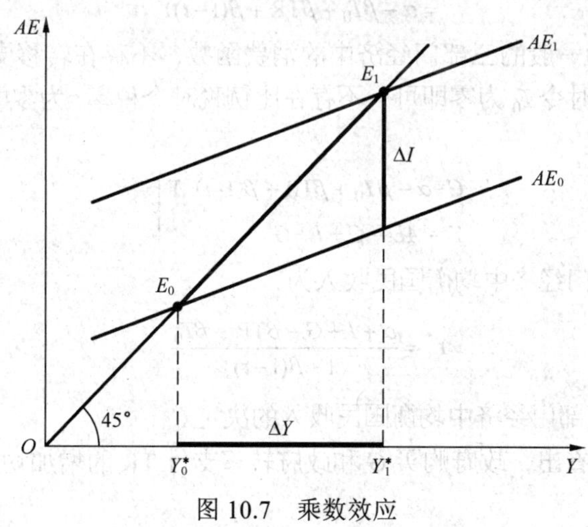

图10.7　乘数效应

上述投资乘数是以边际消费倾向不变为假定前提条件，但即使考虑到边际消费倾向递减的因素，乘数效应仍然存在，只不过乘数值会变得更小一些。

乘数理论（Multiplier theory）表明：影响国民收入的因素的变动会引起国民收入成倍的更大的变动，这就为宏观经济调控政策提供了一种理论依据。当实际国民收入与希望的国民收入不相符时，政府可以通过影响这些因素进而实现国民收入的变动。

第二节　三部门经济中国民收入的决定

三部门经济是在两部门经济的基础上再加入政府部门。上一节两部门经济中均衡国民收入的决定原理和乘数理论可以拓展到三部门经济中。本节将讨论三部门经济中均衡国民收入的决定和相应的各种乘数。

一、三部门经济中均衡收入的决定

三部门中，构成总需求的项目除了居民的消费和企业的投资外，还要加上政府购买。构成总收入的项目除了私人的消费和储蓄外，还包括政府的税收收入。一般用 G 代表政府购买，这样，均衡收入的方程式应为 $Y=C+I+G$。如果以 T_0 代表政府定量税，并假设不存在比例所得税，以 TR 表示政府向私人部门的转移支付，则消费函数可写为

$$C=\alpha+\beta(Y-T_0+\text{TR}) \tag{10.19}$$

式中，$(Y-T_0+TR)$ 为三部门经济中的可支配收入，这与两部门经济中的 $C=\alpha+\beta Y$ 并不矛盾，$C=\alpha+\beta Y$ 中的 Y 其实也是可支配收入，只是两部门经济中没有政府税收和转移支付变量。

如果以 t 代表比例所得税税率，并假定不存在定量税，则消费函数可写为

$$C=\alpha+\beta[(1-t)\ Y+\text{TR}] \tag{10.20}$$

如果比例税和定量税都存在，则消费函数可写为

$$\begin{aligned} C&=\alpha+\beta[(1-t)Y-T_0+\text{TR}] \\ &=\alpha-\beta T_0+\beta\text{TR}+\beta(1-t)Y \end{aligned} \tag{10.21}$$

式（10.21）是更为一般的三部门经济中的消费函数，不存在转移支付时令式中的 TR 为零即可，不存在定量税时令 T_0 为零即可，不存在比例税时令税率 t 为零即可。

将以下两方程联立：

$$\left.\begin{aligned} &C=\alpha-\beta T_0+\beta\text{TR}+\beta(1\text{-}t)\ Y \\ &Y=AE=C+I+G \end{aligned}\right\} \tag{10.22}$$

解联立方程，求得三部门经济中均衡国民收入为

$$Y^*=\frac{\alpha+I+G+\beta\text{TR}-\beta T_0}{1-\beta(1-t)} \tag{10.23}$$

图 10.8 可以说明三部门经济中均衡国民收入的决定。

从上述分析中可以看出，政府购买 G 和政府转移支付 TR 的增加均会带来均衡国民收入的增加，反之亦然。

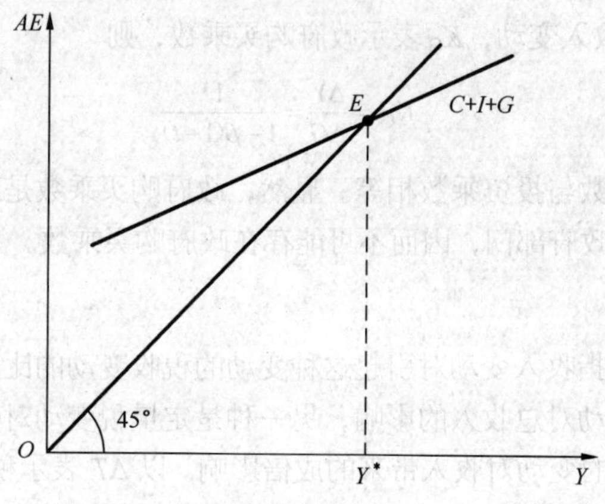

图 10.8　三部门经济中均衡收入的决定

二、三部门经济中的各种乘数

案例 10-2

减税刺激经济？

1961年当一个记者问肯尼迪总统为什么主张减税时，肯尼迪回答："为了刺激经济。"肯尼迪建议的一部分是投资税减免，它给投资于新资本的企业减税。高投资不仅直接刺激了总需求，而且也增加了经济长期的生产能力。因此，通过较高的需求增加生产的短期目标与通过较高的供给增加生产的长期目标是相对称的。实际上肯尼迪提出的减税计划最终在1964年实施时，它促成了一个经济高增长的时期。

自1964年减税以来，决策者不时地主张把财政政策作为控制总需求的工具。如布什总统企图通过减少税收扣除来加快从衰退中复苏。克林顿总统1993年入主白宫时，他的第一批建议之一就是增加政府支出的"一揽子计划"。

减税如何实现对经济的刺激作用？

加入政府部门后，不仅投资支出的变动有乘数效应，政府购买、税收、转移支付的变动同样有乘数效应，因为这些影响都会对总支出进而对均衡国民收入产生影响。怎样求得这些乘数呢？

利用式（10.23），便可求得上述几种乘数。

（一）投资乘数

所谓投资乘数，是指收入变动对引起这种变动的投资支出变动的比率。以 ΔI 表示投资变动，ΔY 表示收入变动，K_I 表示投资乘数，则

$$K_I = \frac{\Delta Y}{\Delta I} = \frac{1}{1-\beta(1-t)} \quad (10.24)$$

式中，β 为边际消费倾向，与两部门经济中的投资乘数相比较可以发现，由于比例税率 t 的存在，三部门经济中的投资乘数变得更小。如果 t 为零即不征收比例税，则与两部门经济中的投资乘数相同。

（二）政府购买乘数

所谓政府购买乘数，是指收入变动对引起这种变动的政府购买支出变动的比率。以 ΔG 表

示投资变动，ΔY 表示收入变动，K_G 表示政府购买乘数，则

$$K_G=\frac{\Delta Y}{\Delta G}=\frac{1}{1-\beta(1-t)} \tag{10.25}$$

可见，政府购买乘数与投资乘数相等。显然，政府购买乘数是三部门经济中才有的，两部门经济中由于不存在政府部门，因而不可能存在政府购买乘数。

（三）税收乘数

所谓税收乘数，是指收入变动对引起这种变动的税收变动的比率。税收对收入的影响有两种：一种是比例税变动对总收入的影响，另一种是定量税变动对收入的影响。这里的税收乘数指后者，即定量税的变动对收入带来的成倍影响。以 ΔT 表示税收总量变动，ΔY 表示收入变动，K_T 表示税收乘数，则

$$K_T=\frac{\Delta Y}{\Delta T_0}=\frac{-\beta}{1-\beta(1-t)} \tag{10.26}$$

容易发现，税收乘数 K_T 为负值，这表示均衡国民收入随税收的增加而减少，随税收的减少而增加。

（四）政府转移支付乘数

所谓政府转移支付乘数，是指收入变动对引起这种变动的政府转移支付变动的比率。以 ΔTR 表示转移支付变动量，ΔY 表示收入变动，K_{TR} 表示政府转移支付乘数，则

$$K_{TR}=\frac{\Delta Y}{\Delta TR}=\frac{\beta}{1-\beta(1-t)} \tag{10.27}$$

政府转移支付 K_{TR} 为正值，这是因为政府转移支付增加，增加了人们的可支配收入，从而消费会随之增加，总支出和均衡国民收入随之增加。

（五）平衡预算乘数

所谓平衡预算乘数，是指政府收入和支出以相等数量增加或减少时的国民收入变动与政府收支变动的比例。显然，平衡预算乘数应该等于政府购买乘数与税收乘数之和。以 K_B 表示平衡预算乘数，则

$$K_B=K_G+K_T=\frac{1}{1-\beta(1-t)}+\frac{-\beta}{1-\beta(1-t)}=\frac{1-\beta}{1-\beta(1-t)} \tag{10.28}$$

当不存在比例税（即 t 为零时），平衡预算乘数 K_B 固定为 1。

第三节　四部门经济中国民收入的决定

所谓四部门经济，是指经济社会中包括居民消费部门、企业生产部门、政府部门和国外部门（即存在对外经贸关系）。本节讨论四部门经济中均衡国民收入的决定及相应的乘数效应。

一、四部门经济中均衡国民收入的决定

开放经济中，一国均衡国民收入不仅取决于三部门经济所阐述过的国内消费、投资和政

府支出，还取决于净出口（NX），则均衡国民收入方程可写为

$$Y = C + I + G + \mathrm{NX} \tag{10.29}$$

净出口为出口与进口差额，用 X 表示出口，M 表示进口，则 $\mathrm{NX} = X - M$。出口代表国外部门对本国产品的需求，进口则代表本国对国外产品的需求。

为什么要扣除进口这一因素呢？这是因为，$C+I+G$ 虽然代表了居民、企业和政府的全部支出，但并不意味着这些支出全部花费在本国生产的商品上，有些可能是花在国外产品上（即进口），因此，应当从 $C+I+G$ 中扣除进口部分的支出，才真正代表对本国产品的总支出或总需求。这样，$C+I+G+\mathrm{NX}$ 才是四部门经济中对本国产品的需求。当然，NX 可能为正，也可能为负。

出口 X 虽然与本国产品的质量、式样等也有关系，但主要取决于国外部门的收入水平和购买力水平等，因而理论上一般将出口视为一个给定的外生变量。

进口 M 一般被假定随着本国收入水平的提高而增加，因为收入水平提高后，人们的消费需求将更为广泛和丰富，对国外产品的需要和支出也会随之不断增加。

为分析方便起见，一般假设进口增加与收入增加呈线性关系，这样，进口函数可写成为

$$M = M_0 + mY \tag{10.30}$$

式中，M_0 为自发性进口，它与收入水平无关。例如，本国不能生产，但又为国计民生必需的产品，不管收入水平高低都必须进口；m 可以理解为边际进口倾向，表示每增加一个单位收入时进口的增加量。

将均衡国民收入方程、消费函数和进口函数联立如下方程：

$$\left.\begin{aligned} Y &= C + I + G + \mathrm{NX} \\ C &= \alpha + \beta[(1-t)Y - T_0 + \mathrm{TR}] \\ M &= M_0 + mY \end{aligned}\right\} \tag{10.31}$$

解联立方程，求得四部门经济中的均衡国民收入为

$$Y^* = \frac{1}{1-\beta(1-t)+m}(\alpha + I + G + \beta\mathrm{TR} - \beta T_0 + X - M_0) \tag{10.32}$$

式（10.32）显示，国民收入与边际进口倾向 m 和自发进口 M_0 均负相关，与出口 X 正相关。增加净出口能够提高一国的国民收入水平。

四部门经济中均衡国民收入的决定也可以用图 10.9 来简单直观地表示。

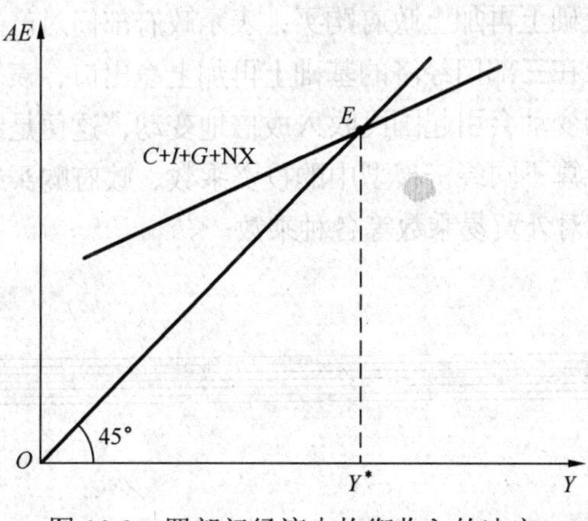

图 10.9　四部门经济中均衡收入的决定

二、四部门经济中的各种乘数

引入了国外部门和进出倾向 m 后，乘数效应将发生变化，各类乘数值有所改变。同样的道理中，这些乘数都可以通过四部门经济中均衡收入的决定式（10.32）来获得。

四部门经济中投资乘数 K_I 为

$$K_{\mathrm{I}}=\frac{\Delta Y}{\Delta I}=\frac{1}{1-\beta(1-t)+m} \quad (10.33)$$

政府购买乘数 K_G 为

$$K_{\mathrm{G}}=\frac{\Delta Y}{\Delta G}=\frac{1}{1-\beta(1-t)+m} \quad (10.34)$$

税收乘数 K_T 为

$$K_{\mathrm{T}}=\frac{\Delta Y}{\Delta T_0}=\frac{-\beta}{1-\beta(1-t)+m} \quad (10.35)$$

政府转移支付乘数 K_{TR} 为

$$K_{\mathrm{TR}}=\frac{\Delta Y}{\Delta TR}=\frac{\beta}{1-\beta(1-t)+m} \quad (10.36)$$

对外贸易乘数或称出口乘数 K_X 为

$$K_{\mathrm{X}}=\frac{\Delta Y}{\Delta X}=\frac{1}{1-\beta(1-t)+m} \quad (10.37)$$

对外贸易乘数是四部门经济中特有的。通过比较容易发现，四部门经济中乘数效应变得更小了，这主要是因为增加的收入中，有一部分用到进口商品上去。

本章小结

短期分析中，均衡产出是指与总支出或总需求相等的产出。两部门经济中，居民的消费和企业的投资构成了总需求，从而决定均衡国民收入。消费函数与储蓄函数相互对应，一方确定则另一方确定，边际消费倾向和平均消费倾向一般呈递减趋势；三部门经济中，总需求构成中需要在两部门的基础上再加上政府购买，表示政府部门对产品的支出或需求；四部门经济中，总需求构成需要在三部门经济的基础上再加上净出口，表示国外部门对本国产品的支出或需求；各项支出的变动会引起国民收入成倍地变动，这便是乘数理论，通过均衡国民收入的决定原理，可以计算不同经济模型中的投资乘数、政府购买乘数、转移支付乘数、税收乘数、平衡预算乘数和对外贸易乘数等各种乘数。

复习思考题

一、名词解释

1. 均衡产出

2. 消费函数、储蓄函数

3. 边际消费倾向、平均消费倾向

4. 边际储蓄倾向、平均储蓄倾向

5. 乘数原理

6. 投资乘数

7. 政府购买乘数

8. 税收乘数

9. 平衡预算乘数

10. 政府转移支付乘数

11. 对外贸易乘数

二、画图题

1. 画图说明消费函数与储蓄函数的对应关系。

2. 图示线性消费函数的平均消费倾向递减规律。

3. 画图说明两部门经济中均衡收入的决定及其变动。

三、计算题

1. 假设某经济社会的消费函数为 $C = 100 + 0.8Y$，投资为 50。

（1）求均衡收入、消费和储蓄；

（2）如果当时实际产出（即 GDP 或收入）为 800，企业非意愿存货投资为多少？

（3）若投资增至 100，求增加的收入；

（4）若消费函数变为 $C = 100 + 0.9Y$，投资仍为 50，收入和储蓄各为多少？投资增至 100 时收入增加多少？消费函数变动后，乘数有何变化？

2. 设一个封闭经济体系中的消费函数为 $C = 100 + 0.9(1-t)Y$。当 $I = 300$，$G = 160$，税率 $t = 0.2$，$T_0 = 0$ 时，求

（1）均衡收入为多少？

（2）投资乘数 K_I，政府购买乘数 K_G，税收乘数 K_T 分别为多少？

（3）假定政府购买增加到 300，新的均衡收入是多少？

四、问答题

1. 消费函数与储蓄函数的关系如何？

2. 西方经济学中代表性的消费函数理论有哪几种？

3. 两部门经济中均衡收入如何确定？各种乘数如何计算？

4. 三部门经济中均衡收入如何确定？各种乘数如何计算？

5. 四部门经济中均衡收入如何确定？各种乘数如何计算？

第十一章　国民收入决定的拓展

（一）：*IS-LM*模型

学习目标：本章是国民收入决定理论的拓展，讨论产品市场和货币市场共同均衡时国民收入是如何决定的。通过本章学习，要求掌握资本边际效率递减、投资和利率的决定原理，理解 *IS* 和 *LM* 曲线的含义及其推导过程，理解 *IS-LM* 模型分析产品市场与货币市场同时均衡的国民收入决定，理解 *IS* 和 *LM* 曲线移动原理及其所导致的均衡国民收入变动过程。

关键概念：投资（Investment）资本边际效率（Marginal Efficiency of Capital）　*IS* 曲线（*IS* Curve）　货币供给（Money Supply）货币需求（Money Demand）　利率（Interest Rate）*LM* 曲线（*LM* Curve）　*IS-LM* 模型（*IS-LM* Model）

第一节　*IS* 曲线

第十章讨论产品市场均衡如何确定国民收入时，着重研究了消费支出如何决定，而把投资支出假定为一个给定的外生变量。事实上，投资支出的变化非常活跃，那么投资是如何决定的呢？本章将首先探讨投资的决定问题。

一、投资的决定

投资（Investment）显然是使用非常广泛的一个概念，人们开办企业、购买股票、房产、外汇等，甚至投入感情都被称为投资。在不同的场合、不同的学科中投资有着不同的定义，即使在经济学科中，不同的分支学科所使用的投资定义也不尽相同。本书是从宏观经济学意义上来讨论投资。

（一）投资的含义与简单分类

宏观经济学意义上的投资，指的是维持、形成和扩充生产经营能力而对资本品的购买及组合行为。投资意味着资本的形成，意味着社会实际资本存量的增加，主要包括厂房、设备和存货的增加。可见，人们购买股票、债券等金融产品的金融投资行为并不属于宏观经济学意义上的投资范畴。

宏观意义上的投资经常区分为净投资、重置投资和总投资。净投资（Net Investment）是指使资本总量发生变化的投资，即意味着原有资本存量的改变。重置投资（Replacement Investment）是指用来补偿生产过程中耗费的资本设备的投资，即折旧，它是保证再生产所必需的条件。总投资（Gross Investment）是指一定时期内发生的所有投资，即净投资加重置投资。一般所说的投资指的是总投资。

（二）投资的决定因素

影响投资的因素主要是投资的预期收益与投资成本。企业决定是否投资主要取决于预期收益与投资成本的比较，只有当预期收益大于投资成本时，企业才愿意投资。这意味着企业需要将现在的投资费用与将来的预期收益进行比较，这就涉及货币的时间价值问题。

货币是有时间价值的，同等数量的货币在不同的时间点具有不同的价值。比如现在将 96 元存入银行，一年后连本带息可以获得 100 元，这意味着 1 年后的 100 元相当于现在的 96 元。所以，不同时间点的货币数量必须折算成同一时间点的价值再进行比较才有意义。未来预算收益必须折算成现在的价值才能与现期的投资成本相比较。在贴现前直接比较是不科学的，不符合经济原则，因为用于投资的货币是有机会成本的。为了更好地说明贴现率和现值概念，我们来看一个例子。

假设某人将 100 美元作为本金存入银行，年利率为 5%，复利计算，则

1 年后本利和为 $100\times(1+5\%)=105$ (美元)

2 年后本利和为 $100\times(1+5\%)\times(1+5\%)=100\times(1+5\%)^2=110.25$ (美元)

3 年后本利和为 $100\times(1+5\%)\times(1+5\%)\times(1+5\%)=100\times(1+5\%)^3=115.76$ (美元)

……

N 年后本利为 $100\times(1+5\%)^N$ 美元

如果用 P 表示现值（上例中即为本金），R_N 表示第 N 年后的本利和，r 表示利率，则

$$R_N=P(1+r)^N \qquad (11.1)$$

现在，我们反过来思考这个问题。如果已知利率和未来 N 年后的本利和，求 N 年后本利和的现值，则

$$P=\frac{R_N}{(1+r)^N} \qquad (11.2)$$

式（11.2）中的 r 起着将未来货币值按照一定比率折算成现值的作用，因而被称为贴现率。资本边际效率（Marginal Efficiency of Capital，MEC）是一种贴现率，这种贴现率正好使得一项资本物品的使用期内各预算收益的现值之和等于这项资本品的重置成本。若用 P 表示资本品的重置成本（即现在价值），R_i 表示第 i 年的预期收益，资本使用期 n 年，资本使用期满的残值为 T，则有

$$P=\frac{R_1}{(1+\text{MEC})}+\frac{R_2}{(1+\text{MEC})^2}+\cdots+\frac{R_n}{(1+\text{MEC})^n}+\frac{T}{(1+\text{MEC})^n} \qquad (11.3)$$

式（11.3）中若 P 、R_i 和 T 为已知，则可计算出资本边际效率 MEC。显然，对于理性的企业而言，如果一项投资的资本边际效率大于市场利率，则此投资是合算的，否则将不投资。

（三）投资需求曲线

实际经济生活中，每一个投资项目的资本边际效率是不一样的，每一个企业都面临着一些可供选择的投资项目。企业只投资资本边际效率大于市场利率的投资项目，资本边际效率

既定的条件下，利率降低则投资将增加，利率提高则投资减少。也就是说，投资与利率是负相关的。投资与利率的这种关系称为投资函数，I 表示投资，r 表示利率，则投资函数记为

$$I = f(r) \tag{11.4}$$

简单起见，一般假定投资与利率的函数关系为线性（图 11.1），则投资函数可写为

$$I = e - dr \tag{11.5}$$

式中，e 和 d 均为常数，其中 e 表示利率为零时将会有的投资量，称为自发投资。自发投资与利率无关，可以想象，即使利率为零，投资也不会无穷大，因为其肯定要受到货币供给量、市场容量、社会资源状况和产出水平等各方面的限制。d 为利率对投资的影响系数，或者说是投资对于利率变动的反应系数，决定投资需求曲线的陡峭程度。

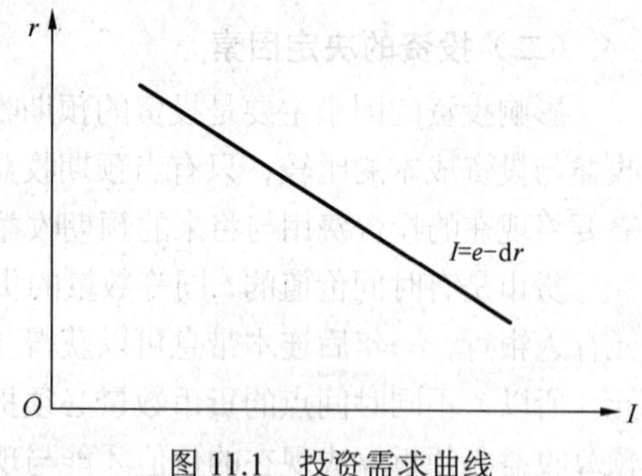

图 11.1 投资需求曲线

$$d = \frac{\Delta I}{\Delta r} \text{ 或 } d = \lim_{\Delta r \to 0} \frac{\Delta I}{\Delta r} = \frac{\mathrm{d}I}{\mathrm{d}r} \tag{11.6}$$

显然系数 d 越大，说明投资对于利率变动的反应越大，反之则反应越小。当然，除了利率这一基本因素外，投资还受到收入、预期等其他因素的影响，本章的分析中一般假设其他因素不变。

二、*IS* 曲线及其推导

（一）*IS* 曲线的含义

当投资被看作是利率的函数后，就可以进一步地用 *IS* 曲线来说明产品市场的均衡条件。所谓产品市场均衡，就是指产品市场上的总供给与总需求相等。

IS 曲线（IS Curve）表示的是投资等于储蓄（$I = S$）条件下国民收入与利率的各种组合。或者说，*IS* 曲线上任何一点所代表的利率与国民收入的组合都会使产品市场均衡。*IS* 曲线说明，要获得产品市场的均衡，利率与收入必须相互配合。

（二）两部门经济中 *IS* 曲线的推导

两部门经济中，产品市场均衡的条件为 $Y = C + I$，即总供给等于总需求。将均衡条件式、消费函数式和投资函数式联立方程：

$$\left.\begin{aligned} Y &= C + I \\ C &= \alpha + \beta Y \\ I &= e - dr \end{aligned}\right\} \tag{11.7}$$

整理后可得

$$r = \frac{\alpha + e}{d} - \frac{1-\beta}{d} Y \tag{11.8}$$

式（11.8）即表示两部经济中产品市场均衡时的利率与国民收入的函数关系。也可用图示的方法来说明上述 *IS* 曲线的推导过程。

图 11.2 中，4 个象限中的横轴纵轴代表的经济变量均为正值。容易看出，第二象限实际

上就是图 11.1 所表示的投资需求曲线，说明投资随利率的上升而减少。第四象限的储蓄曲线说明储蓄随国民收入的提高而增加。第三象限中的 45° 射线上的任何一点都意味着 $I=S$，说明两部门经济中产品市场达到均衡，因此两部门经济中，总支出等于消费加投资，总收入不是用于消费就是用于储蓄，因此当总支出等于总收入即产品市场均衡时必有投资等于储蓄，即 $I=S$。

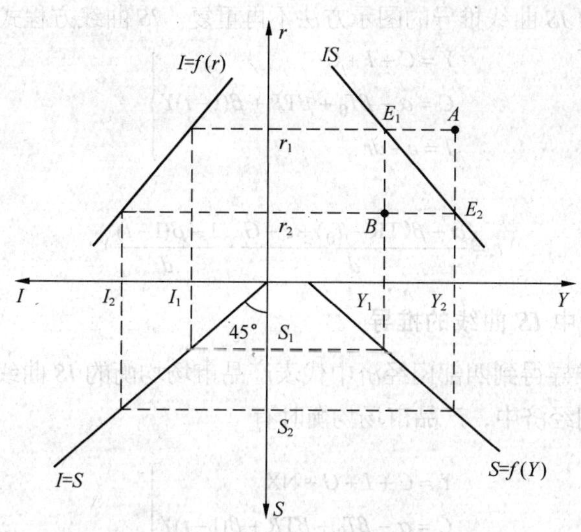

图 11.2　*IS* 曲线的推导

当利率为 r_1 时，对应的投资水平为 I_1，产品市场均衡必然要求储蓄水平为 S_1，S_1 对应的国民收入水平为 Y_1，于是便能得到当利率为 r_1、国民收入为 Y_1 时的均衡点 E_1，或者说 E_1 点所代表的利率为 r_1、国民收入为 Y_1 的组合正好实现了产品市场的均衡。类似地，我们可以得到 E_2、E_3……将所有这些点连接起来的曲线便是 *IS* 曲线。

在 *IS* 曲线以外的所有收入与利率的组合都不能使投资等于储蓄，从而都不能实现产品市场的均衡。如图 11.2 中第一象限的 *A* 点，*A* 代表的是 Y_2 与 r_1 的组合，当利率为 r_1 时，投资为 I_1，当收入为 Y_2 时，储蓄为 S_2，$S_2>I_1$，储蓄大于投资，表明产品市场非均衡。同理，*B* 表明投资大于储蓄。

可见，凡是位于 *IS* 曲线右上方的收入与利率的组合，都是投资小于储蓄的非均衡组合；凡是位于 *IS* 曲线左下方的收入与利率的组合，都是投资大于储蓄的非均衡组合。

IS 曲线向右下方倾斜，是因为较低的利率刺激投资，这就要求有更高的收入水平来促使储蓄增加才能继续维持投资与储蓄相等，即维持产品市场均衡。根据式（11.8）可知，两部门经济中 *IS* 曲线与纵轴的截距为 $\frac{\alpha+e}{d}$，斜率为 $-\frac{1-\beta}{d}$。显然，*IS* 曲线的斜率既取决于边际消费倾向 β，也取决于投资对于利率变动的敏感程度 d。如果 β 较大，意味着投资乘数就大，即投资较小的变动会引起收入较大的增加，因而 *IS* 曲线就较平缓。反之，β 较小，*IS* 曲线则较陡峭。d 是投资对利率变动的反应程度，d 较大，表示投资对利率反应比较敏感，即利率较小的变动引起投资较大的变动，进而引起收入的更多增加，*IS* 曲线就较平缓。反之，d 较小，*IS* 曲线就较陡峭。

（三）三部门经济中 *IS* 曲线的推导

应用上述两部门经济中类似的方法，可以推导出三部门经济中的 *IS* 曲线。虽然三部门经济中引入了更多的经济变量，产品市场的均衡不再是 $I = S$，而是 $I + G = S + T$，但产品市场的基本原理与两部门经济并无区别，或者三部门经济的 *IS* 曲线是两部门经济 *IS* 曲线的拓展。仍然可以运用类似于图 11.2 的图示方法推导出三部门经济中的实现产品市场均衡的 *IS* 曲线，其形状也与两部门经济中的 *IS* 曲线类似。

虽然三部门经济中的产品市场均衡条件不再是 $I = S$，但代表均衡的曲线仍然习惯地称为 *IS* 曲线。三部门经济中 *IS* 曲线推导的图示方法不再重复。*IS* 曲线方程式推导如下：

$$\left.\begin{aligned} &Y = C + I + G \\ &C = \alpha - \beta T_0 + \beta \mathrm{TR} + \beta(1-t)Y \\ &I = e - dr \end{aligned}\right\} \tag{11.9}$$

整理可得

$$r = \frac{\alpha + \beta(\mathrm{TR} - T_0) + e + G}{d} - \frac{1 - \beta(1-t)}{d}Y \tag{11.10}$$

（四）四部门经济中 *IS* 曲线的推导

同样的方法可以推导得到四部门经济中代表产品市场均衡的 *IS* 曲线。只是曲线的斜率与截距有所差别。四部门经济中，产品市场均衡时有

$$\left.\begin{aligned} &Y = C + I + G + \mathrm{NX} \\ &C = \alpha - \beta T_0 + \beta \mathrm{TR} + \beta(1-t)Y \\ &I = e - dr \\ &NX = X - M \\ &M = M_0 + mY \end{aligned}\right\} \tag{11.11}$$

整理可得到四部门经济中的 *IS* 曲线方程式为

$$r = \frac{\alpha + \beta(\mathrm{TR} - T_0) + e + G + X - M_0}{d} - \frac{1 - \beta(1-t) + m}{d}Y \tag{11.12}$$

三、*IS* 曲线的移动

从 *IS* 曲线的推导过程可以看到，*IS* 受到了投资（储蓄）、政府购买、政府转移支付和税收、净出口等诸多因素的影响。

首先是消费、投资和净出口变动的影响。当消费、投资和净出口增加时，*IS* 曲线向右上方移动，在同样的利率水平下，消费、投资或净出口支出（需求）的增加将导致国民收入随之上升。同理，消费、投资和净出口的减少将导致 *IS* 曲线向左下方移动，如图 11.3 所示。

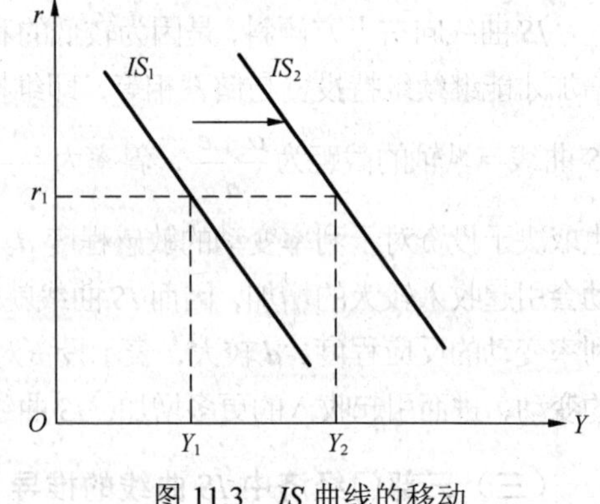

图 11.3　*IS* 曲线的移动

其次是政府购买支出和转移支付变动的影响。政府购买支出的增加导致总需求增加，国民收入随之增加，在图中即 *IS* 曲线向右上方移动；相反，政府购买支出下降将会导致 *IS* 曲线向左下方移动。政

府转移支付并不能直接增加总需求，但由于政府转移支付多为向弱势群体的单方面无偿支付，如支付给失业人员的失业金、支付给穷人的救济金等，弱势群体在接受政府转移支付后多用于当期消费以改善生活，所以政府转移支付也会间接增加社会总需求。所以，当政府转移支付增加时，*IS* 曲线向右上方移动，政府转移支付减少时，*IS* 曲线向左下方移动。

最后是税收变动。政府税收的变动对社会总需求影响极大，如果政府增加税收，则会使得企业和居民的生产积极性下降，同时也让企业和居民的实际消费和投资下降，因而总需求下降，*IS* 曲线向左下方移动；反之，如果政府减税，则总需求上升，*IS* 曲线向右上方移动。

结合 *IS* 曲线方程式不难理解，边际消费倾向 β、投资对于利率的敏感程度 d、税率 t 和边际进口倾向 m 的变动也会影响 *IS* 曲线的移动（包括 *IS* 曲线斜率的变化），这里不再详述。

第二节　*LM* 曲线

现代经济中国民收入的决定不仅涉及产品市场，也涉及货币市场。*IS* 曲线研究的是产品市场均衡时国民收入与利率的关系，*LM* 曲线则是研究货币市场均衡时国民收入与利率的关系。*LM* 曲线的推导首先要理解利率的决定理论。

一、利率的决定

第一节的理论说明，利率决定投资并进而影响国民收入。然而，利率本身是如何决定的呢？在市场经济中，利率是由货币市场的供给与需求的均衡决定的。

（一）货币供给

货币供给（Money Supply），是指一国在某一时期内为社会经济运转服务的货币存量，它由包括中央银行在内的金融机构供应的存款货币和现金货币两部分构成。货币存量根据流动性的强弱一般分为 M_1、M_2 和 M_3。

M_1 一般被称为交易货币或狭义货币，包括各种实际用于交易的货币。M_1 = 现金（或称通货）+ 活期存款 + 支票账户存款。支票账户存款是指存于商业银行或其他金融机构的能够随时开支票的款项，储户可以据此开出支票用于支付，因而类同于现金。

M_2 又称为广义货币，它包含 M_1 以及流动性差一点、不能直接作为支付工具，但可以较方便地转换为支付工具的项目，比如储蓄存款、小额定期存款和个人持有货币市场共同基金等。

M_3 包括 M_2 以及流动性更差一点的不能随时取出的大额定期存款、金融债券和机构持有的货币市场共同基金等。

显然，M_1、M_2 和 M_3 的流动性是依次递减的。世界各国由于金融市场发展水平和金融创新等方面的差异，关于货币存量划分的具体标准与方法并不完全相同。

货币的实际供给（通常用 m 表示）是由国家或中央银行加以控制和管理的，是一个给定的外生变量。

案例 11-1

我国的货币供给存量划分

我国从1994年第三季度起由中国人民银行按季向社会公布货币供应量统计监测指标。参照国际通用原则，根据我国实际情况，中国人民银行将我国货币供应量指标分为以下四个层次。

M0：流通中的现金；

M1：M0 + 企业活期存款+机关团体部队存款+农村存款+个人持有的信用卡类存款；

M2：M1 + 城乡居民储蓄存款+企业存款中定期性质的存款+外币存款+信托类存款；

M3：M2 + 金融债券+商业票据+大额可转让存单等。

2001年，中国人民银行将证券公司的客户保证金列入M2的范围。

（二）货币需求

货币需求（Demand for Money）是指人们在某一时点上愿意并且能够以货币形式持有的资产数量。对货币的需求，也被称为“流动性偏好”，指人们愿意牺牲利息等收入而持有不生息的货币来保持财富的心理倾向。

一般而言，人们的财富如果不以货币形式持有，而以债券、股票、房产等形式持有的话，是能获得利息、红利和租金等收入的。那么人们为什么愿意持有不能带来增值收益的货币呢？凯恩斯认为，人们的持币需求主要来自于三类不同的动机。

首先是交易动机。交易动机指人们持有货币的目的是为了进行正常的交易活动。市场经济环境下，个人和企业每天都在进行交易。有了货币这种媒介，进行交易活动便方便得多。这种出于交易动机产生的货币需求量取决于交易量，而交易量的大小又取决于人们的收入水平，收入越高，进行的交易量越大，由此产生的货币需求量则越大。因此，交易动机的货币需求取决于国民收入，与之同方向变动。

其次是预防动机。预防动机是指为预防意外支出而持有货币的动机。在一个充满不确定性和风险的世界中，出现无法预料的意外事件在所难免，为应付事故、失业、疾病等意外事件需要事先持有一定数量的货币。个人对于货币的预防需求主要取决于他对意外事件的看法，但从全社会来看，这一货币需求量也与收入成正比，是收入的函数。

由于交易动机和预防动机产生的货币需求均与收入同方向变动，用 L_1 表示货币的交易需求和预防需求，Y 表示收入，则二者关系可表示为

$$L_1 = f(Y) = kY \tag{11.13}$$

式中，k 为收入变动对于货币交易与预防需求（L_1）的影响系数，一般来说，$0 < k < 1$。

最后是投机动机。投机动机是指人们为抓住购买有价证券的有利时机而产生的持币动机。一般而言，利率（Interest Rate）与证券价格成反比。利率越高，则有价证券价格越低，人们估计利率再提高的可能性越来越小，反而利率降低的可能性越来越大，因而证券价格上升的可能性越来越大，所以人们这时候愿意持有有价证券以等待其价格上升而获利，即持币需求较小。相反，当利率较低时，人们的持币需求较大。从另一方面来看，放弃的利息或其他资产收益是持币的成本，利率越高意味着持币成本越高，人们将减少持币，利率越低则持币成

本越低，人们将更愿意持有货币。

因此，一般认为，货币的投机需求与利率成反比，与收入无关。用 L_2 表示货币的投机需求，r 表示利率，则二者关系可表示为

$$L_2 = \Phi(r) = u - hr \tag{11.14}$$

式中 u 为利率等于零时的货币投机需求量，是一个给定的外生变量；h 为利率变动对货币投机需求的影响系数。

凯恩斯指出，当利率极低时，人们认为利率不可能再降低了，也就是说证券的价格不可能再上升而只会下跌，因而会将持有的所有证券换成货币，更不会去购买证券。这种利率极低时，人们不管有多少货币都愿意持有在手中的情况称为“流动偏好陷阱”，或称“凯恩斯陷阱”。图 11.4 中，货币投机需求曲线平行于横轴的阶段即为凯恩斯陷阱阶段。

将货币的交易与预防需求 L_1 加上货币的投机需求 L_2，便是货币的总需求。用 L 表示货币总需求，则有

$$L = L_1 + L_2 = f(Y) + \Phi(r) \tag{11.15}$$

货币总需求曲线是表示货币总需求与利率之间的函数关系的曲线。图 11.5 中，纵轴代表利率，横轴代表货币总需求。L_1 为货币交易与预防需求线，取决于收入水平，与利率无关，在图 11.5 中为一条垂直线。L_2 曲线为货币的投机需求曲线，与收入无关，与利率成反比，当利率极低时货币投机需求将趋于无穷大（即 L_2 曲线水平阶段所代表的“凯恩斯陷阱”）。

根据 L_1 曲线和 L_2 曲线，就可获得货币的总需求曲线 L，如图 11.5 所示。

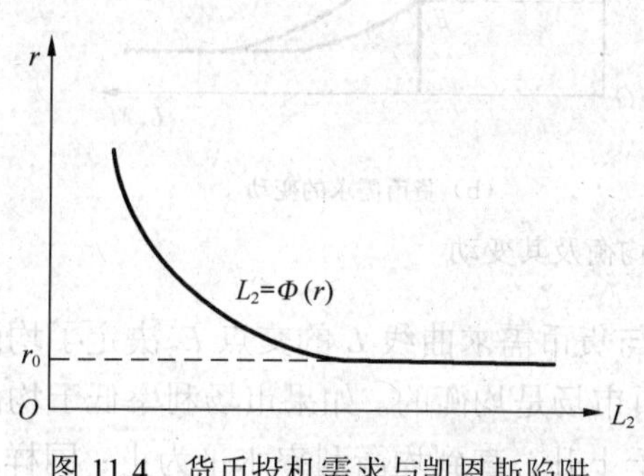

图 11.4 货币投机需求与凯恩斯陷阱

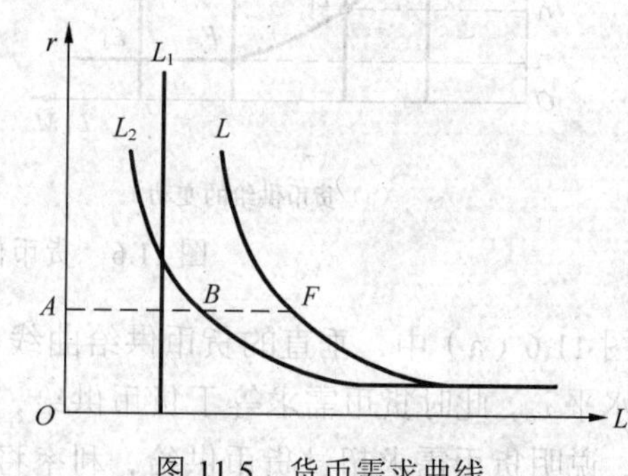

图 11.5 货币需求曲线

图 11.5 中，可以通过将 L_2 曲线向右平移 L_1 个单位获得货币总需求曲线 L。显然，图中的 $AF = AB + BF$，其中 BF 即为 L_1。不难理解，收入水平的提高会使货币总需求曲线向右移动。货币总需求曲线一般简称为货币需求曲线，货币总需求也一般简称为货币需求。

货币需求函数可记为

$$L = L_1 + L_2 = kY + u - hr \tag{11.16}$$

假设某经济社会货币需求函数为 $L=0.18Y+500-5r$，这说明该经济社会收入每增加 100 亿美元，货币需求就增加 18 亿美元；利率每提高一个百分点，货币需求就减少 5 亿美元。

以上货币需求分析中，无论是 L_1、L_2 还是 L，都是代表对货币的实际需求量。然而实际货币量与名义货币量是有区别的，两者的差异是由价格水平的变化造成的，可以通过剔除价格水平的变化来将名义货币量转换为实际货币量。

价格水平的变化通常用价格指数来衡量，如果以 m、M 和 P 分别代表实际货币量、名义货币量和价格指数，则

$$m = \frac{M}{P} \tag{11.17}$$

例如，若名义货币量 M 为 1 100 亿美元，价格指数 P 为 1.10（基数为 1，表示价格水平上涨了 10%），则实际货币量 m 为 1 000 亿美元（1 100/1.10 = 1 000）。

考虑到名义货币量与实际货币量的区别，实际货币需求函数可写为

$$\frac{M}{P} = kY + u - hr \tag{11.18}$$

名义货币需求函数则可写为

$$L = (kY + u - hr)P \tag{11.19}$$

（三）货币供求均衡和利率

将货币需求与货币供给结合起来，便可以研究货币市场供求均衡和利率的决定问题。货币供给是由中央银行应用货币政策来调节的，是一个外生变量，与利率的大小无关，因而货币供给曲线是一条垂直于横轴的直线，如图 11.6 所示。

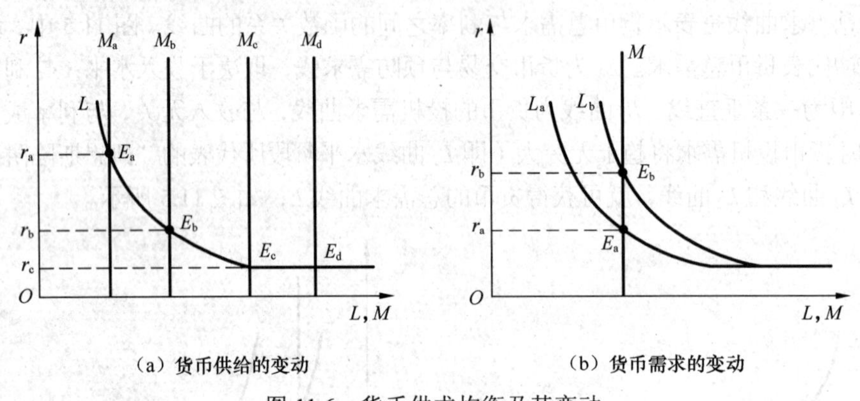

（a）货币供给的变动　（b）货币需求的变动

图 11.6　货币供求均衡及其变动

图 11.6（a）中，垂直的货币供给曲线 M_a 与货币需求曲线 L 的交点 E_a 决定了均衡的利率水平 r_a，此时货币需求等于货币供给，货币市场是均衡的。如果市场利率低于均衡利率 r_a，说明货币需求超过货币供给，利率将趋于上升，直到均衡利率水平为止；同样，如果市场利率高于均衡利率 r_a，说明货币供给超过货币需求，利率将趋于下降，直到均衡利率水平为止。只有当利率水平为 r_a 时，货币市场才停止调整，相对稳定下来，即实现了均衡。

货币供给和需求的变动会产生新的货币市场均衡。图 11.6（a）中，货币需求曲线既定，如果中央银行增加货币供给，即货币供给曲线向右平移，比如移至 M_b，此时均衡利率下降为 r_b；如果中央银行继续增加货币供给至 M_c，均衡利率将继续下降至 r_c。r_c 代表一个极低的利率水平，此时中央银行无论如何增加货币供给（比如增至 M_d），都不会使利率再下降，因为此时的货币投机需求无穷大，再多的货币供给都会被无穷大的货币需求所吸引，利率不再下降（即所谓“凯恩斯陷阱”）。

同理，货币需求的变动也会导致均衡利率的变动。图 11.6（b）中，货币供给曲线既定，货币需求曲线 L_a 由于人们的交易预防需求或投机需求增加右移至 L_b，均衡利率将由 r_a 提高至 r_b。

二、LM 曲线及其推导

（一）LM 曲线的含义

所谓货币市场的均衡就是指货币供给与货币需求相等。LM 曲线（LM Carue）表示的是货币供给等于货币需求（即货币市场均衡）条件下国民收入与利率的各种组合。或者说 LM 曲线上任何一点所代表的国民收入与利率的组合都会使货币市场均衡。LM 曲线说明，要获得货币市场的均衡，国民收入与利率必须相互配套。

（二）LM 曲线的推导

前述理论表明，利率是由货币市场上的供给和需求的均衡决定的，而货币供给由中央银行控制，因而被假定为一个外生变量。在货币供给量既定的条件下，货币市场的均衡只能通过调节货币需求来实现。

假定 M 代表货币供给量，L 代表货币需求量，见式（11.19），则货币市场实现均衡时必有

$$M = L = (kY + u - hr)P \tag{11.20}$$

整理后可得

$$r = \frac{u}{h} - \frac{M}{hP} + \frac{k}{h}Y \tag{11.21}$$

式（11.21）即为 LM 曲线方程表达式，表示货币市场均衡时的利率与国民收入的函数关系。也可用图示的方法来说明上述 LM 曲线的推导过程。

图 11.7 中，四个象限中的横轴纵轴代表的经济变量均为正值。第二象限表示货币的投资需求是利率的减函数。第四象限表示货币的交易和预防需求是国民收入的增函数。第三象限的图形为一个等腰直角三角形，腰长（即 OH 和 ON）代表中央银行控制的货币供给量。不难理解，该等腰直角三角形斜边上的任何一点所代表的货币交易和预防需求 L_1 和货币投机需求 L_2 等于既定的货币供给量。如 E 点代表的货币交易与预防需求为 L_{1b}，货币投机需求为 L_{2b}，显然 $L_{1b} + L_{2b} = OH = ON$。同理 F 点代表的货币交易与预防需求为 L_{1a}，货币投机需求为 L_{2a}，显然 $L_{1a}+L_{2a} = OH = ON$。也就是说，第三象限等腰直角三角形斜边上的任何一点都代表货币市场均衡。

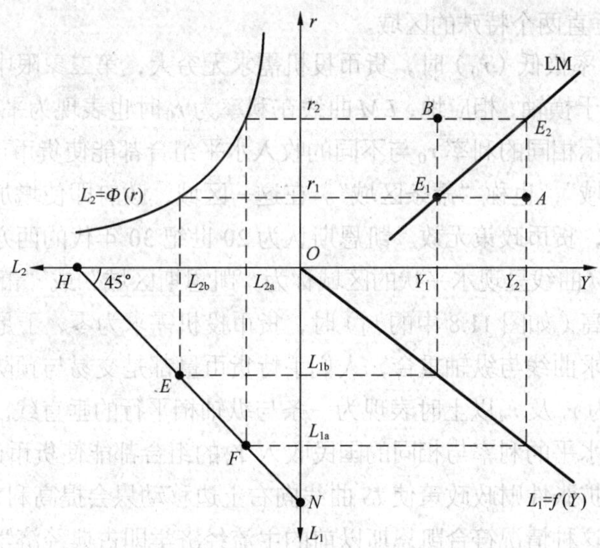

图 11.7 LM 曲线的推导

当利率为 r_1 时，货币投机需求为 L_{2b}，如果这时收入水平为 Y_1，则货币交易与预防需求为 L_{1b}，正好货币总需求（$L_{1b}+L_{2b}$）等于货币总供给（OH 或 ON），实现货币市场均衡，说明国民收入 Y_1 与利率 r_1 的组合正好能实现货币市场的均衡，均衡点为 E_1。同样的道理，可以找到均衡点 E_2，将所有这些均衡点连接起来的曲线便是 *LM* 曲线。

可见，*LM* 曲线表示的是货币市场均衡条件下国民收入与利率的各种组合。或者说，*LM* 曲线上任何一点所代表的国民收入与利率的组合都能够实现货币总供给等于货币总需求。

LM 曲线向右上方倾斜，表明随国民收入提高，利率随之提高。这是因为，收入提高会增加货币交易与预防需求，从而要求利率提高以减少投机需求，这样才能继续维持货币市场总需求等于既定的货币总供给。

LM 曲线以外的任何一点所代表的收入与利率的组合都不能实现货币市场均衡，从而都是非均衡点。如图 11.7 中的 *A* 点，*A* 点是利率 r_1 和收入 Y_2 的组合，利率 r_1 时货币投机需求为 L_{2b}，收入 Y_2 时货币交易与预防需求为 L_{1a}，$L_{2b}+L_{1a}>ON$，即货币需求大于货币供给。类似地，可以证明，*B* 点所代表的利率与收入组合将导致货币供给大于货币需求。

可见，凡是位于 *LM* 曲线右下方的收入与利率组合，都是货币需求大于供给的非均衡组合；凡是位于 *LM* 曲线左上方的收入与利率组合，都是货币供给大于货币需求的非均衡组合。

三、*LM* 曲线的斜率

从上述 *LM* 曲线的推导过程可以看到，*LM* 曲线的斜率取决于货币投机需求和交易与预防需求曲线的斜率。*LM* 曲线代数方程式 $r=\frac{u}{h}-\frac{M}{hP}+\frac{k}{h}Y$ 中，$\frac{k}{h}$ 便是 *LM* 曲线的斜率。

一般认为，货币的交易和预防需求函数比较稳定，即 k 取值相对稳定。这样，*LM* 曲线的斜率就主要取决于货币投机需求曲线的斜率 h。h 值越大，即货币投机需求对利率敏感度越高，则 $\frac{k}{h}$ 值越小，*LM* 曲线越平坦；反之，*LM* 曲线越陡峭。当利率极低或极高时，将出现 *LM* 曲线呈现水平或垂直两个特殊的区域。

图 11.8 中，当利率极低（r_0）时，货币投机需求无穷大，第二象限中的货币投机需求曲线在利率为 r_0 时平行于横轴，相应地，*LM* 曲线在利率为 r_0 时也表现为平行于横轴的水平线。这段水平线上的点表示相同的利率 r_0 与不同的收入水平组合都能使货币市场均衡。这一区域被称之为“凯恩斯区域”，也称“萧条区域”。在这一区域，政府即使增加货币供给，也不能降低利率和增加收入，货币政策无效。凯恩斯认为 20 世纪 30 年代的西方国家经济衰退就是这种情况，后人把 *LM* 曲线呈现水平状的区域称为“凯恩斯区域”或“萧条区域”。

相反，当利率极高（如图 11.8 中的 r_n）时，货币投机需求为零，于是利率水平在 r_n 及 r_n 以上时，货币投机需求曲线与纵轴重合，人们手持货币量都是交易与预防需求量，相应地，*LM* 曲线在利率水平为 r_n 及 r_n 以上时表现为一条与纵轴相平行的垂直线。垂直阶段的 *LM* 曲线的不同点代表不同水平的利率与相同的国民收入 Y_n 的组合都能使货币市场均衡。在 *LM* 曲线的垂直阶段，实行扩张性财政政策使 *IS* 曲线向右上边移动只会提高利率而不能增加收入，因而财政政策无效，这种情况符合凯恩斯以前的主流经济学即古典经济学派的基本理论，因此 *LM* 曲线呈垂直状态的这一区域也被称为“古典区域”。

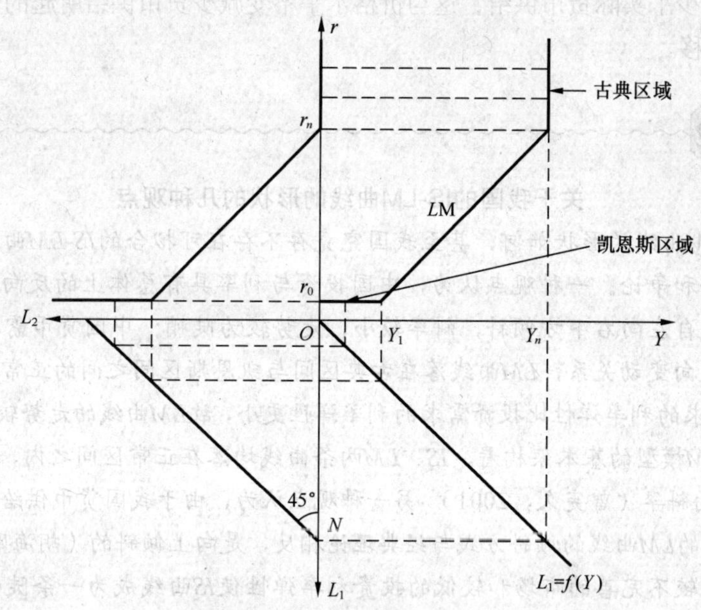

图 11.8 *LM* 曲线的两个特殊区域

凯恩斯区域与古典区域之间的这段 *LM* 曲线是中间区域，*LM* 曲线的斜率在古典区域无穷大，在凯恩斯区域为零，在中间区域则为正值。这一点可以在图 11.8 中清楚看出，也可以在 *LM* 曲线代数方程式中得到说明，这里不再赘述。

注意，在讨论 *IS-LM* 模型时，一般将 LM 曲线上述两个特殊区域省略掉。

四、*LM* 曲线的移动

LM 曲线的代数方程式 $r=\frac{u}{h}-\frac{M}{hP}+\frac{k}{h}Y$ 中，不考虑斜率为零和无穷大两个特殊区域时，$\frac{k}{h}$ 是其斜率，$\frac{u}{h}-\frac{M}{hP}$ 便是其在纵轴的截距。假定 k、h、u 不变（即不考虑 *LM* 曲线斜率变动），则导致 *LM* 曲线的移动（截距发生变化）的因素只能是货币供给量 M 的变化和价格水平 P 的变化。

（1）货币供给增加使 *LM* 曲线向右移动，货币供给减少使其向左移动。从 *LM* 曲线代数方程式来看，货币供给增加即式中的 M 增大，则 *LM* 曲线的在纵轴的截距将变得更小，从而 *LM* 曲线右移（图 11.9）。从经济意义上来看，货币供给 M 增加，会降低利率，刺激收入增加，从而使得原来利率水平所对应的国民收入增加，*LM* 曲线右移。反之，货币供给 M 减少，*LM* 曲线左移。

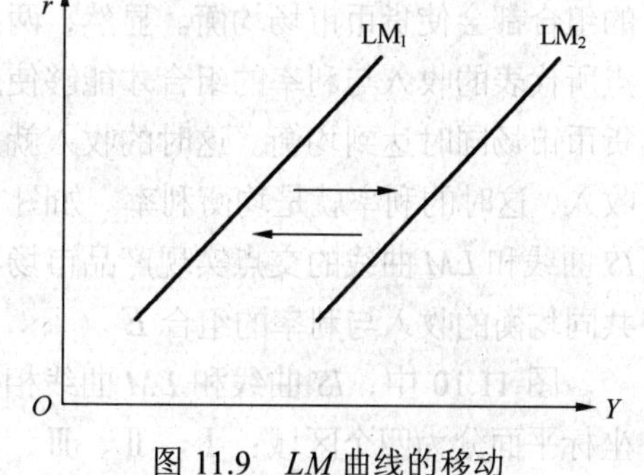

图 11.9 *LM* 曲线的移动

（2）价格水平提高使 *LM* 曲线向左移动，价格水平降低使其向右移动。同样的道理，价格水平 P 增大使 *LM* 曲线截距变得更大，从而 *LM* 曲线左移。反之，价格水平下降，*LM* 曲线右移。从经济意义上看，在名义货币供给不变的条件下，价格水平的提高减少了实际货币供给，这与价格水平不变减少货币供给所起的作用是一样的，将使 *LM* 曲线左移。

案例 11-2

关于我国的IS-LM曲线的形状的几种观点

我国的*IS-LM*曲线的形状如何，甚至我国究竟存不存在可拟合的*IS-LM*曲线，理论界都有各种不同的看法和争论。一种观点认为，中国投资与利率具有总体上的反向变动关系，IS曲线在正常区间内自左向右下方倾斜，斜率较小，走势较为陡峭；中国货币需求与利率之间亦存在总体上的反向变动关系，*LM*曲线落在古典区间与凯恩斯区间之间的正常区间内，走势十分陡峭；货币需求的利率弹性比投资需求的利率弹性更小，故*LM*曲线的走势较之*IS*曲线更为陡峭。从中国*IS-LM*模型的基本架构看，*IS*、*LM*两条曲线均落在正常区间之内，且*IS*曲线的斜率要大于*LM*曲线的斜率（曾宪久，2001）。另一种观点认为，由于我国货币供给和利率变动方式特殊，因此我国的*LM*曲线的倾斜方式与经典理论相反，是向上倾斜的（胡海鸥，2001）。还有观点认为，我国较不完善的市场和较低的投资利率弹性使*IS*曲线成为一条陡峭的向左上方倾斜的曲线，而*LM*曲线却是很不稳定的（任太增，2000；李殊 等，2002）。还有观点认为，中国*IS-LM*模型中的参数欠常数性表明频繁地改变制度会增加宏观经济政策作用大小的不确定性，使我们不能用它精确计算宏观经济政策对关注变量的影响程度（司春林 等，2002）。

第三节 *IS-LM* 模型分析

将第一节所阐述的 *IS* 曲线与第二节所阐述的 *LM* 曲线综合起来，便能讨论产品市场与货币市场共同均衡时国民收入和利率的决定问题。

一、均衡的国民收入与利率

从前面的分析中已经知道，*IS* 曲线上任何一点代表的收入与利率的组合都会使产品市场均衡，*LM* 曲线上的任何一点所代表的收入与利率的组合都会使货币市场均衡。显然，两条曲线的交点所代表的收入与利率的组合才能够使产品市场与货币市场同时达到均衡。这时的收入就是均衡国民收入，这时的利率就是均衡利率。如图 11.10 所示，*IS* 曲线和 *LM* 曲线的交点实现产品市场与货币市场共同均衡的收入与利率的组合 E。

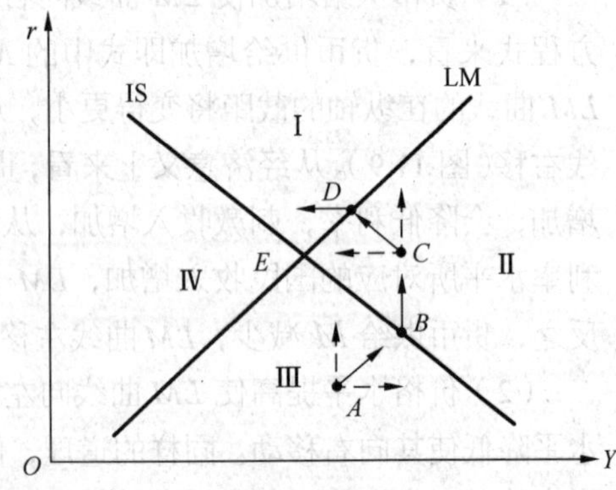

图 11.10 产品市场与货币市场的一般均衡

图 11.10 中，*IS* 曲线和 *LM* 曲线相交后将整个坐标平面分为四个区域：Ⅰ、Ⅱ、Ⅲ、Ⅳ，4 个区域都存在产品市场和货币市场的非均衡状态。例如，区域Ⅰ中的任何一点，一方面在 *IS* 曲线右上方，因此有投资小于储蓄的非均衡；另一方面又

在 *LM* 曲线的左上方，因此有货币需求小于货币供给的非均衡。其余三个区域的非均衡关系也可以同样推知，四个区域中的非均衡关系如表 11.1 所示。

表 11.1　产品市场与货币市场的非均衡

区　域	产品市场	货币市场
Ⅰ	$I<S$　有超额产品供给	$L<M$　有超额货币供给
Ⅱ	$I<S$　有超额产品供给	$L>M$　有超额货币需求
Ⅲ	$I>S$　有超额产品需求	$L>M$　有超额货币需求
Ⅳ	$I>S$　有超额产品需求	$L<M$　有超额货币供给

各个区域中存在的不均衡状态都会得到调整。产品市场不均衡会导致收入变动，投资大于储蓄会导致收入上升，投资小于储蓄时导致收入下降；货币市场不均衡会导致利率变动，货币需求大于供给时会导致利率上升，货币需求小于供给时会导致利率下降。这种调整最终会使平面上的任何一点都逐渐趋向于 *E* 点，最终达到产品市场与货币市场的共同均衡。

例如，起初市场处于区域Ⅲ中的 *A* 点，此时 $I>S$，存在超额产品需求，这将导致收入增加，收入从 *A* 点向右平行移动；同时 A 点也处于 $L>M$ 状态，存在超额货币需求，这将导致利率上升，利率从 A 点向正上方垂直移动；这两个方向的调整的合力将使 A 点向右上方移动，例如到达 B 点，如图 11.10 所示。

B 点处，$I=S$，收入不再调整，但这时的货币需求仍然大于货币供给，这将导致利率继续上升，这时只有一种调整力量，因此 *B* 点向正上方垂直移动，例如到达 *C* 点。

C 点处，$I<S$，存在超额产品供给，这将导致收入下降，收入从 *C* 点向左平行移动；同时 *C* 点也意味着 $L>M$，仍存在超额货币需求，这将导致利率上升，利率从 C 点向正上方垂直移动；这两个方向的调整的合力将使 *C* 点向左上方移动，例如到达 *D* 点。

同理，*D* 点将继续移动……直到 *E* 点才停止，实现产品市场与货币市场的共同均衡。

二、均衡国民收入与利率的变动

前面已经提到，政府支出、消费和投资支出等经济变量的变化会导致 *IS* 曲线的移动，货币供给和价格水平的变动会导致 *LM* 曲线的移动。显然 *IS* 曲线和 *LM* 曲线的移动将导致均衡国民收入和均衡利率的变动。图 11.11 体现了均衡收入与均衡利率的变动。

当 *LM* 曲线不变而 *IS* 向右上方移动时，均衡国民收入将提高，同时均衡利率也上升。这是因为，*IS* 曲线右移是由于消费、投资或政府支出增加导致的，支出增加使国民收入增加。收入增加了，货币的交易和预防需求增加，在 *LM* 曲线不变（货币供给不变）的前提下，需要减少货币投机需求来增加交易和预防需求，即利率上升。同样可以说明，*LM* 不变时 *IS* 曲线向左下方移动时，均衡国民收入与均衡利率都会下降。

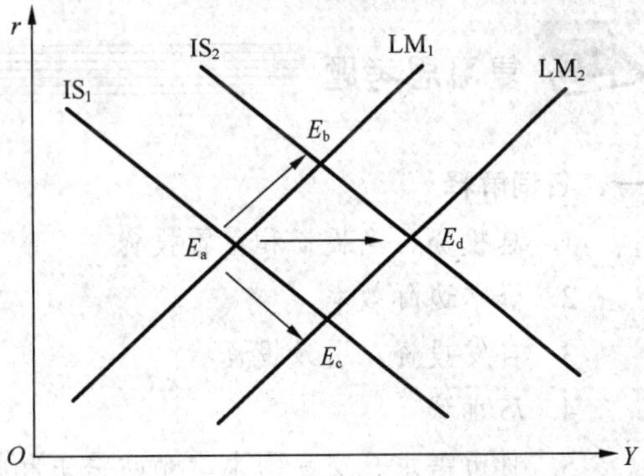

图 11.11　均衡收入与均衡利率的变动

当 *IS* 曲线不变而 LM 曲线向右下方移动时，均衡国民收入将提高，利率则下降。这是因为，LM 曲线右移，或者是因为货币供给不变而货币需求下降，或者是因为货币需求不变而货币供给增加，总之意味着货币市场供过于求，这将导致利率下降。利率的下降会刺激消费和投资，从而使国民收入增加。相反，当 IS 曲线不变而 LM 曲线向左上方移动时，则会使均衡收入下降，均衡利率上升。

当 IS 曲线和 LM 曲线同时移动时，均衡收入与均衡利率的变动情况要视 IS 曲线和 LM 曲线移动的具体组合情况而定。不同的 IS 曲线移动与 LM 曲线移动组合其实意味着不同的财政政策与货币政策的具体组合，这些不同的政策组合将导致不同的政策效果。关于这一点我们将在宏观经济政策中详细说明。

本章小结

IS 曲线是指产品市场均衡时，利率和国民收入组合的轨迹。产品市场均衡需要投资与储蓄相等，投资决定于利率，储蓄决定于收入，产品市场均衡时总产出与利率之间存在着反向变化的关系，即利率提高时总产出水平趋于减少，利率降低时总产出水平趋于增加。凯恩斯认为个人与企业需要货币出于三种动机：交易动机、预防动机和投机动机。对货币的总需求就是对货币的交易需求和预防需求与对货币的投机需求之和。当利率非常低时，人们认为利率不会再降低而只能上升，或者说有价证券的价格不会再上升而只会跌落，因而会将所持有的有价证券售出来换成货币，即使手中又另外新增了货币，也决不肯再去购买有价证券，以免证券价格下跌而遭受损失，即人们不管有多少货币都会持在手中，这种情况叫做“凯恩斯陷阱”或“流动偏好陷阱”。LM 曲线表示在货币市场达到均衡（即 $L = M$）时，利率和国民收入之间的关系。LM 曲线的垂直区域也称为“古典区域”；LM 曲线的水平区域称为“凯恩斯区域”；介于凯恩斯区域和古典区域之间的是“中间区域”。结合 IS 曲线和 LM 曲线可以得到产品市场与货币市场同时均衡时的国民收入与利率的组合，当 IS 和 LM 曲线移动时，均衡国民收入与均衡利率将发生变动，宏观经济政策正是通过移动 IS 或 LM 曲线来实现其政策效果的。IS-LM 模型是凯恩斯宏观经济理论和政策分析的核心。

复习思考题

一、名词解释

1. 总投资、净投资和重置投资
2. 资本边际效率
3. 自发投资、引致投资
4. IS 曲线
5. 货币需求、交易需求、预防需求和投机需求
6. 凯恩斯陷阱
7. LM 曲线

二、画图题

1. 画图说明 *LM* 曲线的三个区域及其对应的政策含义。

2. 图示 *IS* 曲线的推导过程。

3. 图示 *LM* 曲线的推导过程。

4. 画图说明产品市场和货币市场均衡及均衡的变动过程。

三、计算题

1. 在两部门经济中，若社会投资函数 $I=150-2r$，储蓄函数 $S=-50+0.2Y$。求 *IS* 曲线方程。

2. 假定货币需求函数 $L=0.2Y-4r$，货币供给量 $M=200$。求 *LM* 曲线方程。

3. 假设在一个只有家庭和企业的两部门经济中，消费 $C=100+0.8y$，投资 $i=150-6r$，实际货币供给 $m=150$，货币需求 $L=0.2y-4r$（单位都是亿美元），求

（1）*IS* 和 *LM* 曲线方程；

（2）产品市场和货币市场同时均衡时的利率和收入。

四、问答题

1. 投资是如何决定的？

2. *IS* 曲线的涵义是什么？如何推导？

3. 货币需求是如何决定的？

4. *LM* 曲线的含义是什么？如何推导？

5. 如何利用 *IS-LM* 模型分析产品市场与货币市场的一般均衡及其变动？

第十二章　国民收入决定的拓展（二）：总需求—总供给模型

学习目标：本章讨论价格水平的决定及价格变动对总需求、总供给对国民收入的影响机制。通过本章学习，要求掌握总需求曲线与总供给曲线的基本形状与含义，理解总需求与总供给曲线移动原理及其产生的效应，能够应用总供求模型分析经济波动的凯恩斯主义理论。

关键概念：总需求（Aggregate Demand）　总供给（Aggregate Supply）　工资刚性（Wage Rigidity）　工资粘性（Wage Sticky）　价格粘性（Price Sticky）

案例 12-1

中国政府应对金融危机的一揽子计划

2008年，美国爆发的次贷危机逐渐演化为全球性的金融危机。为了应对这次国际金融危机，中国政府全面实施了促进经济平稳较快发展的一揽子计划。一揽子计划包括加大投资力度和优化投资结构、着力扩大消费需求特别是居民消费需求、促进房地产市场平稳健康发展、努力保持出口稳定增长、着力提高企业素质和市场竞争力、做好金融财政工作、积极推进关键环节和重点领域改革等各个方面。国务院确定了扩大内需的4万亿投资计划。

中国政府应对金融危机的一揽子计划包含了怎样的宏观经济学原理呢？

第一节　总需求曲线

在微观经济学中，我们运用产品的需求曲线和产品的供给曲线分析个别产品市场的波动和均衡。本章我们利用总需求与总供给模型分析整个宏观经济的波动和均衡。

一、总需求和总需求曲线

（一）总需求

总需求（Aggregate Demand）是经济社会在一定价格水平时所愿意并能够购买的产品和劳务的总量。宏观经济学中的总需求也必须同时符合两个条件：它不仅指整个社会对物品和劳务需求的愿望，而且指该社会对这些物品和劳务的支付能力。因此，总需求实际上就是经济社会的总支出，也经常被称为有效需求。

四部门经济中，总需求由消费需求、投资需求、政府需求和国外净出口需求构成。用 AD 表示总需求，则有

$$\text{AD} = C + I + G + \text{NX} \tag{12.1}$$

式中，C 为消费需求，I 为投资需求，G 为政府购买需求，NX 为净出口需求。

（二）总需求函数

影响总需求的因素很多，比如价格水平、人们收入、对未来价格预期、政府税收和财政与货币政策等。在这些众多因素中，总需求与价格水平之间的关系被称为总需求函数，即

$$AD = \text{AD}(P) \tag{12.2}$$

式（12.2）表示在各种不同的价格水平下，经济社会需要多大的国民收入以满足社会全体成员对最终产品与劳务的需求。或者说，总需求函数所要说明的是使产品市场与货币市场同时均衡的社会总需求与价格水平的关系。可以从 IS 曲线和 LM 曲线推导出总需求曲线，这里以两部门经济为例说明总需求曲线的推导。

第十一章的分析中我们已经知道，两部门经济中，IS 曲线可写为

$$r = \frac{\alpha + e}{d} - \frac{1-\beta}{d}Y \tag{12.3}$$

两部门经济中，LM 曲线可写为

$$r = \frac{u}{h} - \frac{M}{hP} + \frac{k}{h}Y \tag{12.4}$$

联立式（12.3）和式（12.4），消除利率 r，将 Y 写成 P 的函数，可得

$$Y = \frac{Md}{h - h\beta + dk} \cdot \frac{1}{P} - \frac{\alpha h + eh - ud}{h - h\beta + dk} \tag{12.5}$$

式（12.5）表示了不同的价格 P 与不同的总需求量 Y 之的函数关系，即两部门的总需求函数，反映了产品市场与货币市场同时均衡时，价格水平与产出水平的关系。用同样的方法可以获得三部门、四部门经济的总需求曲线。

（三）总需求曲线的形状

在价格水平为纵坐标，产量水平为横坐标的坐标系中，总需求函数的几何图形表示就是总需求曲线。它上面的每一个点都代表了使经济实现产品市场与货币市场一般均衡时的产量与价格的一种组合。

一般而言，总需求曲线是向右下方倾斜的，即总需求与价格水平之间是反向变化的，价格水平上升，均衡的国民收入下降；价格水平下降，均衡的国民收入上升。一般将总需求曲线假定为线性，如图 12.1 所示。

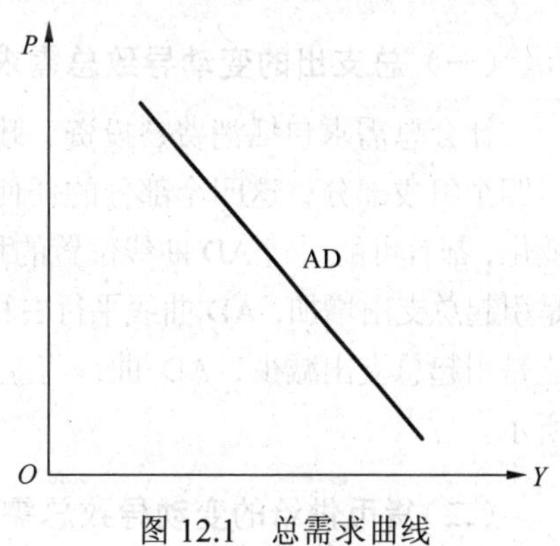

图 12.1　总需求曲线

总需求曲线为什么是向右下方倾斜的呢？其原因主要包括实际余额效应、利率效应和净出口效应。

1. 实际余额效应

价格水平的上涨，使银行存款、债券、基金和股票等金融资产在名义余额未变的前提下实际购买力减少，人们感觉到自己所拥有的金融资产不像以前那么“值钱”了，比过去更穷了，因而将减少消费需求，进而总需求减少。相反，如果价格水平下降，金融资产实际余额增加，人们将增加消费，总需求随之增加。这种价格水平的变化引起金融资产实际余额的反方向变动，进而使总需求和产出反方向变动的情况被称为实际余额效应，也叫做财富效应，是 AD 曲线向右下方倾斜的原因之一。

2. 利率效应

价格水平的上升，意味着商品和劳务更加昂贵，无论是消费还是投资都需要比过去更多的货币，即货币需求量会因价格水平上升而增加。在货币供给不变的条件下，利率将随之提高，利率的提高不仅会减少投资需求，也会抑制部分消费需求，总需求趋于减少。相反，如果，价格水平下降，利率将下降，进而投资和消费需求增加，总需求增加。这种价格水平变动引起利率同方向变动，进而使总需求和产出水平反方向变动的情况被称为利率效应。利率效应是 AD 曲线向右下方倾斜的又一原因。

3. 净出口效应

开放经济条件下，一国价格水平的上升意味着国外产品和劳务相对变得更便宜，这将导致进口增加和出口减少，本国产品总需求减少。相反，一国价格水平的下降意味着本国产品和劳务变得相对更便宜，这将导致出口增加和进口减少，本国产品总需求增加。这种价格水平的变化引起的净出口反方向变动，进而总需求和产出水平反方向变动的效应被称为净出口效应。净出口效应也是 AD 曲线向右下方倾斜的原因之一。

二、总需求曲线的移动

总需求曲线向右下方倾斜说明价格水平与总需求和产出之间存在反方向变动的关系。但是，除了价格水平外，还有其他很多因素都会对社会总需求产生影响。一旦这些因素变化，*AD* 曲线的位置就会发生移动，说明在每一个价格水平下社会总需求的数量都比以前变得更多或者更少。

概括而言，总需求曲线的移动主要来自于两个方面。

（一）总支出的变动导致总需求曲线的移动

社会总需求包括消费、投资、政府购买和净出口四个组成部分，这四个部分的任何一个部分发生变化，都有可能引起 AD 曲线位置的移动。如果变化是引起总支出增加，AD 曲线平行右移；反之如果变化是引起总支出减少，AD 曲线将左移，如图 12.2 所示。

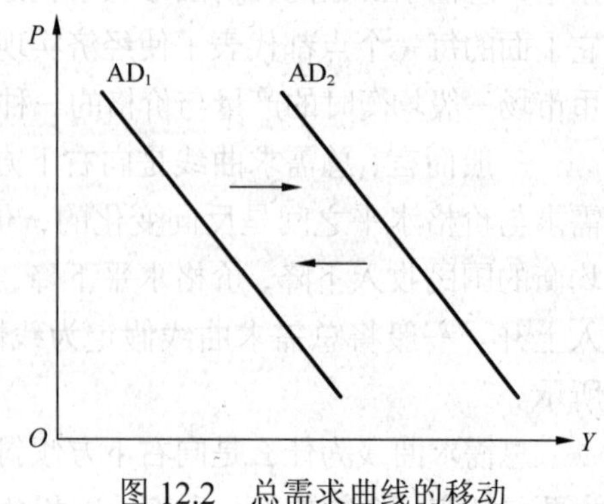

图 12.2　总需求曲线的移动

（二）货币供给的变动导致总需求曲线的移动

货币供给增加，在货币需求不变的条件下将使均衡利率下降，从而投资和消费增加，总需求曲线平行右移；反之，货币供给减少，在货币需求不变的条件下将使均衡利率上升，从而投资和消费减少，总需求曲线平行左移。

第二节 总供给曲线

总供给（Aggregate Supply，AS）是指在任一价格水平下，经济社会中的所有企业愿意并且能够提供的产品和服务的总量。总供给曲线反映总供给量和价格水平之间的函数关系。

经济学理论中，总供给曲线是个较为复杂的问题。按照货币工资 W 和价格水平 P 进行调整所要求的时间的长短，宏观经济学将总产出与价格水平之间的关系分为三种，即古典总供给曲线、凯恩斯总供给曲线和常规总供给曲线。

一、古典总供给曲线

凯恩斯之前的古典学派经济学家在研究宏观经济运行时，一直信奉劳动市场是完全竞争的，价格和货币工资具有完全的伸缩性，经济的就业水平会处在充分就业的状态上。在具有伸缩性的工资和价格下，实际工资立即调整到劳动供求相等的水平，从而使劳动市场处于均衡状态，宏观经济学称其为充分就业状态。

需要注意的是，充分就业并非指每个有工作能力的人都能够就业的状态，即使在充分就业状态仍然会存在摩擦性失业、自愿失业等情况。关于这一点，我们还将在下一章的内容中详细论述。

古典总供给曲线是一条垂直线，如图 12.3 所示。

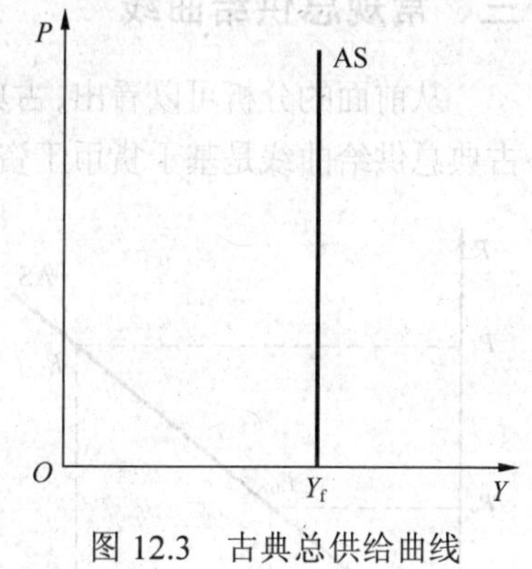

图 12.3 古典总供给曲线

价格水平 P 上升时，由于货币工资 W 的完全伸缩性，名义工资会很快同比例上升，从而实际工资 W/P 保持不变，劳动力市场迅速恢复均衡，就业量也迅速恢复到原来的充分就业水平，由就业量决定的总产出亦维持在原有水平。如果名义工资的上升幅度小于物价的上升幅度，意味着实际工资下降，这将导致劳动力需求增加，由于劳动供给已经处于充分就业状态，因而名义工资将继续上升，直至等同于物价上升的幅度，实际工资和就业量均保持不变。同样的道理，当价格水平 P 下降时，名义工资 W 会随之同比例下降，从而实际工资 W/P 和就业量均保持不变。

上述分析中，经济社会就业量并不随价格水平的变化而变化，从而就业量决定的总产出或总供给也不随价格水平的变化而变化。因此，在古典经济学家所信奉的价格水平和货币工资具有完全伸缩性条件下，总供给 AS 曲线垂直于横轴。

在现代宏观经济学看来，古典学派关于货币工资和价格水平调整的一致性只有在时间足够长的情况下才符合实际，因此垂直于横轴的古典总供给曲线也被称为长期总供给曲线。

二、凯恩斯总供给曲线

凯恩斯总供给曲线是针对西方国家严重的经济大萧条提出的。当时西方世界存在大量的失业人口和剩余生产力，凯恩斯针对这种情况提出了价格"刚性"假设，即由于各种原因，货币工资和产品价格都不会轻易变动。

为什么凯恩斯假设产品价格和货币工资是"刚性"或固定不变的呢？在严重衰退和萧条时期，经济中存在着许多空闲资源，经济社会远未达到充分就业状态。由于市场上只有过剩，不存在短缺，因而不会对价格造成上涨的压力，生产者可以在现行货币工资下雇佣到足以满足生产需要的劳动力及其他资源，生产者的成本因而不随产量的变化而变化，使得生产者也愿意以当前价格提供更多的产量。大萧条时期的情况也表明，当产量和国民收入增加时，价格与货币工资均不会发生变化。

因此，凯恩斯总供给曲线是一条水平线，如图 12.4 所示。

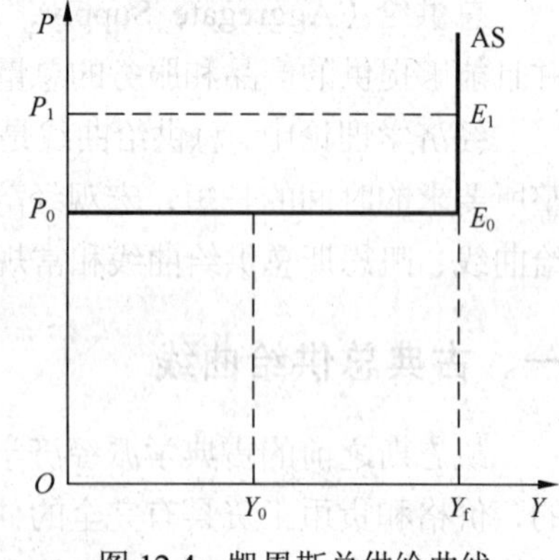

图 12.4 凯恩斯总供给曲线

图 12.4 中，Y_f表示充分就业的产量或国民收入。P_0E_0为一条水平线，表示在产量小于 Y_f之前，由于货币工资和价格刚性的存在，在既定价格 P_0 上经济社会可以提供任何数量的 Y_0。或者说，在到达充分就业产量之前，经济社会能够按照既定的价格水平提供任何数量的产出或国民收入。在到达充分就业产出 Y_f之后，经济社会已经没有多余的生产能力，从而不可能提供更多的产出，因此，总需求增加不可能增加产出，只会引起价格的上升。如 E_1 点，产量仍旧为充分就业时的产出 Y_f，但是，价格已上升至 P_1。

三、常规总供给曲线

从前面的分析可以看出，古典总供给曲线和凯恩斯总供给曲线分别代表两种极端的状态。古典总供给曲线是基于货币工资和价格能够立即调整、具有完全伸缩性的假设，凯恩斯总供给曲线则是基于货币工资和价格不能进行调整、完全刚性的假设。

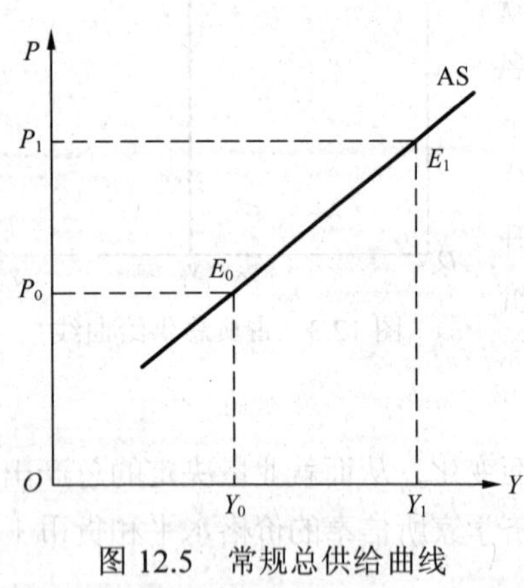

图 12.5 常规总供给曲线

一般情况下，短期总供给曲线介于两个极端之间。常规的总供给曲线从左下方向右上方倾斜，表示价格水平越高，经济社会的总产出或国民收入就越大，如图 12.5 所示。

为什么常规总供给曲线自左下方向右上方倾斜呢？西方学者在质疑和否定古典学派关于价格与货币工资具有完全弹性的假定后提出了多种理论假说，这些理论假说都能在一定程度上解释常规总供给曲线的形状。

（一）工资刚性假说

工资作为劳动要素的价格，与工人大众的生活密切相关，因而工人对于货币工资水平特别敏感。由于行业工会力量的强大，降低货币工资往往会因遭到工会的强烈反对而难以实施。因此，货币工资呈现出只能提高而无法下降的特征，这就是所谓的工资刚性（Wage Rigidity）假说。

工资刚性假说条件下，价格水平上升，货币工资可以随之上升。但价格水平下降时，货币工资却不会下降，这意味着实际工资提高，导致企业劳动需求量减少，进而就业量降低，总供给和国民收入减少。可见，工资刚性会引起总供给曲线向右上方倾斜。

（二）工资粘性假说

工资粘性（Wage Sticky）是指货币工资水平较为稳定，其调整滞后于劳动力市场供求关系的变化。工资粘性产生的重要原因是长期劳动工资合同的存在。市场经济中，货币工资水平是由劳资双方的劳动工资合同规定的，这种合同一旦签订在其有效期内就难以更改。

除长期劳动工资合同外，效率工资理论、内部人—外部人等理论都可以一定程度上解释货币工资调整相对迟钝缓慢的原因。

工资粘性的存在会影响总供给。当价格水平上升时，粘性工资意味着实际工资降低，劳动成本随之下降，从而导致企业劳动力需求增加，经济社会就业量和总供给提高。相反，当价格水平下降时，粘性工资意味着实际工资上升，企业劳动成本上升，从而劳动力需求减少，经济社会就业量和总供给随之下降。可见，工资粘性会引起总供给曲线向右上方倾斜。

（三）价格粘性假说

价格粘性（Price Sticky）是指物价水平较为稳定，其调整滞后于产品市场供求关系的变化。价格粘性的主要原因在于调整价格是需要成本的。经济学家用菜单成本概念来解释调整价格所需要的代价。所谓菜单成本，是指餐馆在改变饭菜价格时需要重印菜单而带来的成本，泛指企业调整价格所需付出的代价。菜单成本的存在使企业并不会及时地根据供求的变动调整产品的价格，而是将价格在一定时期内保持稳定，这便形成了价格粘性。

价格粘性的存在同样会影响总供给。总体价格水平上升时，一些企业不迅速提高自己产品的价格，从而它的相对价格下降，其需求量和销售量增加，生产和供给量随之增加。同样，总体价格水平下降时，一些企业不迅速降低自己产品的价格，从而它的相对价格上升，其需求量和销售量减少，生产和供给量随之下降。可见，价格粘性亦会引起总供给曲线向右上方倾斜。

（四）货币幻觉假说

货币幻觉假说提出，在劳动力市场上，劳资双方掌握的信息是不对称的。企业经常了解实际工资的变动情况，而工人却常常不真正了解。当物价水平上升时，劳动力市场上货币工资也常常随之提高，但由于工人掌握的信息不充分，会误以为实际工资提高了，便会增加劳动供给。

而企业掌握更多的信息，当企业了解到货币工资上升幅度实际上低于物价水平的上升幅度时，即实际工资和实际生产成本下降时，企业便会增加劳动力的投入。当经济社会中的大部分企业甚至所有企业都如此，则全社会的总就业量和总供给量便随价格水平上升而上升。

上述解释供给曲线自左下方向右上方倾斜的假说，相对于长期总供给曲线而言带有更多的短期性，因此常规总供给曲线也被称为短期总供给曲线。

四、总供给曲线的三个区域

根据上述分析，可以认为完整的总供给曲线具有3个区域：水平阶段的凯恩斯区域、向上倾斜阶段的常规区域和垂直阶段的古典区域，如图 12.6 所示。

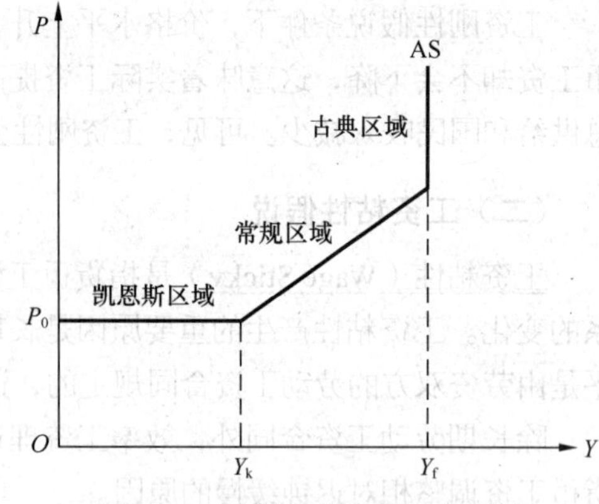

图 12.6　总供给曲线的三个区域

图 12.6 中，产出或国民收入低于 Y_k 时，代表经济社会处于极度萧条时期，价格水平在产出或国民收入上升时保持不变，即为水平阶段的凯恩斯区域。产出或国民收入在 Y_k 与充分就业产出水平 Y_f 之间时，价格水平随产出的增加而增加，代表经济社会正走向充分就业状态，即为向上倾斜阶段的常规区域。产出水平到达充分就业产出水平 Y_f 后，价格水平的变动不再引起产出的变动，代表经济社会已处于充分就业状态，即为垂直阶段的古曲区域。

第三节　总需求与总供给的均衡

在我们了解了总需求 AD 曲线和总供给 AS 曲线之后，便可以将二者结合起来分析均衡国民收入和价格水平的决定问题以及经济波动问题。

一、总供求均衡的条件

均衡的价格水平是使总需求与总供给相等时的价格水平，此时相应的国民收入即为均衡国民收入。在这一国民收入下，整个经济社会处于均衡状态，产品市场、货币市场和劳动力市场同时达到均衡，如图 12.7 所示。

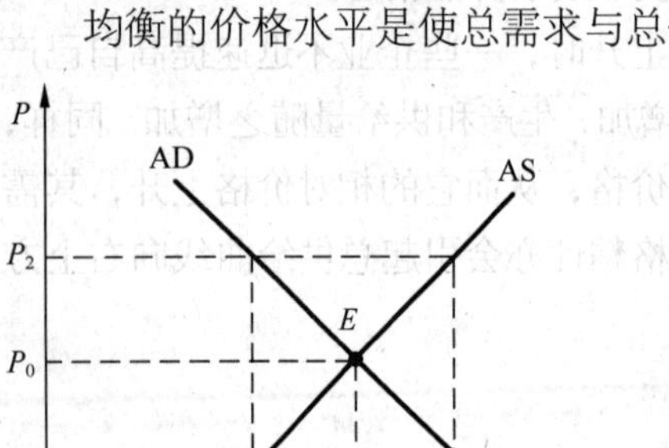

图 12.7　均衡国民收入与价格的决定

图 12.7 中，总需求 AD 曲线与总供给 AS 曲线相交于 E 点。E 点处，价格水平为 P_0，此时总需求等于总供给，相应的国民收入 Y_0 为均衡国民收入，经济社会在 E 点处达到均衡。如果价格水平偏离了均衡价格水平 P_0，通过总需求与总供给的自发调整，整个经济将会自动地向均衡点 E 趋近，直至重新回到均衡点 E 才停止调整。例如，价格水平为 P_1，低于均衡价格 P_0，此时社会总需求为 Y_1，总供给为 Y_1'，总需求大于总供给，意味着有一部分社会需求得不到满足，将引起价格水平的上升，价格水平的上升又刺激企业扩大生产，从而使总产出增加，直到价格上升至均衡价格 P_0 时，总需求等于总供给，经济社会才停止调整。

同样的道理，若价格水平为 P_2，高于均衡价格 P_0，此时社会总需求为 Y_2，总供给为 Y_2'，总供给大于总需求，意味着企业库存增加，将引起价格水平下降，价格水平下降促使企业减少供给，同时刺激社会需求增加。只有当价格为 P_0 时，总供给等于总需求，企业生产的产品全部售完，整个社会的需求也全部得到满足，企业不再调整，此时的产出为均衡产出，国民收入为均衡国民收入，价格水平为均衡价格水平。

二、总需求的变动和均衡国民收入

显然，在总供给曲线不变的条件下，总需求曲线的移动将导致均衡国民收入和价格水平相应地变动。由于完整的总供给曲线包括三个区域，每个区域对总需求变化的反应进而均衡国民收入与价格水平的变动都有所不同，其政策含义也有所不同。图 12.8 是总需求变动和均衡国民收入关系图。

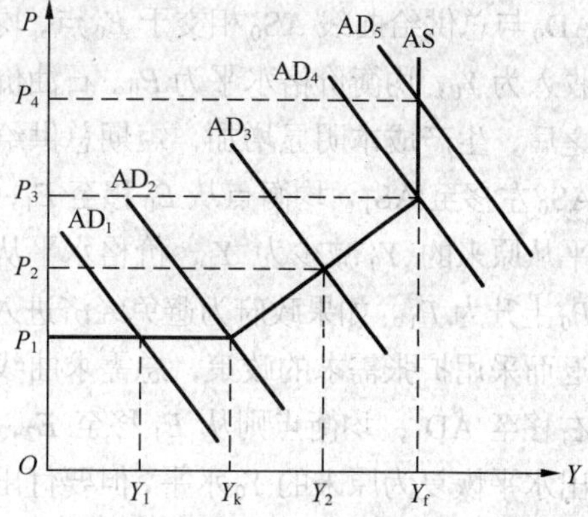

图 12.8　总需求变动和均衡国民收入关系图

（一）古典情形

如图 12.8 所示，当供给曲线处于垂直阶段的古典区域时，总需求的扩大，比如总需求曲线从 AD_4 右移至 AD_5，均衡国民收入并不会发生变化，仍然为充分就业的产出水平 Y_f，只会使价格水平由 P_3 上升为 P_4。如果总需求的变化是由货币量的变化引起的，则在古典情形中，货币量的变化只会导致价格、工资等名义变量的变化，而实际就业量和产出均不会发生变化，这种情况下称货币是中性的，简称货币中性。

古典情形下的政策含义是：增加需求的政策并不能改变均衡产出和收入，而只能造成价格水平的上升和通货膨胀。

（二）凯恩斯情形

图 12.8 中，当供给曲线处于水平阶段的凯恩斯区域时，总需求的扩大，比如总需求曲线从 AD_1 右移至 AD_2，均衡的国民收入将由 Y_1 增加为 Y_k，价格水平不变，仍然保持在 P_1 水平。

凯恩斯情形适用于大危机时期，其政策含义是：在经济极度萧条时期，国家可以通过增加总需求的政策促使均衡的产出和国民收入增加，而且价格水平维持不变。

（三）常规情形

图 12.8 中，当供给曲线处于右上方倾斜阶段的常规区域时，总需求的扩大，比如总需求曲线从 AD_2 右移至 AD_3，均衡的国民收入将由 Y_k 增加为 Y_2，价格水平随之从 P_1 提高至 P_2。如果总需求继续扩大，从 AD_3 右移至 AD_4，均衡的国民收入将由 Y_2 提高至充分就业的产出水平 Y_f，价格水平从 P_2 提高至 P_3。

常规情形的政策含义是：增加总需求的政策可以使均衡产出和国民收入增加，但要以价格水平的上涨或通货膨胀为代价。

三、总供给的变动和均衡国民收入

古典总供给曲线和凯恩斯总供给曲线都是极端的情况，现实经济中较常见的是常规总供给曲线。在讨论总供给变动对国民收入和价格水平的影响时通常只讨论常规总供给曲线变动的情况。

总供给变动是指生产成本或生产率状况发生改变，从而使总供给发生变动，导致短期总供给曲线产生较大幅度的移动，通常也被称为总供给冲击。

最典型的例子之一是 20 世纪 70 年代初期的世界石油价格的迅猛上涨带来的影响。1971～1974 年间石油的实际价格上涨了 4 倍，这在很大程度上导致了 1973～1975 年的经济衰退，总产出水平大幅下降，而且伴随着物价水平的急剧上升。图 12.9 可以用来说明类似于石油危机的总供给变动对均衡国民收入和价格水平的影响。

假设石油危机前经济社会的总需求曲线 AD_0 与总供给曲线 AS_0 相交于 E_0 点，均衡国民收入为 Y_0，均衡价格水平为 P_0。石油价格猛涨之后，生产成本明显增加，短期总供给曲线从 AS_0 左移至 AS_1，均衡点从 E_0 移至 E_1，产出水平从原来的 Y_0 减少为 Y_1，价格水平从原来的 P_0 上升为 P_1。如果政府为避免经济进入长期衰退而采用扩张需求的政策，总需求曲线从 AD_0 右移至 AD_1，均衡点则从 E_1 移至 E_2，均衡产出水平恢复为原来的 Y_0 水平，但要付出高通货膨胀的代价，价格水平将从 P_1 继续上升至 P_2。

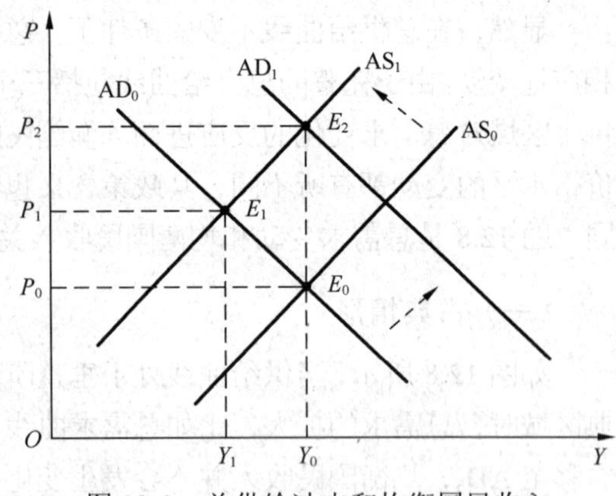

图 12-9 总供给冲击和均衡国民收入

类似地，如果总供给变动导致短期总供给右移，同样会引起均衡产出和价格水平的变化，这里不再重复。

总需求—总供给模型是宏观经济学中的一个传统模型，但其分析框架具有强大的包容性，诸如工资粘性、价格粘性和货币幻觉等许多理论都可以纳入其中，从而进一步充实和丰富了该模型的理论内容，其对于宏观经济的均衡与波动的解释力也不断增强。

本章小结

总需求 AD 曲线表示的是价格水平与总需求之间的函数关系，实际余额效应、利率效应和净出口效应决定了总需求与价格反方向变动的函数关系和 AD 曲线的形状。价格水平以外的其他因素导致的总需求增加会使 AD 曲线右移，反之则左移。

总供给 AS 曲线表示的是价格水平与总供给或总产出之间的函数关系，根据价格水平和货币工资调整的弹性可以划分为古典总供给曲线、凯恩斯总供给曲线和常规总供给曲线。古典总供给曲线假设价格和工资具有完全伸缩性因而产出总是处于充分就业水平，凯恩斯总供给曲线则假设价格和工资完全无弹性（即刚性），因而就业和产出增加不会引起工资和价格上升。常规总供给曲线介于极端的古典总供给曲线和极端的凯恩斯总供给曲线之间，自左下方向右上方倾斜，工资刚性、工资粘性、价格粘性和货币幻觉假说为常规总供给曲线的形状提供了解释。

总需求曲线和总供给曲线的交点决定了均衡的产出水平和价格水平，需求政策导致的总需求曲线移动和总供给冲击导致的总供给曲线的移动使均衡的产出与价格发生变动。

复习思考题

一、名词解释

1. 总需求、总需求曲线

2. 实际余额效应、利率效应、净出口效应

3. 总供给、总供给曲线

4. 古典总供给曲线

5. 凯恩斯总供给曲线

6. 常规总供给曲线

7. 工资刚性、工资粘性、价格粘性、菜单成本

8. 货币幻觉、货币中性

9. 总供给冲击

二、画图题

1. 图示总供给曲线的三个区域及各个区域的扩大需求政策效果。

2. 画图说明不利的总供给冲击如何造成经济的“滞胀”。

三、计算题

1. 设某经济体的总供给函数为 AS=600，总需求函数为 AD=800−50P，试求均衡产出与均衡价格是多少？如果 AD 曲线斜率不变，均衡价格水平升至 6，试求新的总需求函数。

2. 设IS 曲线的方程为 $r=0.415-0.000\,018\,5Y+0.000\,05G$，*LM* 曲线的方程为 $r=0.000\,016\,25Y-0.000\,1(M/P)$。其中 r 为利率，Y 为收入，G 为政府支出，P 为价格水平，M 为名义货币供给量。试求出总需求曲线，并说明名义货币供给量和政府支出的变动对总需求曲线的影响。

四、问答题

1. 总需求曲线为什么是向右下方倾斜的？

2. 完整的总供给曲线有哪 3 个区域？分别代表什么样的经济状况？

3. 短期总供给曲线为什么是向右上方倾斜的？

4. 在总供给曲线的不同区域，扩大需求政策的效果有何不同？

5. 如何用 *AD-AS* 模型解释总供给冲击带来的经济影响？

第十三章　失业与通货膨胀

学习目标：通过本章的学习，认识失业和通货膨胀的基本概念，了解失业的基本类型和主要原因，了解通货膨胀的基本类型和主要原因。理解经济学有关失业与通货膨胀之间关系的基本认识。

关键概念：失业（Unemployment）　通货膨胀（Inflation）　自然失业率（Natural Rate of Unemployment）　消费者物价指数（Consumer Price Index）

第一节　失 业 理 论

一、失业及其衡量

（一）失业和失业率

失业（Unemployment）是有劳动能力的人想工作而找不到工作的社会现象。计量失业的基本指标是失业率。当然，这首先要知道失业的人数和就业人数。

失业人数指属于上述失业定义范围的人数。在具体调查和统计时，不同国家有不同的计量标准，失业人数的统计可能存在差异。劳动力是指全部就业的和失业的人数。

失业率是指失业人数在全部劳动力中所占的比例。即失业率 = 失业人数/全部劳动力人数。

与失业相关的另一个概念是充分就业。实际上，即使经济运行完全正常，也不可能人人都有工作。经济中总是存在一定的失业。当失业率“非常低”时，就应该认为经济达到了“充分就业”状态。这时所对应的失业率被称为“自然失业率”，即经济在较长时期所表现出的较低水平的失业率。

（二）失业率的统计

以上是关于失业在理论上的定义。在具体进行统计操作时，还需要制定更具体的标准。比如，按照国际劳工组织（ILO）的定义，凡是在规定年龄内一定期间内属于下列情况的均属于失业人口：第一，没有工作，即在调查期间内没有从事有报酬的劳动或自我雇佣；第二，当前可以工作，就是当前如果有就业机会，就可以工作；第三，正在寻找工作，就是在最近期间采取了具体的寻找工作的步骤，例如，到公共的或私人的就业服务机构登记，到企业求职或刊登求职广告等方式寻找工作。

具体进行调查的方法也有许多可供选择。其中一种方法是“劳动力取样调查法”，对不同种族、不同年龄、不同性别等群体进行取样调查。这种取样方法一般调查范围比较全面，并且具有较强的国际可比性。

案例 13-1

失业率的统计

关于失业率的计算，不同国家有不同的统计方法。

1. 美国劳工统计局对失业的计量

美国劳工统计局（United States Bureau of Labor Statistics）对15岁以上的就业者和失业者进行统计，其数据来源主要有两个，一是美国人口调查局（United States Census Bureau）从美国商务部得到的数据，二是劳工统计局从劳工部得到的数据。前者通常是对6万家庭进行抽样调查。数据也可用于计算其他几种定义给出的失业率。

（1）U1：失业15周以上的劳动力的比率。

（2）U2：失业或结束了临时性工作的人数比率。

（3）U3：以国际劳工组织的定义为基础的官方失业率。

（4）U4：上述失业人数（U3）加上“失望的劳动者”人数。后者是指由于经济形势不好，认为无法找到工作而暂时放弃找工作的人。

（5）U5：上述失业者（U4）加上“边际相关劳动者”或“松散的相关劳动者”，即那些愿意并且有能力工作，但近期没有找工作的人。

（6）U6：上述失业者（U5）加上由于经济原因而处于“半就业”状态的人。

2. 欧洲工会（European Union）对失业的计量

欧洲工会的统计组织（Eurostat）对失业的定义是，15至74岁，在过去的4周寻找工作并且能够在两周内工作，但未能就业的人。该定义与国际劳工组织的定义基本上一致。欧盟工会同时还会公布一个长期失业率数据，其中部分失业者已经超过1年没有工作。其主要的数据来源是欧洲工会的劳动力调查组织，他每季度对各成员国的就业状况进行调查。

3. 中国对失业的计量

（1）中国劳动和社会保障部公布的新定义是，“失业人员”指在法定劳动年龄内，有工作能力，无业且要求就业而未能就业的人员。

（2）中国劳动和社会保障部还对就业人员的劳动年龄进行了重新界定。男性指16至60岁，女性指16至55岁。

（3）中国政府还补充了一项新的类别，即“不充分就业”，指劳动时间少于法定工作时间，且劳动报酬低于当地最低工资标准、高于城市居民最低生活保障标准，本人愿意从事更多工作。

（4）收入低于“最低生活保障标准”的就业人员可被视为失业。其中“最低生活保障标准”实际上是根据当地生活成本而设定的贫困线。扩大失业定义，将使更多人有资格领取政府的福利保障金。

二、失业的类型与原因

失业的表现形式多样，原因也是多方面的。根据失业表现的一些具体特征以及原因，现代经济学家把失业分成了若干类型，以下是比较流行的几种分类。

（一）摩擦性失业

摩擦性失业是指经济中劳动力正常流动过程中引起的暂时性失业。任何经济活动都不是静止的，各行业、各地区之间的劳动需求经常发生变动，这种变动必然导致劳动力的流动，在劳动力流动过程中可能会有部分时间处于失业状态。比如，劳动者不满意现有的工作，辞去现有职务而去寻找更理想的工作，在找到新的工作岗位之前，可能处于失业状态。这种失业也称为求职性失业。求职性失业状态是暂时性的，并且许多人可能是在找到了新的工作岗位后才辞去原有的工作，因此，摩擦性失业在失业人数中所占的比例很小。它所对应的基本上是自然失业或充分就业状态。

在摩擦性失业中，有一种情况被称为“等待性失业”（Wait Unemployment）。一些岗位上没有什么工作或工作量极小，这些工作岗位上的劳动者只是因为该岗位工资比较高而待在这里不去找新的工作。同时，可能还有一些人宁愿为了得到这些岗位而等待，不去找其他工作。比如在好莱坞，由于工资高，不少人宁愿待在旅馆等待演员岗位。

摩擦性失业在某种程度上是有益的，它使劳动者找到最适合自己兴趣、才干的工作，使雇主找到最有价值的能够帮助自己实现企业利润和发展目标的职员。

一些学者认为，季节性失业也是摩擦性失业中的一种。某些产业的生产具有季节性特征，生产繁忙的季节需要工人多，生产淡季所需要的工人少。如一些农场仅在收获季节雇佣大量工人，滑雪场仅在冬天雇佣较多的工人，某些零售商店仅在夏天雇佣较多的工人，等等。而在其他季节，这些工作岗位不需要工人。季节性是自然条件决定的，很难避免。

（二）结构性失业

结构性失业是指由于市场结构的特点或市场结构的变化，对劳动力的需求发生了变动而引起的失业。当产业结构发生变动，如有的产业部门发展迅速，有的产业部门相对收缩；有些地区经济发展较快，有的地区发展缓慢，劳动力的调整要适应这些变动需要时间，可能产生结构性失业。

市场结构或产业结构变化在许多情况下是技术进步引起的。比如，在一些新兴产业扩张的同时，许多传统产业可能出现衰退，减少工作岗位。这些产业中的劳动者由于不能掌握新技术，就会失业。这时，新兴产业中的岗位可能是空缺的，但缺乏掌握新技术的工人。于是，失业和空缺并存。

在工业发展过程中，越来越先进的设备代替了工人的劳动。许多产业对劳动力的需求相对缩小，就会造成结构性失业。

除了技术进步，一些劳动力市场的冲击也可能造成结构性失业，如培训计划，反歧视政策等。如果经济长期低迷，许多工人会失去技术训练的机会，在经济复苏时难以胜任工作岗位。由于影响因素比较复杂，结构性失业与摩擦性失业有时候也不易区分。比如，前面提到的季节性失业，也有学者将其归入结构性失业。不过，一般来说，结构性失业比摩擦性失业持续的时间要长一些。

（三）周期性失业

周期性失业是指经济周期中衰退和萧条时，因需求下降而造成的失业，这种失业是由整个经济的支出和产出下降造成的。当经济中的总需求减少而降低了总产出时，会引起整个经济体系较普遍的失业。根据凯恩斯的解释，就业水平取决于国民收入水平，而国民收入又取决于总需求。因此，可以认为周期性失业就是由于总需求不足引起的失业。由于经济衰退和经济萧条具有周期性，故这种失业称为周期性失业。

工资刚性在某种意义上也可以用来解释周期性失业。一方面，在经济繁荣时期，通货膨胀使工人的实际工资降低，利于资本家获取较高的利润，促使经济不断扩张。另一方面，在经济出现衰退时，刚性的工资使资本家不能及时降低成本，可能导致加速收缩，最终还是要裁减工作岗位。

一般认为，摩擦性失业和结构性失业在经济运行正常的情况下都可能存在，因此，上述 3 种失业只有周期性失业是不正常的。如果消灭了周期性失业，这时的就业状态就应该是充分就业。

（四）古典失业

古典失业与周期性失业很相似，但造成失业的原因不是总需求方面的，而是实际工资超过了市场均衡条件下的工资水平。即按照传统的均衡分析思想，劳动力市场没有“出清”。比如，最低工资制度可能使雇主不能雇佣所有可供选择的工人，因为工资成本偏高，雇佣全部工人将不能保证企业的利润。一些经济学家认为，应该通过提高工资水平的灵活性来降低这类失业。比如，取消最低工资制度或雇员保障制度，使劳动力市场和一般商品市场一样可以灵活调整，达到均衡状态。

一种类似的解释是所谓“工资刚性”而造成失业。按照古典经济学思想，如果工资完全具有伸缩性，则通过工资的调节能实现人人都有工作。工资本来是劳动的价格，应该能够和一般商品一样随行就市灵活调整。但劳动的价格又有特殊性，由于长期形成的社会习惯，人们普遍期望工资不断上升，极其不愿意接受工资下降，而工会的存在以及最低工资制度也限制了工资的下调，这种工资在一段时期内相对固定的情况被称为工资刚性。工资刚性的存在，使得在经济出现问题时，由于单位工资成本不能及时下调，企业只能减少雇佣工人的数量，造成失业增加。

许多经济学家认为，工资刚性是由工资管理费用引起的。以工会工资为例，工资合同的谈判是一个费时费力的漫长过程，它不能带来产出，却需要付出成本。由于谈判成本极高，一般要几年才能谈判一次。

（五）失业的其他类型和原因分析

以上几种关于失业类型的划分是最为流行的。关于失业的原因或表现特点，当然还有其他角度的观察或分类。

自愿失业与非自愿失业。所谓自愿失业是指工人所要求的实际工资超过了雇主愿意支付的水平，或者说工人不愿意接受现行的工作条件和工资水平，造成未被雇用或失业。由于这种失业的存在似乎是由劳动者方面的主观原因造成的，所以被称为自愿失业。相对而言，非自愿失业是指有劳动能力并且愿意接受现行工资水平而仍然找不到工作的现象。一般认为，自愿失业是无法通过经济政策的调控手段来解决的，而非自愿失业可以通过经济政策调控来消除。

从劳动力实际发挥作用的角度观察，一些经济学家还提出了隐蔽性失业的概念。所谓隐蔽性失业是指没有在官方的失业统计中反映出来的潜在的失业。前面提到，失业者的定义是指寻找工作而没有找到工作的劳动者。但一些人可能由于长期找不到工作而在一定时期内放弃了继续找工作，这些人没有被统计到失业人数中，但实际上他们处于失业状态。另一种比较有代表性的情况是劳动者表面上有工作，但实际上对经济活动并没有作出应有贡献，或者说是就业者工作量不足的情况。比如，经济繁荣和企业发展，可能使很多部门存在大量的冗员，人浮于事；或者在经济形势不好时，许多企业生产缩减，但由于各种各样的原因又不能相应地裁减职工，而是安排职工减少工作时间，比如一周工作 3 天，或每日工作半天。这些现象都属于隐蔽性失业。显然，隐蔽性失业的存在意味着经济效率的降低。

三、失业的经济影响

（一）失业对劳动者个人和社会的影响

失业的直接影响是给失业者本人及家庭造成了损失，失业工人及其家庭的地位和声望也会因失业而下降，因而他们身心健康也会受到摧残。心理学研究表明，解雇造成的创伤不亚于亲友的去世或学业上的失败。此外，家庭之外的人际关系也受到失业的严重影响。一个失业者在就业的人员当中失去了自尊和影响力，面临着被同事拒绝的可能性，并且可能要失去自尊和自信，最终，失业者在情感上受到严重打击。

失业增加时，以收入为基础的税收将会减少，社会福利将受到不利影响。同时，大多数国家政府对失业都有救济政策措施。失业率的上升迫使社会增加失业津贴的支付，同样也要增加社会负担，可能造成财政困难。从经济整体上看，失业津贴是从有工作收入的家庭和企业所纳税金中筹得的，因此，经济可能出现失业增加—税收下降—扩张性财政政策无力—总需求降低—总产出进一步下降的恶性循环。

另一方面，在失业率很高时，可能发生许多其他社会问题。根据经验，在严重的经济衰退中，由于失业问题尖锐，非法活动、心脏病、酒精中毒、精神错乱、虐待儿童以及自杀的比率都会上升。显然，失业的社会影响难以估量。因此，将失业率维持在一个较低的水平，是政府进行宏观经济管理的重要目标之一。

当然，对于自愿失业，会给失业者带来闲暇享受。此外，失业压力可以促进劳动者不断学习，提高自己的知识水平和劳动技能。摩擦性失业有利于劳动力资源的优化配置，可以促进人尽其才，使人力资本得到有效利用。

（二）失业对产出的影响——奥肯定律

失业率上升时，经济中本来可以由这些失业工人生产出来的产品和劳务就损失掉了。因此，失业将直接对总产出产生影响。一般来说，失业率与实际国民收入增长率之间存在着反方向变动关系。

美国经济学家阿瑟·奥肯（Okun）对美国 20 世纪 60 年代之前的数据做了研究，发现失业率每增加 1%，实际国民收入减少 2.5%；失业率每减少 1%，实际国民收入增加 2.5%。这一发现被称为奥肯定律，其表达式为

$$失业率的变动=-1/2（实际\ GDP\ 增长率-潜在\ GDP\ 增长率） \tag{13.1}$$

比如，潜在 GDP 增长率为 3%，当实际 GDP 增长率为 3%，这两个增长率的差额为 0 时，失业率保持不变；当实际 GDP 增长率为 5%，比潜在 GDP 增长率大 2%时，失业率会下降 1%；当实际 GDP 增长率为-1%，比潜在 GDP 增长率小 4%时，失业率会上升 2%。奥肯定律揭示

了产品市场与劳动市场之间极为重要的关系，它描述了实际 GDP 的短期变动与失业率变动的联系。根据这个定律，可以通过失业率的变动推测或估计 GDP 的变动，也可以通过 GDP 的变动预测失业率的变动。

不过，奥肯定律是一种经验性观察。后来的统计观察发现，在不同时期，失业率与实际国民收入增长率之间的负相关关系并非固定不变。比如，在 20 世纪 60 年代的美国为 1:3，70 年代为 1:2.5～1:2.7，80 年代 1:2.5～1:2.9。此外，这一定律主要是用于考察没有实现充分就业的情况，即发生周期性失业时的情况。在实现了充分就业的情况下，奥肯定律关系不太明显，一般估算为 1:0.76 左右。

（三）自然失业率

根据前面对失业现象的分析，我们不难理解，现实当中不可能实现百分之百的就业。即使存在足够的职位空缺，失业率也不会等于零，摩擦性失业、结构性失业以及自愿失业都是无法消除的。经济是一个永远处于动态运动中的活的系统，在这个系统中，人员的流动和产业的兴衰是不会停止的，任何时候都会有一些人处于失业的状态。

有鉴于此，许多经济学家认为，当一个社会中的周期性失业被消灭，只剩下摩擦性失业和结构性失业等失业类型时，这个经 济社会就实现了充分就业。这种思想属于凯恩斯主义。另一些经济学家提出，如果空缺职位总数恰好等于寻业人员的总数，就是实现了充分就业。此外，还有一些经济学家认为，如果再要提高就业率，必须以通货膨胀为代价，那么就认为经济已实现了充分就业。总之，充分就业的基本意义是劳动力资源得到了充分的利用，因此也可以认为，当经济达到潜在产出水平时的就业状态就是充分就业。

与充分就业相对应的一个概念是自然失业。所谓自然失业率（Natural Rate of Unemployment）是指经济健康运行条件下的失业率，也就是经济产出达到长期的潜在产出水平时的失业率。一般认为，这时的经济中仅存在摩擦性失业、结构性失业以及过剩性失业（Surplus Unemployment）。所谓过剩性失业是指在最低工资制度条件下，生产者由于工资成本偏高而雇佣了较少数量的工人，使得一部分工人不能就业。

当然，自然失业率并不是一个固定不变的值，它随着经济社会的发展而变化，一般由政府根据有关调研数据来确定。比如，美国曾经认为自然失业率应该是 4%，后来一个较长的时期比较公认的自然失业率为 5%。自然失业率的政策意义是，当失业率处于自然失业率水平时，政府就认为已经实现了就业目标，一般不会采取有关措施来干预劳动市场的运行。

第二节　通货膨胀理论

一、通货膨胀及其衡量

（一）通货膨胀的定义

通货膨胀（Inflation）是指物价水平普遍而持续的上升。这个定义中包含有两个要点，一是物价上涨的普遍性，二是物价上涨的持续性。

首先，通货膨胀不是指一种或几种商品价格的上升，而是大量商品价格水平的普遍上升，也就是物价总水平的上升。当然，物价水平的总体上升也不是绝对的，在大量商品价格上升的同时，并不排除有少数商品的价格可能会降低。

其次，通货膨胀不是指物价水平一时的上升，而是指持续一定时期的物价上升。因为事实上，许多商品的价格波动可能会很大并且很频繁，却不一定有持续的表现。

（二）衡量通货膨胀的指标

不同商品的价格有不同的计量方法和计量单位，那么，物价的“总体水平”应该如何计量？经济学家采用的是所谓“物价指数”。

物价指数是计量一组商品的价格在一定时期内的总体水平的指标。为了便于对比不同时期这组商品价格水平的差异，一般要选择一个确定时期的价格水平作为基准，即以这个时期（基期）的价格指数为 1。

计量期的价格指数=计量期的价格指数/基期的价格指数×100%。

如果某一时期的价格指数明显高于前一时期的价格指数，我们就认为发生了通货膨胀。

在一定时期内（比如一年），价格指数变化（上涨）的百分比，被称为通货膨胀率。其表达形式为

$$\pi_t = \frac{P_t - P_{t-1}}{P_t} \quad (13.2)$$

式中π_t是 t 时期的通货膨胀率，P_t是 t 时期的价格指数。

以下是几种最常用的物价指数。

1. 消费者物价指数（CPI）

消费者物价指数（Consumer Price Index）又称零售物价指数或生活费用指数，是衡量各个时期居民个人消费的商品和劳务零售价格变化指标。通常是选择一组具有代表性的城市居民日常消费的生活用品和劳务的价格来计算：

$$\text{消费者物价指数（CPI）} = \sum \frac{P_{it}}{P_{i0}} a_i \quad (13.3)$$

式中，P_{it}表示第 i 种消费品或劳务计算期的价格，P_{i0}表示第 i 种消费品或劳务基期的价格，α_i是用于第 i 种消费品或劳务的消费支出占全部消费额的比重。

2. 生产者物价指数（PPI）

生产者物价指数（producers Price Index）的计算方法与消费者物价指数基本相同，它主要是衡量不同时期生产资料与消费资料（不包括劳务）批发价格的变动情况，能反映商业流通领域的价格走势。

3. 国内生产总值价格折算指数

GDP 折算价格指数是衡量不同时期一切商品与劳务价格变化的指标。即按当年价格计算的国内生产总值与按基期价格计算的国内生产总值的比率，其计算公式为

$$\text{GDP价格折算指数} = \frac{\text{按现价计算的GDP}}{\text{按基期价格计算的GDP}} \quad (13.4)$$

一般认为，在这三种指数中，消费者物价指数与人民生活水平关系最密切，因此，消费者物价指数是一个最为常用的衡量物价总体水平的指标。

（三）通货膨胀的分类

从不同的角度考察通货膨胀，可以进行不同的分类。比如，可以根据通货膨胀的程度分类，也可以根据通货膨胀的表现形式分类，或根据通货膨胀的原因分类，等等。

如果仅仅观察物价上涨的直接表现，按照严重程度，通货膨胀可以分为三类。

1. 温和的通货膨胀

温和的通货膨胀是指每年物价上升的比例在 10%以内。一般认为这种温和的通货膨胀不会对经济造成巨大的恶性影响，甚至还有经济学家认为这种缓慢而持续的价格上升能对经济和收入的增长产生积极的刺激作用。

2. 奔腾的通货膨胀

奔腾的通货膨胀指年通货膨胀率在 10%以上和 100%以下。这时，货币流通速度提高而货币的实际购买力下降，这种通货膨胀对于经济具有较大的破坏作用。因为当这种通货膨胀发生以后，由于价格上涨速度快，上涨幅度大，公众预期价格还会进一步地上涨，因而会采取各种手段来保值，如将货币换成房产、汽车、黄金和珠宝等保值商品，或者大量地囤积商品，从而使得产品市场和劳动市场的均衡遭到破坏，正常的经济运行秩序被破坏，经济体系受损。

3. 超级通货膨胀

超级通货膨胀指通货膨胀率在 100%以上。发生这种通货膨胀时，价格持续猛涨。由于货币的购买力大幅下降，人们都不愿意持有货币，或者要使货币脱手，从而大大加快货币流通速度。其结果是货币不断贬值，逐渐失去了人们的信任，各种正常的经济联系也因此遭到破坏，以致影响到整个经济体系，形成严重的经济危机。

案例 13-2

金圆券的历史

1948年通货膨胀恶性时期，法币急剧贬值。国民党为挽救其财政经济危机，维持日益扩大的内战军费开支，决定废弃法币，改发金圆券。8月19日国民政府以总统命令发布《财政经济紧急处分令》，规定自即日起以金圆券为本位币，发行总限额为20亿元，限11月20日前以法币300万元折合金圆券1元、东北流通券30万元折合金圆券1元的比率，收兑已发行之法币及东北流通券；限期收兑人民所有黄金、白银、银币及外国币券；限期登记管理本国人民存放国外之外汇资产。同时出台了一系列涉及发行、管理办法。发行金圆券的宗旨在于限制物价上涨，规定“全国各地各种物品及劳务价，应按照1948年8月19日各地各种物品货价依兑换率折合金圆券出售”。这一政策，使得商品流通几近瘫痪，一切交易转入黑市，整个社会陷入混乱。10月1日，国民政府被迫宣布放弃限价政策，准许人民持有金银外币，并提高与金圆券的兑换率。10月11日，国民政府又公布《修改金圆券发行办法》，取消发行总额的限制。至1949年6月，金圆券发行总额竟达130余万亿元，超过原定发行总限额的6.5万倍。票面额也越来越大，从初期发行的最高面额100元，到最后竟出现50万元、100万元一张的巨额大票。金圆券流通不到一年，形同废纸，国民政府财政金融陷于全面崩溃。人民拒用金圆券。

二、通货膨胀的成因

影响通货膨胀的因素很多，从不同的角度进行观察，可以做出不同的解释。

（一）需求拉动的通货膨胀

当总供给相对稳定，而总需求增长较快时，可能引起一般物价水平普遍而持续的上涨。这种需求变化引起的通货膨胀被称为需求拉动型通货膨胀或超额需求型通货膨胀。

需求增长的具体表现有：私人投资增加，政府购买增加，消费倾向变化，国外需求增加等。其原因可能是政府实行扩张性经济政策，货币供给量增加，世界性资源需求的增长等。

需求拉动的通货膨胀可以用图 13.1 来解释。这是一个 *AD-AS* 模型，*AD* 为总需求曲线，需求的增加导致 *AD* 曲线右移，从而导致 *P* 上升。比如，当总需求从 AD_0 移动到 AD_1 时，物价水平将从 P_0 移动到 P_1。当经济处于充分就业状态时（图中的 Y^*附近），需求拉动的通货膨胀可能表现得更为显著。

对于需求拉上的通货膨胀，也可以解释为太多的货币追逐较少的货物。这与货币主义的认识大致上相同。

（二）供给推动的通货膨胀

当总需求没有显著变化，供给方面由于成本提高等原因，可能引起物价上涨。这种由于供给方面的原因引起的通货膨胀称为供给推动型通货膨胀或成本推动的通货膨胀。

生产成本的增加意味着销售价格必须高于之前的价格水平，才能维持企业的利润水平，或维持之前那样的产量水平。如图 13.2 所示，成本上升会迫使总供给曲线向左上方移动，在总需求不变的情况下，总供给曲线向左上方移动使价格水平上升，这种价格上升就是成本推动的通货膨胀。

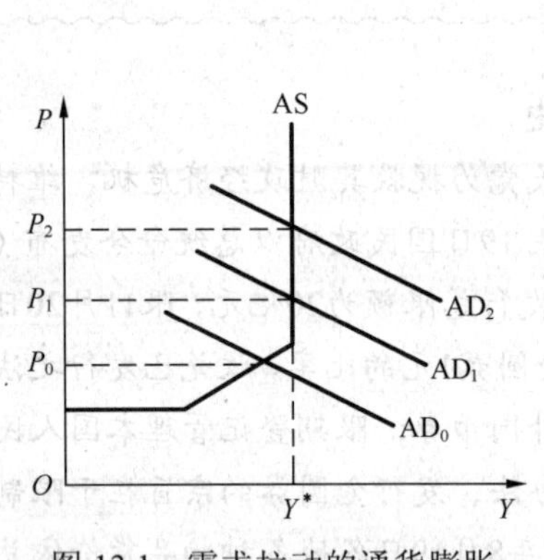

图 13.1　需求拉动的通货膨胀

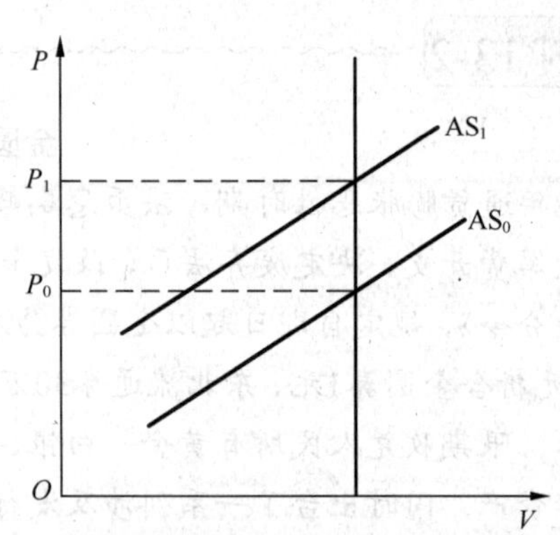

图 13.2　供给推动的通货膨胀

工资上调、企业设定更高的利润目标或原材料价格的上涨，都是生产成本增加的因素，根据这些因素的影响作用，供给推动型的通货膨胀又可以相应地分为工资推动型的、利润推动型的和原材料价格推动型的通货膨胀。工资上涨一般是从个别部门开始，然后可能导致整个社会工资水平上升。而物价上涨可能又导致工人要求更高的工资，于是工资与物价互相推动，形成通货膨胀。

某些垄断厂商或寡头，为了追逐高额的经济利润，在一定的经济环境下，可能利用自己的力量来直接推动某些产品销售价格上升，这些商品价格的上涨又可能引发其他厂商跟风，从而引发通货膨胀。其中，用途比较广泛的一些原材料和生活必需品价格的上涨，最有可能成为引发通货膨胀的因素。如石油、铁矿石、粮食等商品，其价格的上涨在历史上都有一些表现，对许多国家乃至全球经济都有比较明显的影响。

（三）混合型通货膨胀

混合型通货膨胀是指由需求拉动和成本推动共同起作用而引起的通货膨胀，即需求与成本因素混合的通货膨胀。

现实中的通货膨胀可能有需求拉动和成本推动两方面的原因，这两方面的原因在许多情况下是很难分清的。比如，如果出现了供给型通货膨胀，政府通常不会容忍实际产量的下跌和失业率的大幅上升。因此，政府可能会通过扩张性的宏观经济政策去增加需求。于是，供给型通货膨胀也就演化成供给—需求混合型的通货膨胀了。

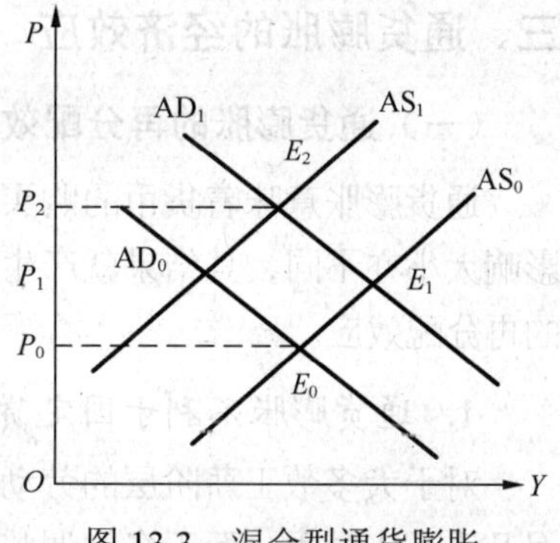

图 13.3　混合型通货膨胀

混合型通货膨胀可以用图 13.3 来解释。总供给由 AS_0 变为 AS_1，总需求由 AD_0 增加为 AD_1，均衡价格将由 P_0 上涨至 P_2。

（四）预期的通货膨胀

预期因素也可能引发通货膨胀。一般来说，当经济中已经存在通货膨胀时，人们会普遍认为通货膨胀将继续存在，并据此来计划和安排经济活动。比如在签订合同时事先提高商品售价，在进行工资谈判时事先要求工资按照某种水平或某种规则增加，等等。于是，本来不应该延续的通货膨胀可能会延续，本来不严重的通货膨胀可能会加剧。

预期的通货膨胀可以是由多种原因造成的。除了对已有的通货膨胀的预期，还有对其他经济因素的预期，如对政府的扩张性财政政策，对宽松的货币政策，对某种商品价格的上涨，对某种自然灾害，对某一市场需求变化的预期，等等。对已有通货膨胀的适应性预期，可能是造成惯性通货膨胀的主要原因之一。此外，预期通货膨胀的形成往往使通货膨胀表现为混合型的通货膨胀。

（五）结构性的通货膨胀

结构性的通货膨胀可以认为是一种不平衡的通货膨胀。所谓不平衡的通货膨胀，是指各种商品价格上升的比例并不完全相同。比如我们经常看到的，时而是房地产价格上升迅速，时而是食品价格普遍上升。而一般日用消费品，如家电、电脑、汽车等商品的价格变化并不明显，甚至有下降趋势。

结构性通货膨胀是指在没有需求拉动和成本推动的情况下，只是由于经济结构因素的变动，引起一般价格水平的持续上涨。比如，经济中各生产部门的发展或产业结构的发展常常是不平衡的，一些部门生产率提高的速度快，另一些部门生产率提高的速度慢。从经济发展的过程看，社会经济结构存在着这样的特点，即一些部门正在迅速发展，另一些部门则日趋衰落。从与世界市场的关系看，社会经济结构存在着这样的特点，一些部门（开放部门）与世界市场的联系十分密切，另一些部门（非开放部门）与世界市场没有密切联系。一般来说，生产率提高速度快的部门工资水平提高快，而生产率提高速度慢的部门工资水平提高慢，但是处于生产率提高速度慢的部门可能与高生产率部门的工资进行攀比，工人要求“公平”，提高工资水平，从而使得整个社会的工资增长率超过劳动生产率。于是可能造成通货膨胀。

此外，由于需求结构的差异和变化，劳动力市场结构变化等，也可能引发结构性通货膨胀。

综上所述，通货膨胀是现代经济社会中常见的，也是复杂的一个社会经济现象，其产生的根源往往不仅仅是上述原因中的某一种，而是由其中的两种或三种原因共同交织在一起，比如，在通货膨胀期间，需求、成本以及结构这三种因素同时起作用。这就需要根据不同的情况进行具体分析。

三、通货膨胀的经济效应

（一）通货膨胀的再分配效应

通货膨胀意味着货币的购买力下降，由于人们持有货币的情况不同，通货膨胀对他们的影响大小亦不同，其结果就产生了再分配效应。从不同的角度进行观察，我们可以看到不同的再分配效应。

1. 通货膨胀不利于固定货币收入的劳动者

对于大多数工薪阶层的劳动者来说，其每个时期的收入都是固定的货币数额，比如每个月几千元人民币。而工资的调整往往滞后于物价的上升。因此，通货膨胀发生时，他们所获得的一定数量的货币收入的实际购买力将下降，或者说其实际收入因通货膨胀而减少，人们的实际生活水平将降低。

工薪阶层、公务员、靠政府救济金维持生活的人以及其他靠福利和转移支付维持生活的人，比较容易遭受通货膨胀带来的损失。因为政府的救济金发放水平的调整相对滞后，比较容易受到这种冲击。而那些收入能随着通货膨胀变动的人，则可能从通货膨胀中得益。例如，在扩张中的行业工作并有强大的工会支持的工人就是这样，他们的工资合同中订有工资随生活费用的上涨而提高的条款，或有强有力的工会代表他们进行谈判，使工资有可能得到大幅度的增长。

2. 通货膨胀不利于债权人而有利于债务人

通货膨胀的再分配作用对债权人和债务人利益的影响也是很容易理解的。当数额一定时，通货膨胀将使债务的实际负担减轻，使债权的实际价值受损。例如，A 向 B 借款 1 000 元，约定一年以后归还。假定这一年的物价上涨了一倍，那么一年后 A 归还给 B 的 1 000 元只能购买到原来一半的产品和劳务，也就是说通货膨胀使得 B 损失了一半的实际收入。

通货膨胀对储蓄者或持有闲置货币的人也是不利的，因为储蓄者实际上也是债权人。一方面，随着价格上涨，存款本金的实际购买力将由于通货膨胀而降低；另一方面，储蓄利息的实际价值也将因通货膨胀而降低。类似地，像保险金、养老金以及其他固定价值的证券财产等，它们本来作为防患未然和养老的，其实际价值也将因通货膨胀而下降。由于“名义利率”和“实际利率”的差异，可能出现负利率的情况。

不少学者认为，第二次世界大战以来，西方国家政府从通货膨胀中获得了大量的再分配的财富，因为货币的发行实际上是由政府控制的（尽管在形式上是通过中央银行）。一方面，现代经济中，政府都把发行公债作为筹集资金和调控经济的重要手段，政府都长期负有较大数额的国债，通货膨胀使得政府作为债务人而获益。另一方面，大多数国家的税收是累进制的（如收入所得税），通货膨胀将使个人的名义收入增加，进入较高的税阶，需要交更多的税，政府因而获得了更多的税收。因此，一些西方的经济学家认为，指望政府去努力制止通货膨胀是非常困难的。

（二）通货膨胀的产出效应

一般认为，温和的通货膨胀可能对经济增长比较有利。因为在物价上涨时，人们担心货币贬值，会采取比较积极的策略，而消费的增加会刺激厂商扩大生产，这将使就业增加，国民收入增长，带来所谓的“产出效应”。反之，当人们认为物价将下跌时，会采取持币等待的策略，消费的减少可能导致厂商减少生产，进而造成失业增加，国民收入下降。当然，这种分析只是一种可能，实际上还要考虑其他一些因素。

1．前提条件是有一定的资源闲置

产出效应要求的一个前提条件是有一定的资源闲置，或者说经济没有达到充分就业状态。这时，物价温和的上涨会刺激人们的购买欲望，从而消费增加，拉动就业和产出水平的提高。

在经济已经实现了充分就业的情况下，通货膨胀并不能促使经济增长。关于这一点，我们在介绍凯恩斯总需求曲线和介绍需求拉动的通货膨胀时已经有了说明。如果在充分就业时发生的是成本推动的通货膨胀，则原来总需求所能购买的实际产品的数量将会减少，结果，实际产出可能会下降，造成失业上升。

2．预期因素的影响作用

前面已经提到，由于各种因素的影响，人们会对通货膨胀作出预期，这种预期与现实发生的通货膨胀可能并不一致。一种情况是未预期的通货膨胀，即人们没有预料到价格会上涨，或者是价格上涨的速度超过了人们的预计。另一种情况是预期到的通货膨胀，即人们基本上预料到了价格的上涨幅度。这两种通货膨胀对人们经济生活的影响是不同的，未被预期的通货膨胀中货币工资率的上升可能滞后于物价的上涨，从而使厂商利润上升，在短期可能产生一种扩大就业和扩大总产出水平的效应；如果通货膨胀程度完全被预料到，则每个经济主体将按预期来调整其经济行为，通货膨胀的短期扩张效应不会产生。

3．超级通货膨胀可能导致经济崩溃

当物价持续快速上升时，居民户和企业不仅会产生通货膨胀的预期，而且会事先要求更高的商品价格和劳动报酬，人们甚至失去了对货币的信任。人们为了不让自己持有的货币收入贬值，而宁愿在物价进一步上升前将货币花掉，从而产生过度的消费购买，导致储蓄和投资大幅度减少，产出水平必将降低。通货膨胀带来的生活费用上升，企业生产成本上升，也将导致企业生产规模缩小，产出水平下降。同时，通货膨胀的上升会鼓励企业增加存货，推迟销售，从而使得市场可供销售的货物减少，物价将进一步上升。如此下去，通货膨胀将不断恶化，经济体系的正常运行机制遭到严重的破坏。

第三节　失业与通货膨胀的关系

一、菲利普斯曲线及其意义

（一）菲利普斯曲线的概念

前面已经提到，影响通货膨胀的因素很多，同时，通货膨胀对经济运行的许多方面都会

产生影响。那么，这些复杂关系中有哪些是最重要的呢？1958 年，在英国任教的新西兰经济学家菲利普斯研究了英国的失业率与货币工资增长率之间的关系。他根据统计数据发现，当失业率较低时，货币工资增长率较高；反之，当失业率较高时，货币工资增长率较低，甚至为负数。如果以横轴表示失业率，纵轴表示货币工资增长率，二者之间的这种关系表现为一条向右下方倾斜的曲线，这就是最初的“菲利普斯曲线”。

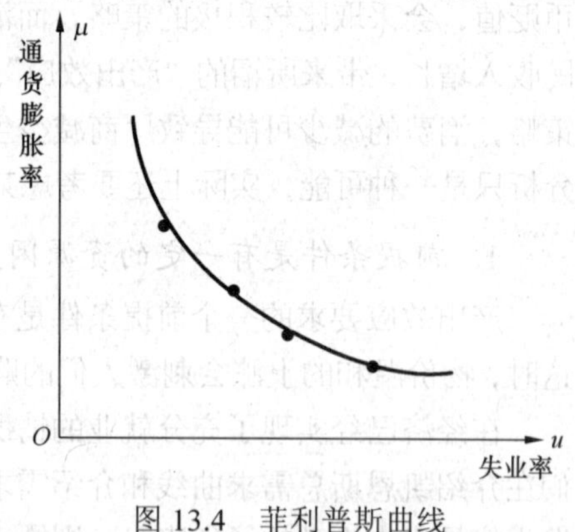

图 13.4　菲利普斯曲线

后来，许多经济学者认为，工资是生产成本的主要构成部分，从而也是影响产品价格的主要因素。因此，可以用通货膨胀率来代替货币工资增长率。于是，目前流行的菲利普斯曲线（Phillips Curve）是一条描述失业率与通货膨胀率之间替代关系的曲线，如图 13.4 所示，横轴代表失业率 u，纵轴代表通货膨胀率π，二者之间的关系也是一条向右下方倾斜的曲线。

（二）菲利普斯曲线的理论意义和政策意义

菲利普斯曲线说明了失业率与通货膨胀率之间存在着替代关系。这与主流的经济学思想具有相容性。比如，按照凯恩斯学派的理论，在经济没有达到充分就业状态时，总需求增加只会引起国民收入增加而对价格水平几乎没有影响；在达到充分就业后，总需求的增加将使价格迅速上升而国民收入基本保持不变。换言之，通货膨胀发生在充分就业状态下，非充分就业状态下没有通货膨胀，即失业与通货膨胀不会并存。

我们知道，失业和通货膨胀是宏观经济学所关心的两个最重要问题。菲利普斯曲线的发现给宏观经济决策者提出了一个不可调和的矛盾：在解决通货膨胀和失业这两个问题的时候，两个控制目标互相冲突，难以兼顾。当政府希望通过财政政策或货币政策扩大总需求来增加就业的时候，客观上得到的结果是产出增加，就业增加，但必然以物价的上升为代价。反之，如果政府采取紧缩政策，虽然能够使通货膨胀下降，但必然要以失业的增加为代价。

二、短期的和长期的菲利普斯曲线

菲利普斯曲线背后的理论基础，也受到了一些经济学家的质疑。比如，美国货币学派代表人物弗里德曼认为，菲利普斯曲线分析方法忽略了影响工资变动的一个重要因素，即工人对通货膨胀的预期。弗里德曼认为，企业和工人真正关心的不是名义工资，而是实际工资，当劳资双方谈判新工资协议时，他们都会对未来的通货膨胀作出预期，并根据可能发生的通货膨胀来调整名义工资水平。如果人们预期通货膨胀率越高，就会要求名义工资增加得越快。根据上述思想，弗里德曼提出了短期菲利普斯曲线和长期菲利普斯曲线的概念。

所谓“短期”，是指从预期到根据通货膨胀作出调整所需要的时间。在短期内，工人来不及调整通货膨胀预期，预期的通货膨胀率可能低于以后实际发生的通货膨胀率。这时，工人所得到的实际工资可能小于先前预期的实际工资，从而使企业的实际利润增加，刺激了投资，就业增加，失业率下降。因此，通货膨胀率与失业率之间可能存在交替关系，向右下方倾斜的菲利普斯曲线在短期内是可以成立的。相应地，扩张性财政政策与扩张性货币政策是可以起到减少失业的作用的，或者说宏观经济政策短期具有有效性。

在长期中，工人将根据实际发生的情况不断调整自己的预期，工人预期的通货膨胀率最终会跟上实际发生的通货膨胀率。工人会要求增加名义工资，以保证实际工资不变。于是，通货膨胀最终将不会起到减少失业的作用。也就是说，在长期中，失业率与通货膨胀率之间并不存在替换关系。

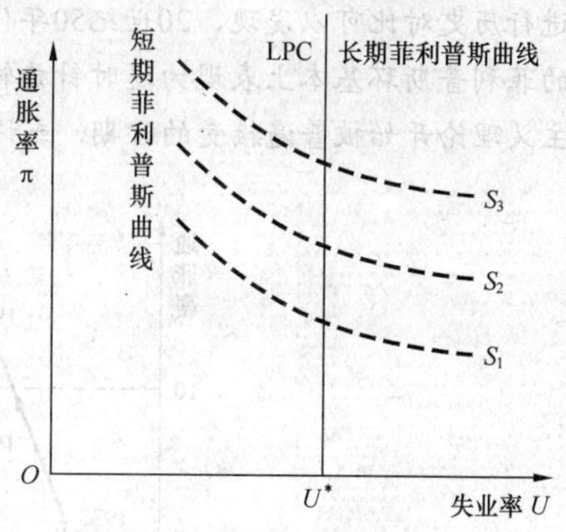

图 13.5　短期和长期菲利普斯曲线

这种思想可以用图 13.5 来说明。假设最初的菲利普斯曲线为 S_1，在人们没有对预期进行调整时，通货膨胀率与失业率之间的关系可以用 S_1 来反映。当通货膨胀持续，人们将会根据实际发生的情况不断调整自己的预期，在较高的价格水平上安排自己的经济活动。于是，在下一个时期，通货膨胀率与失业率之间的关系就反映为 S_2。再下一个时期，这种关系就会变为 S_3。如此循环下去，长期的菲利普斯曲线将表现为 LPC，是一条垂直于横轴的线。在经济总能实现充分就业，或者说经济社会的失业率总是处于自然失业率的水平附近，因此，通货膨胀率的变化不会影响长期的失业率水平。

以上是货币学派对菲利普斯曲线的评价，具有较为普遍的代表性。而理性预期学派对菲利普斯曲线的批评更是直接地否定。理性预期学派认为，无论是长期还是短期，失业和通货膨胀之间都不存在交替关系。通货膨胀发生时，人们都会作出理性的或合理的预期，预期值能够适应实际的通货膨胀率。高通胀必然造成工资增加，也不能降低失业率。因此，菲利普斯曲线就是与自然失业率对应的一条垂线，如同前面提到的所谓长期菲利普斯曲线一样。

现实中，通货膨胀与失业率之间的关系当然不是菲利普斯曲线所描述的那样简单。在较长的时间里，以凯恩斯主义为代表的主流经济学思想认为，通货膨胀与失业不会同时出现。美国等西方发达国家 20 世纪五六十年代的通货膨胀率和失业率的数据比较支持这种观点。但 20 世纪 70 年代末期，西方世界出现了“滞胀”，即通货膨胀与经济增长停滞或衰退同时出现。失业与通货膨胀之间的这种替换关系不存在了，这是过去的理论所无法解释的。尽管有人提出了菲利普斯曲线“恶化”等一些解释，但并没有建立起普遍接受的理论。

案例 13-3

实际的菲利普斯曲线——菲利普斯环

菲利普斯曲线的概念提出来已经有半个多世纪了，相关数据资料也越来越充足。为了进一步认识菲利普斯曲线，让我们看一下现实中通货膨胀与失业之间的关系。

图13.6是依据美国的统计数据所描述的“菲利普斯曲线”。与前面的图略有不同的是横坐标代表的是就业率，不是失业率。在这个坐标图上，菲利普斯曲线应该是一条向右上方倾斜的曲线。但实际上我们看不到二者之间存在这种相关关系，我们看到的似乎是不太重复的环。

这一现象被称为人们“菲利普斯环”（loop）。显然，事实似乎告诉我们，菲利普斯曲线在长期并不存在，但也不是像货币主义所解释的那样是一条直线。如果把每年的数据连接起来并进行历史对比可以发现，20世纪50年代之前的菲利普斯环基本上表现为顺时针旋转，而之后的菲利普斯环基本上表现为逆时针旋转。我们知道，这个发生转折的历史时期恰恰是凯恩斯主义理论开始被普遍接受的时期，或许这种转变是凯恩斯革命带来的？

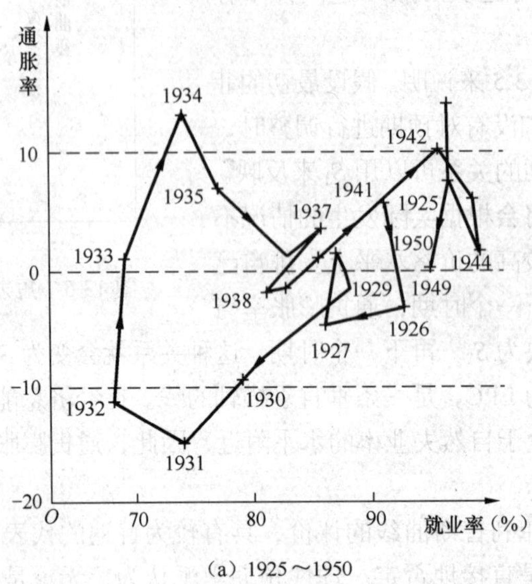

（a）1925～1950

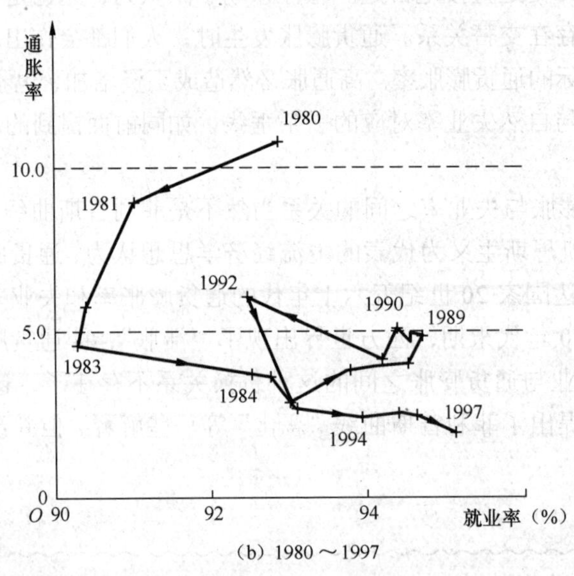

（b）1980～1997

图 13.6　美国的菲利普斯曲线

图13.7是中国的菲利普斯曲线的变化情况。由于对我国失业率的统计数据是否妥当存在争议，因此，人们一般用GDP缺口作为横坐标，代替失业率（或就业率）。其道理是，当GDP缺口小或没有缺口时，就业状况应该是好的，或者可以认为处于充分就业状态；当GDP缺口明显时，可以认为经济没有达到充分就业状态。因此，通货膨胀率与GDP缺口曲线可以用来描述菲利普斯曲线。与美国的情况一样，中国的菲利普斯曲线也表现为环，并且在大部分时

间也是逆时针旋转，仅在1966～1967年和1976～1977年出现了反常。

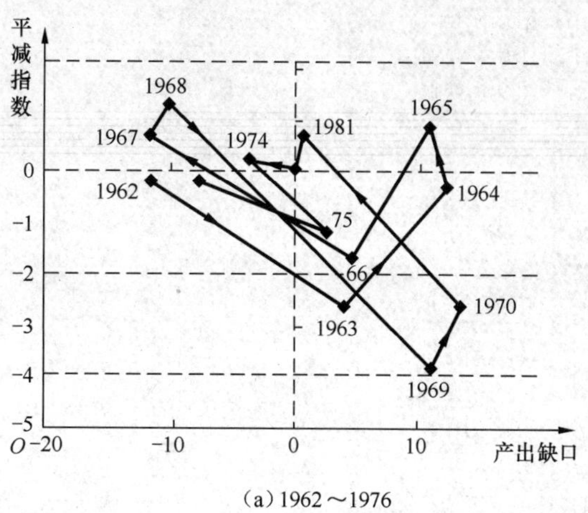

（a）1962～1976

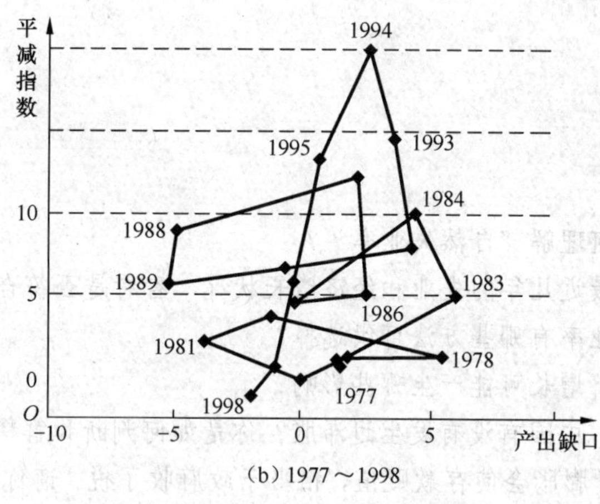

（b）1977～1998

图 13.7　中国的菲利普斯曲线

（邓宏，2003）

本章小结

失业和通货膨胀都是经济中普遍存在的现象。失业的原因和表现形式非常复杂，一般可以分为摩擦性失业、结构性失业和周期性失业。在经济正常运行的情况下，在长期发展过程中，仍然有一定水平的失业，被称为自然失业。严重的失业除了造成资源配置的低效率，还会带来诸多的社会问题。

通货膨胀的主要原因是过多的货币追逐有限的商品。经济学家对通货膨胀进行了多个角度的观察，提出了需求拉动、供给推动等多种认识方法。一般认为，温和的通货膨胀可能对经济发展是有利的，但严重的通货膨胀对经济的损害极大。

一些经济学家认为通货膨胀与失业之间存在负相关关系。但另一些经济学家认为二者之间的关系并不确定。在进行经济调控政策选择时，人们普遍会考虑通货膨胀与失业两个目标之间的权衡。

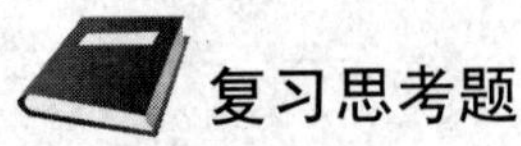

复习思考题

一、名词解释

1. 自然失业率
2. 通货膨胀
3. 物价指数
4. 摩擦性失业
5. 结构性失业
6. 周期性失业
7. 奥肯定律
8. 滞胀
9. 菲利普斯曲线

二、思考题

1. 你认为应该如何理解“自然失业率”？
2. 考察一下美国最近几年的失业和经济增长状况，看看是否符合奥肯定律？
3. 控制或降低失业率有哪些方法可供选择？
4. 通货膨胀对经济增长可能产生哪些影响？
5. 改革开放以来，中国有没有发生过滞胀？你是如何判断和解释滞胀的？
6. 有人认为，通货膨胀会使存款贬值，相当于政府收了税。请你利用所学的知识对此作出解释。
7. 考察你所了解的国内最近几年的通货膨胀，看看有哪些影响因素在起作用？
8. 试讨论菲利普斯曲线理论的合理之处和不合理之处。

第十四章　经济增长和经济周期理论

学习目标：通过本章的学习，主要了解经济增长的影响因素以及经济周期的基本概念。了解基本的经济增长模型、关于经济周期原因的解释，理解经济周期形成的机制。

关键概念：经济增长（Economic Growth）　经济周期（Business Cycle）　哈罗德-多马经济增长模型（Harrod-Domar Economic Growth Model　）　索洛模型（Solow Model）

第一节　经济增长理论

一、经济增长的含义

（一）经济增长的定义

一般认为，经济增长（Economic Growth）是指国民收入的增长或人均国民收入的增长。当然，经济增长的意义并非仅限于此。美国统计学家和经济学家西蒙·库兹涅茨（Simon S.Kuznets）1971 年在接受诺贝尔经济学奖时所作的演说中，曾经这样来解读经济增长："一个国家的经济增长，可以定义为给居民提供种类日益繁多的经济产品的能力长期上升，这种不断增长的能力是建立在先进技术以及所需要的制度和思想意识之相应的调整基础上的。"关于经济增长的这种认识至少包含了以下几个方面的含义。

第一. 经济增长是生产力提高的表现。我们知道，国内生产总值是一定时期内新创造的价值，也就是一定时期内的生产力。因此，我们当然可以用 GDP 的增长来表达经济增长。如果考虑到分享 GDP 的人口数量以及价格变化等因素,可以用人均实际国内生产总值的增加来表达经济增长。

第二，技术进步是实现经济增长的必要条件。没有技术进步，就没有生产力的提高。因此，经济增长的过程实际上也是技术进步的过程。

第三，制度的调整是经济增长的必要条件。其实，关于社会制度与经济运行之间的关系马克思早有论述。经济的运行和发展过程就是生产力与生产关系矛盾运动的过程。生产力对包括制度在内的生产关系具有决定性影响作用，生产关系调整又影响到生产力的发展。最近一个时期,（新）制度经济学研究受到了重视，表明人们比以前更深刻地认识到了制度与经济发展之间的重要联系。

第四，意识形态的演进也是经济增长的必要条件。经济增长的动因和归宿都是经济的主体——人，人们的意识形态变化必然会影响人们的经济活动。意识形态的运动虽然非常复杂，但可以从社会文化、社会关系和社会制度中表现出来。开放的态度，竞争的意识，共同富裕的思想，与时俱进的学习精神，等等，都会对一个国家或民族的经济发展产生巨大的影响作用。

（二）经济增长的基本表现

经济增长的基本含义是生产力的提高，因此，GDP 的增长或人均 GDP 的增长是反映经济增长的一个最基本的指标。

在经济增长过程中，其他经济变量也在发生相应的变化。这些变化，有人认为是经济增长的动因，有人认为是经济增长的结果。这些变量与经济增长之间的关系，尤其是定量关系，是经济学家们非常关心的。卡尔多是较早对相关现象进行系统性观察的学者之一，他在 1957 年的一篇论文中提出了关于经济增长的 6 个“事实”，被其他学者称为标准化事实（Stylized Facts）。①在长期，国民收入中劳动收入与资本收入的份额大致上不变。②在长期，资本存量的增长率大致上不变。③在长期，每个工人的生产率大致不变。④在长期，资本/产出比例大致不变。⑤在长期，投资回报率大致不变。投资回报率比较直观的一种表现是利率。尽管利率水平在商业周期中会表现出很大的变动，但至少到目前为止，实际利率与利润率的长期水平没有表现出明显的上升或下降趋势。⑥实际工资随时间增长。

当然，卡尔多并不认为上述数量关系在任何时候都不变，比如，GDP 的增长率表现有明显的周期性波动，上述事实强调的是长期关系的稳定性。卡尔多观察的是当时美国和英国的情况，不过，后来许多国家的统计数据也基本上支持卡尔多的观察结果。

上述事实之间的关系是可以做出解释的。比如，经济增长的速度明显快于人口增长的速度，因此，随着经济发展，资本存量的增长速度超过就业量的增加，于是，人均资本占有量必然增加，从而维持资本/产出比大致不变。

在上述事实中，似乎资本/产出比率在更长的观察期内有所下降，而不是保持不变。但根据经济学中边际报酬递减的理论，随着经济增长，生产扩张，资本/产出比率应该上升。这是目前的理论还不能完满解释的。

除了上述观察，我们当然还可以观察到更多的“事实”。比如，在经济增长过程中，储蓄率在国民收入中的比重表现得相当稳定。在发达国家，这个比例长期保持在 10%～20% 附近，但美国在 1980 年以后大幅度下降，为 6%。在我国，改革开放以后大致在 50% 左右。不同国家之间的差异可能与生活习惯有关。

（三）经济增长与经济发展

经济增长是指一国一定时期内产品和服务量的增加，用来度量的是 GDP 或其人均 GDP 值。简言之，经济增长是一个比较单纯的“量”的概念。

相对而言，经济发展则是一个更为复杂的概念。除了涉及经济增长外，经济发展还包含经济结构、社会结构以及意识形态方面的进步。比如公民受教育程度的提高，寿命的延长，自然环境的治理和改善，贫富差距的均衡，产业结构的合理化，消费结构的升级，社会福利的增进，政治方面的民主化，社会关系的法制化，等等。所以，经济发展具有更广泛的意义。

当然，经济增长是经济发展的基础，没有经济增长，经济发展就失去了物质基础。经济有增长而社会无发展的情况是可能出现的。而经济发展是经济持续增长的结果，国民生活水平的提高、经济结构和社会形态等的进步也都在很大程度上依赖于经济增长。

二、影响经济增长的因素

对于经济增长的源泉，不同的经济学家常有不同的看法。亚当·斯密强调分工、专业化生产与国际贸易中的绝对优势；李嘉图强调了比较优势与自由贸易；马克思和恩格斯以及熊彼特强调了创新；而索洛等人强调生产要素；贝克尔和舒尔茨则强调了教育与人力资本；新经济增长理论中，罗默和卢卡斯强调内生性增长，特别是规模报酬递增在经济增长中的贡献，其实质是强调内生性技术创新；诺斯等人强调制度创新对经济增长的作用；最近，鲍默尔在新书中强调了自由市场机制是资本主义经济增长的关键。

一般来说，经济增长的源泉主要有四个，即人力资本、自然资源、资本和技术。

可以根据总量生产函数来研究增长的源泉：$Y = Af(L, K, R)$。其中，Y 代表总产量，K 代表资本、L 代表劳动，A 代表技术，R 代表自然资源。由总量生产函数可以看出，经济增长的源泉是资本积累、自然条件的改良、劳动素质的提高或人力资本的积累与技术进步。

（一）人力资源

劳动力的数量与质量是决定一国经济增长的重要因素。尤其是劳动力的质量或素质，如劳动者的生产技术水平、知识水平与结构、纪律性以及健康程度，是决定一国经济增长最重要的因素。一个国家可以购买最先进的生产设备，但是这些先进的生产设备只有拥有一定技术受过良好训练的劳动者才能使用，并使它们充分发挥效用。提高劳动者的知识水平与生产技能，增强他们的身体素质与纪律意识，将极大地提高劳动生产率。

一般来说，在经济增长的开始阶段，人口增长率较高，这时，经济增长主要依靠劳动力数量的增加。而经济增长到了一定阶段，人口增长率下降，劳动时间缩短，这时，就要通过提高劳动力的质量或人力资本的积累来促进经济增长。

（二）自然资源

自然资源也是影响一国经济增长的重要因素。一些国家，例如，加拿大和挪威，就是凭借其丰富的自然资源，在农业、渔业和林业等方面获得高产而发展起来的。但在当今世界上，自然资源的拥有量并不是取得成功的必要条件。许多几乎没有自然资源可言的国家，如日本，通过大力发展劳动密集型与资本密集型的产业而获得经济发展。

（三）资本

资本分为物质资本和人力资本。物质资本又称有形资本，是指设备、厂房、基础设施等存量。人力资本又称无形资本，是指体现在劳动者身上的投资，如劳动者的文化技术水平、纪律性与健康状况等，已经包含在人力资源之中。因此，这里的资本是指物质资本，包括厂房、机器设备、道路以及其他基础设施等。

资本积累是经济增长的基础。英国古典经济学家亚当·斯密曾把资本的增加作为国民财富增加的源泉。现代经济学认为，只有人均资本量的增加，才有人均产量的提高。许多经济学家都把资本积累占国民收入的 10%～15% 作为经济起飞的先决条件，把增加资本积累作为实现经济增长的首要任务。西方各国经济增长的事实表明，储蓄多从而资本积累多的国家，经济增长率往往是比较高的，例如德国、日本等。

（四）技术进步

技术进步在经济增长中的作用，主要体现在生产率的提高上，使得同样的生产要素投入量能提供更多的产品。随着 K、L、R 投入的增加，产出虽然也增加，但由于其 MP 递减，经济增长的速度会日益减慢。而技术水平的提高可以使一国的经济快速增长。

技术进步在经济增长中有着十分重要的作用。据罗伯特・默顿・索洛（Robert Merton Solow）估算，1909～1940 年，美国 2.9% 的年增长率中，由技术进步引起的增长率为 1.49%，即技术进步在经济增长中所做出的贡献占 51% 左右。而且，随着经济的发展，技术进步的作用越来越重要。

上述分析，隐含着现存的社会政治经济制度和意识形态符合经济增长的要求的假定。若不具备这一假设条件，社会政治经济制度和意识形态的相应调整对促进经济增长具有十分重要的作用。一个社会只有在具备了经济增长所要求的基本制度条件，有了一套能促进经济增长的制度之后，上述影响经济增长的因素才能发挥其作用。战后许多发展中国家经济发展缓慢的原因，关键并不是缺乏资本、劳动或技术，而是没有改变他们落后的制度。

三、经济增长模型

（一）哈罗德-多马经济增长模型

20 世纪 40 年代，英国经济学家哈罗德和美国经济学家多马分别提出了描述经济增长的模型，两个模型的形式虽有差异，但二者都是从资本积累的角度考察经济增长，两个模型具有内在的一致性，在形式上，资本的增长成为经济增长的唯一源泉。因此，后来的经济学家将二人提出的模型统称为“哈罗德-多马模型”（Harrod-Domar Model）。

我们首先来看哈罗德模型。该模型包含以下一些基本假定。

（1）考察两部门市场经济，假设收入均衡的条件为总需求等于收入。

（2）假设折旧为零。

（3）资本/产出比率固定不变。

（4）长期的平均消费倾向与边际消费倾向相等。

（5）劳动力按照固定不变的速率 $n=\dfrac{\Delta L}{L}$ 增长。

（6）技术、价格与利率等其他因素既定不变。

以 K 代表资本，Y 代表产出及总收入，$v=\dfrac{K}{Y}$ 代表资本/产出比率。由第二个假设有

$$I=\Delta K \tag{14.1}$$

由第三个假设有

$$Y=\frac{1}{v}K \tag{14.2}$$

式（14.2）就是哈罗德模型所给出的生产函数。该生产函数只包含有资本一种要素，没有劳动变量。其原因是已经假设资本/产出比不变以及技术不变，因而资本——劳动比率是固定不变的，在生产函数中不再重复出现。

由式（14.1）和式（14.2）不难得到，总收入增长率为

$$g=\frac{\Delta Y}{Y}=\frac{1}{v}\cdot\frac{\Delta K}{Y}=\frac{1}{v}\cdot\frac{I}{Y} \tag{14.3}$$

再根据第一个假设，投资与储蓄相等，即 $I=S$，于是有

$$g=\frac{1}{v}\bullet\frac{S}{Y}=\frac{s}{v} \tag{14.4}$$

其中 $s=\dfrac{S}{Y}$，是储蓄倾向。

式（14.4）就是哈罗德模型。其经济意义非常明显，即经济增长率与储蓄倾向成正比，或者说与投资比率成正比。即储蓄率越高或投资比率越高，经济增长越快。这一结论与人们的一般认识相一致，因此，哈罗德模型很容易被人们所接受。

当然，模型与现实可能不一致。为此，哈罗德提出了实际增长率、有保证的增长率以及自然增长率等三个概念。

1. 实际增长率

实际增长率是实际上发生的增长率，由储蓄率和资本/产出比率决定，即

$$g_{\mathrm{A}}=\frac{s}{v} \tag{14.5}$$

2. 有保证的增长率

有保证的增长率又称为“合意的增长率”，是指资本/产出比率合乎厂商意愿时的收入增长率，或长期中理想的增长率。它由合意的储蓄率（s_d）和合意的资本/产出比率（v_r）决定，即

$$g_w=\frac{s_d}{v_{\mathrm{r}}} \tag{14.6}$$

如果合意的资本/产出比率与实际的资本/产出比率相等，企业家就愿意保持现有的投资水平，国民收入就会年复一年地按照这种增长率增长不去。于是，合意增长率就变成了有保证的增长率。

当产品供大于求时，卖不出去的产品企业就得自己买下来，企业的实际投资与资本存量增加，从而使资本/产出比率过高，超过厂商意愿的程度。此时，企业将减少投资，以便将实际资本存量调整到最佳资本存量。反之，当产品供不应求时，企业的计划存货就会减少，实际投资小于意愿投资，从而使资木/产出比率过低，低于厂商意愿的程度。此时，企业将增加投资。

3. 自然增长率

自然增长率是指长期中技术进步和劳动力增长过程中，经济所能达到的最大的可持续的经济增长率。从长期看，总收入的极限就是充分就业的国民收入，因此，一国最大的可持续的增长率就取决于劳动力增长率及其效率的增长率。哈罗德认为，自然增长率由最适宜储蓄率（s_0）和合意的资本/产出比率（v_r）决定。即

$$g_{\mathrm{n}}=\frac{s_0}{v_{\mathrm{r}}} \tag{14.7}$$

哈罗德还认为，经济实现长期稳定增长的条件是实际增长率、有保证的增长率及自然增长率相一致，即

$$g_{\mathrm{A}}=g_{\mathrm{w}}=g_{\mathrm{n}} \tag{14.8}$$

但是，在现实当中，经济均衡增长的可能性极小。按照哈罗德模型的解释，三种增长率的影响因素各不相同，三者很难相等。比如，实际增长率取决于实际投资或实际的资本/产出

比率，从而取决于实际的产品供求状况。市场上的供求状况是经常变化的，并且对企业的生产计划，进而对实际增长率产生很大影响。而合意增长率取决于意愿的投资或合意的资本/产出比率，从而取决于一定的技术水平。技术进步的非平稳性会影响合意增长率的水平。自然增长率在技术水平既定条件下，取决于人口增长率与储蓄率。一旦三种增长率不相等，即经济一旦偏离均衡增长轨迹，那么实际的增长率将远离均衡增长轨迹而去。因此，经济均衡增长的稳定性极差。

此外，哈罗德提出三个增长率的概念对政府的经济政策也有一定的参考意义。当实际增长率大于合意的增长率，即产品供不应求时，政府应采取紧缩性货币政策，以提高利率，减少投资，减少总需求；社会实际资本存量过少的解决方式是减少投资，即减少需求。当实际增长率小于合意的增长率，即产品供大于求时，政府应采取扩张性货币政策，以降低利率，增加投资，增加总需求；实际资本存量过多的解决方式是增加投资，即增加需求。

多马模型与哈罗德模型的假设大致相同，所包含的经济意义也基本相同。区别仅在于多马用资本生产率来代替哈罗德模型中的资本/产出比率。多马模型的数学形式为

$$g = s \cdot \sigma \tag{14.9}$$

其中σ是每单位资本所得到的产量。显然，σ与 v 的关系是$\sigma = \frac{1}{v}$，代入式（14.4）可以发现，多马模型与哈罗德模型的经济意义是完全一样的。

哈罗德.多马模型的特点是数学形式非常简单，而经济含义非常明确。后来的许多经济增长模型的构建大致上都是以这两个模型的思路为基础的。

案例 14-1

对经济增长因素的考察

影响经济增长的因素很多，如何定量考察各种因素对经济增长的影响是十分困难的。索洛提出了一种考察方法，即所谓“索洛余值”方法，被学术界较为普遍地应用。

索洛余值（Solow Residual）实际上是一种生产函数考察方法。它假设一个经济的产出总量可以表达为劳动、资本等生产要素的函数，即

$$Q_t = A_t f(L_t,\ K_t) \tag{14.10}$$

其中，Q_t代表t期的总产量，L_t与K_t分别代表t期的劳动投入量与资本投入量。A_t代表所有其他要素的作用。

对总产量求时间t的导数，可得

$$\frac{\mathrm{d}Q_t}{\mathrm{d}t} = \frac{f(L_t,\ K_t)\mathrm{d}A_t}{\mathrm{d}t} + \frac{A_t\partial f(L_t,\ K_t)}{\partial L_t}\cdot\frac{\mathrm{d}L_t}{\mathrm{d}t} + \frac{A_t\partial f(L_t,\ K_t)}{\partial t}\cdot\frac{\mathrm{d}K_t}{\mathrm{d}t} \tag{14.11}$$

（14.11）式除以（14.10）式，且令$\alpha=\frac{\partial Q_t}{\partial L_t}\cdot\frac{L_t}{Q_t}$（产出的劳动弹性），$\beta=\frac{\partial Q_t}{\partial K_t}\cdot\frac{K_t}{Q_t}$（产出的资本弹性），可得

$$\frac{\mathrm{d}Q_t}{\mathrm{d}t}\cdot\frac{1}{Q_t}=\frac{\mathrm{d}A_t}{\mathrm{d}t}\cdot\frac{1}{A_t}+\alpha\frac{\mathrm{d}L_t}{\mathrm{d}t}\cdot\frac{1}{L_t}+\beta\frac{\mathrm{d}K_t}{\mathrm{d}t}\cdot\frac{1}{K_t} \tag{14.12}$$

显然，上式的左边是一定时间内的经济增长率，右边3项中后面的两项分别是劳动增长率

和资本投入增长率。这两项就是劳动的增长与资本投入的增长对经济增长的贡献。而 $\frac{dA_t}{dt}\cdot\frac{1}{A_t}$ 应该是除了劳动和资本之外所有其余因素的贡献。

$$\frac{dA_t}{dt}\cdot\frac{1}{A_t}=\frac{dQ_t}{dt}\cdot\frac{1}{Q_t}-\alpha\frac{dL_t}{dt}\cdot\frac{1}{L_t}-\beta\frac{dK_t}{dt}\cdot\frac{1}{K_t} \tag{14.13}$$

上式就是所谓索洛余值。索洛认为，这一余值应该视为技术进步的贡献。这种方法常常被用来测算劳动、资本和技术进步等因素对一个地区经济增长率的贡献率。

第二节　经济周期理论

无论是宏观经济学还是微观经济学，一个最基本的分析思路是假设市场总是朝着均衡的方向运动。无论是上一节学习的经济增长理论，还是以前所学的消费者均衡分析、市场均衡分析以及总供给—总需求分析、*IS-LM* 模型分析，等等，都认为市场中的任何变量都总是会朝着均衡点移动。但是在现实的经济增长过程中，系统在许多时间并不是处于均衡状态，而是不断地起伏波动。这种波动似乎还表现出某种周期性。这方面的长期探索形成了各种各样的经济周期理论。

一、经济周期的定义

一般地讲，经济周期（Business Cycle）是指经济总量出现的明显波动。我们常用的经济总量是国内生产总值或国民收入，因此可以认为，对经济周期的观察就是对这些变量偏离其增长趋势的情况的观察。

经济波动，也就是经济总量相对于其增长趋势的偏离具有很强的随机性，有非常复杂的表现，但经济学家还是尽可能地把这些波动描述为有一定规律的周期性运动。如图 14.1 所示，我们可以把经济增长过程中重复出现的一个扩张过程与一个收缩过程视为一个周期。

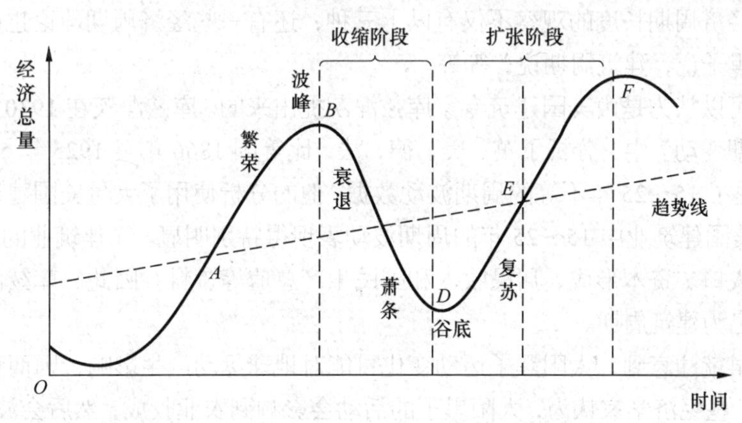

图 14.1　经济周期的阶段划分

对经济周期运动的这种观察方法也可以称为经济周期的“两阶段”划分方法。当然，我们还可以把经济周期扩张阶段分为复苏与繁荣两个部分组成；把收缩阶段分为衰退与萧条两个部分。这种划分方法可以称为“四阶段”划分方法。

二、对经济周期的早期认识

经济运行的周期性波动有什么特点？经济波动的原因是什么？对于此类问题，经济学家很早就开始进行观察，提出了许多见解。随着时代进步，人们对经济周期的认识也逐步丰富和深刻。对于经济周期，人们首先关注其成因和持续时间的长短，以下是一些影响比较大的早期观察。

（一）基钦周期

基钦周期又称“短波理论”。大约在 20 世纪初，美国经济学家约瑟夫·基钦注意到，厂商生产过多时，可能形成大量存货，因而就会减少生产。根据美国和英国 1890 年到 1922 年的利率、物价、生产和就业等统计资料，1923 年他在《经济因素中的周期与倾向》中把这种 2～4 年的短期调整称为“存货”周期，人们亦称之为“基钦周期”。基钦认为，资本主义的经济周期只有 3.5 年，大周期约包括 2 个或 3 个小周期，小周期平均长度约 40 个月。

（二）朱格拉周期

朱格拉（Jug lar）是一位法国人，最初是一名医生，后来从事经济周期问题研究。他在 1862 年发表的《论法国、英国和美国的商业危机及其发生周期》一书中提出了周期理论。朱格拉观察的是设备投资占 GDP 的比例。他对设备投资占 GDP 的名义上的比例与 2 年后的投资收益先行指数（投资收益指总资本付息前的利润率，或企业的收益率减去融资成本）进行比较，认为投资收益的走势预示着设备投资占 GDP 的比例。据此朱格拉认为，经济周期一般为 9～10 年。就周期的时间长度而言，朱格拉周期又可以称为中周期。

（三）康德拉耶夫周期

苏联经济学家康德拉耶夫，在 1925 年发表的《经济生活中的长期波动》一文中首次提出他的“长波理论”，认为经济周期的平均长度约为 50 年。康氏周期又被称为长周期。

当然，对经济周期长度的观察不仅有以上三种，还有一些经济周期理论也产生过较大的影响。如太阳黑子说，建筑周期说，等等。

建筑周期可以认为是由美国建筑专家库兹涅茨提出来的。库兹涅茨在 1930 年发表的《生产和价格的长期变动》中，分析了英、美、德、法、比等国 1866 年至 1925 年 53 种商品的统计资料，计算出了 15～25 年不等的周期波动数据。他的分析使用了大量美国建筑业的统计资料，并认为在美国建筑业中 15～25 年的周期波动表现得特别明显。除建筑业的资料外，库兹涅茨还分析了人口、资本形成、居民收入和国民生产总值等资料。因此，库兹涅茨提出的经济周期可以命名为建筑周期。

科学家们早就注意到，太阳黑子运动变化可能对地球运动产生影响，因而也会对生产活动产生影响。一些经济学家认为，太阳黑子的活动会影响到农业收成，然后会波及其他行业。而太阳黑子的活动有周期性，因此，经济波动的周期性也就随之产生。有趣的是，现代研究在一定程度上仍然支持这种认识。如 2003 年以色列特拉维夫大学的天体物理学家 Lev Pustilnik 和海法大学的农业经济学家 Gregory Yom Din 重新研究了 17 世纪英国的小麦价格和太阳黑子周期之间的关系，认为二者之间存在一定的关联性。此外，美国的一个研究小组也对 20 世纪美国的小麦价格情况做了类似的分析。尽管影响庄稼收成的因素很多，比如气候因素、现代农业技术以及市场变动等，太阳黑子的影响可能并不明显，但令人惊奇的是他们还是发现了黑子数量和小麦价格之间有一定的联系。

太阳黑子数量的增减约为 11 年一轮回。太阳黑子活动不活跃的时期小麦价格就高，提示庄稼收成不好。以前有类似的推测说黑子周期影响地球的天气和庄稼收成，有可能跟云量的改变有关。

第三节　经济周期成因的理论研究

前面提到的关于经济周期表现特征的早期研究中，人们已经探索了经济周期形成的一些原因。不过，随着经济学理论的日益发展，经济周期理论也不断丰富。

一、有效需求不足理论

消费不足理论是经济系统周期性不稳定的最古老解释之一，也是现代最流行的经济周期理论之一。相关研究可以追溯到 19 世纪英国的劳德达尔（L. Lauderdale）、马尔萨斯（T.R. Malthus）和法国的西斯蒙迪（J.C. Sismondi）。他们认为经济危机是由于供给和消费之间的不平衡。这种思想常被引申到对储蓄的效应考察。过度储蓄将导致消费不足。储蓄被用于再投资，过度投资是由于过度储蓄造成的（Elisabeth，2001）。

英国经济学家道格拉斯（C.H. Douglas）提出最朴素的消费不足学派见解。他认为，由于不能产生足够的购买力来购买所生产的产品，经济在扩张时因而遭受周期性的危机。

霍布森（J.A. Hobson）认为损坏扩张的罪魁在于不平等的分配。当扩张持续时，增长中不合适的比例流入了高收入阶层，而他们倾向于在消费上花费其收入中相当少的部分。因此繁荣持续时间越长，新形成的收入中流向低收入阶层的部分越少，但他们将在消费上花费较多；而越来越多的部分流向高收入阶层——他们的消费花费相对少。其结果是经济逐渐不能使其消费增长率与生产增长率并驾齐驱，结果市场剩余就不可避免 。

现代需求不足论的代表人物是凯恩斯（J.M. Keynes）。他认为，资本主义经济波动或危机的发生是“有效”需求不足造成的。凯恩斯的有效需求是指“能使社会全部产品都被买掉的购买力，而这笔购买力又是由于生产这些产品而造成的”（凯恩斯，1937）。他认为，经济从扩张转入高涨阶段以后，虽然劳动力和原材料供应相对减少，使价格有所提高，投资成本有所增加，但这并不会影响资本家对资本未来收益的乐观预期。他们甚至不顾生产成本的增加，不顾利息率的上涨而增加投资。要消除这种源于“有效”需求不足的经济波动，就必须进行国家干预，从而刺激需求，使总供给和总需求一致起来，保持经济的稳定发展。其理论对经济理论和经济政策产生了重大的历史性影响，被称为凯恩斯革命，并成为战后最大的西方经济学流派。

有趣的是，在动态性和现实性意义上，最令人满意的理论并不一定是新的。当前包括中国在内的世界范围的经济紧缩仍然被多数国家的政府和经济学家归结为消费不足。1997年以来，我国每年的中央经济工作会议常常强调扩大内需之类的政策方针，反映了需求不足理论解释经济周期问题的主流思想之一。

二、货币理论

经济学家对货币的认识较多地与物价现象相联系，但货币是维系经济运行的要素，因而必然也会对经济波动或经济周期产生重要影响。根据长期观察，通货膨胀流行时期在许多情况下也是经济高涨时期；而在经济衰退时期，通常都会有通货紧缩相伴。

在发现货币对经济波动的影响之前，人们曾经探索通货膨胀的所谓根本原因。如重商主义者列举铺张、奢侈、奸商、外国因素、谷物歉收、牧场租金过高等因素（Jones，1974），后来又提出过商品短缺、国际收支困难、投机、预算不平衡等因素（Don，1992）。而著名的诺贝尔奖得主弗里德曼（M.Friedman）则是现代货币理论的代表人物。不过，从历史上看，第一个打破了萨伊关于经济系统自然平衡学说的是威克塞尔（Knut Wicksell）。他的关于信贷的理论把投资从储蓄的束缚中解放出来；他的关于通货膨胀“积累过程”的理论是历史上最早的揭开货币面纱的研究。另一个货币学派的代表人物是费雪（I.Fisher），他被认为是历史上定量研究货币与价格关系的第一人，他所提出的货币交易方程式迄今在货币理论中占有重要地位。

20世纪50年代后期，弗里德曼提出的“现代货币数量论”，强调了货币政策的首要作用。其思想在20世纪60年代后期资本主义国家经济状况恶化时，才开始流行起来。弗里德曼将货币作为和债券、股票、耐用消费品、房屋等一样的资产，并假设货币与资产存在着递减的边际替代率。当产量不变时，如果货币数量突然增加，就会使企业所保有的现金量及其他资产的比率也随之增长，企业和消费者就会增加开支，通过购买其他资产使其所提供的边际效用达到均衡，从而使物价随之上涨。根据货币数量论的公式，可以求出货币供给量增长率与经济增长率的关系，通货膨胀等于货币增长超过经济增长的部分。

当然，经济增长、通货膨胀与货币数量之间的关系实际上并不如现代货币学派所预期的那样密切。在经济的长期运行过程中，高增长、低通胀并存的情况也不少见。

三、投资过度理论

投资过度理论实际上也可以视为资本短缺理论，因为投资过度必然会造成资本短缺。

俄国经济学家巴拉诺斯基（M.I.Tugan-Baranovsky）、德国经济学家施皮特霍夫（A. Spiethoff）和瑞典经济学家卡塞尔（G.Cassel）对资本短缺理论都有许多贡献。巴拉诺斯基通过将过度投资问题比作蒸汽机压力来引起人们的注意。正像蒸汽压力在气缸中聚集，最后克服活塞的阻力使之处于运动状态，经济系统的运行也是如此。借贷资本聚集并打入实业界，使之处于运动状态。施皮特霍夫认为，借贷资本事实上只能容许投资扩张率超出经济系统将资源用于当前消费品生产部门的能力。如将资源注入于消费，投资就会增长过快。

马克思关于“生产过剩”经济周期的思想可以认为是一种过度投资理论。马克思认为，某些“主要消费品”的生产过剩，会引起产业链条上的一系列连锁反应，导致带有普遍性的生产过剩。“在商业危机期间，总是不仅有很大一部分制成的产品被毁灭掉，而且有很大一部分已经造成的生产力被毁灭掉。在危机期间，发生一种在过去一切时代看来都好像是荒唐现象的社会瘟疫，即生产过剩的瘟疫”。而生产过剩的两个原因，是由于“生产力不可遏止的发展”和“群众消费的有限性”所导致的消费不足。马克思的睿智之处在于他同时考虑了投资和需求两个方面。事实上，单纯强调过度投资的理论已经成为历史。投资的过剩是相对于需求而出现的。相比而言，需求或消费不足理论被更广泛地用于解释经济波动。

不过，马克思、恩格斯更多地是结合社会政治制度来分析资本主义经济危机和经济周期的必然性，他们认为生产的社会性和资本主义私人占有之间的矛盾是资本主义基本矛盾，从而也是经济危机的根源。“在危机中，社会化生产和资本主义占有之间的矛盾达到剧烈爆发的地步……经济的冲突达到了顶点：生产方式起来反对交换方式，生产力起来反对已经被它超过的生产方式”。

哈耶克（F.A.Hayek）是近代过度投资论者。哈耶克激烈地批评有效需求不足的理论，并提出经济危机的根源是投资短缺。他认为，信贷扩张引起的货币增长会导致利率降低，使投资者获得资金的成本下降，促使人们增加投资。但这样增加的投资可能导致错误的资源配置。当在资本报酬率较高、生产周期较短的投资项目的资金得到满足之后，人们就会把钱投入生产过程较长的新增项目。这些新增项目将对应着新增发的货币，这种信贷资本结构的变化会导致经济活动的净增加，于是经济运行会进入一个繁荣的过程。不过，随着时间的推移，人们将发现这些还没有变成实际投资的信贷资本结构的变化与实际的资源结构并不适应。在实际的投资活动中，人们会发现某些生产要素供不应求，这些要素的价格就会上升，会进一步增加信贷需求。投资成本的增加很可能是投资者原来没有考虑到的，并将影响到实际的投资利润。当许多投资者发现投资最终将得不偿失，他们就会撤回投资。但已经投入的成本很多是不可收回的，从而形成资源的浪费。同时与这些投资相关的产业将迅速收缩，就业人员将失业，经济即陷入衰退。从哈耶克的推理不难看到，他运用了大量的货币理论，已经不是单纯的投资不足论。

四、熊彼特的创新理论

熊彼特（J.A.Schumpeter）是以哈佛大学经济学教授为最终职业的奥地利经济学家。他所提出的创新周期理论其实也是一种非货币主义的过度投资理论，但他的理论独具特色，并且对当代经济周期理论（比如实际经济周期理论）有重大影响。

（一）创新的含义

创新理论是美国经济学家熊彼特在 1912 年出版的《经济发展理论》一书中提出的。生产的发展离不开科学技术的进步，熊彼特发现经济大规模扩张的原因在于重大技术突破所提供的投资机会。熊彼特将“发明”和“创新”两个术语加以区别。他把发明定义为生产新方法的发现。在现代市场经济中这种情况或多或少在不断地发生，因为人们总是在发现新的、更好的生产方法。然而只有在发明真正引入经济活动时，它才是具有经济意义的。而熊彼特所说的“创新”是一个经济学概念，不是指科学研究有了新发现或专利技术新的创造，而是指新的科学技术或生产工艺应用于生产活动时，才能称为创新。如企业家利用新的生产工艺对生产要素重新进行组合，提高了产品的生产效率或提高产品的品质和质量，开辟了新的市场，开拓了原材料新的供给来源，实行了新的企业组织形式，扩大了生产规模，等等。发明家也不一定是创新者，只有将新发明运用到经济活动中去的企业家才是创新者。熊彼特把创新作为社会进步的原动力，用创新来解释经济和社会的发展，解释经济周期。

创新的类型多种多样，包括原材料的新资源，产品的新市场或产业中新的组织方法。在熊彼特看来，创新意味着生产的变化如此剧烈，以至于会使生产函数曲线的变化出现间断。创新最基本的类型是伴随着新生产过程出现了新产品，特别是要求建设新工厂或设备来生产它。建立新装配线生产亨利·福特的新汽车是进行创新企业家的最典型的历史实例。

（二）创新对经济活动的影响

1. 创新将导致经济的繁荣

新技术投入生产，将为创新者带来超额利润。受经济利益的驱动，一个产业或公司的创新往往导致其他公司抓住机会进行效仿，形成了熊彼特所说的“效仿热潮”，显然，新技术和发明的采用往往是一连串的。就创新的集聚性，熊彼特这样写道：“进步——在产业中也在文化和社会生活的任何其他部门中——不仅具有突发性，是一哄而起的，而且是朝单一方向蜂拥而至，后果与协调性的推进迥然不同。在每个历史的时期内，都很容易找到这一过程的‘发火装置’，以及与之相联系的某些产业及产业中的某些公司；由此产生的扰动传遍了整个系统。”结果是社会总投资增加，生产资料价格上升，国民收入增长，经济走向繁荣。即创新可能带动一波经济增长的浪潮。

2. 创新结束时经济会出现衰退

随着某种新技术、新工艺、新产品在全社会的普及，新产品大量增加，生产成本会逐渐提高，产品价格会降低，创新带来的利润就会下降乃至消失，一些企业甚至被淘汰出局。于是，社会投资的驱动力降低，投资开始减少。这时，如果没有新的创新，大量资本可能找不到新的投资机会，于是信贷将会收缩。投资的减少和信贷紧缩必然导致经济衰退。

3. 创新具有不连续性

熊彼特认为，创新只是间断地发生，这是现代经济的特性。一组投资机会或多或少同时被利用，于是便产生了阵发性扩张。某次创新结束后，如果没有新的有力的创新活动来维持经济繁荣，资本主义经济就会进入衰退，直到下一次创新的出现。结果，经济总是在繁荣与衰退两个阶段的交替中运行。这种运行显然具有周期性。由于创新的规模与持续时间不同，经济周期的长短也不同。熊彼特认为经济周期可分为长波、中波与短波三种类型。

显然，按照上述解释，创新使经济周期表现出繁荣与衰退两个阶段。如果我们把经济周期分为繁荣、衰退、萧条与复苏四个阶段，还需要作补充解释。为此，熊彼特又提出了关于创新的“第二次浪潮”。其含义是，在创新引起的第一次浪潮的基础上，其他的非创新生产部门的扩张形成所谓第二次浪潮，把经济推向繁荣。第一次浪潮中的新投资是与创新直接相关的，第二次浪潮中的新投资大多与创新无直接的关系，是由第一次浪潮引起的，并且一些投资可能具有盲目性。当第一次创新浪潮消退经济走向衰退时，第二次浪潮也必然随之消退，那些失误和过度的投资大量减少，使经济走向萧条。当第二次浪潮的不良影响被消除以后，经济便进入复苏阶段。当新的创新发生时，经济又逐渐走向繁荣，开始新一轮的波动。

案例 14-2

技术创新的影响

20世纪80年代，随着彩色电视机的普及，录像机的市场也迅速扩大。1992年，按照政府的计划，国内9家录像机企业共出资20亿元，成立了中国华录电子有限公司，专门生产磁鼓等录像机关键部件。然而，市场风云突变，1995年，VCD在市场中出现。录像机一下子成了过时的产品，以难以想象的速度很快退到市场边缘。国内录像机的年销售量从300万台骤减到40万台。而且，正如我们今天看到的，录像机基本上退出了市场。市场的突然变化，让华录公司措手不及。生产出来的录像机机芯大量积压，从国外进口的先进设备处于停产半停产状态。公司成立时的几十亿投资的银行利息却快速增加，亏损额迅速达到几亿元。400多名职工成为华录公司所在的大连市的第一批下岗职工。

录像机在20世纪80年代是一种高技术产业，但新的技术不断冲击曾经先进的技术。技术创新是一种具有破坏性的革命，它在整体上推动社会进步的同时，也对一些传统产业造成破坏。

（李子旸，2008）

五、实际经济周期理论

实际经济周期（Real Business Cycle）理论是现代比较流行的一种经济周期理论。20 世纪 80 年代以来，实际经济周期模型成为经济周期定量分析的主导理论，也是经济波动研究的前沿理论。在观察角度上，可以认为实际经济周期理论是货币成因理论的对立面。该理论认为货币对经济的影响作用是中性的，而强调引起周期波动的冲击根源是实际的或“非货币的”。

现代实际经济周期论是从 1973 年和 1980 年石油价格冲击以及 1972 年食品冲击的后果中起步的。实际经济周期理论实际上并不依据某种确定的理论，而是综合了多种理论的成果，并且较多地采用数量化方法或模型分析。其一般方法是将产出表示为某些投入要素的函数。其基本假设是人的理性行为和价格的充分弹性（即假设劳动和资本市场是完全竞争的），经济系统中大量相似的家庭，目标是实现效用最大化；同时每个家庭具有以资本、劳动和技术为基本变量的生产函数。而技术进步是一个随机变量，系统因此会受到非周期性的冲击 。

现实当中可能对经济产生冲击的因素是多方面的，并且具有很强的随机性，因此实际经济周期理论的研究者迄今已经构建了许许多多的模型，我们很难把这些模型统一起来。不过，目前关于冲击的研究集中于 3 个方面，即技术进步（或创新）冲击，需求冲击和政策冲击。其中技术进步的内生化是此类模型研究的一个重点。最初的实际经济周期模型是将技术进步假设为一个外部随机变量，后来的模型分别从边干边学、知识积累、研发投入等不同角度来描述技术进步。

实际经济周期理论的一个重要特点是与经济增长的研究相联系。该理论和供给学派的理论一样反对政府对经济活动的干预。

不过，从实际经济周期理论的研究方法可以看出，如果没有冲击，经济系统就没有周期。因此，实际经济周期理论实际上是冲击理论。但把波动原因简单归结为冲击，一方面忽视了对系统原因的分析，因为同样的冲击对不同的系统及状态的影响显然是不同的；另一方面表示人们无法预测经济波动，也意味着政策调控将无所作为。

第四节 经济周期模型

经济周期对经济活动的影响很大，经济学家们希望能够更为准确地进行描述，在定量考察方面作了大量研究。相关模型很多，但理论与现实的距离仍然很大，本节仅介绍一种易于理解的模型。

乘数概念我们已经在前面作了介绍，它考察的是投资增加量与国民收入增加量之间的函数关系。假设消费是收入的一个固定比例，即边际消费倾向为一常数，则一定数量的投资增长可能使收入成倍增长。

加速数的概念考察的则是资本数量与国民收入数量之间的关系，这种关系会影响到投资与国内收入之间的关系。根据经验，资本数量与GDP之间的比例关系在较长的时间内是相当稳定的。一般地，这种关系可以表达为如下假设：

$$K/Y = v \tag{14.14}$$

式中，K 代表资本总量，Y 是一定时期内的GDP，v 是一个常数，也就是我们所说的加速数。

式（14.14）的含义是，要生产一定数量GDP，需要有一定数量的资本来保证。但资本的积累依赖于投资。收入要增长，投资就需要增长。一般来说，$v>1$，即要保证GDP一定速度的增长，投资应该以更快的速度增长。这种效应就是所谓加速效应，“加速”的倍数就是 v。但是反过来，如果经济增长减速或者衰退，投资就会“加速”减少。不考虑折旧，由式（14.14）求变分可以得到

$$I = \Delta K = v \times \Delta Y \tag{14.15}$$

因此，加速原理可以从一个角度说明经济运行的不稳定性，及经济发生周期性波动的可能性。加速原理或加速效应简单说来就是指收入或消费需求的增加会引起投资若干倍地增加，收入或消费需求的减少会引起投资的成倍减少。

乘数效应和加速效应都能够从一个方面说明经济运行的不稳定性，能不能将两个方面的考察结合起来？最早做这项工作的是哈罗德（Roy F. Harrod）。不过，哈罗德对乘数—加速数的作用仅作了语言上的解释。萨缪尔森（P. Samuelson）和希克斯（J. Hicks）则较好地运用了数学模型来描述乘数—加速数对经济增长的影响作用。

一般认为，乘数—加速数模型包含如下假设。

（1）经济为三部门经济，且没有税收。

（2）消费倾向是稳定的，消费量是上一期收入的函数，即 $C_t = cY_{t-1}$。

（3）投资由自发投资与引致投资组成，引致投资由消费的变动量引起，即 $I = v\Delta C$。

根据以上假定，乘数—加速数模型可以表述如下：

$$\left.\begin{aligned} &Y_t = C_t + I_t + G_t \\ &C_t = cY_{t-1} \\ &I_t = I_0 + v\Delta C = I_0 + v(C_t - C_{t-1}) = I_0 + vc(Y_{t-1} - Y_{t-2}) \\ &G_t = G_0 \end{aligned}\right\} \tag{14.16}$$

解上述模型可得

$$Y_t - c(1+v)Y_{t-1} + vcY_{t-2} = I_0 + G_0 \tag{14.17}$$

将所有变量的时间下标往前移动两个时期，则

$$Y_{t+2} - c(1+v)Y_{t+1} + vcY_t = I_0 + G_0 \tag{14.18}$$

式（14.18）的表现与其中的参数取值有关。当 c 在一定的范围内，函数可以表现出显著的波动特性，在一定程度上可以解释经济周期。不过，有许多方面不能令人满意。比如，模型极不稳定，很容易出现爆炸性波动，即国民收入的增长或衰退远远与实际不符；投资和产出都很容易出现负值，这也不符合实际；模型的假设中忽略了宏观经济学一个最基本约束条件，即 $Y = S + I$；引致投资是消费变化的函数（乘数），但没有考虑投资的时效；加速数是固定的，不能反映经济运行状况变化和人的适应性。

希克斯以及其他一些学者则注意到乘数—加速数模型所描述的经济波动过于剧烈。希克斯认为，要使乘数—加速数模型符合实际，就必须在其简单的模型中加入“冷却剂”，以延缓其“暴涨”、“暴跌”的性质。希克斯加入第一个冷却剂是“时滞”，另一个冷却剂是“自发投资”。他采用的方法并不复杂，主要是给上述发散的或剧烈波动的模型规定波动的上下限。

经济波动的上限是充分就业收入界限。它取决于社会的技术水平和可利用的资源的数量。在既定的技术条件下，如果社会达到了充分就业，一切可利用的资源都被充分有效地利用了，那么收入的增长会受到限制。而收入增长的绝对量的减少就会使投资冷却，引起收入下降。经济波动的下限则是资本的折旧量。当收入下降引发的投资减少量超过了下限，加速器就不起作用，从而限制了收入向下的波动幅度。

由于总投资等于零，没有重置投资，随着生产的持续进行和资本的不断磨损，资本存量将不断减少。最后，为了保证生产的正常进行，出于更新目的的新投资便会出现，通过乘数效应，收入就会增加，进而增加投资，开始新的一轮收入波动。

希克斯对乘数—加速数模型的修正可以用图 14.2 来说明。式（14.17）所给出的经济波动轨迹如同图中的虚线所描述的情况，非常剧烈，并且不符合实际。希克斯设定了上下限之后，经济波动的轨迹受到限制，如图中的 *a-b-c-d-e-f-g-h* 的实线所示。

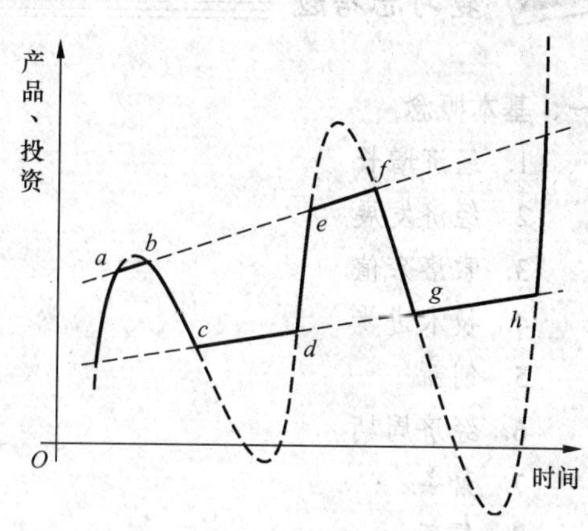

图 14.2　乘数—加速数模型刻画的波动

案例 14-3

加速原理的理解

老潘有一套价值100万元的房子，每年租金收入10万元。显然，他的资本/产出比是10。他看到经济形势发展非常稳定，每年增长8%，由此希望自己明年的收入也能够增长8%。要增加8 000元的收入，按照上述资本/产出比，他今年应该增加不动产投资8万元。如果大家都像老潘这样，投资需求的增长就大大高于收入的增长。但意外的是，翌年的经济形势不好，年经济增长率为0。老潘原有房产的收入减少了8 000元，只有9.2万元。而他现在实际的资产

投入已经达到108万元。如果按照10倍的资本/产出比，对于9.2万元的收入，他应该保有92万元的资产。如此，按照乘数—加速数模型的假设，老潘应该放弃108－92＝16万元的资产，即老潘的投资需求将减少16万元。这是收入减少量的20倍。经济形势好导致投资成倍地增长，经济形势不好导致投资成倍地减少，这就是所谓加速原理。当然，现实中老潘的决策选择可以有很多，并不完全和加速原理描述的情况一样。

本章小结

经济增长是指一国生产能力和收入的增加。经济的长期、稳定增长是每个国家追求的目标。自然资源、资本、人口、社会制度、技术进步等都是影响经济增长的重要因素。经济增长的理论研究是探讨如何才能实现长期和稳定的经济增长。

现实中的经济增长并不平稳，具有周期性波动的特征。经济周期就是指一国总体经济活动的波动。不同的经济周期理论都是从不同的侧重点考察影响经济周期的因素。两极分化带来的供给与需求之间的不均衡、技术进步、不恰当的经济政策、外部冲击等各种因素都有可能引发周期性经济波动。

复习思考题

一、基本概念

1. 经济增长
2. 经济发展
3. 索洛余值
4. 技术进步
5. 创新
6. 经济周期
7. 萧条
8. 复苏
9. 资本/产出比
10. 乘数—加速数模型

二、思考题

1. 试列举影响经济增长的各种因素。
2. 试列举技术进步都有哪些具体表现。
3. 试阐述技术进步如何促进经济增长。
4. 经济周期主要有哪些类型？
5. 试评价2008年全球经济危机的原因。
6. 你认为中国的经济周期与西方发达国家的经济周期有哪些共同点或差异？

第十五章　宏观经济政策

学习目标：通过本章的学习，主要了解宏观经济政策的目标和宏观经济政策工具的分类；掌握财政政策的含义，理解财政政策的工具与运用效果；掌握货币供给机制，了解货币政策工具与运用效果；了解财政政策和货币政策的异同及其协调配合。

关键概念：财政政策（Fiscal Policy）　货币政策（Monetary Policy）　挤出效应（Crowding out Effect）　货币供应量（Money Supply）　基础货币（Basic Money）　超额准备金（Excess Reserves）　法定准备金（Required Reserves）　再贴现率（Rediscount Rate）　公开市场业务（Open Market Operation）

第一节　为什么需要宏观经济政策

20 世纪 30 年代初的世界性经济“大萧条”后，世界经济仅仅维持了 20 年的平稳运行，之后金融危机和经济危机频繁爆发。从 20 世纪 70 年代石油危机引起的“滞胀”到 80 年代末的存贷款危机和银行业危机，到墨西哥和俄罗斯的债务危机，到 1997 年的亚洲金融危机，到 2000 年高科技泡沫破裂，再到由次贷危机引发的国际金融危机。金融危机和经济危机的交替爆发已经成为世界经济的一种宿命。

凯恩斯以来的西方宏观经济理论认为，资本主义自由市场并不是完美无缺的，单纯依靠市场机制的调节，无法实现充分就业的国民收入均衡，会导致失业和通货膨胀，引发国民经济的周期性波动。而战后所有发达资本主义国家在推行凯恩斯倡导的国家干预经济的理论和政策后对经济的促进又进一步证实了国家干预经济的必要性。

案例 15-1

美国为什么要干预经济？

2008年1月，美国经济面临油价破百、次贷危机升级的侵袭，失业率上升，股市震荡。在此背景下，布什政府坐不住了，推出了1 460亿美元的经济刺激计划。希望通过向弱势群体倾斜，振奋中产阶级的经济信心等振兴经济和关注民生的手段来恢复经济。

在市场经济高度发达的美国，为什么还需要政府干预经济？

一、稳定性经济政策及其分类

（一）稳定性政策的定位

稳定政策（Stabilization Policy）专指政府利用财政政策和货币政策控制总需求水平，以减缓或消除经济活动水平波动的政策。由于这种宏观经济政策主要是通过控制总需求水平来实现经济稳定，因而通常称为需求管理政策（Demand Management Policy）。

自 20 世纪 80 年代以来，有些经济学家主张也可以通过增加有效供给的办法稳定经济，故称之为供给管理政策（Supply Management Policy）。现在所说的稳定政策包括需求管理政策和供给管理政策，而且更多的是指需求管理政策。

（二）需求管理政策

需求管理政策是通过调节总需求来达到一定政策目标的宏观经济政策体系。需求管理就是要通过对总需求的调节，实现总需求等于总供给，达到减少失业和舒缓通货膨胀的目标。在有效需求不足的情况下，政府采取扩张性的政策措施，刺激总需求增长，克服经济萧条，实现充分就业；在有效需求过度增长的情况下，也就是总需求大于总供给时，政府应采取紧缩性的政策措施，抑制总需求，以克服因需求过度扩张而造成的通货膨胀。

需求管理政策一般包括财政政策（Fiscal Policy）和货币政策（Monetary Policy）。

（三）供给管理政策

AD-AS 模型中总供给曲线的移动表明总供给对总产出和物价水平的重要作用。供给管理就是要通过对总供给的调节，来达到一定的政策目标。供给即生产，在短期内影响供给的主要因素是生产成本，特别是生产成本中的工资成本；在长期内影响供给的主要因素是生产能力，即经济潜力的增长。因此，供给管理政策包括控制工资与物价的收入政策、指数化政策、改善劳动力市场状况的就业政策以及促进经济增长的增长政策。

（四）对外管理政策

现实中，各个国家的经济一般都是开放的，各国经济之间存在着日益密切的往来与相互影响。因此，一国的稳定性经济政策目标中还包括国际经济关系的内容，即国际收支平衡。充分就业和物价稳定等目标的实现不仅依赖于国内经济政策，而且也有赖于国际经济政策，从而在稳定性经济政策中也包括国际经济政策，或者说政府的宏观调控中也包括了对国际经济关系的调节。对外管理是指通过对国际贸易、国际资本流动、劳务的国际输出和输入等进行管理和调节，以实现国际收支平衡的目标。对外经济管理政策主要包括对外贸易政策、汇率政策、对外投资政策和国际经济关系协调等。

二、稳定性经济政策目标

一般认为，稳定性经济政策有四大主要目标：充分就业、价格稳定、经济增长和国际收支平衡。稳定性经济政策就是为了达到这些目标而制定的手段和措施。当然，除这四大主要目标之外，政策目标还包括资源优化配置、改善收入分配和环境保护等。这里我们主要探讨四大主要政策目标。

（一）经济政策目标

1. 充分就业

充分就业是稳定性经济政策的首要目标。较高的失业率不但造成社会经济资源的极大浪费，而且很容易导致社会和政治危机，因此各国政府一般都将充分就业作为优先考虑的政策目标。

充分就业并不是指失业率为零，而是指维持一定水平的失业率，是劳动力市场处于均衡状态时的失业率，这个失业率称为自然失业率（Natural Rate of Unemployment）或正常失业率。当失业率等于自然失业率时即称实现了充分就业。

此外，充分就业目标还有一种更广泛的含义，它不仅指劳动这一生产要素，而且包括资本、土地、企业家才能等所有各种生产要素都按他们的所有者愿意接受的价格全部被投入生产和使用的经济状态，即全社会的经济资源被充分利用的经济状态。

2. 价格稳定

作为稳定性经济政策的第二大目标，价格稳定通常是指设法促使一般物价水平在短期内不发生显著的波动，以维持国内币值的稳定。由于通货膨胀和通货紧缩对资源配置、财富分配及稳定的预期等方面会造成很大的负面影响，也会对一国宏观经济造成极大的破坏，所以，各国一般都把反通货膨胀、反通货紧缩和价格稳定作为一项基本的稳定性经济政策目标。

值得注意的是，价格稳定既不是指每种商品的价格固定不变，也不是指价格总水平的固定不变，而是指价格指数的相对稳定，即既不出现通货膨胀，也不出现通货紧缩。

3. 经济增长

所谓经济增长，是指在一个特定时期内，经济运行要达到适度的增长率。这种增长率既能满足社会发展的需要，又能满足人口增长和技术进步的条件约束。衡量经济增长的指标有国内生产总值增长率、人均国内生产总值增长率等。西方经济学家认为，经济活动的最终目标是消费，而消费最大化以经济增长为前提。因此，经济增长是稳定性经济政策的重要目标。

由于各国所处的经济发展阶段以及资源和技术状况不同，经济增长的速度会有差别。一般来说，经济处于较低发展阶段的增长率较高，而处于较高发展阶段的增长率会较低。因此，很难用具体的增长率数值来规定经济增长。此外，经济增长在带来社会经济福利增加的同时，也要付出代价，如造成环境污染，引起各种社会问题等。所以，经济增长的目的不仅在于提高人均收入水平，而且在于解决贫困问题和收入再分配问题。就某一个国家来说，经济增长的目标应该是实现与本国具体情况相符的适度增长率。

4. 国际收支平衡

国际收支平衡是稳定性经济政策的一个具有重要意义的目标。所谓国际收支平衡是指一国对其他国家的全部货币收入和货币支出持平、略有顺差或略有逆差的状态。目前在国际收支管理中动态平衡正受到越来越多的重视。由于国际收支状态与国内市场有着密切的关系，所以对于开放经济条件下的宏观经济而言，其政策的有效性正面临着越来越严峻的挑战。从长期看，无论是国际收支赤字还是盈余都对一国经济有不利影响，会限制和影响其他经济政策目标的实现。具体来说，长期的国际收支盈余是以减少国内消费与投资，从而不利于充分就业和经济增长为代价的；国际收支赤字要由外汇储备或借款来偿还，外汇储备与借款都是有限的，长期国际收支赤字会导致国内通货膨胀。

值得注意的是，在实际的政策操作中，上述四项目标并非都协调一致，他们间往往存在矛盾，政策目标的选样只能是有所侧重而无法兼顾。具体而言，除经济增长和充分就业之间存在正相关关系，具有较多一致性之外，各个目标之间都有矛盾。

（二）经济政策目标之间的矛盾

1. 充分就业与价格稳定之间的矛盾

失业率与价格变动率之间存在着一种此消彼长的相互替代关系。如果一个社会（或政策）倾向于高就业，为此必然要增加货币供给量、降低税率或扩大政府支出，以刺激社会总需求的增加；总需求的增加在一定程度上又将引起一般价格水平的上涨。

相反，如果一个社会（或政策）倾向于价格稳定，为此必然会缩减货币供给量、提高税率或削减政府支出等，以抑制社会总需求的增加；社会总需求的压缩，又必然导致失业率的升高。因此对决策者而言，可能的选择只有三种：失业率较高的价格稳定；通货膨胀率较高的充分就业；在价格水平上涨率和失业率的两极之间进行组合，即所谓的相机组合。

2. 价格稳定与经济增长之间的矛盾

这两者之间是否存在矛盾，西方学者观点不一。一种观点认为价格水平波动中的经济增长是经济增长的常态。另一种观点认为，在经济达到潜在产出之前，适度的价格水平上涨能够刺激投资和产出的增加，从而促进经济增长；随着经济的增长，劳动生产率的提高必然导致单位产品生产成本的降低，价格水平可能趋于下降或稳定，即价格稳定目标与经济增长目标并不矛盾。第二种观点从供给决定论出发，认为只有价格水平稳定才能维持经济的长期增长的势头。

3. 经济增长与国际收支平衡之间的矛盾

国内经济的增长会导致国民收入的增加和支付能力的增强，从而增加对进口商品及国内本来用于出口的一部分商品的需求，此时如果出口贸易的增长不足以抵消这部分需求，必然会导致贸易收支的失衡。就资本金融项目而言，一定的经济增长需要政府的投资率加以支持。在国内资金来源不足的情况下，必须借助于外资的流入。外资的流入导致国际收支中的资本金融项目出现顺差，这在一定程度上可以弥补由贸易逆差造成的国际收支失衡，但并不一定就能确保经济增长与国际收支平衡协调一致，还要取决于外资的实际利用效果。

4. 价格稳定与国际收支平衡之间的矛盾

对于开放条件下的宏观经济而言，宏观经济政策常常会影响到该国的国际收支的平衡。例如，假如国内发生了严重的通货膨胀，政府为了抑制通货膨胀，有可能采取提高利率的措施，资本金融项目将会出现顺差，同时由于国内价格水平上升势头的减缓和总需求的减少，经常项目也可能会出现顺差，这样就会导致国际收支的失衡。由此可见，价格稳定与国际收支平衡并非总是协调一致。

因此，如何确定重点政策目标和采取具体的政策措施协调各经济目标之间的矛盾，就成为宏观经济政策的重要内容。表 15.1 体现了各经济政策目标之间的关系。

表 15.1 各经济政策目标之间的关系

	稳定物价	充分就业	经济增长	国际收支平衡
稳定物价	0	–	*	+
充分就业	–	0	+	–
经济增长	*	+	0	–
国际收支平衡	+	–	–	0

注：表中“+”表示目标关系一致；“–”表示目标关系矛盾；“*”表示目标关系既有一致的一面，又有矛盾的一面；“0”表示目标相同。

宏观经济政策不是只考虑这些目标中的某一目标，而是要同时实现这些目标。一旦确定了宏观经济目标，政策实施就需要明确可以采用的政策工具。在经济生活中，最常见的政策工具是财政政策和货币政策。

第二节 财政政策

案例 15-2

我国财政赤字规模将首次突破万亿元

中国政府宣布2010年继续实施积极的财政政策，打算把赤字规模推向历史新高——10 500亿元人民币。其中，包括继续代发地方债2 000亿元。中国的赤字规模将首次突破1万亿元，比受人关注的2009年赤字规模还要扩大1 000亿元。

9 000多亿元的中央政府公共投资，再加上9.5万亿元的新增银行信贷和增长了15.5%的消费，迅速弥补了“外需缺口”，最终令中国2009年的GDP增长了8.7%。

中国在全球范围内率先实现经济回升，有必要继续实施积极的财政政策吗？财政政策是如何调节经济的？

一、财政政策及其工具

（一）财政政策的含义

财政政策是指政府为实现一定的经济目标，运用各种财政工具而采取的各项财政措施的总和。政府财政包括财政收入与财政支出两个方面。其中，财政收入主要包括税收和公债，财政支出主要包括政府购买和政府转移支付。

（二）财政政策工具

1. 财政支出

财政支出可以从多个角度分类，从支出影响总需求的角度可将财政支出分为购买性支出与转移性支出两类。

（1）购买性支出。购买性支出是指政府利用财政资金购买商品和劳务的支出。它是一项实质性的支出；有商品和劳务的实际交易，直接形成社会需求和购买力，构成国民收入，是决定国民收入大小的主要因素之一。

与私人支出的分散性不同，政府购买性支出具有相对集中的特点，而且数额巨大。因此对产品市场供求关系有着重要影响，成为政府调节经济最直接的手段。比如，政府决定大规模投资高速公路建设，就会改善一个地区道路交通的供给情况，同时也会对建材、建筑机械、建筑人员服务等经济部门造成超额需求，促进这些部门的发展。政府强大的购买力可以直接影响一个经济的产品结构、部门结构以及经济中的总需求。购买性支出的规模越大，调控经济总量和结构的能力越强。

政府购买性支出一般分为三种类型：一是与提供公共产品相关的购买性支出，如提供国防服务，保证公共安全，维护市场交易秩序等职能所发生的支出；二是为了维持政府系统运行和发挥职能而发生的购买性支出，如行政事业费；三是直接投资的购买性支出。总之，购买性支出的具体项目主要包括国防支出、行政管理支出、科技教育文化卫生等事业支出和公共投资支出。

（2）转移性支出。转移性支出是指政府不直接进行购买，而是将财政资金转移到社会保障和财政补贴等方面，由接受转移资金的企业和个人去购买商品和劳务。它是政府单方面把一部分收入所有权无偿转移出去而发生的支出，如失业救济、自然灾害救济、低收入家庭补助、特定企业亏损补贴等。与购买性支出不同，转移性支出只是一种货币性支出，与商品和劳务交易行为没有发生直接联系，不以取得本年产出为补偿，而是为了实现社会公平目的而采取的资金转移措施。这类支出的特点是无偿的，支出过程并没有直接的回报。虽然转移支付的资金购买什么、购买多少以及是否用于购买都取决于受让者的决策，不直接构成对最终产品和服务的需求，因而对总需求的影响是间接的，但政府转移支付的总量及方式对社会可支配收入和劳动供给有着重要影响。

2. 财政收入

政府取得收入或获取经济资源的方式主要有征税、收费和借债三种。

（1）税收。税收既是政府组织收入的基本手段，也是调节经济的重要杠杆。作为经济杠杆，税收的调节功能主要体现在两方面：

第一，调节社会总需求和总供给。在累进所得税制的情形下，经济快速增长时，税收收入的增加会快于经济增长的幅度，导致个人可支配收入的增长低于经济的增长，以减轻需求过旺的压力；相反，在经济萧条时，税收收入自动减少的幅度也大于经济下降的幅度，相对增加了个人可支配收入，可缓解有效需求不足的矛盾。政府甚至还可以通过扩大或缩小税基、提高或降低税率、增加或减少税收优惠来调节社会总供求的关系。

第二，调节个人收入和财富，实现公平分配。主要是通过所得税和财产税来抑制高收入者的收入，通过税收优惠和财政补助来解决低收入者及其家庭的困难。

（2）公债。公债是政府凭借信用融资取得的收入。当税收收入不能满足支出需要时，政府可以向公众和企业借债以弥补缺口。

公债对经济的影响主要体现为流动性效应和利息率效应。公债的流动性效应，是指通过调整公债的期限结构和发行对象来改变公债的流动性程度，进而影响整个社会资金的流动总量。因此，在经济萧条时，政府发行短期公债或只对金融机构发债，可扩大资金流通量，刺激投资和消费；当经济繁荣时，政府发行长期公债或向社会公众发债，可减少资金流通量，减轻通货膨胀的压力。公债的利息率效应，是指通过调整公债的利率水平和供求状况来影响金融市场利率的变化，进而对经济产生扩张或抑制的作用。

(3)使用费和规费。为弥补所提供产品和服务的成本或者出于管理社会经济活动的目的，政府也可以通过收费的形式取得部分收入，如学费、水费、过桥费和排污费等。收费仅是财政收入的辅助形式，主要适用公共企业部门。

此外，预算在一定时期也充当着财政政策的工具。作为政策工具的预算主要是指中央预算。通过中央预算收支规模的制定和差额的调整可以发挥对经济的调节作用。收支规模可以决定政府生产性投资的规模和消费总额，可以影响经济运行中的货币流通量，进而对社会总需求和总供给发挥重大影响。收支差额一般表现为三种形态：赤字预算、盈余预算和平衡预算，它们分别体现着扩张性财政政策、紧缩性财政政策和中性财政政策，是针对社会总需求与总供给的不同状况而制定的。

二、财政政策的运用

财政政策的运用主要是指政府根据所要实现的经济目标，通过有意识地改变和调整税收、政府购买和政府转移支付等财政政策工具来调节总需求。西方经济学家认为，运用财政政策调节总需求的原则是："逆经济风向行事"。即当社会总需求不足，失业持续增加时，应采取刺激总需求的扩张性财政政策，以消除失业和经济衰退；当社会总需求过度，出现持续通货膨胀时，应采取抑制总需求的紧缩性财政政策，以消除通货膨胀。政府运用财政政策的主要手段有：改变税率、改变政府购买水平和政府转移支付水平。

（一）改变税率

在各国政府的财政收入中，所得税在税收中所占的比重最大，因此，改变税率主要是改变所得税税率。改变所得税税率的基本做法是：在经济萧条时期，有效需求不足，失业率上升，政府采取减税措施，降低所得税税率，给个人和企业多留一些可支配收入，以增加有效需求，消除衰退；在通货膨胀时期，社会总需求过度，价格水平持续上涨，政府采取增税措施，减少个人和企业的可支配收入，以抑制过度需求，消除通货膨胀。因此，减税是反衰退的重要措施，增税是反通货膨胀的重要措施。

（二）改变政府购买水平

通过改变政府购买水平实施财政政策的基本做法是：在经济萧条时期，由于总需求不足，导致失业率上升，此时财政政策的目标是反衰退，因此应提高政府购买水平，增加政府对商品和劳动的购买支出，如政府兴办大量的公共工程，修建铁路、公路、水利工程等，扩大社会总需求，消除经济衰退；当总需求过度，出现通货膨胀时，财政政策的主要目标是反通货膨胀，此时，政府应降低政府购买水平，减少政府对商品与劳务的购买以抑制社会总需求增长。

（三）改变政府转移支付水平

在经济衰退时期应增加政府转移支付水平以增加社会有效需求，在通货膨胀时期应减少政府转移支付以抑制过度需求。

综上所述，政府应该根据经济发展的具体形势审时度势，主动采取一些财政措施，即变动支出水平或税收以稳定总需求水平，使之接近物价稳定的充分就业水平，这就是斟酌使用的或权衡性的财政政策。

三、财政政策效应

通过前面的分析，我们可以知道，在给定的条件下，政府支出和税收可以直接影响产品市场均衡和总供求，进而影响产出和就业，但在不同条件下财政政策的效果是不同的。

下面的研究是在 *IS-LM* 模型的框架下展开，以财政政策工具引起产出变动程度（Δy）作为衡量财政政策的效果大小的标准，分析各种可能的情况。从 *IS* 曲线和 *LM* 曲线的图形上看，财政政策的效果会因 *IS* 曲线和 *LM* 曲线斜率的不同而不同，下面分别加以论述。

（一）*IS* 曲线的斜率对财政政策效果的影响

为了分析 *IS* 曲线斜率对财政政策效果的影响，这里设定 *LM* 曲线的斜率不变，选取两条不同斜率的 *IS* 曲线：IS_1 与 IS_2 曲线，其中 IS_2 曲线斜率的绝对值比 IS_1 曲线斜率的绝对值大，初始状态下，它们与 *LM* 曲线均在 E_0 点相交，因此，均衡收入 y_0 和利率 r_0 也完全相同，如图 15.1 所示。

现假定政府实行一项扩张性的财政政策（增加政府支出或减少税收），增加相同的一笔支出量均为 Δg，则会使 *IS* 曲线右移，假定向右平移的距离是 E_0E_3，即 IS_1 曲线、IS_2 曲线向右分别平移到 IS_1' 和 IS_2'，与 *LM* 曲线分别相交于 E_1 点与 E_2 点，新的均衡利率与产量组合分别为（r_1，y_1）与（r_2，y_2），明显有 $y_1<y_2$，即 *IS* 曲线斜率的绝对值越大，同样力度的扩张性财政政策带来的国民收入增加值越大，即财政政策效果越大。同理可以分析得出，*IS* 曲线斜率的绝对值越大，同样力度的紧缩性财政政策带来的国民收入减少值越大，即财政政策效果越大，请读者自己作图分析。

总之，当 *LM* 曲线不变时，*IS* 曲线斜率的绝对值越大，即 *IS* 曲线越陡峭，政府收支变化使 *IS* 曲线发生移动时，导致国民收入的变化就越大，财政政策的效果就越大；反之，*IS* 曲线斜率的绝对值越小，即 *IS* 曲线越平坦，则 *IS* 曲线发生移动时导致国民收入的变化就越小，财政政策效果也就越小。财政政策效果大小与 *IS* 曲线斜率的绝对值大小成正比。

（二）*LM* 曲线的斜率对财政政策效果的影响

为了分析 *LM* 曲线斜率对财政政策效果的影响，这里设定 *IS* 曲线的斜率不变，选取两条不同斜率的 *LM* 曲线：LM_1 与 LM_2 曲线，其中 LM_1 曲线斜率比 LM_2 曲线斜率大，初始状态下，它们与 *IS* 曲线均在 E_0 点相交，因此，均衡收入 y_0 和利率 r_0 也完全相同，如图 15.2 所示。

现假定政府实行一项扩张性的财政政策（增加政府支出或减少税收），增加相同的一笔支出量均为Δg，则会使 *IS* 曲线右移，假定向右平移的距离是 E_0E_3，即 IS_1 曲线向右平移到 IS_1'，与 LM_1 曲线、LM_2 曲线分别相交于 E_1 点与 E_2 点，新的均衡利率与产量组合分别为（r_1，y_1）与（r_2，y_2），明显有 $y_1<y_2$，即 *LM* 曲线斜率的绝对值越大，同样力度的扩张性财政政策带来的国民收入增加值越小，即财政政策效果越小。同理可以分析得出，*LM* 曲线斜率的绝对值越大，同样力度的紧缩性财政政策带来的国民收入减少值越小，即财政政策效果越小，请读者自己作图分析。

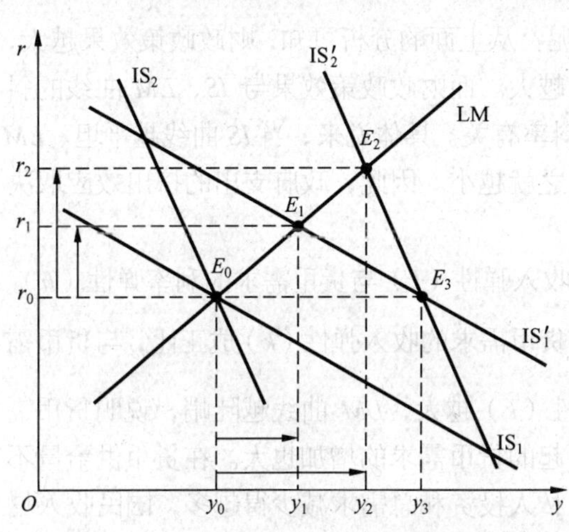

图 15.1　财政政策效果因 *IS* 曲线斜率而异

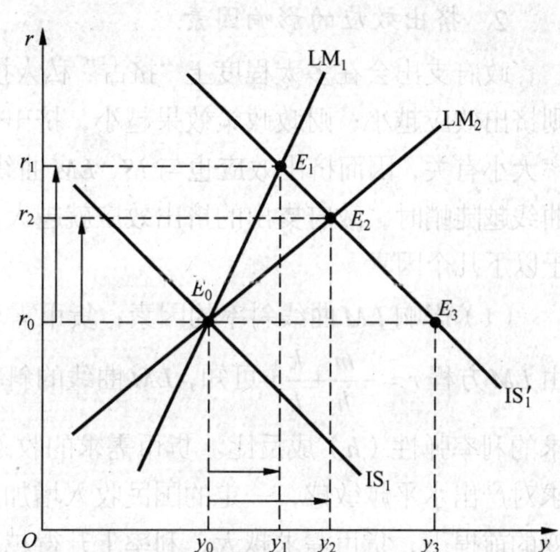

图 15.2　财政政策效果因 *LM* 曲线斜率而异

总之，当 *IS* 曲线的斜率给定不变时，财政政策的效果取决于 *LM* 曲线的斜率。*LM* 曲线斜率越大，即 *LM* 曲线越陡峭，财政政策使 *IS* 曲线移动时对利率的影响越大，导致国民收入的变动越小，也就是说财政政策效果越小；反之，*LM* 曲线斜率越小，*LM* 曲线越平坦，*IS* 曲线移动时将导致国民收入发生较大的变动，即财政政策效果越大。财政政策效果大小与 *LM* 曲线的斜率大小成反比。

（三）财政政策的挤出效应

1. 挤出效应的含义

为了进一步认识财政政策效果，有必要对“挤出”效应作进一步说明。

如图 15.3 所示，初始的均衡状态为 IS_0 曲线和 *LM* 曲线的交点 E_0，相应的均衡的利率与国民收入组合为（r_0，y_0）。现假设政府增加支出，使 IS_0 曲线右移至 IS_1 曲线，IS_1 曲线与 *LM* 曲线相交于 E_1 点，和 E_1 点相对应的新均衡利率与国民收入组合变为（r_1，y_1），从图形可以看出，利率与国民收入都较原先的水平有所上升。值得注意的是，如果不考虑利率水平的变动，即利率水平仍为 r_0 的话，政府支出增加所导致的新国民收入将

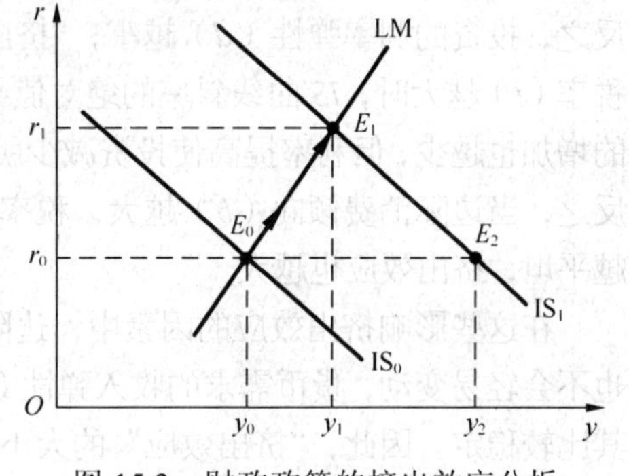

图 15.3　财政政策的挤出效应分析

是与 E_2 点相对应的 y_2，y_2 大于 y_1。这意味着，扩张性的财政政策导致国民收入增加的幅度并没有我们想象得那么大。这是因为当政府支出增加后，会引起总需求的增加和国民收入水平的提高，国民收入水平的提高会引起对货币需求的相应增加。在货币供给量不变的条件下，会出现货币需求大于货币供给，如果要想使货币需求减少，达到与货币供给平衡的水平，利率则必然上升，而利率水平的上升又会引起私人部门投资的减少，从而引起总需求的减少和国民收入的减少。在经济学中，把这种由于政府支出增加引起的利率上升，进而引起投资水平下降的作用称为政府支出的“挤出效应”（Crowding-out Effect）。

2. 挤出效应的影响因素

政府支出会在多大程度上“挤占”私人投资呢？从上面的分析可知，财政政策效果越大，则挤出效应越小；财政政策效果越小，挤出效应越大。而财政政策效果与 *IS*、*LM* 曲线的斜率大小有关，因而挤出效应也与 *IS*、*LM* 曲线的斜率有关。具体说来，当 *IS* 曲线越平坦、*LM* 曲线越陡峭时，政府支出的挤出效应就越大，反之就越小。因此，政府支出的挤出效应取决于以下几个因素。

（1）影响 *LM* 曲线斜率的因素：货币需求的收入弹性（k）与货币需求的利率弹性（h）。由 *LM* 方程 $r=-\frac{m}{h}+\frac{k}{h}y$ 可知，*LM* 曲线的斜率与货币需求的收入弹性（k）成正比，与货币需求的利率弹性（h）成反比。货币需求的收入弹性（k）越大，*LM* 曲线越陡峭，说明货币需求对产出水平越敏感，一定的国民收入增加所引起的货币需求的增加也大。在货币供给量不变的前提下，货币需求越大，利率上升得越高，私人投资和总需求减少得越多，国民收入增加得越少，即挤出效应越大。反之，货币需求的收入弹性（k）越小，*LM* 曲线越平坦，挤出效应越小。货币需求的利率弹性（h）越小，*LM* 曲线越陡峭，说明货币需求对利率越敏感，一定的货币需求增加需要利率上升很多，从而投资和总需求减少得就多，国民收入也就减少得越多，即挤出效应越大。反之，货币需求的利率弹性（h）越大，*LM* 曲线越平坦，挤出效应就越小。

（2）影响 *IS* 曲线斜率的因素：投资的利率弹性（d）、边际消费倾向（b）与税率（t）。由三部门 *IS* 方程 $r=\frac{a+e+G_0-b(Tx_0-Tr_0)}{d}-\frac{1-b(1-t)}{d}y$ 可知，*IS* 曲线斜率的绝对值与投资的利率弹性（d）、边际消费倾向（b）成反比，与税率（t）成正比。投资的利率弹性（d）越大，说明投资需求对一定的利率变动越敏感，*IS* 曲线的斜率就越小，*IS* 曲线越平坦，一定的利率变动所引起的投资变动也就越大，使总需求和国民收入的变动就大，因而挤出效应就越大。反之，投资的利率弹性（d）越小，“挤出效应”也越小。此外，当边际消费倾向（b）越小，税率（t）越大时，*IS* 曲线斜率的绝对值会越大，*IS* 曲线越陡峭，政府支出所引起的国民收入的增加也越少，但利率提高使投资减少所引起的国民收入的减少也越少，即挤出效应也越小；反之，当边际消费倾向（b）越大，税率（t）越小时，*IS* 曲线斜率的绝对值就越小，*IS* 曲线越平坦，挤出效应也越大。

在这些影响挤出效应的因素中，边际消费倾向（b）一般是比较稳定的，同时税率（t）也不会轻易变动，货币需求的收入弹性（k）主要取决于人们的支付习惯和制度，一般也认为其比较稳定。因此，“挤出效应”的大小主要取决于货币需求的利率弹性（h）和投资的利率弹性（d）。

第三节 货币政策

一、货币政策的含义及货币供给机制

（一）货币政策的含义

货币政策是指政府根据既定目标，通过中央银行运用其政策工具，调节货币供给和利率，以影响宏观经济活动总水平的经济政策。同财政政策一样，货币政策必须分担着宏观经济调控所涉及的四个基本目标，但货币政策还有它的一些特殊目标，例如，防止大规模的银行倒闭和金融恐慌，稳定利率以防止利率大幅度的波动等。

（二）货币的供给机制

根据前面的 *LM* 模型我们可知，影响 *LM* 曲线移动的主要因素是货币供给量的增加，而从前面的货币层次的划分中可以看出，货币主要包括通货与存款货币。因此，研究货币政策就必须研究货币的供给机制，即中央银行是如何增加通货的？存款货币又是如何创造的？

1. 通货的供给过程

通货供给包括通货的扩张与收缩两个相反的方面。就通货供给的扩张而言，它通常包括三个步骤。

（1）由一国货币当局下属的印制部门（隶属于中央银行或隶属于财政部）印刷和铸造通货。

（2）商业银行因其业务经营活动而需要通货进行支付时，便按规定程序通知中央银行，由中央银行运出通货，并相应贷给商业银行账户。

（3）商业银行通过存款兑现方式对客户进行支付，将通货注入流通，供给到非银行部门手中。

2. 存款货币的创造过程

对商业银行而言，存款货币属于商业银行的存款负债。而商业银行的存款负债有多种类型，其中究竟哪些属于存款货币，而应当归入货币供应量之中尚无定论。但公认活期存款属于存款货币。

商业银行进行存款货币的创造必须具有两个前提条件，即部分准备金制度和非现金结算制度。在银行业中，银行在收取客户存款后，必须保留一部分不用于放贷，以备客户提款的需要。这部分的存款就叫做存款准备金。而存款准备金与存款总额的比例，就是银行存款准备金比率。这亦称为部分准备金银行制度。

中央银行为了防止商业银行因挤兑风潮而倒闭，同时也为了控制银行贷款的速度和数量从而控制货币供应量，对商业银行和金融机构所吸收的每一笔存款，通常会规定一个必须备有的准备金，称为“法定准备金（Required Reserves）”。法定准备金与存款的比率称之为法定准备金率。在普遍使用支票的社会里，银行的存款准备金大部分是存放在中央银行，只有少部分留存在商业银行手中。非现金结算制度就是说客户将所有收入的现金都存入银行，银行对外放款不需要支付现金而只需进行转账即可。

为了分析商业银行存款货币的创造过程，且不失一般性，这里假设：①每家银行只保留法定准备金，其余部分全部贷出，超额准备金（Excess Reserves）为零。这样银行每增加一笔存款时，只是法定存款准备金相应地增加。②客户收入的一切款项全部存入银行，而且不提取现金。③法定准备率为20%。

在这些假设条件下，设想为了增加货币供应量，中央银行在公开市场业务（Open Market Operation）中向甲购买国库券1 000元，甲又把现金存入到A银行，存款创造就开始了。最初的A银行（第一级银行）得到1 000元存款，在法定准备金制度下A银行必须首先留出200元作为法定存款准备金，然后才能把余下的1 000元−200元＝800元以支票或者现金的形式全部贷出。这800元又经其借贷人之手转存到他在另一家银行的账户。这家银行称为第二级银行，它得到了800元的存款（这笔存款称为"派生存款"，也就是由贷款引起的存款），这时银行体系内增加了800元的新存款。第二家银行必须留出160元作为准备金，然后才能将余下的800元−160元＝640元全额贷出，640元又被借款人存入他在第三级银行的账户，银行体系内又增加了640元新存款。第三级银行再留出128元准备金，贷出512元，这512元又成为了第四级银行的存款。至此银行体系的存款已经由最初的1 000元，增加到了2 952元。这一"存款——贷款——再存款——再贷款"的过程将继续反复进行下去，每一轮贷款金额及其派生存款总是比上一轮递减20%，最后递减为零，存款创造过程终结，这时整个银行体系的存款将达到5 000元，如表15.2所示。

表15.2 货币创造过程（假定法定准备金率20%）

	存款金额	准备金	贷款金额	货币供应总额
第一家银行	1 000 （原始存款）	200	800	1 000
第二家银行	800	160	640	1 800
第三家银行	640	128	512	2 440
第四家银行	512	102.4	409.6	2 952
……	…	…	…	…
整个银行体系	5 000	4 000	1 000	5 000

上述过程的代数表述如下：

$$\text{银行存款总额} = 1\,000 + 1000(1-20\%) + 1\,000(1-20\%)^2 + 1\,000(1-20\%)^3 + \cdots + 1\,000(1-20\%)^n + \cdots$$

$$= 1\,000\,[\,1 + (1-20\%) + (1-20\%)^2 + (1-20\%)^3 + \cdots + (1-20\%)^n + \cdots\,]$$

$$= \frac{1000}{1-(1-20\%)} = \frac{1000}{20\%} = 5000\ (\text{元})$$

如果以R代表原始存款，r_d代表法定准备金率，D表示整个银行体系存款总额，则上述过程可表示为

$$D = R[1+(1-r_d)+(1-r_d)^2+(1-r_d)^3+\cdots+(1-r_d)^n+\cdots]$$

$$= \frac{R}{1-(1-r_d)} = \frac{R}{r_d}$$

即银行活期存款总额是初期存款的 $1/r_d$ 倍。$1/r_d$ 称为存款创造乘数，用 K_D 表示，它是法定存款准备率的倒数。上例中 $r_d=20\%$，则存款创造乘数为 5，初始存款为 1 000 元，银行活期存款总额为 5 000 元。若 $r_d=5\%$，则存款创造乘数为 20，初始存款为 1 000 元，银行活期存款总额为 20 000 元。

可见，法定准备金率在银行存款创造中起着控制器的作用。较低的法定准备率对应着一个较大的存款创造乘数，活期存款总额就较多；较高的法定准备金率则对应着一个较小的存款创造乘数，活期存款总额就较少。这是因为 r_d 的值越大，每一轮可用于贷款的金额越少，也就是每一轮"漏出"的金额越多，因而每一轮由存款创造的金额越小，从而各轮派生存款之和越小，所以乘数之值越小。这也就为中央银行控制货币供给提供了一个可能。中央银行提高或者降低法定准备金率，就能控制商业银行创造活期存款的倍数，从而控制货币的供给。因此人们把货币供给看成是由中央银行或政府的政策决定的。

前面我们在假设客户将一切款项都存入银行并不提取现金，银行在没有超额准备金的条件下分析了商业银行活期存款创造的过程，下面我们放松这些限制来做进一步的分析。

（1）现金漏出的影响。实际上，银行多数客户都有提取现金的行为。如果发生客户提取现金的漏出，并假设现金漏出率为 r_c（r_c= 提取的现金/活期存款总额），那么存款总额为 $D=\dfrac{R}{r_d+r_c}$，存款创造乘数变为 $k_D=\dfrac{1}{r_d+r_c}$。

（2）超额准备金的影响。事实上，银行可能为了应付各种意料之外的情况而持有少量的超额准备金。由于银行持有超额准备金，银行用于放款的资金就会减少，银行存款创造的能力就会削弱，从而引起存款创造乘数的变动。用 r_e 表示超额准备率（r_e=超额准备金/活期存款总额），则存款总额为 $D=\dfrac{R}{r_d+r_e}$，存款创造乘数相应地变为 $k_D=\dfrac{1}{r_d+r_e}$。

如果以上两种漏出同时发生，则银行存款创造乘数为 $k_D=\dfrac{1}{r_d+r_c+r_e}$。显然，存在漏出时的存款创造乘数小于没有漏出时的存款创造乘数。

3. 货币乘数与货币供给

西方经济学家通常将流通于银行体系之外的现金（通货）和银行体系的储备之和称为基础货币（Basic Money），又称强力货币、高能货币。基础货币包括公众与商业银行持有的现金以及商业银行在中央银行的存款，即基础货币=流通中的现金+商业银行库存现金（超额准备）+商业银行在中央银行的存款（法定准备金）。如果用 B 表示基础货币，C_u 表示流通于银行体系之外的现金，R_e 表示商业银行库存的现金（即超额准备金），R_d 表示商业银行在中央银行的存款（即法定准备金），则基础货币可以用公式表示为

$$B=C_u+R_e+R_d \tag{15.1}$$

而狭义的货币供给 M_1 等于流通中的现金加上活期存款之和，即

$$M_1=C_u+D_e \tag{15.2}$$

因而有

$$\frac{M_1}{B}=\frac{C_u+D_e}{C_u+R_e+R_d} \tag{15.3}$$

进一步变形，分子分母同时除以活期存款总额 D_e，得

$$\frac{M_1}{B}=\frac{C_u+D_e}{C_u+R_e+R_d}=\frac{\frac{C_u}{D_e}+1}{\frac{C_u}{D_e}+\frac{R_e}{D_e}+\frac{R_d}{D_e}}=\frac{r_c+1}{r_d+r_e+r_c} \tag{15.4}$$

式（15.4）中，流通中的现金/活期存款就是现金漏出率 r_c，超额准备金/活期存款表示超额准备金率 r_e，法定准备金/活期存款表示法定准备率 r_d，所以上式又可以表示为

$$M_1=B\cdot\frac{r_c+1}{r_d+r_e+r_c} \tag{15.5}$$

式（15.5）反映了中央银行通过控制基础货币，从而能控制货币供给量（通过乘数作用）的机制。在这里，M_1/B 即货币供给与基础货币之比称为货币创造乘数（k_D）。其计算公式为

$$k_D=\frac{M_1}{B}=\frac{r_c+1}{r_d+r_e+r_c} \tag{15.6}$$

当然在这个货币创造乘数的作用机制中并不是每一个因素中央银行都能控制，如现金漏出、超额准备等，这些因素取决于大量金融机构和成千上万公众的行为决策。但总的来说，它们在某一特定时期还是比较稳定的，也就是说货币创造乘数还是相对稳定的，于是中央银行可通过控制基础货币来控制货币供应量。这样货币供应量被认为是由政府政策（中央银行）决定的，所以货币供应量的大小与利率无关。因此，在利率—货币量坐标中，货币供给曲线是一条垂直线，如图 15.4 所示。它表示利率（r）的大小对货币供给量没有影响。

货币供给量受中央银行货币政策的影响。中央银行实行紧缩性的货币政策，紧缩银根会导致货币供给曲线向左移动至 m_1；反之中央银行实行扩张性的货币政策，放开银根则会导致货币供给曲线向右移动至 m_2，如图 15.5 所示。

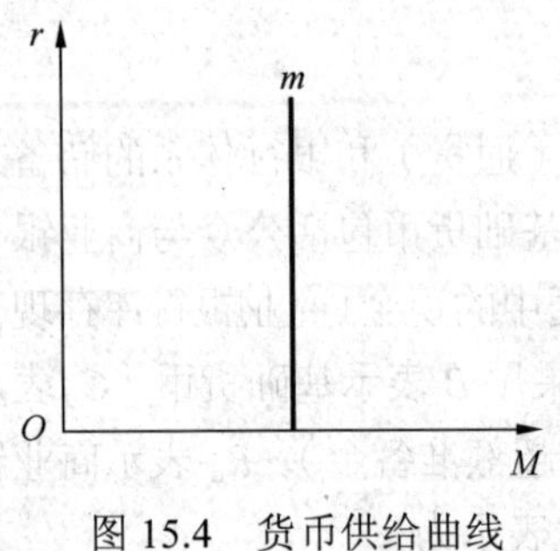

图 15.4　货币供给曲线

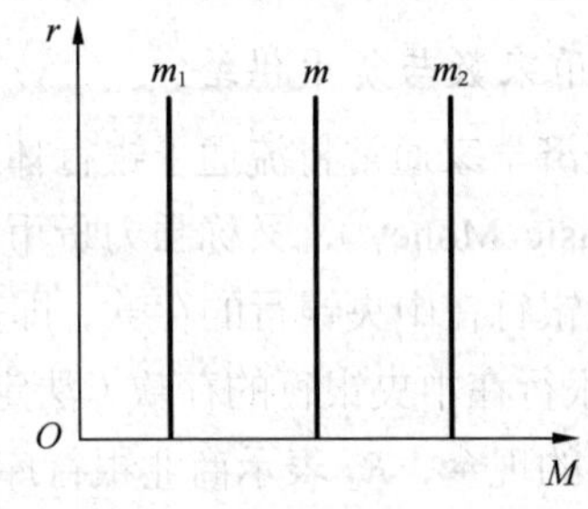

图 15.5　货币供给曲线的移动

综上所述，货币供给是指银行主体通过其货币经营活动而创造出货币的过程，它包括商业银行通过派生存款机制向流通供给货币的过程和中央银行通过调节基础货币量而影响货币供给的过程。而决定货币供给的因素包括中央银行增加货币发行、中央银行调节商业银行的可运用资金量、商业银行派生资金能力以及经济发展状况、企业和居民的货币需求状况等因素。中央银行供给基础货币有三种途径：变动其储备资产，在外汇市场买卖外汇或贵金属；变动对政府的债权，进行公开市场操作，买卖政府债券；变动对商业银行的债权，对商业银行

办理再贴现业务或发放再贷款。

二、货币政策工具

货币政策工具是指货币当局为了实现既定的政策目标所选择的操作手段。政府为了实现既定的经济政策目标，经常实施的货币政策工具包括一般性政策工具和选择性政策工具。

（一）一般性货币政策工具

一般性货币政策工具是指西方国家中央银行多年来一直采用的三大政策工具：法定准备金率、再贴现政策和公开市场业务，这三大政策主要用于调节货币总量。

1. 调整法定准备金率

法定准备金率是指中央银行以法律形式规定的商业银行将其吸收存款的一部分上缴中央银行作为准备金的比率。中央银行改变法定准备金率可以通过对准备金的影响来调节货币供给量。例如，中央银行降低法定准备金率，使商业银行产生超额准备金，这部分准备金可以作为贷款放出，通过银行系统存款的成倍扩大，增加货币供给量和降低利率。反之，中央银行提高法定准备金率，会使商业银行原有的准备金低于法定要求。这样，商业银行必须收回贷款，通过银行系统存款的成倍收缩，减少货币供给量和提高利率。

2. 调整再贴现率

贴现是指商业银行从收受的未到期商业票据面值中扣除利息，并把票面余额以现金形式支付给持票人的信用活动。再贴现是指商业银行将其收受的商业票据拿到中央银行申请再贴现，我们可以将其理解为中央银行对商业银行的贷款，调整再贴现率（Rediscount Rate）就是中央银行调高或降低对商业银行发放贷款的利率。

萧条时期，中央银行降低再贴现率，可以鼓励商业银行借款，从而增加商业银行的准备金，这样可以增加它对客户的放款，放款的增加又会通过银行创造货币的机制增加货币的供给量并降低利率。繁荣时期，中央银行提高再贴现率，可以限制商业银行贷款，使商业银行准备金短缺，这样商业银行必须减少对客户的放款或收回贷款，贷款的减少又会通过银行创造货币的机制减少货币的供给量并且提高利率。

3. 公开市场操作

公开市场操作是指中央银行在公开市场上买卖政府债券以调节货币供给与利率的货币政策手段。运用公开市场业务，可以通过对货币供给量的调节来调节利率，并通过利率的变动来调节总需求，达到宏观经济政策的目标。例如，经济萧条时，中央银行在公开市场上买进政府债券，从而增加银行系统的基础货币，通过银行系统的存款创造，导致货币供给量多倍扩大和利率下降，进而促进私人投资和消费的扩张，带动生产和就业的增长。与此同时，中央银行采购有价证券会使债券的需求增加，从而债券价格上升，利率下跌，这也会鼓励私人增加投资和消费，推动国民生产总值和就业的增加。经济繁荣时，中央银行在公开市场上卖出政府证券，会使银行系统基础货币减少，导致货币供给量多倍减少和利率上升。这样，私人的投资和消费支出就会下降，通货膨胀得到缓解。

与前两种货币政策工具相比，公开市场操作具有主动性强、灵活性高、调控效果和缓、震动性小以及影响范围广等优势。因而公开市场业务成为中央银行稳定经济最灵活的政策手段，也是最常使用的一种政策手段。

（二）选择性货币政策工具

除了上述调节货币总量的三大工具外，货币政策工具还有另外几种。这些工具一般都是有选择地使用，故称之为选择性货币政策工具，主要有以下几种。首先是道义上的劝告。中央银行对商业银行发出口头或书面的谈话或声明劝说商业银行自动地遵循中央银行所要求的信贷政策。这种劝告没有法律约束力，但能发挥一定的作用。其次是规定利率上限。中央银行规定商业银行和其他储蓄机构定期存款和储蓄存款的利率上限。最后是控制消费信贷。中央银行控制分期付款的条件，包括消费者采购耐用消费品的最低现付额和最长偿还期。

三、货币政策的运用

运用货币政策调节总需求，也和财政政策一样，坚持“逆经济风向行事”的基本原则。当经济衰退时，中央银行应采取措施增加货币供给，刺激总需求，以解决经济衰退和失业问题；相反，在通货膨胀时期，中央银行应采取措施减少货币供给，抑制总需求，以控制物价上涨和解决通货膨胀问题。也就是说，在经济衰退时期，中央银行应该实行扩张性货币政策。在通货膨胀时期，应该采取紧缩性货币政策。

中央银行实行扩张性货币政策的基本程序和过程是：首先，中央银行采取措施增加商业银行的准备金；商业银行准备金增加后，通过存款创造乘数的作用，引起活期存款大幅度扩张，使货币供给增加；货币供给增加，导致银根松动，这不仅使人们易于获得贷款，而且引起利率下跌，这样便对投资产生刺激作用，引起投资需求增加，并通过投资乘数的作用，使国民收入和就业机会增加，便可以消除经济衰退和失业。

中央银行采取紧缩性货币政策的基本程序和过程是：首先，中央银行采取措施减少商业银行的准备金；商业银行的准备金减少后，将通过存款创造乘数的作用，引起活期存款的大幅度收缩；这样不仅使信贷难于得到，而且使利息率提高，对投资产生抑制作用，使投资需求减少，投资下降，并通过投资乘数的作用，使总需求大幅度收缩，从而消除通货膨胀。

四、货币政策效应

货币供给量变动的政策对总需求进而对国民收入和利率影响的大小，即货币政策的效果同样不仅取决于 *IS* 曲线的斜率，而且还取决于 *LM* 曲线的斜率。

（一）*IS* 曲线的斜率对货币政策效果的影响

为了分析 *IS* 曲线斜率对货币政策效果的影响，这里设定 *LM* 曲线的斜率不变，选取两条不同斜率的 *IS* 曲线：IS_1 与 IS_2 曲线，其中 IS_1 曲线斜率的绝对值比 IS_2 曲线斜率的绝对值大。初始状态下，它们与 LM_1 曲线均在 E_0 点相交，因此，均衡收入 y_0 和均衡利率 r_0 也完全相同，如图 15.6 所示。

现假定货币当局实行一项扩张性货币政策，增加一笔货币供给量ΔM时，*LM*曲线向右平移，由原来的LM_1移至LM_1'，与IS_1曲线、IS_2曲线分别相交于E_1点、E_2点，新的均衡利率与国民收入组合分别为（r_1，y_1）与（r_2，y_2），从图形上可以看出，$y_1<y_2$，即*IS*曲线斜率的绝对值越大，同样力度的扩张性货币政策带来的国民收入增加得越少，即货币政策效果越小。同理可以分析得出，*IS*曲线斜率的绝对值越大，同样力度的紧缩性货币政策带来的国民收入减少得越少，即货币政策效果越小，请读者自己作图分析。

综合以上分析可知，当*LM*曲线的斜率给定不变时，货币政策的效果取决于*IS*曲线的斜率。*IS*曲线斜率的绝对值越大，即*IS*曲线越陡峭，货币政策使LM曲线移动时对利率的影响越大，导致国民收入的变动越小，也就是说货币政策效果越小；反之，*IS*曲线斜率的绝对值越小，*IS*曲线越平坦，*LM*曲线移动时将导致国民收入发生较大的变动，即货币政策效果越大。货币政策效果大小与*IS*曲线的斜率绝对值大小成反比。

（二）*LM*曲线的斜率对货币政策效果的影响

为了分析*LM*曲线斜率对货币政策效果的影响，这里设定*IS*曲线的斜率不变，选取两条不同斜率的*LM*曲线：LM_1与LM_2曲线，其中LM_1曲线的斜率比LM_2曲线的斜率大，初始状态下，它们与*IS*曲线均在E_0点相交，因此，均衡收入y_0和均衡利率r_0也完全相同，如图15.7所示。

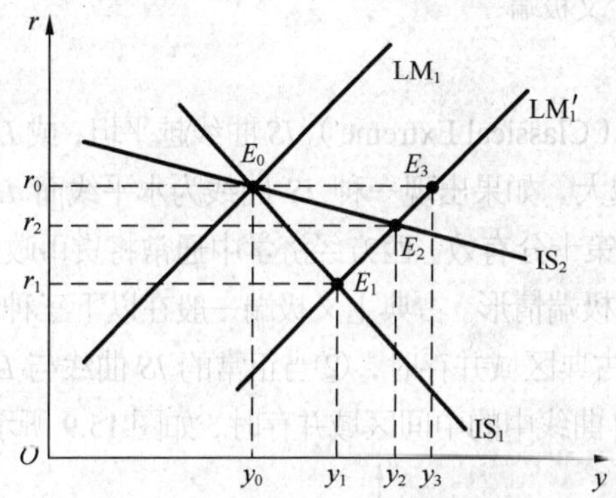

图15.6　货币政策效果因*IS*曲线斜率而异

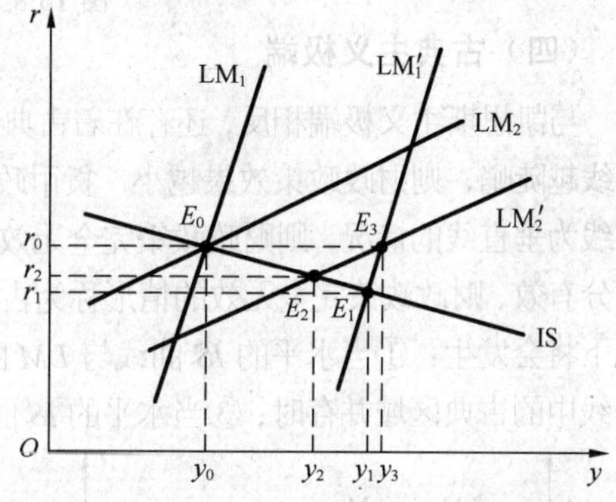

图15.7　货币政策效果因*LM*曲线斜率而异

现假定货币当局实行一项同样力度的扩张性货币政策，增加一笔同样多量的货币供给量ΔM时，*LM*曲线向右平移，平移的距离为E_0E_3，$E_0E_3=y_0y_3=\Delta m/k$，即LM_1曲线向右平移至LM_1'，与*IS*曲线相交于E_1点，均衡的利率与国民收入组合为（r_1，y_1），LM_2曲线向右平移至LM_2'，与*IS*曲线相交于E_2点，均衡的利率与国民收入组合为（r_2，y_2）。从图形上可以看出，$y_1>y_2$，即*LM*曲线的斜率越大，同等力度的扩张性货币政策带来的国民收入增加得越大，即货币政策效果越大。同理可以分析得出，*LM*曲线的斜率越大，同等力度的紧缩性货币政策带来的国民收入减少得越多，即货币政策效果越大，请读者自己作图分析。

综合以上分析可知，当*IS*曲线的斜率给定不变时，货币政策的效果取决于*LM*曲线的斜率。*LM*曲线的斜率越大，即*LM*曲线越陡峭，货币政策使*LM*曲线移动导致国民收入的变动越大，也就是说货币政策效果越大；反之，*LM*曲线的斜率越小，*LM*曲线越平坦，*LM*曲线移动时将导致国民收入发生较小的变动，即货币政策效果越小。货币政策效果大小与*LM*曲线的斜率大小成正比。

（三）凯恩斯主义极端

凯恩斯主义极端（Keynesianism Extreme）也称凯恩斯极端，是指凯恩斯主义的一种极端情况。*LM* 越平坦，或 *IS* 越陡峭，则财政政策效果越大，货币政策效果越小。如果出现一种 *IS* 曲线为垂直线而 *LM* 曲线为水平线的情况，则财政政策将十分有效，而货币政策将完全无效。西方经济学中通常将财政政策十分有效、货币政策完全无效的情形称为凯恩斯主义的极端情形。凯恩斯主义极端一般在以下三种情况下会发生：①当垂直的 *IS* 曲线与 *LM* 曲线中间区域并存时，②当正常 *IS* 曲线和凯恩斯陷阱（即 *LM* 曲线水平）同时发生时，③当垂直的 IS 曲线与凯恩斯陷阱同时发生时，如图 15.8 所示。

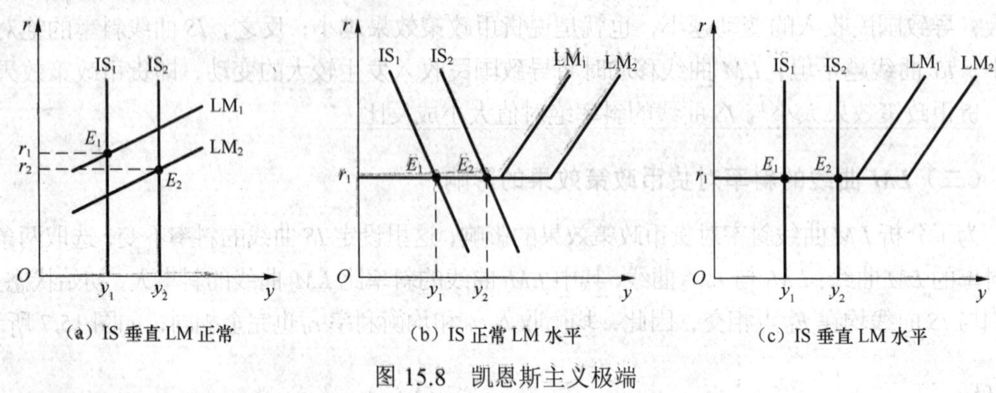

图 15.8　凯恩斯主义极端

（四）古典主义极端

与凯恩斯主义极端相反，还存在着古典主义极端（Classical Extreme）。*IS* 曲线越平坦，或 *LM* 曲线越陡峭，则财政政策效果越小，货币政策效果越大。如果出现一种 *IS* 曲线为水平线而 *LM* 曲线为垂直线的情况，则财政政策完全无效，货币政策十分有效。西方经济学中通常将货币政策十分有效、财政政策完全无效的情形称为古典主义的极端情形。古典主义极端一般在以下三种情况下将会发生：①当水平的 *IS* 曲线与 *LM* 曲线中的古典区域并存时，②当正常的 *IS* 曲线与 *LM* 曲线中的古典区域并存时，③当水平的 *IS* 曲线与 *LM* 曲线中的中间区域并存时，如图 15.9 所示。

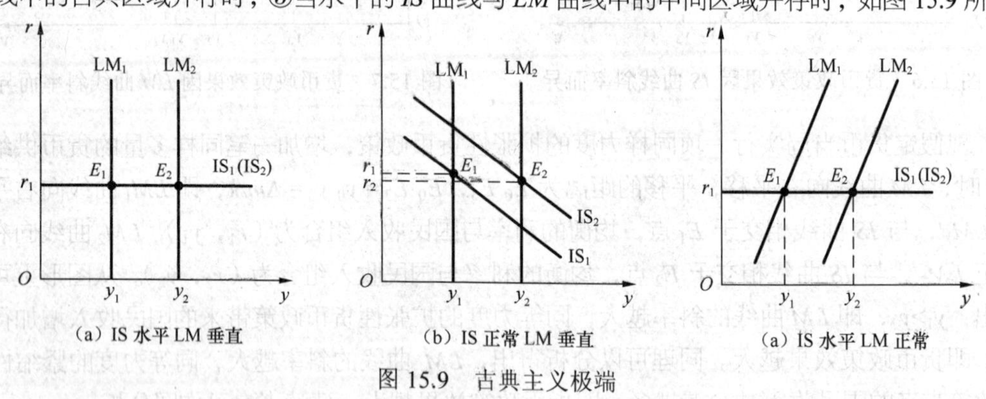

图 15.9　古典主义极端

第四节　财政政策与货币政策的混合使用

一、*IS-LM* 模型与宏观经济政策

从前面的分析可知，为了实现稳定性经济政策目标，政府可以根据 *IS-LM* 模型所揭示的

政策效果采取相应的财政政策与货币政策进行调节。例如，当均衡的国民收入低于充分就业的国民收入时，如图 15.10 所示，均衡的国民收入为 y_0，低于充分就业时的国民收入 y_f。此时政府可以进行多种政策选择：一是采取扩张性财政政策，使 IS 曲线由 IS_0 向右移动至 IS_1，达到充分就业时的国民收入 y_f；二是采取扩张性货币政策，使 LM 曲线由 LM_0 向右移动至 LM_1，达到充分就业时的国民收入 y_f；三是同时采取扩张性财政政策和扩张性货币政策，即使 IS 曲线由 IS_0 向右移动至 IS_2，LM 曲线由 LM_0 向右移动至 LM_2，此时同样能达到充分就业时的国民收入 y_f。

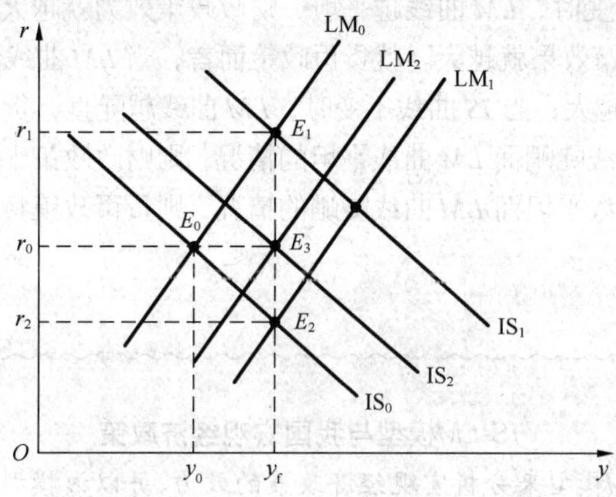

图 15.10　IS-LM 模型与宏观经济政策

从图 15.10 中我们可以发现，虽然扩张性财政政策和扩张性货币政策均能使均衡的国民收入上升，但对利率的影响正好相反，具体情况见表 15.3。其中货币政策的实施是通过对利率的影响来影响总需求的，而且主要是刺激对利率的变动非常敏感的那些投资支出与消费支出——尤其是房地产投资，因为房地产投资是一种长期投资，利率的变动对其影响最大。而财政政策影响总需求的各组成部分则取决于所采取的具体政策措施，如表 15.4 所示：

表 15.3　扩张性财政政策与扩张性货币政策的效果比较

政　　策	均衡的国民收入	均衡利率
扩张性财政政策	增加	上升
扩张性货币政策	增加	下降

表 15.4　扩张性财政政策的效果

	利率	消费	私人投资	国民收入
增加购买性支出	上升	增加	减少	增加
减少所得税	上升	增加	减少	增加
增加转移性支出	上升	增加	减少	增加
增加投资补贴	上升	增加	增加	增加

购买性支出的增加将使总需求与国民收入增加，消费水平也由于国民收入的提高而提高，但由于利率水平的提高会部分地挤占私人投资，私人投资将受到影响；所得税的减少和转移性支出的增加，都将使消费水平得以提高，导致总需求和国民收入增加，但由于利率的提高，仍然会影响投资，投资将会因利率上升而减少；只有对投资进行直接补贴，才会使投资增加，尽管利率也会上升，但它是先有投资增加而后才有利率上升。

因此，决策者在进行决策时，如果要刺激总需求就需考虑究竟要刺激总需求的哪一部分。

如果要刺激私人投资，最好使用财政政策中的投资补贴政策；要是刺激投资中的房地产建设，就应采取货币政策；若刺激消费，则可采用增加转移性支出和减少所得税的财政政策。当然，要治理萧条，就要分析引起萧条的因素是投资不足还是消费不足。无论如何，只有找到了问题的根源，才能对症下药，政策才能取得明显效果。另外，不同政策的选择还会对不同的人群产生不同的影响，社会政治问题也是影响决策的因素。

同时，在采取宏观经济政策时还应考虑财政、货币政策的效果，主要考虑影响 *IS* 曲线和 *LM* 曲线斜率的相关因素，进而决定到底是选择财政政策还是选择货币政策。就财政政策而言，当 *IS* 曲线的斜率不变时，*LM* 曲线越平坦，财政政策效力就越大；当 *LM* 曲线不变时，*IS* 曲线越陡直，财政政策效果就越大。就货币政策而言，当 *LM* 曲线斜率不变时，*IS* 曲线越平坦，货币政策效果就越大；当 *IS* 曲线不变时，*LM* 曲线越陡直，货币政策效果就越大。因此，如果出现一种 *IS* 曲线陡峭而 *LM* 曲线平坦的情况，则财政政策十分有效，货币政策效果将很弱；如果出现 *IS* 曲线平坦而 *LM* 曲线陡峭的情况，则货币政策将十分有效，财政政策效果将很弱。

案例 15-3

*IS-LM*模型与我国宏观经济政策

人们通常运用*IS-LM*模型来分析宏观经济政策的效力，并以该模型所体现的经济思想作为政府宏观经济政策选择的理论依据。但我国宏观经济学的实践表明，以*IS-LM*模型为依据的扩张性宏观经济政策尤其是扩张性货币政策并没有取得预期的效果。

*IS-LM*模型的形状取决于*IS*曲线和*LM*曲线的斜率。以我国投资的利率弹性对*IS*曲线斜率的影响看，由于市场经济体制在中国还没有完全确立，政府在企业投资中还起着一定的作用，企业自身还不能自觉地按市场经济原则办事，这必然导致企业投资对利率的反应没有一般市场经济国家敏感，从而导致中国的*IS*曲线比一般市场经济国家的*IS*曲线陡峭。从边际消费倾向变化对*IS*曲线的影响看，储蓄的超常增长表明，中国的边际消费倾向已经远远低于在目前收入水平应具有的水平，收入与消费之间已出现了严重的失衡，这种失衡必然导致我国的*IS*曲线比在正常情况下陡峭。

那么，中国的*LM*曲线的斜率如何呢？首先，中国正处于新旧体制交替的过程中，中国居民对货币的预防性需求急剧膨胀，从而打破了收入与消费之间的稳定关系，使中国的货币交易需求的收入弹性不再稳定，导致*LM*曲线不断趋向平坦。其次，从货币投机需求的利率弹性对我国*LM*曲线斜率的影响看，在目前的中国，由于金融市场、资本市场尚不十分完善，广大居民缺乏多种投资渠道，利率的变化对人们的投机性货币需求影响并不大，投机需求的利率弹性较小，其对*LM*曲线的影响是使*LM*曲线比较陡峭。

（任太增，2000）

二、财政政策与货币政策的配合

从图 15.10 可以看出，为了使国民收入达到充分就业时的潜在产出水平，政府既可以采取扩张性的财政政策，也可以采取扩张性货币政策，还可以将两种政策结合起来使用。

所谓配合方式就是货币政策和财政政策松紧的相互搭配问题。这种松紧搭配共有四种组合方式：

（1）紧缩的货币政策和紧缩的财政政策的配合，即“双紧”政策；

（2）宽松的货币政策和宽松的财政政策的配合，即“双松”政策；

（3）宽松的货币政策和紧缩的财政政策的配合，即“松货币、紧财政”政策；

（4）紧缩的货币政策和宽松的财政政策的配合，即“紧货币、松财政”政策。

财政政策与货币政策的配合模式如表 15.5 所示。

表 15.5　财政政策与货币政策的配合模式

	双松政策	双紧政策	紧财政松货币	紧货币松财政
经济背景	社会需求严重不足，生产资源大量闲置，解决失业和刺激经济增长成为宏观调控首要目标	社会总需求极度膨胀，社会总供给严重不足，物价大幅攀升，抑制通胀成为首要目标	政府开支过大，物价基本稳定，经济结构合理，但企业投资并不旺盛，促使经济较快增长成为主要目标	通胀与经济停滞并存，产业结构和产品结构失衡，治理滞胀、刺激经济增长成为首要目标
具体政策	财政扩大支出，降低税率；同时央行采取扩张性的货币政策，增加货币供应，降低市场利率，以抵消财政政策的“挤出效应”	财政削减政府支出，提高税率；央行紧缩货币政策，减少货币供应，调高利率	财政削减政府支出，提高税率；同时央行增加货币供应，降低利率，促进投资增长	紧的货币政策同时实施减税和增加财政支出，利用财政杠杆调节产业结构和产品结构

表 15.6 给出了财政政策和货币政策混合使用的政策效应。如果政府可以有多种政策选择，就要作出权衡取舍，在实现充分就业均衡的同时，兼顾其他政策目标的实现。例如，当经济处于萧条状态但不十分严重时，可采用第一种政策组合，以扩张性财政政策刺激总需求，又以紧缩性货币政策抑制通货膨胀。因为扩张性财政政策尽管会产生“挤出效应”，但对刺激总需求还是有一定的作用的，而紧缩性货币政策通过减少货币的供给量可以抑制由于货币供给量过多而引起的通货膨胀。当经济发生严重的通货膨胀时，可采用第二种组合，通过紧缩货币提高利率，从货币供给方面控制通货膨胀；通过紧缩财政，降低总需求水平，从需求方面抑制通货膨胀，同时防止利率上升过高。当经济中出现通货膨胀但又不十分严重时，可采用第三种组合，通过紧缩财政压缩总需求，消除财政赤字，但又通过扩张性货币政策降低利率，刺激总需求，以防止由于财政过度紧缩引起的衰退。当经济严重萧条时，可采用第四种组合，这样能有力地刺激经济。扩张性财政政策使总需求增加，但提高了利率水平，用扩张性的货币政策可以抑制利率的上升，以克服扩张性财政政策的挤出效应，在保持利率水平不变的情况下，刺激了经济。

表 15.6　财政政策和货币政策混合使用的政策效应

	政策混合	产　出	利　率
1	扩张性财政政策和紧缩性货币政策混合	不确定	上升
2	紧缩性财政政策和紧缩性货币政策混合	减少	不确定
3	紧缩性财政政策和扩张性货币政策混合	不确定	下降
4	扩张性财政政策和扩张性货币政策混合	增加	不确定

在具体考虑两种政策的搭配使用上，不仅要看到当时的经济形势，还要顾忌到政治上的需要。虽然扩张性财政政策和货币政策都能够增加总需求，但两者的后果对不同的人群会产生不同的影响，也使 GDP 的组成比例发生变化。例如，实行扩张性货币政策，导致利率下降，

投资增加，因而对投资部门尤其是房地产部门有利。但是，若实行扩张性财政政策——减税，则有利于个人可支配收入的提高，消费支出将增加；若采取扩张性财政政策——增加政府支出，比如兴办教育、对在职工人进行培训、治理环境等，则受益的人群又将不同。正因为如此，政府在作出政策的抉择时，必须要考虑到各行各业、各个阶层的利益，尽量协调好各种利益关系。

本章小结

1. 宏观经济政策是指国家或政府为了增进社会经济福利而制定的解决经济问题的指导原则和措施。宏观经济政策包括财政政策和货币政策，政策目标一般包括充分就业、物价稳定、经济增长和国际收支平衡。这四大目标的实现常常出现冲突，政策制定者需要综合考虑，确定重点政策目标或者对这些政策目标进行协调。

2. 财政政策的手段是国家为实现财政政策目标所采取的经济、法律、行政措施的总和。一般说来，财政政策的手段主要包括税收、财政支出、公债和预算。政府在制定财政政策时需要分析影响财政政策的效果的相关因素，影响财政政策效果的因素主要有挤出效应、时滞效应和政治阻力。

3. 货币政策是指中央银行通过控制货币与信贷总量，调节利率和汇率水平等，以影响社会总需求和总供给，促进宏观经济目标实现的方针和措施的总称。

货币政策的最终目标与宏观经济政策的目标相一致，由充分就业、物价稳定、经济增长和国际收支平衡四个目标构成。

中央银行使用的传统金融调控工具主要有三项：法定存款准备金率、再贴现率和公开市场业务。货币政策传导机制是指中央银行运用货币政策工具影响中介目标和操作目标，进而最终实现既定政策目标的传导途径与作用机理。货币政策传导途径一般有三个基本环节，其顺序是：从中央银行到商业银行等金融机构和金融市场；从商业银行等金融机构和金融市场到企业、居民等非金融部门的各类经济行为主体；从非金融部门经济行为主体到社会各经济变量。

4. 财政政策与货币政策是政府调节宏观经济运行的两个重要手段，但两者在调控机制及侧重点等方面都有所不同。财政政策侧重于结构调节，货币政策侧重于总量调节；财政政策侧重于调节收入分配，货币政策侧重于保持币值稳定；财政政策对治理通货紧缩作用明显，货币政策对治理通货膨胀作用明显。

在进行宏观调控时，为了达到理想的调控效果，通常需要将财政政策和货币政策协调起来，搭配运用，才能有效实现预期政策目标。两种政策主要有四种协调配合模式：双松政策、双紧政策、紧财政松货币政策和紧货币松财政政策。

复习思考题

一、名词解释

1. 宏观经济政策

2. 财政政策
3. 货币政策
4. 税收
5. 财政支出
6. 公债
7. 挤出效应
8. 货币供应量
9. 基础货币
10. 超额准备金
11. 法定准备金
12. 再贴现率
13. 法定存款准备金率
14. 再贴现政策
15. 公开市场业务

二、简答题

1. 宏观经济政策的目标主要是什么？他们之间的相互关系如何？
2. 什么是货币创造乘数？其大小主要和哪些变量有关？
3. 中央银行的货币政策工具主要有哪些？
4. 什么是公开市场操作？这一货币政策工具有哪些优点？
5. 在何种情况下应较多地运用财政政策来调节国民经济？
6. 在何种情况下应较多地运用货币政策来调节国民经济？
7. 若经济进入“凯恩斯陷阱”，应当采取何种政策？为什么？
8. 若经济处于“古典区域”，应该采取何种政策？为什么？
9. 如何搭配财政政策和货币政策来克服“滞胀”？

三、论述题

1. 试述中央银行的货币政策主要工具及其作用。
2. 论述财政政策与货币政策相互配合的必要性。
3. 论述财政政策的作用大小与*IS*和*LM*曲线斜率的关系。
4. 论述货币政策的作用大小与*IS*和*LM*曲线斜率的关系。
5. 如何配合使用货币政策和财政政策有效地克服经济下滑？

第十六章　国际经济的基本知识

学习目标：通过本章的学习，了解开放经济条件下的经济运行情况，掌握国际贸易的基本理论与国际贸易政策；了解国际结算的工具与结算方法；了解国际金融市场与国际金融机构，掌握汇率的标价方法与汇率制度；了解国际收支的概念，掌握国际收支平衡表的构成与编制原则，掌握净资本流出函数与 *BP* 曲线。

关键概念：国际贸易（International Trade）　绝对优势（Absolute Advantage）　相对优势（Comparative Advantage）　国际贸易政策（International Trade Policy）　国际结算（International Settlement）　国际金融（International Finance）　外汇（Foreign Exchange）　汇率（Foreign Exchange Rate）　国际收支（Balance of International Payments）　国际收支平衡表（Balance of Payments Statement）

第一节　开放经济与国际贸易

一、国际贸易

在微观经济学部分，我们了解到交换可以实现帕累托最优，从而实现经济效率，这种交换行为不仅存在于国内的不同地区之间，也同样存在于国与国之间或国际地区之间，从而导致全球的经济效率提高，一旦交换突破国界，也就形成了国际贸易。

（一）国际贸易及其分类

国际贸易（International Trade）是指一个国家与另一个国家之间进行的有形商品与无形商品的交换活动，是国家之间分工的表现形式，反映了世界各国通过世界市场在商品、资金、科学技术、服务等领域的相互联系与结合。从一个国家来看，这种商品交换活动被称为对外贸易；从国际范围来看，这种商品交换活动被称为国际贸易。

国际贸易有多种分类方法。按照货物移动的方向，国际贸易可以分为进口贸易、出口贸易及过境贸易；按照商品的物理形态，国际贸易可以分为有形贸易和无形贸易；按照是否有第三者参加，国际贸易可以分为直接贸易、间接贸易和转口贸易；按照清偿工具的不同，国际贸易可以分为自由结汇贸易和易货贸易；按照商品的要素构成，国际贸易可以分为劳动密集型商品贸易、资本密集型商品贸易和技术知识密集型商品贸易。

（二）国际贸易理论

1. 绝对优势理论

英国古典经济学家亚当• 斯密是国际分工和国际贸易理论的创始者，他在其代表作《国富论》中指出，分工能提高生产率，这一原则不仅适用于国内的地区之间，而且适用于国与国之间，两国之间的贸易应建立在成本差异的基础上。

所谓绝对优势（Absolute Advantage），是指某国用相同数量的资源所能够生产出的某种商品比另一个国家能够生产的这种商品多。假如一个国家的人力和资本专门用来生产在气候、土壤和矿藏等方面具有自然优势的产品，或者专门生产在工艺技术方面具有称之为获得性优势的产品，用以交换别的国家在其自然条件或工艺技术上又有优势的产品，通过自由贸易的国际分工，两国的总产出相对于自给自足时会增加，贸易国双方都将从贸易中得益。这里我们以英国、葡萄牙两国的呢绒及葡萄酒生产为例进行说明，它们的生产成本如表 16.1 所示（成本用每单位产品所用工时数计算）。

表 16.1 绝对成本比较 （单位：小时）

产品 / 国家	呢 绒	葡 萄 酒
英国	30	40
葡萄牙	40	30

在表 16.1 中，英国生产呢绒的成本低于葡萄牙，而葡萄牙生产葡萄酒的成本低于英国。这样，英国只生产呢绒，葡萄牙只生产葡萄酒，英国进口葡萄酒出口呢绒，葡萄牙进口呢绒出口葡萄酒，双方进行国际贸易，结果对大家都是有利的。根据这一理论，亚当 · 斯密提出了自由贸易的主张。

以上以两个国家两种产品的情况为例说明了存在绝对优势情况下的国际贸易，其结论同样适用于存在许多国家和许多种商品等更为现实的情况，一国可以与其他国家就多种商品进行贸易。

2. 相对优势理论

亚当 · 斯密的绝对优势理论暗含着一个假定，就是贸易双方至少有一种低成本的商品能在国际间销售。如果一国在所有产品的生产中都具有绝对优势，而对方国家都居于绝对劣势，还会发生贸易吗？即使有贸易往来，双方还能分享贸易利益吗？大卫 · 李嘉图的相对优势（Comparative Advantage）理论认为，即使在这种情况下，国际贸易仍然是有利的，一国生产自己相对成本较低的产品与别的国家进行交换，对双方都是有利的，国际专业分工应该建立在相对优势之上。

这里我们仍以英国、葡萄牙两国的呢绒与葡萄酒生产为例进行说明，它们的生产成本如表 16.2 所示（成本用每单位产品所用工时数计算）。

表 16.2 相对优势比较 （单位：小时）

产品 / 国家	呢 绒	葡 萄 酒
英国	100	120
葡萄牙	90	80

从表 16.2 可以看出，在葡萄牙，生产单位葡萄酒和单位呢绒所耗费的用工小时数都比英国的要少，因此，葡萄牙在这两种商品的生产上都具有绝对优势。按照亚当·斯密的观点，英国与葡萄牙两国之间不会发生贸易。但是，大卫·李嘉图却指出，英国与葡萄牙生产各自具有相对优势的产品并通过国际间的自由贸易，这两个国家仍然会得到贸易利益。因为葡萄牙生产呢绒的成本是英国的 90%，生产葡萄酒的成本是英国的 67%，葡萄牙生产这两种产品都绝对有利，但生产葡萄酒的比较优势更大；虽然英国生产呢绒的成本是葡萄牙的 1.1 倍，生产葡萄酒的成本是葡萄牙的 1.5 倍，英国生产这两种产品都绝对不利，但生产呢绒相对有利一些。此时，双方生产自己相对有利的产品，并进行交换，即英国生产呢绒，换取葡萄牙的葡萄酒；葡萄牙生产葡萄酒，换取英国的呢绒，结果对双方都有利。这是因为，英国 220 单位的劳动可以生产出 2.2 单位的呢绒，葡萄牙 170 单位的劳动可以生产出 2.125 单位的葡萄酒。两国按 1:1 的比例交换，在同样的劳动成本下，可供消费的产品增加了。

相对优势理论在国际贸易理论中具有重要的地位，成为自由贸易政策的理论依据，以后的各种国际贸易理论都是由此发展而来的。

3. 要素禀赋理论

自从李嘉图以后，新古典经济学家曾用国际需求、机会成本等概念解释比较优势说，但对国际贸易理论最重要的发展是瑞典经济学家赫克歇尔（E. Heckscher）和俄林（B. Ohlin）所提出的要素禀赋理论，即一般所说的赫克歇尔—俄林（H-O）定理。

H-O 定理用生产要素的丰缺来解释国际贸易产生的原因。俄林认为，商品价格的绝对差异是由于成本的绝对差异，而成本的绝对差异是由于：第一，生产要素的供给不同，即两国的要素禀赋不同；第二，不同产品在生产过程中所使用的要素的比例不同。各国由于要素禀赋的不同，各种生产要素的数量与价格就不同，有些国家劳动力丰富，劳动的价格低；有些国家资本丰富，资本的价格低。由于国际间生产要素的流动受到一定的限制，各国应该生产自己具有资源优势的产品，然后进行交换。具体来说，劳动力丰富的国家生产劳动密集型产品，资本丰富的国家生产资本密集型产品，然后进行交换，这样，结果对双方都有利。生产要素禀赋理论奠定了现代国际贸易理论的基石。

1941 年萨缪尔森（Paul Samuelson）与斯托尔珀（Wolfgang Stolper）合著并发表了《实际工资和保护主义》一文，提出了生产要素价格日趋均等化的观点。萨缪尔森还在 1948 年前后发表的《国际贸易和要素价格均衡》、《国际要素价格均衡》及《论国际要素价格的均衡》等文中对上述观点作了进一步的论证，建立了要素价格均等化学说，与上述狭义的要素禀赋论一起构成广义的要素禀赋理论。

4. 产业内贸易理论

产业内贸易理论（Intra-industry Trade Theory）认为，产生行业内部贸易并不是基于比较优势，而是因为：第一，各国消费者的偏好是多样性的。对同一种产品，如汽车，不同的人喜欢不同的产品，有的美国人就喜欢日本的汽车，反之也一样。这样虽然美国出口汽车，也同时有必要进口一部分日本的汽车以满足一部分美国人的需要。第二，在一些垄断竞争的行业，规模经济限制了行业只能生产有限种类的产品，每一种类产品的生产就只能是小规模的。为追求规模经济，各国都只选择有限种类的产品生产。这样，各国不生产的那些种类的产品需要通过进口获得。这是规模经济导致行业内部贸易最主要的原因。

5. 产品生命周期理论

产品生命周期理论（Product Life Cycle Theory）是美国哈佛大学教授雷蒙德·弗农（Raymond Vernon）1966 年在其《产品周期中的国际投资与国际贸易》一文中首次提出的，它是 20 世纪第二次世界大战之后，解释制成品贸易的著名理论。该理论认为，由于技术的创新和扩散，制成品和生物一样，也具有一个生命周期。

制成品的生命周期可以大致划分为 5 个阶段，即①引入期（Introduction）；②成长期（Expansion）；③成熟期（Maturity）；④销售下降期（Sales Decline）；⑤衰亡期（Demise）。这个周期在不同的技术水平的国家里，发生的时间和过程是不一样的，期间存在一个较大的差距和时差，正是这一时差，表现为不同国家在技术上的差距，它反映了同一产品在不同国家市场上的竞争地位的差异，从而决定了国际贸易和国际投资的变化。在产品生命周期的不同阶段，各国在国际贸易中的地位是不同的。

产品生命周期理论是作为国际贸易理论分支之一的直接投资理论而存在的，它反映了国际企业从最发达国家到一般发达国家，再到发展中国家的直接投资过程。

6. 幼稚产业保护理论

幼稚产业保护理论（Infant Industry Theory）是美国经济学家 A.汉密尔顿（Alexander Hamilton，1757～1840 年）提出的一种对某些产业采取过渡性的保护、扶植措施的理论，是国际贸易中贸易保护主义的基本理论。其基本内容是：某个国家的一个新兴产业，当其还处于最适度规模的初创时期时，可能经不起外国的竞争。如果通过对该产业采取适当的保护政策，提高其竞争能力，将来可以具有比较优势，能够出口并对国民经济发展作出贡献的，就应采取过渡性的保护、扶植政策，主要是运用关税保护之类手段来实现。

传统的幼稚产业保护理论强调以规避竞争为主的保护方式。但随着贸易全球化的发展，国际资本市场的初步形成，汇率变动的日趋频繁，对幼稚产业的保护面临着规范保护程序、加强受保护产业的监管、鼓励国内竞争等新问题。

（三）国际贸易政策

1. 国际贸易政策的含义

国际贸易政策（International Trade Policy）是世界各国在一定时期内对进口贸易和出口贸易所制定和实行的各项管理措施的总称。它通常包括三部分内容：①对外贸易总政策，其中包括货物和服务进口总政策；②进出口货物与服务贸易政策；③对外贸易国别和地区政策。

各国制定对外贸易政策的目的在于维护国家经济安全，具体表现为：保护本国的市场；扩大本国产品和服务的出口市场；促进本国产业结构的调整；积累资本或资金；维护本国对外的政治关系。

2. 对外贸易政策的基本类型

从政策本身和作用来看，国际贸易政策有两种基本类型：自由贸易政策和保护贸易政策。而在现实生活中的国际贸易政策除了以上两种外，还有一种是互惠贸易政策。

（1）自由贸易政策与保护贸易政策。自由贸易政策是指国家对国际贸易活动采取不干预或尽可能不干预的基本立场，对进出口贸易不设置障碍，对本国进出口商不给予各种特权和优待，促使商品在国内外市场自由流通、公平竞争的贸易政策。

保护贸易政策是相对自由贸易政策而言的，指国家利用权力对外贸活动进行干预和管制，通过高额关税或非关税措施来限制外国商品进入，保护本国产业免受外国商品的冲击，并对本国出口商品给予优惠和补贴以鼓励出口，刺激本国工业发展的贸易政策。

从世界范围来看，自从出现了资本主义生产方式，保护贸易政策和自由贸易政策像孪生兄弟在不同国家、一国之内不同发展时期，同时存在并交叉地使用着。一般来说，当世界经济发展迅速时，自由贸易政策就抬头，而当世界经济出现危机时，保护贸易政策就会出笼，并且每次都表现出新的特点。

（2）互惠贸易政策。二战结束后，由于国际市场竞争越来越激烈，完全实行自由贸易政策是不可能的，但要实行完全的保护贸易政策也越来越困难，这主要是由于国际经济关系已发生了重大变化，由一极化走向多极化，一国经济发展遥遥领先，国际关系由一个国家说了算的时代已不复存在。相反，随着经济全球化的发展，国家之间相互影响、相互制约关系日益深化，求同存异，倡导合作与发展已成为当代世界经济发展的主旋律。互惠贸易政策就是在这种情况下产生的。它的主要内容是：发挥国家干预的作用，加强对外贸易管理，改善对外经贸秩序，通过谈判签订双边和多边贸易协定，实行双边和多边的互惠贸易政策，在区域性经济贸易集团内部实行自由贸易，对非协定国家实行保护贸易政策。

互惠贸易政策实际上是对自由贸易政策和保护贸易政策的综合运用，即“内外有别”的贸易政策。

二、国际结算

最初的国际贸易是以物物交换的形式进行的，随后又产生了充当一般等价物的实物货币。黄金长期以来一直发挥着世界货币的职能，用做国际支付手段。从严格意义上讲，在黄金、白银充当一般等价物之前，还不存在国际结算（International Settlement），只有金、银成为货币，充当统一的一般等价物，行使价值尺度、流通、支付和储藏手段职能，并充当世界货币后，国际结算才得以产生。

国际结算的演变经历了现金结算和非现金结算两个阶段。在资本主义社会以前，国际结算主要采用简单的现金结算方式，即直接运送金、银等贵金属来清算国际间债权债务关系。直接运送这些贵金属，不仅在途中风险大，而且还要负担各种费用，还要占用很长的时间。进入资本主义时期，非现金结算已代替现金结算成为国际结算的主要形式。

非现金结算是使用各种支付工具，通过从事国际业务的银行间在账户上划拨冲抵来完成国际间货币收付，从而清算国际间债权债务关系的一种方式。利用非现金结算，迅捷简便，克服了现金结算成本高、风险大的缺陷，加速了国际资金周转，有力地推进了国际贸易的发展。在这种结算方式下，两国的进出口商或债权债务人各自向本国的银行买卖各种不同金额、不同支付时间的票据，从而将他们之间的结算转变为两国银行之间的结算，银行则通过它们之间的账户冲抵或资金划拨来抵偿债券债务关系。至于结算后的余额，则转化为债权国银行的存款增加，或债务国银行在债权国银行的存款减少，而不必运送黄金或白银。

（一）国际结算的支付工具

在国际结算中，两国银行以相互抵账的办法进行国际结算的支付工具是票据。票据（Bills）有广义和狭义之分。广义的票据是指商业上的权利单据。根据这个定义，凡赋予持有人一定权利的各种凭证，如提单、存单、保险单等都属于票据。狭义的票据仅指以支付一定的金额为目的、用于债权债务的清偿和结算的凭证，它主要包括汇票、支票和本票。通常所说的票据，是指狭义的票据。

（1）汇票（Bill of Exchange，Postal Order，Draft）。汇票是国际结算的主要支付工具，是一个人向另一个人签发的要求对方于见票时或将来某一时间，对某人或持票人无条件支付一定金额的书面支付命令。汇票本质是债权人提供信用时开出的债权凭证。其流通使用要经过出票、背书、提示、承兑、付款等法定程序，若遭拒付，可依法行使追索权。

（2）本票（Promissory Notes）。本票指一个人向另一个人签发的保证于见票时或于一定时间向收款人或持票人无条件支付一定金额的书面凭证。当事人只有出票人和收款人。

（3）支票（Cheque，Check）。支票是银行存款户对银行签发的授权其见票对某人或指定人或持票人即期无条件支付一定金额的书面支付命令。

（二）结算的基本方式

一种完善的结算方式必须具备以下三个条件：一是能保证比较安全、快捷地结清对外贸易中的债权债务。二是能保证买卖双方的利益都能获得充分照顾。三是能使双方（也包括中间商）容易从国际和国内金融市场和商业银行筹措其所需资金。

目前，国际结算方式有汇款、托收、信用证三种主要方式，银行保函、备用信用证、国际保理、福费廷业务在以上三种基本结算方式的基础上提供了相应的资金融通方式。以下简要分析各种结算及融资方式的优缺点。

1. 汇款

汇款是由汇款人委托银行，将款项交给收款人的一种结算方式。汇款结算方式的一般业务程序是由汇款人先向汇出行递交“汇出汇款申请书”，委托该行办理款项汇出业务，汇出行按申请书的指示，使用某种结算工具通知汇入行，汇入行则按照双方银行既有的代理合约规定，向收款人解付汇款。汇款结算方式由于所使用的结算工具不同，可以分为电汇、信汇和票汇三种。

2. 托收

托收是出口商在发运货物后签发汇票，委托当地银行通过其国外往来行向进口商收取货款的结算方式。在托收业务下，委托人首先填写“托收申请书”交托收行，一经接受，双方就构成了委托和受托的契约关系。托收行与代收行之间事先有互为代理的合约，代收行根据托收行寄来的“托收委托书”办理托收业务。

托收结算方式可分为光票托收和跟单托收两种。

3. 信用证

信用证方式的优点：一是信用证结算的信用基础是银行信用，银行（开证行、保兑行）取代进口商成为第一性付款人，只要出口商能履行合同并提供与信用证规定相符的单据，出口商通常能收回货款；二是采用信用证方式结算的贸易融资类型十分丰富，进出口商在与银行打交道时每一个环节都可能从银行得到资金融通，并且融资手续比较简单。

信用证方式的缺点：一是信用证方式的成本费用较高，进口商通常要向开证行缴纳信用证金额一定比例的押金，不适应买方市场的要求；二是信用证结算环节多，单据量大，手续繁杂，不适应贸易全球化的要求。

4. 银行保函和备用信用证

银行保函和备用信用证的优点十分明显，它是银行信用代替或补充商业信用，信用性更好；它的申请人因业务不同，灵活性更强。因此银行保函可应用于国际结算的众多领域中，诸如商品买卖、资金借贷、工程承包、物资租赁等。

5. 国际保理

国际保理业务是集结算、管理、担保和融资为一体的综合性售后服务业务，提供信用销售控制、销售分户账户管理、债款回收、坏账担保和贸易融资业务。它具有较强的灵活性和适应性，对进出口方都能带来积极的影响，有利于出口商尽快收回资金，提高资金的使用效益，帮助出口商转嫁风险，节省非生产性费用，有利于出口商获取有关信息，维护和提高出口商的资信。

6. 福费廷业务

福费廷业务一般限于成套设备、船舶、基建物资等资本货物交易及大型项目交易，一般属于中长期融资业务。现在商业银行的福费廷业务也接受小型及短期的业务。它不影响出口企业的债务状况，提高了企业的资金使用效率，能够帮助企业转嫁一切政治、金融和商业风险，在商务谈判中为国外买方提供了延期付款的信贷条件，提高了自身出口的竞争力。

第二节　开放经济与国际金融

一、国际金融

国际金融（International Finance）是一种世界性的经济活动，它主要表现为国际间货币资本的周转与流通。国际金融是国际经济关系中的资金融通关系，这种关系具体体现为国际的货币兑换、借贷关系、收付方式、结算制度、资产储备、金融市场、货币体系、金融机构、金融一体化等，对整个世界经济发展产生了决定性影响和作用。

（一）国际金融市场

在国际领域中，国际金融市场显得十分重要，商品与劳务的国际性转移、资本的国际性转移、黄金输出入、外汇的买卖以至于国际货币体系运转等各方面的国际经济交往都离不开国际金融市场，国际金融市场上新的融资手段、投资机会和投资方式层出不穷，金融活动也凌驾于传统的实质经济之上，成为推动世界经济发展的主导因素。

狭义的国际金融市场仅指国际间长短期资金借贷的场所。广义的国际金融市场则指从事各种国际金融业务活动的场所。

国际金融市场可以按照不同的分类方法来划分。

（1）按性质不同，国际金融市场可分为传统国际金融市场与新兴离岸金融市场。

在传统国际金融市场上，从事市场所在国货币的国际信贷和国际债券业务，交易主要发生在市场所在国的居民与非居民之间，并受市场所在国政府的金融法律法规管辖。

在新兴离岸金融市场，其交易涉及所有可自由兑换的货币，大部分交易是在市场所在国的非居民之间进行的，业务活动也不受任何国家金融体系规章制度的管辖。

（2）按功能不同，国际金融市场可分为国际外汇市场、国际货币市场、国际资本市场与国际黄金市场等。

国际外汇市场是由各类外汇提供者和需求者组成的，进行外汇买卖、外汇资金调拨、外汇资金清算等活动的场所。国际货币市场是指资金借贷期在 1 年以内（含 1 年）的交易市场，或称短期资金市场。国际资本市场是指资金借贷期在 1 年以上的中长期信贷或证券发行的市场，或称长期资金市场。国际黄金市场是指专门从事黄金交易买卖的市场。

（3）按融资渠道不同，国际金融市场可分为国际信贷市场与国际证券市场。

国际信贷市场主要从事资金借贷业务，按照借贷期限长短可划分为短期信贷市场和长期信贷市场。国际证券市场是股票、公司债券和政府债券等有价证券发行和交易的市场，长期资本投资人和需求者之间的有效中介，是国际金融市场的重要组成部分。

（二）国际金融组织

按照地域范围划分，国际金融组织有两类：全球性金融组织和区域性金融组织。作为超国家的组织机构，它们不仅从事资金融通，还负责处理国际金融事务，从事各国金融监管的组织、协调，在全球金融领域发挥着举足轻重的作用。

1930 年 5 月，英、法、德、意、比、日六国央行，以及美国三家大银行，在瑞士巴塞尔成立了国际清算银行，这是第一个国际性金融机构。建立该组织的初衷是解决一战后德国战争赔款，以及协约国之间债务清算事宜。有关问题解决后，该行继续保留了下来，并演变为各国央行的合作机构。国际清算银行的主要业务是为各国央行提供存、放、贷款，并为它们代理黄金、外汇买卖，此外，它还为一些国际组织代理金融业务，特别是国际间的清算业务。该组织定期举办央行行长会议，就国际金融问题进行磋商。

二战后，美国一跃成为全球霸主，凭借雄厚的经济实力，以美元为核心，建立起新的国际货币体系。为了稳定国际金融，促进欧洲各国经济复兴，由美国牵头，成立了两个隶属于联合国的国际性金融组织：国际货币基金组织（IMF）和世界银行。IMF 成立于 1945 年 12 月，目前成员国已达 182 个，该组织的运作资金来自各成员国的出资。各成员国按出资额大小享有相应的地位和权利。美国由于出资最多，故而在该组织中享有否决权。IMF 的主要职责是，监督贸易秩序，建立多边支付制度，执行有关的货币合作安排，促进汇率稳定，向国际收支有问题的国家提供贷款。

世界银行的全称是国际复兴开发银行（IBRD）。它提供的贷款，与国际货币基金组织明显不同。后者利用成员国的入股资金，为逆差国政府提供资金借贷，贷款一般是临时性的，期限较短。而世界银行不仅利用自有资金，还多方组织私人资本，为发展中国家提供中长期贷款，利息率往往比较低。资金的投向，主要是生产资源性开发，如基础设施、能源工业等。此外，这些国家的私人企业，如果有政府担保，也可以从世行取得贷款。

除了上述三家全球性的国际金融组织外，还有大量的区域性金融组织。20 世纪 50 年代后期至 70 年代，一些区域性的国际金融组织陆续建立，如亚洲开发银行、非洲开发银行、阿拉伯货币基金组织，伊斯兰银行、西非发展银行等。随着世界经济日趋一体化，区域性国际金融组织的影响，有的已远远超过空间限制，成为国际金融领域不可忽视的力量。

二、汇率

（一）外汇

国际间政治、经济、文化等方面的交往，必然会引起以货币表示的债权债务关系。由于各国实行不同的货币制度，一国货币不能在其他国家流通和使用，要清偿国际间的债权债务，必须通过银行把本国货币兑换成外国货币，或把外国货币兑换成本国货币。也就是说，要以国际间通用的支付手段，才能完成国际间债权债务的清偿。这种通用的支付手段，就是以外国货币表示的国际支付手段，即外汇。

现在广泛使用的“外汇”一词，是国际汇兑（Foreign Exchange）的简称。外汇的概念有动态和静态之分。动态的外汇是指把一国货币兑换成另一国货币，借以清偿国际间债务的金融活动；静态的外汇是指以外币表示的用于国际结算的支付手段，我们通常所讲的外汇就是指这一静态意义上的含义。广义的外汇是指各国外汇管制法令所称的外汇。国际货币基金组织对外汇的解释为“外汇是货币行政当局（中央银行、货币机构、外汇平准基金组织及财政部）以银行存款、财政部国库券、长短期政府债券等形式所持有的在国际收支逆差时可以使用的债权”。

《中华人民共和国外汇管理条例》第 3 条规定，外汇是指以外币表示的可以用做国际结算的支付手段和资产，主要包括：①外国货币，包括纸币、铸币。②外币支付凭证，包括票据、银行存款凭证、邮政储蓄凭证等。③外币有价证券、包括特别提款权、欧洲货币单位。④其他外汇资金。

（二）汇率及其种类

1. 汇率及其标价方法

汇率（Foreign Exchange Rate）是指将一个国家的货币折算成另一个国家的货币的比率。折算两个国家的货币比例，先要确定用哪个国家的货币作为标准。由于确定的标准不同，存在着外汇汇率的两种标价方法：即直接标价法和间接标价法。

直接标价法是以一定单位的外国货币为标准来计算应付出多少单位本国货币。包括中国在内的世界上绝大多数国家目前都采用直接标价法。在直接标价法下，若一定单位的外币折合的本币数额多于前期，则说明外币币值上升或本币币值下跌，称作外汇汇率上升；反之，如果要用比原来较少的本币即能兑换到同一数额的外币，这说明外币币值下跌或本币币值上升，称作外汇汇率下跌，即外币的价值与汇率的涨跌成正比。

间接标价法是以一定单位本国货币为标准，来计算应收若干单位的外国货币。在间接标价法中，本国货币的数额保持不变，外国货币的数额随着本国货币币值的对比变化而变动。如果一定数额的本币能兑换的外币数额比前期少，这表明外币币值上升，本币币值下降，即外汇汇率上升；反之，如果一定数额的本币能兑换的外币数额比前期多，则说明外币币值下降，本币币值上升，也就是外汇汇率下跌，即外币的价值和汇率的升跌成反比。

此外，在国际金融实务中，还存在一种美元标价法。第二次世界大战以后，特别是欧洲货币市场兴起以来，国际金融市场之间的外汇交易量迅速增长，为了便于在国际间进行外汇业务交易，银行间的报价，都以美元为标准来表示各国货币的价格，至今已成习惯。世界各大金融中心的国际银行所公布的外汇牌价，都是以美元对其他主要货币的汇率，非美元货币之间的汇率则通过各自对美元的汇率套算，作为报价的基础。

2. 汇率的种类

（1）从制定汇率的角度，可将汇率分为基准汇率（Basic Rate）与交叉汇率（Cross Rate）。

通常选择一种国际经济交易中最常使用、在外汇储备中所占的比重最大的可自由兑换的关键货币作为主要对象，与本国货币对比，定出汇率，这种汇率就是基本汇率。关键货币一般是指一个世界货币，被广泛用于计价、结算、储备货币，可自由兑换、国际上可普遍接受的货币。目前作为关键货币的通常是美元，把本国货币对美元的汇率作为基准汇率。

制定出基本汇率后，本币对其他外国货币的汇率就可以通过基本汇率加以套算，这样得出的汇率就是交叉汇率，又叫做套算汇率。

（2）从汇率制度角度，可将汇率分为固定汇率（Fixed Rate）与浮动汇率（Floating Rate）。

固定汇率是指一国货币同另一国货币的汇率基本固定，汇率波动幅度很小。在金本位制度下，固定汇率决定于两国金铸币的含金量，波动的界限是引起黄金输出、输入的汇率水平，波动的幅度是在两国之间运送黄金的费用。

浮动汇率是指一国货币当局不规定本国货币对其他货币的官方汇率，也无任何汇率波动幅度的上下限，本币任凭外汇市场的供求关系决定，自由涨落。外币供过于求时，外币贬值，本币升值，外汇汇率下跌；相反，外汇汇率上涨。本国货币当局在外汇市场上进行适当的干预，使本币汇率不致波动过大，以维护本国经济的稳定和发展。

（3）从银行买卖外汇的角度，可将汇率分为买入汇率（Buying Rate）、卖出汇率（Selling Rate）和中间汇率。

买入汇率又叫做买入价，是外汇银行向客户买进外汇时使用的价格。一般地，外币折合本币数较少的那个汇率是买入汇率，它表示买入一定数额的外汇需要付出多少本国货币。

卖出汇率又称外汇卖出价，是指银行向客户卖出外汇时所使用的汇率。一般地，外币折合本币数较多的那个汇率是卖出汇率，它表示银行卖出一定数额的外汇需要收回多少本国货币。

中间汇率是买入价与卖出价的平均数。报刊报道汇率消息时常用中间汇率。

（4）从外汇交易支付通知方式的角度，可将汇率分为电汇汇率、信汇汇率和票汇汇率。

电汇汇率是银行卖出外汇后，以电报为传递工具，通知其国外分行或代理行付款给收款人时所使用的一种汇率。电汇系国际资金转移中最为迅速的一种国际汇兑方式，能在一至三天内支付款项，银行不能利用客户资金，因而电汇汇率最高。

信汇汇率是在银行卖出外汇后，用信函方式通知付款地银行转给收款人的一种汇款方式。

由于邮程需要时间较长，银行可在邮程期内利用客户的资金，故信汇汇率较电汇汇率低。

票汇汇率是指银行在卖出外汇时，开立一张由其国外分支机构或代理行付款的汇票交给汇款人，由其自带或寄往国外取款。由于票汇汇率从卖出外汇到支付外汇有一段间隔时间，银行可以在这段时间内占用客户的资金，所以票汇汇率一般比电汇汇率低。

（5）从外汇交易交割期限长短的角度，可将汇率分为即期汇率（Spot Rate）和远期汇率（Forward Rate）。

即期汇率是指即期外汇买卖的汇率。即外汇买卖成交后，买卖双方在当天或在两个营业日内进行交割所使用的汇率。即期汇率就是现汇汇率。即期汇率是由当场交货时货币的供求关系情况决定的。一般在外汇市场上挂牌的汇率，除特别标明远期汇率以外，一般指即期汇率。

远期汇率是指在未来一定时期进行交割，而事先由买卖双方签订合同，达成协议的汇率。到了交割日期，由协议双方按预定的汇率、金额进行交割。远期外汇买卖是一种预约性交易，是由于外汇购买者对外汇资金需要的时间不同，以及为了避免外汇风险而引进的。

（6）从外汇银行营业时间的角度，可将汇率分为开盘汇率与收盘汇率。

开盘汇率是外汇银行在一个营业日刚开始营业、进行外汇买卖时用的汇率。收盘汇率是外汇银行在一个营业日的外汇交易终了时的汇率。

（三）汇率制度

汇率制度（Exchange Rate Regime or Exchange Rate System）又称汇率安排（Exchange Rate Arrange），是一国货币当局对本国汇率变动的基本方式所做的一系列安排和规定。根据汇率的变动程度可将汇率制度分为两种：固定汇率制度（Fixed Exchange Rate System）与浮动汇率制度（Floating Exchange Rates System）：

1. 固定汇率制

固定汇率制是指汇率的制定以货币的含金量为基础，形成汇率之间的固定比值。这种制度下的汇率或是由黄金的输入、输出予以调节，或是在货币当局调控之下，在法定幅度内进行波动，因而具有相对稳定性。

从历史发展进程来看，自 19 世纪中末期金本位制在西方各国确定以来，一直到 1973 年，世界各国的汇率制度基本上属于固定汇率制度。固定汇率制度经历了两个阶段：一是从 1816 年到第二次世界大战前国际金本位制度时期的固定汇率制；二是从 1944 年到 1973 年的布雷顿森林体系下的固定汇率制度。

在金本位制度下，其货币汇率是由铸币平价决定的。由于金币可以自由铸造，银行券可以自由兑换金币，黄金可以自由输出、输入，所以汇率受黄金输送点的限制，波动幅度局限于很狭窄的范围内，可以说金本位制度下的固定汇率制度是典型的固定汇率制度。

1944 年，在美国布雷顿森林召开了一次国际货币金融会议，确定了以美元为中心的汇率制度，被称为布雷顿森林体系下的固定汇率制度。其核心内容为：美元规定含金量，其他货币与美元挂钩，两种货币兑换比率由黄金平价决定，各国的中央银行有义务使本国货币与美元汇率围绕黄金平价在规定的幅度内波动，各国中央银行持有的美元可按黄金官价向美国兑取黄金。

2. 浮动汇率制度

浮动汇率制度是指一国货币当局不再规定本国货币与外国货币比价和汇率波动的幅度，货币当局也不承担维持汇率波动界限的义务，而听任汇率随外汇市场供求变化自由波动的一种汇率制度。

在现实生活中出现了不同类型的浮动汇率制度。从政府是否干预，可分为自由浮动型与管理浮动型。

自由浮动又称清洁浮动，是指汇率完全由外汇市场上的供求状况决定，自由涨落、自由调节，政府不加干预。管理浮动又称为肮脏浮动，指一国货币当局为使本国货币对外的汇率不致波动过大，或使汇率向着有利于本国经济发展的方向变动，通过各种方式，或明或暗地对外汇市场进行干预。

第三节　国际收支平衡

一、国际收支的含义

国际收支是国际经济领域的一个重要课题。在国际经济关系中，国与国之间贸易、经济、政治、文化和科技等方面的往来，通常会引起相互间的债权债务关系以及国际货币收支关系。

国际收支（Balance of Payments）有狭义和广义两个层面的含义。狭义的国际收支的概念是建立在现金基础（Cash Basic）上的，即一个国家或地区在一定时期内，由于经济、文化等各种对外交往而发生的，必须立即结清的外汇的收入与支出。广义的国际收支概念是指一国或地区居民与非居民在一定时期内全部经济交易的货币价值之和，它是以交易为基础，不仅包括贸易收支和非贸易收支，而且还包括资本的输出、输入，既包括已实现外汇收支的交易，也包括尚未实现外汇收支的交易。

国际货币基金组织在其所编的《国际收支手册》中将广义的国际收支概念定义为："国际收支是一定时期的统计报表，它着重反映：①一国与其他国家之间商品、劳务和收入的交易；②该国货币、黄金、特别提款权以及对其他国家债权、债务的所有变化和其他变化；③无偿转移支付，以及根据会计处理的需要，平衡前两项没有相互抵消的交易和变化的对应记录"。目前世界各国一般都采用这一概念。

要全面地准确掌握国际收支的含义，需要把握以下几方面的特征。

第一，国际收支是一个流量概念。从定义中可以看出，国际收支是指在一个特定时期内的资金流量，是一个时期数。这个特定的时期就是一个报告期，一般为 1 年，但也可以为 1 个月或 1 个季度。它包含了在这个报告期内发生的所有的国际间资金流动。

第二，国际收支所反映的内容是以货币记录的经济交易。

第三，国际收支记录的经济交易必须是本国居民与非居民之间发生的经济交易，居民与非居民的划分是以居住地为标准进行的。在国际收支统计中，居民是指一个国家的经济领土内具有经济利益的经济单位和自然人，在一国居住超过 1 年以上的法人和自然人均属该国的居民，而不管该法人和自然人的注册地和国籍。但作为例外，一个国家的外交使节、驻外军事人员、出国留学和出国就医者，尽管在另一国居住一年以上，仍是本国居民，是居住国的非居民。此外，国际性机构（如国际货币基金组织等）不是某一国的居民，而是任何一国的非居民。

第四，国际收支是一个事后的概念。定义中的“一定时期”一般是指过去的会计年度，显然它是对已发生事实的记录。

二、国际收支平衡表

（一）国际收支平衡表的含义与编制原则

国际收支平衡表（Balance of Payments Statement），也称国际收支差额表，它是系统记录一国在一定时期内所有国际经济活动收入与支出的统计报表。一国与别国发生的一切经济活动，不论是否涉及外汇收支都必须记入该国的国际收支平衡表中，各国编制国际收支平衡表的主要目的，是为了有利于全面了解本国的涉外经济关系，并以此进行经济分析、制订合理的对外经济政策。

国际收支平衡表是按照复式簿记法（Double Entry）来编制的。复式簿记法是国际会计的通行准则，其基本原理是：任何一笔交易发生，必然涉及借方（Debit）和贷方（Credit）两个方面，即有借必有贷，借贷必相等，因此任何一笔交易都要以同一数额记两次，一次记在借方，一次记在贷方。凡是引起外汇收入或外汇供给的交易，即资产减少、负债增加都列入贷方，或称正号项目（Plus Items）；凡是引起外汇支出或外汇需求的交易，即资产增加、负债减少，都列入借方，或称负号项目（Minus Items）。

具体地说，凡属于下列情况均应记入贷方：①向外国提供商品或劳务（输出）；②外国人提供的捐赠与援助；③国内官方当局放弃国外资产或国外负债的增加；④国内私人放弃外国资产或国外负债的增加。

凡属下列情况均应记入借方：①从外国获得的商品和劳务（进口）；②向外国政府或私人提供的援助、捐赠等；③国内官方当局的国外资产的增加或国外负债的减少；④国内私人的国外资产的增加或国外负债的减少。

此外，国际收支平衡表中记录的经济交易发生的时间或记录日期，以经济交易的所有权变更日期为准；进出口均采用离岸价格（FOB）计算，保险费和运输费列入劳务收支。

（二）国际收支平衡表的主要内容

根据国际货币基金组织出版的《国际收支手册（第五版）》（BPM5）的国际收支账户分类标准，国际收支账户的标准组成部分包括经常账户、资本与金融账户两大账户。此外在国际收支平衡表中通常还另设一个错误和遗漏账户。

1. 经常账户

经常账户（Current Account）是国际收支平衡表中最重要、最基本的账户，指对实际资源在国际间的流动行为进行记录的账户，它包括以下项目：货物、服务、收入和经常转移。

（1）货物（Goods）。货物包括一般商品、用于加工的货物、货物修理、各种运输工具在港口购买的货物和非货币黄金。货物项下登录商品的出口或进口的外汇收支，即一国的对外贸易收支，或称有形贸易收支。在处理上，货物的出口和进口应在货物的所有权从一国居民转移到另一国居民时记录下来。一般来说，货物按边境的离岸价（FOB）计价。

（2）服务（Service）。服务是经常账户的第二个大项目，它包括运输、旅游以及在国际贸易中的地位越来越重要的其他项目（如通信、金融、计算机服务、专有权征用和特许以及其他商业服务）。也称无形贸易收支。

（3）收入（Income）。将服务交易同收入交易明确区分开来是《国际金融手册》第五版的重要特征。收入包括职工报酬和投资收入，其中职工报酬包括以现金或实物形式支付给非居民工人（即在使馆工作的当地工作人员）的工资、薪金和其他福利；投资收入包括居民因拥有/负有国外金融资产/负债而得到/支付的收入和支出，包括直接投资、证券投资和其他投资的收入和支出以及储备资产的收入。最常见的投资收入是股本收入（红利）和债务收入（利息）。应注意的是，资本损益是不作为投资收入记载的，所有由交易引起的现已实现的资本损益都包括在金融账户下。

（4）经常转移（Current Transfers）。当一经济体的居民实体向另一非居民实体无偿提供了实际资源或金融产品时，按照复式记账法原理，需要在另一方进行抵消性记录以达到平衡，也就是需要建立转移账户作为平衡项目。在《国际收支手册》第五版中，将转移区分为经常转移与资本转移。这一处理方法的变化，使经常转移仍包括在经常账户中，而资本转移包括在资本与金融账户的资本账户内。

2. 资本与金融账户

资本与金融账户（Capital Account and Financial Account）是指对资产所有权在国际间流动行为进行记录的账户，它包括资本账户（Capital Account）和金融账户（Financial Account）两大部分。

（1）资本账户包括资本转移和非生产、非金融资产的收买和放弃（资本转移的含义已在上面进行了说明）。非生产、非金融资产的收买或放弃是指各种无形资产如专利、版权、商标、经销权以及租赁和其他可转让合同的交易。

（2）金融账户包括了引起一个经济体对外资产和负债所有权变更的所有权交易。根据投资类型或功能，金融账户可以分为直接投资、证券投资、衍生金融工具、其他投资、储备资产五类。与经常账户不同，金融账户的各个项目并不按借贷方总额来记录，而是按净额来计入相应的借方或贷方。

① 直接投资（Direct Investment）。直接投资的主要特征是，投资者对另一经济体的企业拥有永久利益。这一永久利益意味着直接投资者和企业之间存在着长期的关系，并且投资者对企业经营管理施加着相当大的影响。直接投资可以采取在国外直接建立分支企业的形式，也可以采用购买国外企业一定比例以上股票的形式。在后一种情况下，《国际收支手册》中规定这一比例最低为10%。

② 证券投资（Portfolio Investment）。证券投资的主要对象是股本证券和债务证券。对于债务证券而言，它可以进一步细分为长期债券、中期债券和货币市场工具。投资的利息收入或支出按净额记录在经常账户下，本金还款记录在金融账户下。

③ 衍生金融工具（Derivatives）。衍生金融工具主要包括无条件的远期合同和期权合同。这是《国际收支手册》第五版第三次修订所增改的一项内容。由于近年来衍生金融工具交易的数量和重要性都有所增加，把衍生金融工具列为一个独立的职能类别反映了这类金融工具的重要意义的增加，也反映了衍生金融工具和其他类型的金融工具之间的区别。

④ 其他投资（Other Investment）。这是一个剩余项目，它包括所有直接投资、证券投资或储备资产未包括的金融交易。

⑤ 储备资产（Reserve Asset）。储备资产包括货币当局可随时动用并控制在手的外部资产。它可以分为货币黄金、特别提款权、在基金组织的储备头寸、外汇资产和其他债权。

若本期的经常项目与除储备资产以外的资本与金融项目总和为顺差，则外汇储备增加或短期债权增加；反之亦然。当一国的国际收支出现差额时，最后必须通过增减其官方储备或增减它的对外债权债务的方式来获得平衡。为使平衡，此项增加用"–"表示，减少用"+"表示。另外反映在表上的储备资产是增减额而不是持有额，即表上储备资产只是编表年份里的该国官方储备的变动情况，而不是该年该国有多少储备资产。

3. 错误与遗漏账户

国际收支账户运用的是复式记账法，因此所有账户的借方总额和贷方总额应相等。但是，由于以下三方面的原因，官方统计所得到的经常项目、资本与金融项目两者之间实际上并不能真正达到平衡，从而导致国际收支平衡表的借方与贷方之间出现差额。①编制国际收支平衡表的原始资料来自各个方面，在这些原始资料上，当事人为了各种原因，故意改变、伪造或压低某些项目的数字，造成资料失实或收集资料不齐；②由于某些交易项目属于跨年度性的，从而导致统计口径不一致；③短期资本的国际移动，由于其投机性非常强，流入、流出异常迅速，且为了逃避外汇管制和其他官方限制，常采取隐蔽的形式，超越正常的收付渠道出入国境，很难得到其真实资料等。

因此，设立一个错误与遗漏项目，以错误与遗漏项目的数字来抵补前面所有项目借方与贷方之间的差额，从而使借贷双方最终达到平衡。当官方统计结果借方大于贷方时，两者之间的差额就记误差和遗漏项目的贷方，前面加"+"号；当官方统计结果贷方大于借方时，两者之间的差额就记误差与遗漏项目的借方，前面加"–"号。

总之，错误与遗漏项目是出于会计上的需要而人为设置的项目。但它也并非单纯地体现一个差额，其背后总是隐藏着不可告人的交易。所以国际货币基金组织用错误与遗漏项目对当年进出口总额的比率来判断一国国际收支表的质量，要求该比率要小于 5%。否则，认定该国国际收支有问题。

三、净资本流出函数

（一）净出口函数

在开放经济中，一个国家与外国的经济往来包括两方面的内容：一是商品与劳务的进出口和政府与私人转移支付的进出；二是为购买实物资本和金融资本而发生的资本流入和流出。前者反映在国际收支平衡表的经常项目上；后者反映在资本金融项目上。

对于经常项目，如果出口商品和劳务的总额加上外国政府和私人向本国的转移支付大于进口物品和劳务总额加上本国政府和私人向外国的转移支付，那么在经常项目上将出现顺差。

反之，出现逆差。如果在经常项目中略去国际间的转移支付，经常项目的差额就可以近似看作进出口差额，即为

$$NX = X - M \qquad (16.1)$$

式中，NX 为进出口差额，X 为商品和劳务的出口，M 为商品和劳务的进口。

西方学者认为，影响进出口的因素主要有一国的国民收入，各进出口国家商品的相对价格差别，汇率的变动，以及关税、限额、外汇的管制等因素。但一般条件下只考虑收入水平对进出口的影响，则净出口函数可表示为 $NX = NX(y)$，根据各种假定，一国的净出口是该国收入的减函数，净出口函数曲线向右下方倾斜。

（二）净资本流出函数

国际收支平衡表中的资本与金融项目涉及资产的买卖和资本的流动。为分析方便，将从本国流向外国的资本量与从外国流向本国的资本量的差额定义为资本项目差额或净资本流出，用 F 表示，用公式表示即为 F = 资本流出−资本流入。

影响资本流动的因素固然有很多，但其中利率被看作最重要的一个因素，从而净资本流出函数可写为

$$F = F(r) \qquad (16.2)$$

假定其他国家利率水平既定，则国内利率越高，流出的资本就越少，流入的资本就越多，即净资本流出越少；反之亦然。故净资本流出 F 是国内利率水平 r 的减函数，或者说，r 与 F 成反向关系。

四、*BP* 曲线

（一）国际收支差额函数

每一国家每一年都可能产生经常账户的顺差或逆差，以及资本与金融账户的顺差或逆差。当然这两个账户也可能分别出现平衡，但这是偶然的。将净出口与净资本流出的差额称为国际收支差额。BP 表示国际收支差额，得

$$BP = NX - F = NX(y) - F(r) \qquad (16.3)$$

当 $BP = 0$ 时，表示一国国际收支平衡；当 $BP > 0$ 时，则称国际收支出现顺差；当 $BP < 0$ 时，则称国际收支逆差，也称为国际收支赤字。

（二）*BP* 曲线

根据以上分析，当国际收支平衡时，$BP = 0$，从而有

$$NX(y) = F(r) \qquad (16.4)$$

式（16.4）表示当国际收支平衡时，收入 y 和利率 r 的相互关系，称之为国际收支平衡函数。在以利率为纵坐标，收入为横坐标的直角坐标系内，该关系式的几何表示即为国际收支平衡曲线或称为 BP 曲线。BP 曲线还可以用四象限图法推导出来，其过程如图 16.1 所示。

图中，第二象限中的曲线为净资本流出曲线，F 与 r 成反向关系。第三象限中的直线是横坐标和纵坐标的转换线，即 45° 线，它表示国际收支平衡条件 $NX(y) = F(r)$。第四象限中的曲线为净出口曲线，它是与国民收入成反方向变化的。在第二象限中，当利率从 r_1 上升到 r_2 时，净资本流出量从 F_1 减少到 F_2。假如资本账户原来是平衡的，这时将出现顺差。为了保

持国际收支平衡，根据 45° 线，净出口必须从 NX_1 减少到 NX_2。按照净出口曲线，国民收入要从 y_1 增加到 y_2。这样在保持国际收支平衡的条件下，利率和国民收入有两个对应点，同理也可以找到其他对应点，把这些对应点连接起来便得到国际收支平衡曲线：*BP* 曲线上的每一点，都代表每一个使国际收支平衡的利率和收入的组合。*BP* 线外的每一点表示国际收支失衡的组合点。

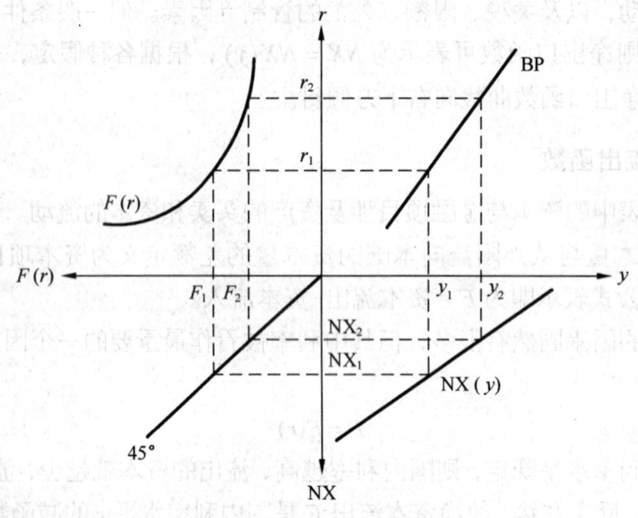

图 16.1　*BP* 曲线的推导

（三）*BP* 曲线的两种特例

1. 资本完全流动时的 *BP* 曲线

在资本完全流动的情况下，当国内利率水平高于（低于）国外利率水平时，资本就会无限多地流入本国（流向国外），随着资本的流入（流出），国内利率会降低（提高），一直到国内外利率相等为止。因此，*BP* 曲线一定是一条水平线。*BP* 曲线以上的点为国际收支顺差，即 $BP>0$；*BP* 曲线以下的点为国际收支逆差，即 $BP<0$，如图 16.2 所示。

2. 资本完全不流动时的 *BP* 曲线

在资本完全不流动时，为了保证国际收支平衡，要求 $X-M=0$。由于 X 为一常量，M 是收入的函数，为了使 $X-M=0$，收入必须稳定不变。在国内利率可以变动，但收入不变的条件下，*BP* 曲线一定就是一条垂线。*BP* 曲线左边为国际收支顺差，即 $BP>0$；在 *BP* 曲线右边为国际收支逆差，即 $BP<0$，如图 16.3 所示。

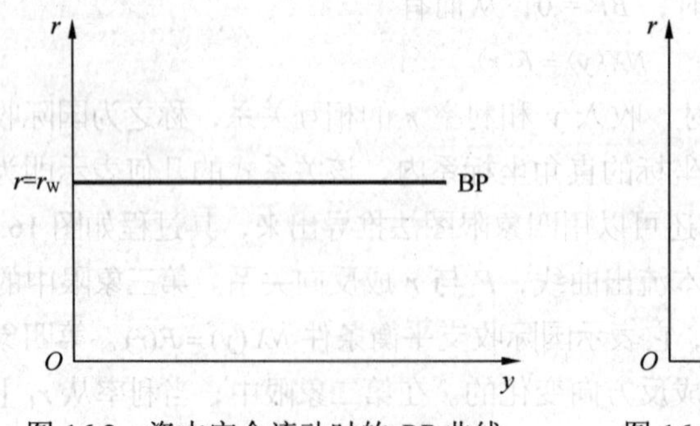

图 16.2　资本完全流动时的 *BP* 曲线

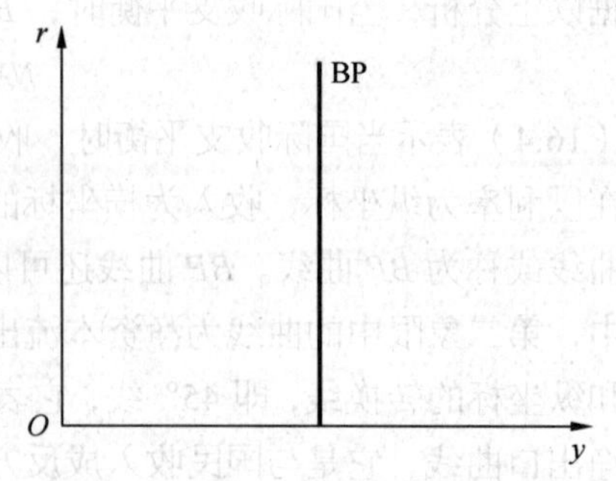

图 16.3　资本完全不流动时的 *BP* 曲线

本章小结

1. 国际贸易理论是西方经济理论的一个重要组成部分，主要包括绝对优势理论、相对优势理论、要素禀赋理论、产业内贸易理论、产品生产周期理论和幼稚产业保护理论等。

2. 国际贸易政策是指一国政府为了某种目的而制定的、对国际贸易活动进行管理的方针和原则。目前主要的国际贸易政策有：自由贸易政策、保护贸易政策和互惠贸易政策。

3. 国际结算是指国际间以货币表示债权债务的清偿行为或资金转移行为。它经历了现金结算和非现金结算两个阶段。目前，国际结算主要通过汇款、托收、信用证三种主要方式，使用汇票、支票和本票等票据进行结算。

4. 国际金融是国际经济关系中的资金融通关系，这种关系具体体现为国际的货币兑换、借贷关系、收付方式、结算制度、资产储备、金融市场、货币体系、金融机构、金融一体化等。国际金融组织有两类，即全球性金融组织和区域性金融组织。全球性金融组织主要包括国际清算银行、国际货币基金组织与世界银行等。作为超国家的组织机构，它们不仅从事资金融通，还负责处理国际金融事务，从事各国金融监管的组织、协调，在全球金融领域发挥着举足轻重的作用。

5. 外汇是指国际汇兑，有狭义外汇和广义外汇之分。汇率是用一种货币计价的另外一种货币的价格。汇率制度主要有固定汇率制度和浮动汇率制度两种。汇率变动将直接影响国际贸易，并通过净出口影响总需求。汇率变动还会影响国际收支中的资本项目。

6. 国际收支是一定时期内一国居民与非居民之间的全部经济交易的系统记录。国际收支平衡表是一个国家在一定时期内所有对外外汇收支的系统记录统计报表。国际收支平衡表包括经常项目、资本与金融项目、错误与遗漏项目。国际收支是指经常项目余额和资本与金融项目余额之和，如果两项目余额之和的贷方大于借方，则国际收支盈余。

7. *BP* 曲线是能实现国际收支平衡的利率与国民收入的组合。国际资本流动对利率变动的反应越敏感，*BP* 曲线越平缓，其斜率越小，当国际资本可以完全自由流动时，*BP* 曲线是一条水平线。在国内外价格水平不变时，汇率上升，本币贬值使 *BP* 曲线向右下方移动。

复习思考题

一、名词解释

1. 国际贸易
2. 绝对优势
3. 相对优势
4. H-O 定理
5. 国际贸易政策
6. 国际结算
7. 国际金融

8. 外汇

9. 汇率

10. 固定汇率

11. 浮动汇率

12. 国际收支

13. 国际收支平衡

14. 经常项目

15. 资本与金融项目

16. *BP* 曲线

二、计算题

1. 假设美元和人民币的汇率为 1 美元 = 6.82 元人民币，试求

（1）用美元表示的人民币汇率是多少？

（2）售价 1 772.2 元人民币的 1 台彩电的美元价格是多少？

（3）售价 2 000 美元 1 台的 IBM 电脑的人民币价格是多少？

2. 设一国边际进口倾向为 0.2，边际储蓄倾向为 0.1，问当政府支出增加 10 单位货币时，对该国进口的影响。

3. 设某国宏观经济由下述方程描述：消费函数 $c = 28 + 0.8y_d$，投资 $I = 20$，政府购买支出 $g = 26$，税收函数 $t = 25 + 0.2y$，出口 $x = 20$，进口函数 $m = 2 + 0.1y$（计算单位均为 10 亿美元）。试求该国均衡产出与贸易赤字（或盈余）。

三、问答题

1. 试述绝对优势理论的主要内容及其评价。

2. 试述相对优势理论的主要内容及其评价。

3. 试述要素禀赋理论的主要内容及其评价。

4. 试述产业内贸易理论的主要内容及其评价。

5. 试述产业生命周期理论的主要内容及其评价。

6. 国际贸易政策的主要类型有哪些？

6. 简述国际结算的方式与工具。

7. 试对国际金融市场进行分类。

8. 什么叫汇率？汇率的标价方法有哪些？

9. 试述固定汇率制度的优缺点。

10. 试述浮动汇率制度的优缺点。

11. 国际收支平衡表为什么总是平衡的？既然国际收支平衡表总是平衡的，为什么还存在国际收支顺差和逆差？

12. 试推导国际收支曲线（*BP* 曲线）。

第十七章 开放经济条件下的宏观经济政策

学习目标：通过本章的学习，主要了解开放经济条件下的经济均衡与失衡，掌握开放经济中的 *IS* 曲线、*LM* 曲线与 *BP* 曲线的形状。理解和掌握固定汇率制度与浮动汇率制度下的财政政策效应。理解和掌握固定汇率制度与浮动汇率制度下的货币政策效应。

第一节 *IS-LM-BP* 模型

一、开放经济中的 *IS* 曲线

开放经济中的 *IS* 曲线表示开放经济条件下能实现产品市场均衡的利率与总产出的组合。根据四部门的国民收入恒等式可知，在四部门情形即开放经济条件下，存在如下的恒等式关系：

$$I+G+(X-M)=S+T \tag{17.1}$$

或者写为

$$I+G+X=S+T+M \tag{17.2}$$

其中，出口 X 主要受国内外商品价格水平和汇率影响。在国内外商品价格水平一定的条件下，汇率上升，即本币贬值会使以外币计价的出口商品价格下跌，出口增加；汇率下跌，即本币升值会使以外币计价的出口商品价格上涨，出口减少。而在国内外商品价格水平和汇率一定的条件下，出口仅与国外的国民收入有关，所以通常将出口看作一外生变量，出口函数表示为

$$X=X_0 \tag{17.3}$$

进口 M 主要受国内外商品价格水平、汇率、本国国民收入水平影响。在国内外商品价格水平和本国国民收入水平一定的条件下，汇率上升，即本币贬值会使以本币计价的进口商品价格上涨，进口减少；汇率下跌，即本币升值会使以本币计价的进口商品价格下跌，进口增加。而在国内外商品价格水平和汇率一定的条件下，本国国民收入水平越高，进口越多；相反，本国国民收入水平越低，进口越少。通常，进口函数表示为

$$M=M_0+\gamma Y \tag{17.4}$$

其中 M_0 为自发性进口需求，γ 为边际进口倾向，即每额外增加一单位收入所带来的进口增量。

当 $I=e-dr$，$S=-\alpha+(1-\beta)y$，$G=G_0$，$T=T_0$ 时，根据四部门的国民收入恒等式可以推导出开放经济条件下的 IS 曲线的方程为

$$r=\frac{\alpha+e+G_0-T_0+X_0-M_0}{d}-\frac{1-\beta+\gamma}{d}Y \qquad (17.5)$$

其中 α 表示自发性消费需求，e 为自主性投资需求，G_0 为政府购买支出，T_0 为税收，d 为投资需求的利率弹性，β 为边际消费倾向。从该方程可知 α、e、G_0、X_0 任一项增加，或者 T_0、M_0 任一项变少都将使 IS 曲线的纵截距变大，IS 曲线右移。β、d 任一项变大，或者 γ 变小都将使得 IS 曲线的斜率绝对值变小，即 IS 曲线变平坦。

运用与封闭经济中 IS 曲线推导的类似方法，运用四部门的国民收入恒等式，将使 $S+T+M$ 与 $I+G+X$ 相等的利率与国民收入的组合点连接起来，从而得到开放经济中的 IS 曲线，如图 17.1 所示。

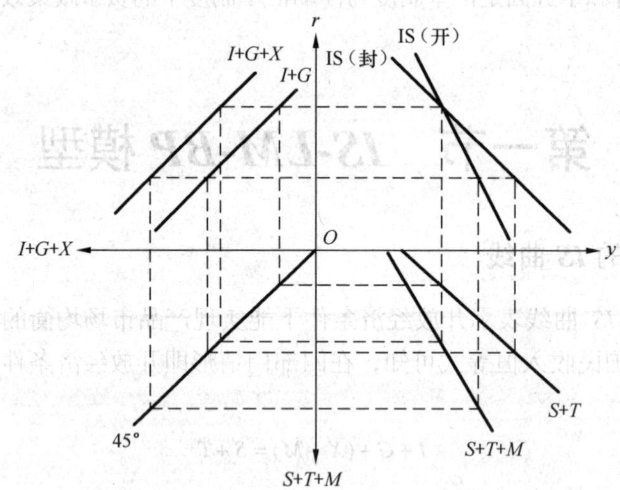

图 17.1　开放经济中 IS 曲线的推导

在其他条件（如政府支出、汇率）不变的情况下，开放经济中的维持产品市场均衡时的国民收入与利率之间的 IS 曲线仍为一条向右下方倾斜的曲线，并具有如下特征。

（1）开放经济中的 IS 曲线的斜率为负，因为当利率降低时，投资需求增加，从而总需求水平也增加了，为维持产品市场平衡，必须提高总产出（国民收入）水平。

（2）开放经济中的 IS 曲线上的点表明开放经济条件下产品市场的均衡，IS 曲线左边的点代表总需求大于总供给，右边意味着总需求小于总供给。

（3）开放经济中的 IS 曲线推导中假设政府购买支出 G_0 和自发性贸易余额（X_0-M_0）是外生变量，当 $\alpha+e+G_0-T_0$ 或（X_0-M_0）发生变化时，IS 曲线会发生平移，如政府购买支出 G_0 增加会导致 IS 曲线向右平移。汇率变动会引起自发性贸易（X_0-M_0）变动，因此也会引起 IS 曲线移动，当本币贬值（汇率上升）时，出口增加，进口减少，IS 曲线右移。

（4）开放经济中的 IS 曲线与封闭经济中的 IS 曲线相比，区别在于：由于贸易的存在，斜率及初始位置都发生了变化。斜率变化是由于边际进口倾向 γ 的加入，使开放经济的乘

数变小（相同利率下降水平，开放经济条件下由于收入增加一部分用于进口，因此总需求的增加幅度比封闭经济条件下小）；初始位置的变化是由于自发性贸易余额（X_0-M_0）进入方程导致。

二、开放经济中的 *LM* 曲线

开放经济中的 *LM* 曲线是反映货币市场均衡时国民收入与利率组合情况的曲线。这一均衡条件为货币总供给等于货币总需求，即

$$\frac{M_S}{P}=L_D(r,y)=ky-hr \qquad (k>0,h>0) \tag{17.6}$$

其中，M_s 表示名义货币供给，P 表示价格水平，M_s/P 即为对价格水平进行调整后的实际货币供给水平，L_D 为货币需求，一般可分为交易、预防性需求及投机性需求，前者的主要影响因素是收入，两者正相关；后者的重要影响因素是利率水平，两者负相关。如果固定名义货币供给水平，令 $M_s=M_0$，即可得

$$y=\frac{1}{k}\left(hr+\frac{M_0}{P}\right) \tag{17.7}$$

式（17.7）反映了维持货币市场均衡的利率水平与国民收入组合，据此便可绘出如图 17.2 所示的开放经济中的 *LM* 曲线。

开放经济中的 *LM* 曲线具有如下特征。

（1）在开放经济下，*LM* 曲线的斜率也为正。因为对于既定的货币供给，当利率提高时，对货币投机性需求减少，为维持货币总供求的平衡，必须提高国民收入以增加交易性需求，这一特征与封闭经济下的 *LM* 曲线相同。

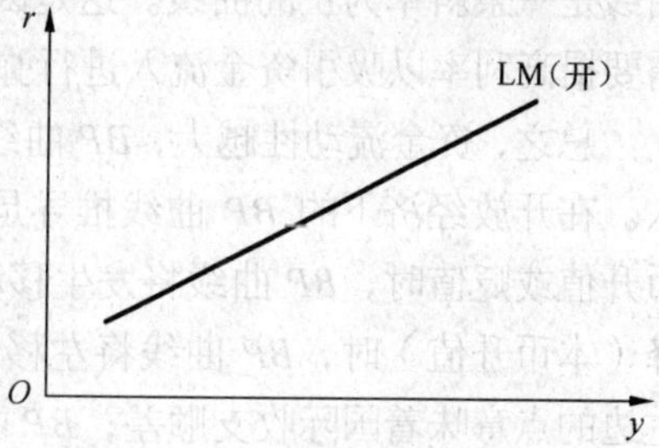

图 17.2　开放经济中的 *LM* 曲线

（2）*LM* 曲线上的点表明货币市场供求平衡，在 *LM* 曲线左边的点意味着货币供大于求，*LM* 曲线右边的点意味着货币供小于求。

（3）这一曲线的推导是假定名义货币供给和物价水平是外生变量，因此，当名义货币供给水平或物价水平发生变化时，会使 *LM* 曲线移动。如果名义货币供给增加，物价水平不变，则实际货币供给增加，进而导致 *LM* 曲线右移；如果物价水平上升，名义货币供给不变，则实际货币供给下降，进而导致 *LM* 曲线左移。

（4）这一曲线与封闭经济下的 *LM* 曲线相比区别在于：如果开放经济运行的是固定汇率制度，则国际收支不平衡时会通过外汇储备渠道导致货币供给的变动。若国际收支顺差，政府为了维持固定汇率会大量抛售本币，国际储备增加，本国货币供给增加，*LM* 曲线右移；反之，则 *LM* 曲线左移。如果实行的是浮动汇率制度，央行从理论上不必干预外汇市场，因此外汇储备不会发生变动，货币供给不受国际收支的影响。

三、开放经济中的 *BP* 曲线

开放经济的 *BP* 曲线是反映国际收支平衡时国民收入与利率的组合曲线。由上一章的内容可知，当资金流动性不同时，*BP* 曲线有三种形状，如图 17.3 所示。

图 17.3　*BP* 曲线的三种形状

（1）当资金完全不流动时，这一曲线意味着经常账户的平衡。对于某一真实汇率水平 e_0，存在着与之对应的能使经常账户平衡的收入水平 y_0，*BP* 曲线表现为与这一收入水平垂直的直线。

（2）当资金完全流动时，资金流动情况决定了国际收支平衡与否。出于假定风险中立以及对汇率的静态预期，因此当该国利率水平与世界利率水平一致时，该国国际收支处于平衡状态，资金的流动可弥补任何形式的经常账户收支不平衡。此时，*BP* 曲线是一条水平线。

（3）当资金不完全流动时，资本与金融账户、经常账户对国际收支都有影响。此时 *BP* 曲线是一条斜率为正的曲线。这是因为对于既定的汇率水平，收入增加引起的经常账户逆差需要提高利率以吸引资金流入进行弥补。

总之，资金流动性越大，*BP* 曲线就越平缓，因为较小的利率增加就能吸引更多的资金流入。在开放经济下的 *BP* 曲线推导是将汇率水平看作外生变量，因此当汇率发生变动，即货币升值或贬值时，*BP* 曲线将发生移动。汇率上升（本币贬值）时，*BP* 曲线将右移，汇率下降（本币升值）时，*BP* 曲线将左移。此外，*BP* 曲线上的点代表国际收支平衡，在 *BP* 曲线左边的点意味着国际收支顺差，*BP* 曲线右边的点则意味着国际收支逆差。

四、开放经济中的 *IS-LM-BP* 模型

开放经济下的理想的均衡状态是实现国内充分就业的均衡收入和国际收支平衡，因为 *IS* 曲线和 *LM* 曲线交点对应的状态称为内部均衡，*BP* 曲线上每一点对应的是外部均衡，所以开放经济下的理想均衡反映在坐标系中就是 *IS* 曲线、*LM* 曲线和 *BP* 曲线相交于一点，且对应充分就业的收入水平 y_0，其他的情况均为非均衡，如图 17.4 所示。

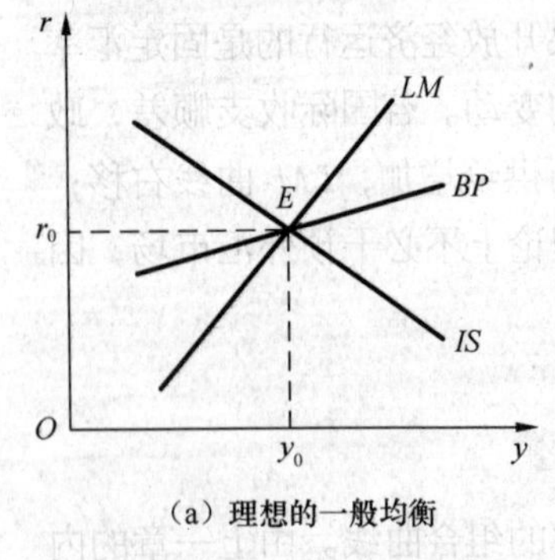

（a）理想的一般均衡

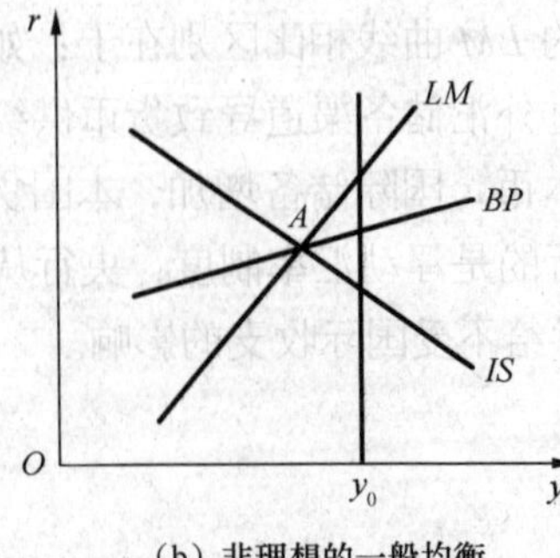

（b）非理想的一般均衡

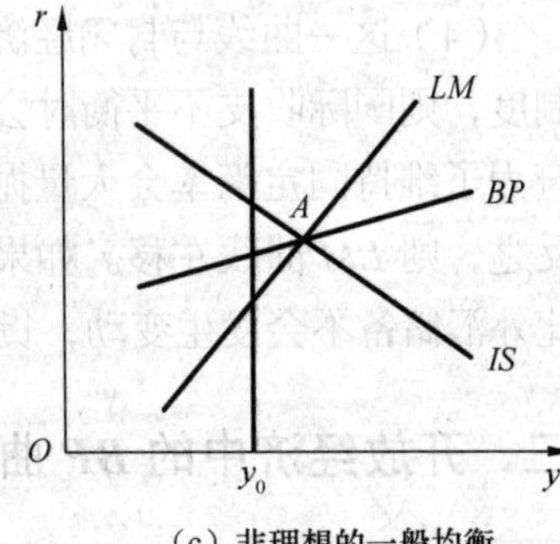

（c）非理想的一般均衡

图 17.4　*IS-LM-BP* 模型

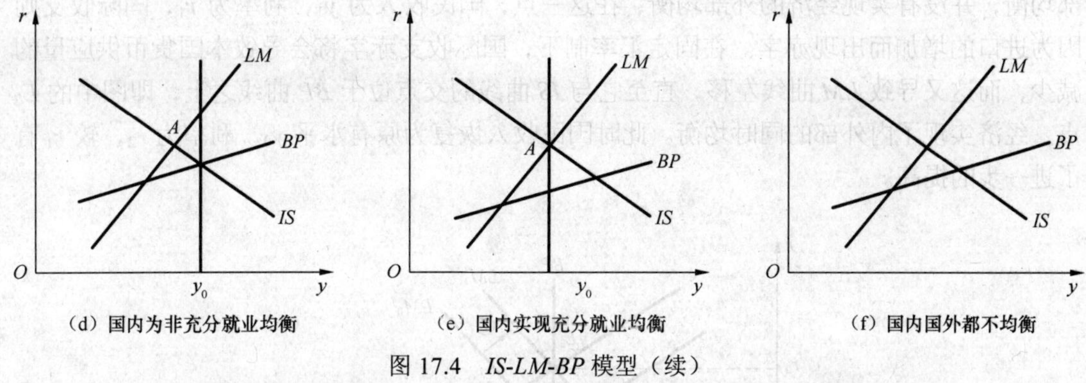

图 17.4 *IS-LM-BP* 模型（续）

针对不同的非均衡状态和经济条件，选择不同的宏观经济政策及其组合，使得 *IS*、*LM* 和 *BP* 曲线中的一条或一条以上发生移动来恢复均衡状态。

第二节 开放经济中的财政政策

案例 17-1

四大因素掣肘财政政策

加入世界贸易组织后，中国经济与金融体系将由目前的低度开放逐步走向高度开放，从而日益深入地融入经济全球化进程。财政政策的运作环境由此发生深刻的变化，财政政策将面临一系列因素的牵制，由此将导致财政政策自主性和有效性削弱，政策效果变得更加捉摸不定。一是政府实施财政区位战略的强烈偏好对财政政策的牵制；二是财政政策目标冲突加剧对财政政策的牵制；三是溢出效应的增强与国际上政策协调的约束对财政政策的牵制；四是市场力量对财政政策的牵制。

全球化的发展对未来我国财政政策的运作提出了有力的挑战和更高的要求，如果发生失误，则很可能对经济造成恶劣影响。

一、固定汇率下的财政政策

（一）资金完全不流动时的财政政策分析

在开放经济条件下，如果一国与国外之间的资金完全不流动，则国际收支平衡体现为经常账户收支的平衡，该国的 *BP* 曲线为一条垂直线，初始的经济均衡状态为 E_0 点，如图 17.5 所示。

现以扩张性财政政策为例分析固定汇率制下的资金完全不流动时的财政政策效应。假设政府增加对商品与劳务的购买性支出，这将导致对本国商品与劳务等总需求的上升，在图 17.5 中表现为 *IS* 曲线由 IS_0 右移至 IS_1，IS_1 曲线与 LM_0 曲线的交点 E_1 只实现了经济的内部均衡，并没有实现经济的外部均衡，在这一点，国民收入为 y_1，利率为 r_1，国际收支则因为进口的增加而出现赤字。在固定汇率制下，国际收支赤字将会导致本国货币供应量的减少，而这又导致 LM 曲线左移，直至它与 IS 曲线的交点位于 BP 曲线之上，即图中的 E_2 点，经济实现了内外部的同时均衡。此时国民收入恢复为原有水平 y_0，利率为 r_2，较 r_1 有了进一步的提高。

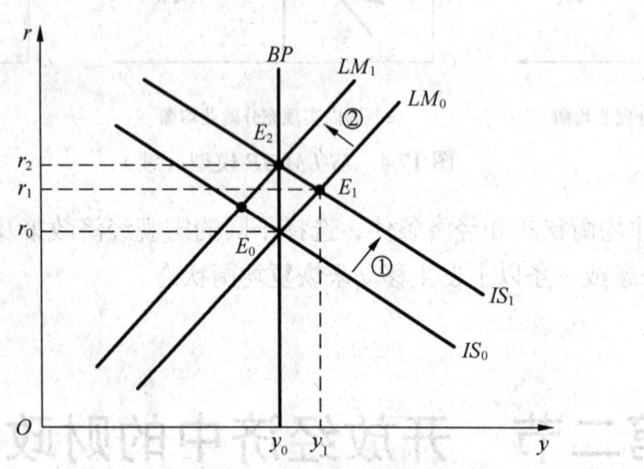

图 17.5　固定汇率制下，资金完全不流动时的财政政策分析

由以上分析可知，在固定汇率制下，当资金完全不流动时，财政支出的增加在短期内会引起利率与国民收入的上升以及经常账户收支的恶化，在长期内，随着利率进一步上升，国民收入和国际收支均恢复到原有水平，但基础货币及总支出的内部结构均发生变化。

（二）资金完全流动时的财政政策分析

在开放经济条件下，如果一国与国外之间的资金完全流动，则该国的 BP 曲线为一条水平线，初始的经济均衡状态为 E_0 点，如图 17.6 所示。

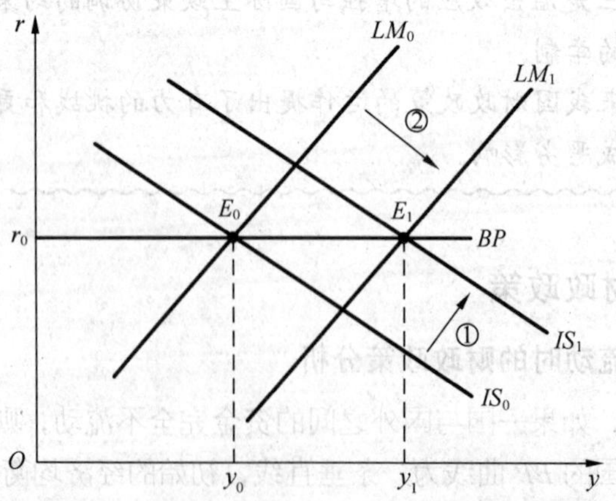

图 17.6　固定汇率制下，资金完全流动时的财政政策分析

现以扩张性财政政策为例分析固定汇率制下的资金完全流动时的财政政策效应。政府实行扩张性财政将会引起利率的上升，在资金完全流动的情况下，本国利率的上升将引起

国外资金的迅速流入。由于实行固定汇率，这将导致本国货币供给量的增加，使利率下降直至恢复原有的水平（世界利率水平），此时国外资金将不再流入，或者说资金的流入等于流出，资金的净流入量为零。在图 17.6 中表现为 *IS* 曲线右移过程中始终伴随着 *LM* 曲线的右移，它们的交点与 E_1 点处于同一条水平线上以维持利率水平不变，从而使得该国能保持既定的固定汇率水平。均衡时的利率仍为 r_0，国民收入为 y_1。因此，在固定汇率制下，由于国外资金能自由流出入该国，扩张性的财政政策不能影响利率，但会带来国民收入更大幅度的提高。

（三）资金不完全流动时的财政政策分析

在开放经济条件下，如果一国与国外之间的资金不能完全自由流动，则该国的 *BP* 曲线为一条向右上方倾斜的曲线，初始的经济均衡状态为 E_0 点，如图 17.7 至图 17.9 所示。

现以扩张性财政政策为例分析固定汇率制下的资金不完全流动时的财政政策效应。政府财政支出的上升，会使 *IS* 曲线右移，与 *LM* 曲线交于短期均衡点 E_1 点。在这点，利率上升导致资本与金融账户改善，但收入增加却使进口上升，经常账户恶化。因此国际收支状况取决于这两种效应的相对大小，需分情况讨论。在边际进口倾向不变的情况下，资金的流动性越高，利率上升就能吸引越多的资金流入，而资金的流动性状况体现在 *BP* 曲线的斜率上，流动性越高，*BP* 曲线越平缓。下面我们按 *BP* 曲线斜率的不同分别分析。

（1）*BP* 曲线斜率小于 *LM* 曲线的斜率。如图 17.7 所示，此时 E_1 点位于 *BP* 曲线上方，这表明较高的资金流动性使得利率上升带来的资本与金融账户改善效应，大于收入上升带来的经常账户恶化效应，国际收支处于顺差状态。在长期内，国际收支顺差会使 *LM* 曲线右移，直至 3 条曲线重新交于一点。经济均衡时，国民收入进一步增加，利率较短期均衡水平有所下降但仍高于期初水平。

（2）*BP* 曲线斜率等于 *LM* 曲线的斜率。如图 17.8 所示，此时 E_1 点位于 *BP* 曲线之上，这表明利率上升所带来的资本与金融账户改善效应与收入上升所带来的经常账户恶化效应正好抵消，国际收支处于平衡状态。此时，短期均衡点即为长期均衡点，国民收入和利率水平同时增加。

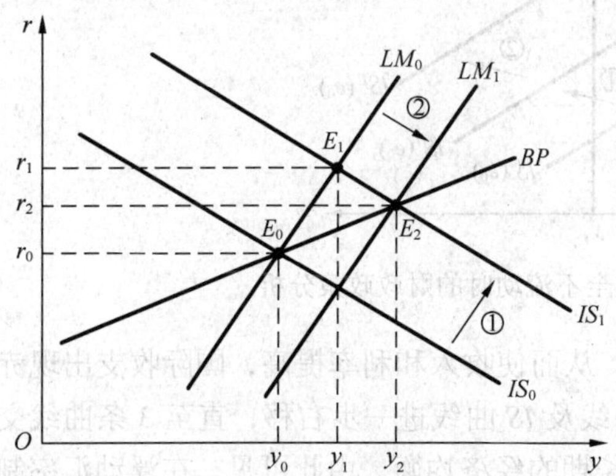

图 17.7　固定汇率制下，资金不完全流动时的财政政策分析（*BP* 曲线斜率小于 *LM* 曲线的斜率的情形）

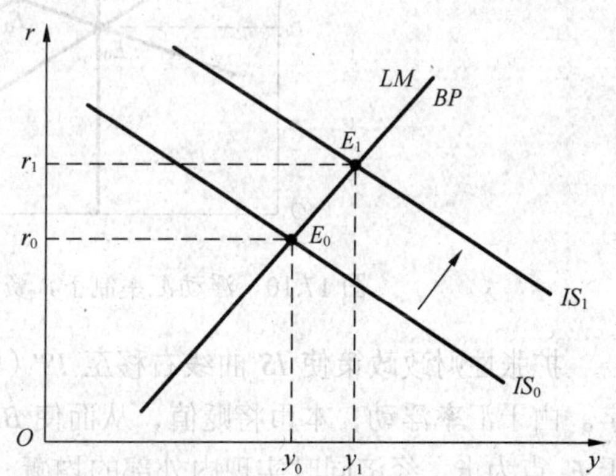

图 17.8　固定汇率制下，资金不完全流动时的财政政策分析（*BP* 曲线斜率等于 *LM* 曲线的斜率的情形）

（3）*BP* 曲线斜率大于 *LM* 曲线的斜率。如图 17.9 所示，此时 E_1 点位于 *BP* 曲线的下方，这表明利率上升带来的资金流入不足以弥补收入增加带来的经常账户赤字，国际收支处于赤字状态。长期内，*LM* 曲线会左移直至 3 条曲线相交于一点。经济均衡时，国民收入较短期均衡时下降，但高于期初水平，利率进一步上升。

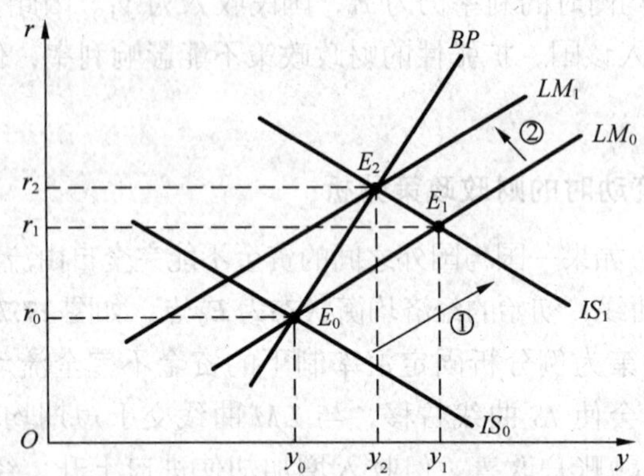

图 17.9　固定汇率制下、资金不完全流动时的财政政策分析

（*BP* 曲线斜率大于 *LM* 曲线的斜率的情形）

二、浮动汇率下的财政政策

（一）资金完全不流动时的财政政策分析

在开放经济条件下，如果一国与国外之间的资金完全不流动，则该国的 *BP* 曲线为一条垂直线，初始的经济均衡状态为 E_0 点，如图 17.10 所示。现以扩张性财政政策为例分析浮动汇率制下的资金完全不流动时的财政政策效应。

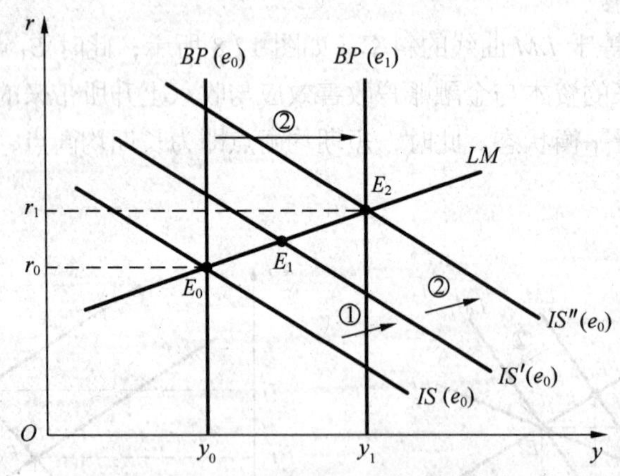

图 17.10　浮动汇率制下，资金完全不流动时的财政政策分析

扩张性财政政策使 *IS* 曲线右移至 $IS'(e_0)$，从而使收入和利率提高，国际收支出现赤字。由于汇率浮动，本币将贬值，从而使 *BP* 曲线及 *IS* 曲线进一步右移，直至 3 条曲线交于 E_1 点为止，经济同时实现内外部的均衡，即长期的经济均衡。由此可见，在浮动汇率制度下，如果资金完全不流动，扩张性的财政政策将使汇率贬值，利率上升，均衡的国民收入提高。

（二）资金完全流动时的财政政策分析

在开放经济条件下，如果一国与国外之间的资金完全流动，则该国的 *BP* 曲线为一条水平线，初始的经济均衡状态为 E_0 点，如图 17.11 所示。现以扩张性财政政策为例分析浮动汇率制下，资金完全流动时的财政政策效应。

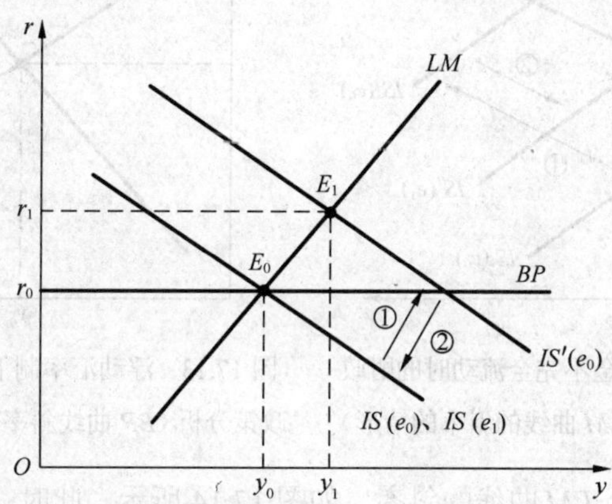

图 17.11　浮动汇率制下，资金完全流动时的财政政策分析

在图 17.11 中，扩张性财政政策使得 *IS* 曲线从 *IS*（e_0）右移至 *IS′*（e_0），本国利率上升至 r_1，高于原先的利率水平 r_0，从而吸引外国资金的流入而使本币升值。本币的升值则导致本国商品的进口增加，出口减少，从而使得 *IS* 曲线左移，由 *IS′*（e_0）左移直至与原先的 *IS* 曲线 *IS*（e_0）重合为止，但此时的 *IS* 曲线为 *IS*（e_1），汇率水平 e_1 较期初的 e_0 已有所提高。新均衡与期初相比，利率和收入不变，本币升值。需要注意的是，这里的国民收入总量虽然没有变化，但内部结构发生了变化，财政政策通过本币升值对出口产生了完全的挤出效应。

因此我们可以得出，在浮动汇率制度下，当资金完全流动时，扩张性财政政策会造成本币升值，对国民收入、利率均不产生影响，此时的财政政策是完全无效的。

（三）资金不完全流动时的财政政策分析

在开放经济条件下，如果一国与国外之间的资金不完全流动，则该国的 *BP* 曲线为一条向右上方倾斜的曲线，初始的经济均衡状态为 E_0 点，如图 17.12 至图 17.14 所示。现以扩张性财政政策为例分析浮动汇率制下的资金不完全流动时的财政政策效应。

扩张性财政政策使一国国民收入与利率同时提高到 y_1 与 r_1，这将给国际收支账户带来双重的影响。收入的提高使一国的进口增加从而使经常账户恶化，而利率的提高会吸引外国资金的流入从而使资本与金融账户得以改善。国际收支最终状况如何，取决于这两种账户收支的比较。如前面讨论的在固定汇率制下一样，我们将按 *LM* 曲线与 *BP* 曲线斜率的差异进行讨论。

（1）*BP* 曲线斜率小于 *LM* 曲线的斜率。如图 17.12 所示，*IS′*曲线与 *LM* 曲线的交点 E_1 位于 *BP* 曲线的上方，表明国际收支处于顺差状态，而国际收支顺差将使本币升值，净出口减少，从而使 *IS′*曲线、*BP* 曲线左移，直至 3 条曲线重新交于 E_2 点为止。经济均衡时，国民收入、利率水平较期初水平都有所增加，本币升值。

（2）*BP* 曲线斜率等于 *LM* 曲线斜率。如图 17.13 所示，此时，*IS′*曲线与 *LM* 曲线的交点 E_1 位于 *BP* 曲线之上，说明国际收支处于平衡状态。短期均衡与长期均衡同时实现，此时，利率和国民收入均高于期初水平，汇率不变。

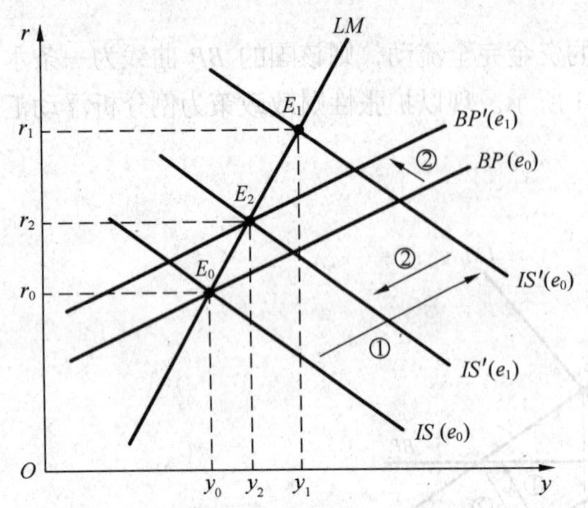

图 17.12　浮动汇率制下，资金不完全流动时的财政政策分析（*BP* 曲线斜率小于 *LM* 曲线的斜率的情形）

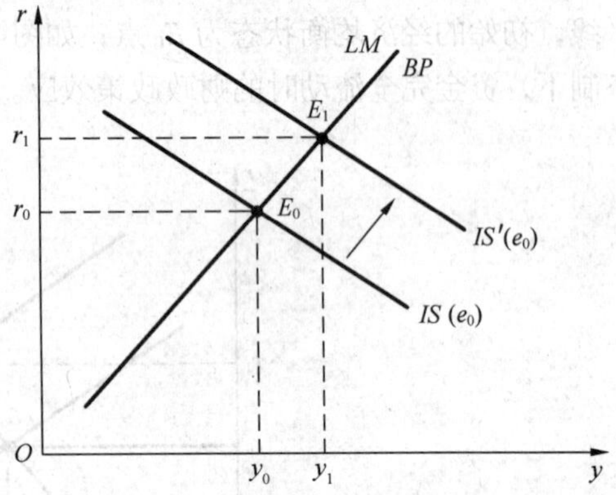

图 17.13　浮动汇率制下，资金不完全流动时的财政政策分析（*BP* 曲线斜率等于 *LM* 曲线的斜率的情形）

（3）*BP* 曲线斜率大于 *LM* 曲线的斜率。如图 17.14 所示，此时，*IS'*曲线与 *LM* 曲线的交点 E_1 位于 *BP* 曲线的下方，表明国际收支处于赤字状态，这将使得本币贬值，净出口增加，从而使得 *IS'*曲线和 *BP* 曲线右移，直至 3 条曲线同时交于 E_2 点为止。经济均衡时，利率与国民收入均高于期初水平，本币贬值。

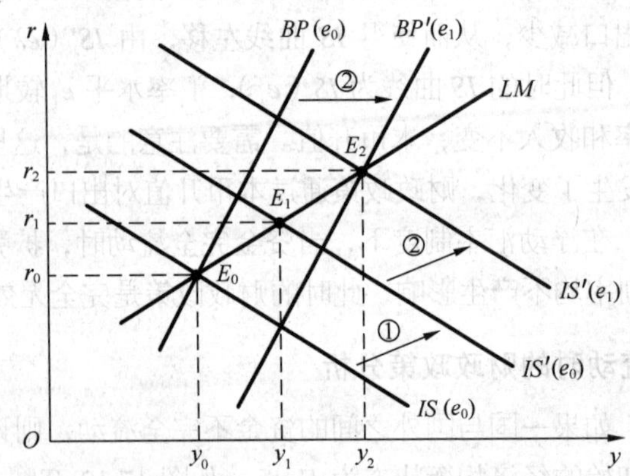

图 17.14　浮动汇率制下，资金不完全流动时的财政政策分析（*BP* 曲线斜率小于 *LM* 曲线的斜率的情形）

第三节　开放经济中的货币政策

案例 17-2

热钱流入对我国货币政策的影响

热钱（Hot Money/Refugee Capital），又称游资或投机性短期资本，为追求最高报酬在国际金融市场上迅速流动的短期投机性资金。近年来，大量热钱涌入我国。中国社科院世界经济与政治研究所研究员张明的最新研究报告《当前热钱流入中国的规模与渠道》中显示：2005年至2007年的3年时间里，热钱流入的累计规模超过8 000亿美元，约占2007年底我国外汇储备余额的54%。人民币升值预期以及中美利差，是热钱流入规模急剧扩大的直接原因。热钱的快速涌入所释放出的人民币基础货币投放，加剧了流动性过剩的局面。目前，我国的存款准备金率已提高到17.5%，持续的流动性过剩加大了通货膨胀的压力，以及货币政策操作的难度。

请分析投机性资本流入对我国货币政策的影响。

一、固定汇率下的货币政策

（一）资金完全不流动时的货币政策分析

在开放经济条件下，如果一国与国外之间的资金完全不流动，则该国的 *BP* 曲线为一条垂直线，初始的经济均衡状态为 E_0 点，如图 17.15 所示。现以中央银行实行扩张性货币政策为例分析固定汇率制下的资金完全不流动时的货币政策效应。

假定中央银行在货币市场上购买证券以增加对社会基础货币的投放量，这将通过货币乘数作用使社会的货币供应量增加，在货币需求量短期不变的情况下，这将导致利率的下降。利率下降将引起投资需求直至社会总需求上升，进而使国民收入提高。通过边际进口倾向的作用，国民收入的增加会带来进口的增加，在假定出口保持不变的情况下，经常账户收支将处于赤字状态。

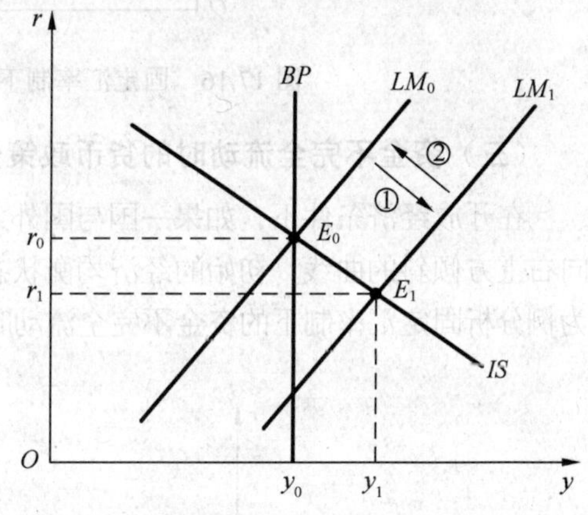

图 17.15　固定汇率制下，资金完全不流动时货币政策分析

上述情形可以用图 17.15 表示。短期内，扩张性的货币政策使得 *LM* 曲线由 LM_0 右移至 LM_1，与 *IS* 曲线交于 E_1 点，E_1 点位于 *BP* 曲线的右方，表示经常账户此时处于赤字状态。长期内的国际收支赤字必须通过外汇储备来消除，外汇储备的减少必将带来货币供应量的减少，从而导致利率的上升以及投资与国民收入的下降，这利于国际收支趋向平衡。由于我们假定汇率固定不变，这将使上述调整过程持续下去，直至国民收入恢复原状，货币供应量恢复期初水平。从图形上看，LM_1 线左移直至恢复原有 LM_0 位置。

因而由以上分析可知，在固定汇率制下，当资金完全不流动时，货币供应量的增加短期内会引起利率下降与国民收入的上升，并伴随着经常账户收支的恶化，在长期内则会导致收入、利率、国际收支状况恢复到期初水平，但基础货币的内部结构发生变化。

（二）资金完全流动时的货币政策分析

在开放经济条件下，如果一国与国外之间的资金完全流动，则该国的 *BP* 曲线为一条水平线，初始的经济均衡状态为 E_0 点，如图 17.16 所示。现以扩张性的货币政策为例分析固定汇率制下的资金完全流动时的货币政策效应。中央银行的扩张性货币政策使得 *LM*

曲线向右移动，从而引起利率水平的下降。而利率的微小下降都会导致资金的迅速外逃，中央银行为了维持固定汇率制度，必将动用外汇储备，从而导致外汇储备的降低，进而导致货币供应量的减少，*LM* 曲线向左移动直至回复到 LM_0 为止，此时的货币政策表现为完全无效。

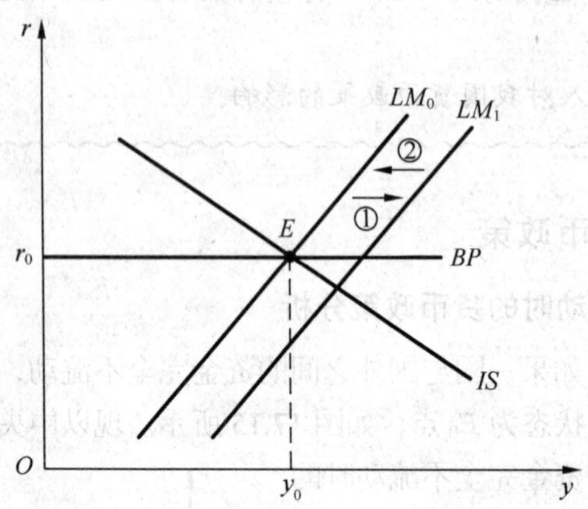

图 17.16　固定汇率制下，资金完全流动时货币政策分析

（三）资金不完全流动时的货币政策分析

在开放经济条件下，如果一国与国外之间的资金不完全流动，则该国的 *BP* 曲线为一条向右上方倾斜的曲线，初始的经济均衡状态为 E_0 点，如图 17.17 所示。现以扩张性货币政策为例分析固定汇率制下的资金不完全流动时的货币政策效应。

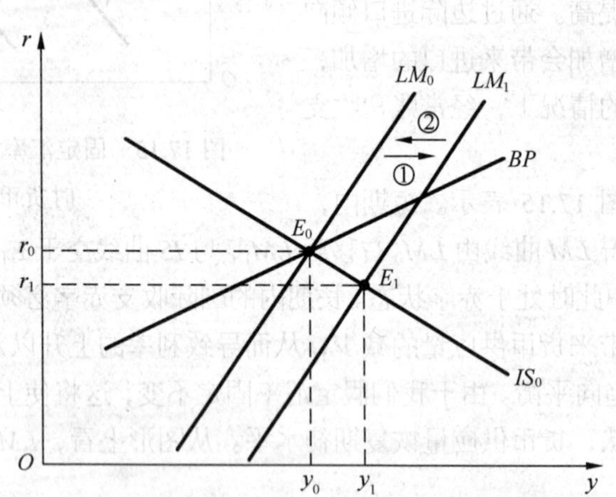

图 17.17　固定汇率制下，资金不完全流动时货币政策分析

如图 17.17 所示，中央银行执行扩张性货币政策，使 *LM* 曲线由 LM_0 右移至 LM_1。LM_1 曲线与 IS_0 曲线的交点 E_1 就是经济的短期均衡点。E_1 点位于 *BP* 曲线的右下方，表明此时国际收支处于赤字状态，这是由于收入的增加引起的进口增加恶化了经常账户的收支，同时利率下降导致资本与金融账户收支恶化。在长期内，国际收支的赤字会通过外汇储备的减少使 LM_1 曲线左移直至恢复至 LM_0，此时除基础货币的内部构成发生变化外，货币供应量、利率、国民收入、国际收支等变量均恢复原状。

二、浮动汇率下的货币政策

（一）资金完全不流动时的货币政策分析

在开放经济条件下，如果一国与国外之间的资金完全不流动，则该国的 *BP* 曲线为一条垂直线，国际收支平衡体现为经常账户收支的平衡，初始的经济均衡状态为 E_0 点，如图 17.18 所示。现以扩张性货币政策为例分析浮动汇率制下的资金完全不流动时的货币政策效应。

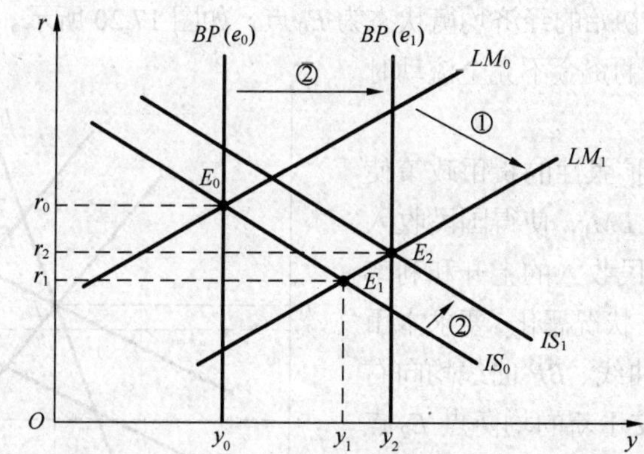

图 17.18　浮动汇率制下、资金完全不流动时的货币政策分析

如图 17.18 所示，扩张性货币政策使 *LM* 曲线右移至 LM_1，从而使国民收入提高，利率下降，国际收支出现赤字。由于汇率浮动，本币会贬值，从而使 *BP* 曲线及 *IS* 曲线右移，直至 3 条曲线重新交于新的均衡点 E_2 点为止。经济均衡时，汇率贬值，收入提高，利率下降。

（二）资金完全流动时的货币政策分析

在开放经济条件下，如果一国与国外之间的资金完全流动，则该国的 *BP* 曲线为一条水平线，初始的经济均衡状态为 E_0 点，如图 17.19 所示。现以扩张性货币政策为例分析浮动汇率制下的资金完全流动时的货币政策效应。

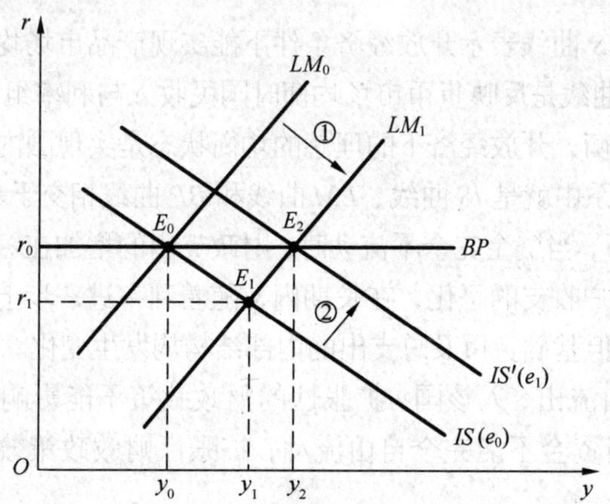

图 17.19　浮动汇率制下；资金完全流动时的货币政策分析

由于此时影响国际收支平衡的决定因素是资本与金融账户，所以我们假定在汇率变动对

资金流动没有影响的前提下汇率变动对 *BP* 曲线没有影响。

如图 17.19 所示，货币扩张使本国利率下降，造成本国资金外流从而使本币贬值，这将推动 *IS* 曲线右移，直至与 *LM* 曲线相交 E_2 点为止，在 E_2 点利率水平等于世界利率水平，收入水平提高。

（三）资金不完全流动时的货币政策分析

在开放经济条件下，如果一国与国外之间的资金不完全流动，则该国的 *BP* 曲线为一条向右上方倾斜的曲线，初始的经济均衡状态为 E_0 点，如图 17.20 所示。现以扩张性货币政策为例分析浮动汇率制下的资金不完全流动时的货币政策效应。

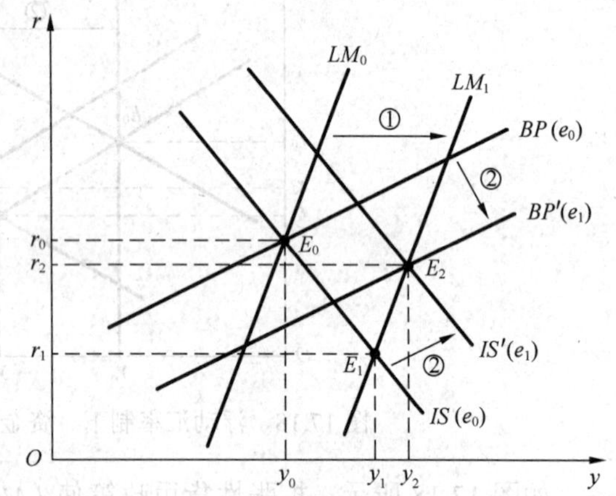

图 17.20　浮动汇率制下，资金不完全流动时的货币政策分析

如图 17.20 所示，扩张性的货币政策使 *LM* 曲线由 LM_0 右移至 LM_1，使得国民收入上升，利率下降。而国民收入的上升和利率的下降都将使国际收支状况恶化，要求本币贬值。本币贬值使 *IS* 曲线、*BP* 曲线均向右移动，直至 3 条曲线交于新的均衡点 E_2 点为止。

值得注意的是，经济均衡时，国民收入上升，本币贬值，但利率水平同期初相比难以确定，这取决于各条曲线的相对弹性。如果利率较期初上升了，这说明经常账户恶化了，因为需要更多的资金流入来弥补经常账户赤字。从经常账户本身来说，则意味着贬值对其的正效应小于收入增加对其产生的负效应。如果利率较期初下降，则情况相反。

本章小结

1. 开放经济中的 *IS* 曲线表示开放经济条件下能实现产品市场均衡的利率与总产出的组合。开放经济中的 *LM* 曲线是反映货币市场均衡时国民收入与利率组合情况的曲线。*BP* 曲线上的点代表国际收支平衡，开放经济下的理想的均衡状态是实现国内充分就业的均衡和国际收支平衡，反映在坐标系中就是 *IS* 曲线、*LM* 曲线和 *BP* 曲线相交于一点。

2. 在固定汇率制下，当资金完全不流动时，财政支出的增加在短期内会引起利率与国民收入的上升以及经常账户收支的恶化，在长期内，随着利率进一步上升，国民收入和国际收支均恢复到原有水平，但基础货币及总支出的内部结构均发生变化。

当国外资金能自由流出、入该国，扩张性的财政政策不能影响利率，但会带来国民收入更大幅度的提高。当资金不能完全自由流动，扩张性财政政策效果则视 *BP* 曲线斜率的不同。

3. 在浮动汇率制下，如果资金完全不流动，扩张性的财政政策将使汇率贬值，利率上升，均衡的国民收入提高。当资金完全流动时，扩张性财政政策会造成本币升值，对国民收入、利率均不产生影响，此时的财政政策是完全无效的。如果一国与国外之间的资金不完全流动，财政政策效果则视 *LM* 曲线与 *BP* 曲线斜率的差异而定。

4. 在固定汇率制下，当资金完全不流动时，货币供应量的增加短期内会引起利率下降与国民收入的上升，并伴随着经常账户收支的恶化，在长期内则会导致收入、利率、国际收支状况恢复到期初水平，但基础货币的内部结构发生变化。

如果一国与国外之间的资金完全流动，中央银行的扩张性货币政策使得 *LM* 曲线向右移动，从而引起利率水平的下降。而利率的微小下降都会导致资金的迅速外逃，中央银行为了维持固定汇率制度，必将动用外汇储备，从而导致外汇储备的降低，进而导致货币供应量的减少，*LM* 曲线向左移动直至回复到原来状态为止，此时的货币政策表现为完全无效。

如果一国与国外之间的资金不完全流动，中央银行执行扩张性货币政策会使得 *LM* 曲线右移，引发经常项目、资本与金融项目的收支状况恶化。但在长期内，国际收支的赤字会通过外汇储备的减少，从而导致 *LM* 曲线左移直至恢复原状为止，此时货币供应量、利率、国民收入、国际收支等变量均恢复原状，但基础货币的内部构成发生变化。

5. 在浮动汇率制下，如果资金完全不流动，扩张性的货币政策会使得经济均衡时的汇率贬值，收入提高，利率下降。如果一国与国外之间的资金完全流动，货币扩张使本国利率下降，造成本国资金外流从而使本币贬值，这将推动 *IS* 曲线右移，直至本国利率水平等于世界利率水平，收入水平提高。如果一国与国外之间的资金不完全流动，扩张性的货币政策使 *LM* 曲线、*IS* 曲线、*BP* 曲线均向右移动，经济均衡时，国民收入上升、本币贬值，但利率水平同期初相比难以确定，这取决于各条曲线的相对弹性。如果利率较期初上升了，这说明经常账户恶化了。从经常账户本身来说，则意味着贬值对其的正效应小于收入增加对其产生的负效应。如果利率较期初下降，则情况相反。

复习思考题

一、选择题

1. 开放经济的背景下，当一国进口倾向扩大时，*IS* 曲线变得（　　）。

A. 平缓　　B. 陡峭

C. 不变　　D. 不确定

2. *BP* 曲线是用以考察国际收支平衡时，（　　）经济变量之间的关系。

A. 国民收入与价格　　B. 国民收入与政府购买

C. 国民收入与净出口额　　D. 国民收入与利率水平

3. 在 *BP* 曲线右方的任一点，均表明（　　）。

A. 国际收支逆差　　B. 国际收支顺差

C. 资本净流出小于净出口　　D. 资本净流出大于净出口

4. 假定其他条件不变国内物价水平上升，那么 *BP* 曲线将向（　　）移动。

A. 左方　　B. 右方

C. 不确定　　D. 保持不变

5. 在国内和国外价格都不变的情况下，本币升值 *BP* 曲线将向（ ）移动。

A. 左方　　　　　　B. 右方

C. 保持不变　　　　D. 不确定

6. 短期内，（ ）对内部均衡的影响大于对外部均衡的影响。

A. 货币政策　　　　B. 就业政策

C. 价格政策　　　　D. 财政政策

7. 在开放经济中，下列（ ）项不是政府宏观政策的最终目标。

A. 国际收支平衡　　B. 不存在贸易逆差或顺差

C. 经济均衡增长　　D. 消除通货膨胀

8. 如果一国处于内部均衡，但国际收支有赤字的状况，这时最适宜的政策选择将是（ ）。

A. 扩张的财政政策

B. 紧缩的货币政策

C. 促使本币贬值

D. 扩张的货币政策与紧缩的财政政策混合使用

9. 在固定汇率制资本不完全流动的情况下，财政政策（ ）。

A. 有效　　　　B. 无效

C. 无限大　　　D. 不确定

10. 在固定汇率制资本完全流动的情况下，货币政策（ ）。

A. 有效　　　　B. 无效

C. 无限大　　　D. 不确定

11. 与封闭经济体系相比，在开放体系中，政府的财政政策的作用将（ ）。

A. 变小，因为总需求加入净出口后使支出乘数变小

B. 变大，因为总需求加入净出口后使支出乘数变大

C. 不变，因为总需求加入净出口后对支出乘数没有影响

D. 无法确定

二、判断题

1. *BP* 曲线表示的是国际收支平衡时，收入与利率的组合关系。（ ）
2. 一国支出的变动对他国收入的影响，是国际经济活动的溢出效应。（ ）
3. 国际收支顺差将同时降低国内的产出水平和物价水平。（ ）
4. 浮动汇率制度下，扩张性的财政政策效应被净出口下降所抵消。（ ）
5. 在一国出现内外部不均衡时，宏观经济政策完全无效。（ ）
6. 汇率的变化将会对 *BP* 曲线的位置产生影响。（ ）
7. 一国收入和支出的变化，只影响本国经济，对他国经济没有影响。（ ）
8. 浮动汇率制度和资本完全不流动的条件下，财政政策是有效的。（ ）

三、问答题

1. 用图形分析法说明净出口曲线越平坦，*BP* 曲线越平缓，其斜率越小。
2. 试说明开放经济条件下的 *IS* 曲线斜率大于封闭条件下的 *IS* 曲线斜率。

3. 试述固定汇率制度下如何利用财政政策实现内部经济的均衡。

4. 试述浮动汇率制度下如何利用财政政策实现内部经济的均衡。

5. 试述固定汇率制度下如何利用货币政策实现内部经济的均衡。

6. 试述浮动汇率制度下如何利用货币政策实现内部经济的均衡。

7. 当一国经济既存在通货膨胀又有国际收支赤字时，应当采取什么样的政策配合？

8. 在一个实行浮动汇率制，资本可以自由流动的开放经济中，如果政府的目标是增加本国的净出口，那么

（1）减少政府购买性支出是否有助于此目标的实现？

（2）如果购买力平价成立，增加货币供给是否有助于此目标的实现？

主要参考文献

[1]Don Paarlberg. 1992. An Analysis and History of Inflation. Santa Barbara：Greenwood Publishing Group.

[2]Schumpeter Joseph. 1939. Business Cycles. A Theoretical, Historical and Statistical Analysis of Capitalist Process. New York: McGraw-Hill.

[3]N.格里高利·曼昆．2000．微观经济学．4 版．北京：中国人民大学出版社．

[4]保罗·萨缪尔森，威廉·诺德豪斯．1999．微观经济学（16）．北京：华夏出版社．

[5]崔宇．2009．房价和地价到底谁决定准．http://www.blogchina.com/20090630746895.html[2010-3-27].

[6]邓宏．2003．经济系统内生波动研究．西安：陕西人民出版社．

[7]多恩布什，费希尔．2008．微观经济学．8 版．北京：中国人民大学出版社．

[8]范从来．2001．通货紧缩时期的货币政策研究．南京：南京大学出版社．

[9]高鸿业．2008．西方经济学（合订本）．4 版．北京：中国人民大学出版社．

[10]黄亚钧，袁志刚．2002．微观经济学．北京：高等教育出版社．

[11]凯恩斯．1963．就业、利息和货币通论．高鸿业译．北京：商务印书馆．

[12]黎诣远，李明志．2003．微观经济分析．北京：清华大学出版社．

[13]李子旸. 2008. 中国国产录像机. http://news.66wz.com/system/2008/11/07/100898571.shtml.[2008.11.07].

[14]理查德·麦肯齐．2009．电影院的爆米花为什么卖得贵？．鄂丽燕，王方圆译．北京：中国轻工业出版社．

[15]梁小民．2003．西方经济学．北京：中央广播电视大学出版社．

[16]刘铮．2007．为何工资增长数据与百姓感觉有差距．http://news.xinhuanet.com/fortune/2007-07/17/ontent_6389790.htm[2010-3-27].

[17]卢现祥，陈银娥．2008．微观经济学．2 版．北京：经济科学出版社．

[18]罗宾·巴德，迈克尔·帕金．2009．经济学原理．4 版．北京：机械工业出版社．

[19]茅于轼．2008．什么样的不公平是不能容忍的．http://www.china-review.com/sbao.asp? D = 4333 &aid = 20719[2010-3-24].

[20]庞明川．1999．长期的菲利普斯曲线与经济周期．山东财政学院学报，（4）：8-12.

[21]斯蒂格利茨，沃尔什．2005．经济学（上册）．3 版．北京：中国人民大学出版社．

[22]翁志勇．2006．经济学概论．上海：上海大学出版社．

[23]吴敬琏．2006．寻租新动力．http://www.100yq.com/viewthread.php?tid = 14761[2010-3-27].

[24]叶德磊．2007．西方经济学简明原理．北京：高等教育出版社．

[25]叶航．2009．帕累托改进与制度变迁．http://www.yehang.sunbo.net/[2010-3-23].

[26]尹伯成．2008．西方经济学简明教程．6 版．上海：格致出版社．

[27]约翰·斯罗曼．2001．经济学．4 版．北京：经济科学出版社．

配套资料索取说明

购买本书的读者可在 www.ptpedu.com.cn 注册后下载配套学习资料。

采用本书授课的教师，可发邮件至 13051901888@163.com 或 education_book@163.com 索取配套教学资料。

姓　　名：________ 性　　别：____ 职　　称：________ 职　　务：________

办公电话：________ 手　　机：________ 电子邮箱：________

学　　校：________ 院　　系：________

通信地址：________ 邮　　编：________

本课程开设于____学年____学期，原采用________出版社出版________主编的《________》为本课程教材，________专业____个班共________人使用该教材。

证 明 人：________ 办公电话：________ 手机：________ 电子邮箱：________

21 世纪高等院校经济管理类规划教材

已出版教材

书　名	主　编	书　号	特 点 简 介
管理学——原理与实务	李海峰	978-7-115-22656-3	提供课件、教案、实训说明、教学体会、案例分析集、习题集及参考答案、补充阅读，作者开通有教学博客
企业战略管理	舒　辉	978-7-115-24542-7	理论、案例和实践相结合，实用性强；提供课件、教案、习题库及答案、案例库及案例分析
人力资源管理	乔　瑞	978-7-115-23955-6	注重案例分析，强调实训与实践对读者能力的培养；提供课件、教案、实训资料、习题答案、案例分析
政治经济学原理	张　莹 李海峰	978-7-115-24306-5	形式活泼、简明扼要，题型丰富题量充足；提供课件、教学大纲、习题集及参考答案
西方经济学	陈喜强	978-7-115-23789-7	形式活泼、简明易懂，案例丰富；提供课件、教案、习题答案
微观经济学	胡金荣	978-7-115-23443-8	简明易懂，关注热点问题，吸收前沿理论；提供课件、教案、习题答案、案例分析
劳动经济学	杨爱元	978-7-115-33309-4	80%以上案例取自中国 2010 年至 2013 年社会现实事件；提供教案、课件、参考答案、补充教学素材、模拟试卷
会计学	胡华夏	978-7-115-28927-8	从培养会计信息使用者的角度出发，不追求会计核算方法和技术细节介绍；提供课件、教案、习题答案和模拟试卷
财务管理	王积田	978-7-115-28482-2	吸收相关学科的最新成果，与企业财务管理实践接轨；提供课件、习题答案、试卷
财务管理	张学英	978-7-115-25497-3	内容力求最新，案例可读性强，例题和习题贴近实际；提供课件、教案、习题答案、案例分析
中级财务会计（第 2 版）	吴学斌	978-7-115-33887-7	涉及营改增等最新知识点；章后设置大量习题并提供电子版习题集；提供课件、教案、案例库、试卷等资料
财务会计实训教程	裴永浩	978-7-115-32580-8	上册包括实训常用知识和实训要求，下册提供实训用账簿、凭证、报表等；提供答案、部分电子稿、课件、教案

续表

书　名	主　编	书　号	特点简介
审计理论与实务	崔　飚	978-7-115-31064-4	紧扣资格考试大纲，提供课件、教学大纲、习题集及参考答案、模拟试卷
应用统计学	潘　鸿	978-7-115-24982-1	为省级精品课程配套教材，突出统计方法和技术的应用；有教学支持网站，提供课件、教案、习题答案、实训资料
国际贸易理论与实务	朱金生	978-7-115-25875-5	包括蓝色贸易壁垒、《2010通则》等新内容；提供课件、教案、实训资料、习题答案、试卷、案例分析、视频资料
报关实务	朱占峰	978-7-115-28352-8	内容紧跟《报关员资格考试大纲》，侧重实务；提供课件、教案、补充教学案例、习题答案、模拟试卷、教学视频
电子商务概论（第2版）	白东蕊	978-7-115-32117-6	为省级资源共享课配套教材，强调实践与实训；提供课件、教案、实训资料、习题库及答案、案例集及案例分析
网络营销基础与实践	赵文清	978-7-115-25596-9	为精品课程配套教材，一般纯粹的营销教材；提供课件、教案、实验指导、习题库及答案、案例库及案例分析
现代市场营销理论与实务	王　艳 程艳霞	978-7-115-28602-4	强调实战性、可操作性、本土化、创新性；提供课件、教案、案例分析、习题答案、模拟试卷
商品学	陈文汉	2014年3月出版	将服务商品纳入研究范围；大量采用2013年的现实案例；提供电子课件、教学大纲、习题答案、模拟试卷
物流学	王　刚 梁　军	978-7-115-26368-1	内容新，知识和技能并重，实用性强；提供教学案例、习题库、试卷、课件、教案
金融法	李良雄 王琳雯	978-7-115-30980-8	吸收截至2012年12月的最新法律法规，高度融合职业资格考试要求，提供课件、教案、习题答案、补充练习题
保险学	刘永刚	978-7-115-31048-4	以大量案例解读相关内容，提供课件、教案、习题答案、教学补充案例和模拟试卷
证券投资学（第2版）	杨兆廷 刘　颖	2014年3月出版	根据2013年证券业变化调整相应内容，集合证券业从业资格考试重点，提供多媒体课件、电子教案、习题答案等资料。
证券投资学	陈文汉	978-7-115-28271-2	针对非金融类读者，内容紧跟时代；提供课件、教案、案例分析、习题答案、模拟试卷
外汇交易原理与实务	刘金波	978-7-115-26077-2	新颖实用，实践内容丰富；提供课件、教案、答案、试卷、实训指导
国际金融理论与实务（第2版）	孟　昊	2014年3月出版	新增国际资本流动管理等内容；素材根据2014年2月前信息全面更新；提供课件、大纲、教案、习题库、试卷库、案例库
投资银行学	郭　红	978-7-115-26112-0	知识与技能并重，注重能力培养；提供课件、习题库及答案、试卷、案例库及案例分析
财政学	谭建立	978-7-115-23630-2	省级精品课程配套教材，有精品课程教学网站，提供课件、教案、习题答案、案例分析
财政学	唐祥来	978-7-115-31521-2	以丰富的案例提升学习兴趣，提供课件、教案、习题答案、补充教学案例和模拟试卷
现代社交礼仪	闫秀荣	978-7-115-23572-5	图文并茂；提供课件、小短片影视资料、教案（包括实训资料）、习题集（包括案例分析）、试卷及参考答案
大学生礼仪	李荣建	978-7-115-28932-2	理论与实践相结合；提供课件、教案、模拟试卷，学习支持平台为湖北省礼仪学会网站和武汉大学社交礼仪网站
商务沟通与谈判	张守刚	978-7-115-23786-6	能实现学生课堂教学与课外学习的统一，提供配套教学网站、教案、课件
组织行为学	丁　敏	978-7-115-27265-2	为精品课程配套教材，注重实用性；提供课件、教案、模拟试卷
生产运作管理	程国平	978-7-115-28840-0	内容全面、注重实务、案例丰富；提供课件、教案、习题答案、模拟试卷和教学案例集